Soziologische Studien
Band 17

Diese Welt wird völlig anders sein

Denkmuster der Rationalisierung

Brigitte Aulenbacher
Tilla Siegel (Hg.)

Centaurus Verlag & Media UG 1995

Umschlagabbildung: Nach einer Radierung von Wahrmut Mayer

Die Deutsche Bibliothek – CIP-Einheitsaufnahme

Diese Welt wird völlig anders sein : Denkmuster der
Rationalisierung / Brigitte Aulenbacher ; Tilla Siegel (Hg.). –
Pfaffenweiler : Centaurus-Verl.-Ges., 1995
    (Soziologische Studien ; Bd. 17)
    ISBN 978-3-89085-986-6   ISBN 978-3-86226-386-8 (eBook)
    DOI 10.1007/978-3-86226-386-8

NE: Aulenbacher, Brigitte [Hrsg.]; GT

ISSN 0937-664X

Satz: Ingrid Goertz

Inhalt

Teil 3: Industrielle Rationalisierung im Umbruch

Brigitte Aulenbacher / Tilla Siegel

Perspektiven der Rationalisierungsforschung
Eine Einleitung

„Diese Welt wird völlig anders und sehr viel besser sein", wenn nämlich Lean Production oder die „schlanke Produktion" die alte Massenproduktion und die noch verbliebene handwerkliche Produktion in allen Bereichen industrieller Betätigung ersetzt hat, „um das weltweite Standardproduktionssystem des einundzwanzigsten Jahrhunderts zu werden" (Womack u.a. 1991, 292). Dies ist die Botschaft der Studie des Massachusetts Institutes of Technology, *Die zweite Revolution in der Autoindustrie*, mit der der Begriff „schlanke Produktion" für die neuen Rationalisierungsmuster propagiert wurde.

Anders wird, so das Credo der MIT-Studie, nicht nur die Welt der Industrie. Denn mit der Güterproduktion werde auch über Lebensqualität und -verhältnisse von Menschen entschieden. Die „schlanke Produktion" sei der zeitgemäße Weg zur weltweiten Neuformierung von Arbeits- und Lebensbeziehungen. Und in der Tat wird inzwischen auch die Reorganisation und Rationalisierung anderer gesellschaftlicher Bereiche, beispielsweise der Stadt, des Staates, wie überhaupt des öffentlichen Dienstes mit dem Attribut „schlank" versehen. Ob diese schlanke Welt sehr viel besser wird, steht noch dahin. Vorerst ist schlank zum unverfänglichen zukunftsweisenden Synonym für eine knallharte Leistungspolitik geworden - vergessen scheint die Kritik, die vor Jahren an der Leistungsgesellschaft und ihrem destruktiven Potential geübt wurde. Leistung zählt wieder, so als ließe sie sich umstandslos und objektiv bestimmen. Wer den Arbeitsplatz verliert oder gar nicht erst einen bekommt, gilt automatisch als leistungsschwach, hat den Anschluß verpaßt und gehört eben nicht zur Elite der neuen schlanken Welt. Mit dem glatten Wörtchen schlank werden Personalabbau wie die allgemeine Sparpolitik legitimiert und die Schuld an der hohen Arbeitslosigkeit den Arbeitslosen in die Schuhe geschoben.

Aber, so heißt es, die Krise, die Arbeitslosigkeit, die Notwendigkeit zu sparen, haben wir dem alten Schlendrian und der Unvernunft der alten Rationalisierungsmuster zu verdanken. Wenn die Welt erst einmal nach dem Prinzip „schlank" reorganisiert und rationalisiert ist, dann wird sie sehr viel besser sein. Dieses Argument ist so neu nicht. Es gehört zur Rationalisierung wie das Amen zum Gebet. Nach jeder größeren ökonomischen und politischen Krise wurde versprochen, daß nun im Gegensatz zu vorher richtig rationalisiert werde, mithin nun der Weg in die bessere Zukunft vorgezeichnet sei. Und bereits Frederick W. Taylor, der Namensgeber des alten Rationalisierungsmusters, hatte sich in seinem Buch *Die Grundsätze wissenschaftlicher Betriebsführung* lang und breit über die universellen Vorteile der Prinzipien seines Systems ausgelassen und „seine tiefe und ehrliche Überzeugung" betont, „daß diese Prinzipien in der ganzen zivilisierten Welt früher oder später in praktische Anwendung kommen werden. Je früher, desto besser für die Menschheit." (Taylor 1977/1913, 30)

So wie unsere Welt heute vom Schlankheitsfieber geschüttelt wird, grassierte im Amerika zu Taylors Zeiten das Effizienzfieber, wie Samuel Haber schreibt: „A secular great awakening, an outpouring of ideas and emotions in which a gospel of efficiency was preached without embarrassment to business, workers, doctors, housewives, and teachers, and yes, preached even to preachers." (Haber 1964, IXf.) Das Rationalisierungsfieber hatte, in national jeweils anderen Begriffen und Diskursen, auch andere Länder erfaßt. Lenin beispielsweise trat für die sozialistische Rationalisierung ein. Der französische Industrielle Citröen verknüpfte die „Organisation Scientifique du Travail" mit dem Saint-Simonismus zur Vision einer neuen Gesellschaft. In der Weimarer Republik sahen Bewegungen, Institutionen und PolitikerInnen aller Couleur in der Rationalisierung nicht nur der industriellen Produktion, sondern beispielsweise auch der Politik, der Volksgesundheit, der Familie, der Hausarbeit, der Sexualität ... den Weg ins Heil. Wenig später entwarfen in Schweden prominente SozialdemokratInnen eine Art Generalplan für eine schöne neue - rationalisierte - Welt.

Gemeinsam ist allen diesen, hier nur stellvertretend für weitere Länder genannten Fällen, daß sie den Anfang einer längerfristigen Entwicklung zur Epoche des „Fordismus", wie sie heute heißt, signalisieren. Gemeinsam ist ihnen auch, daß Rationalisierung ein Schlüsselbegriff gesellschaftlicher Entwicklung war, auf den sich mehr als nur die Hoffnungen auf ökonomische Prosperität richteten. Über Jahrzehnte und dramatische politische Umbrüche hinweg verbanden sich die Vorstellungen von Fortschritt, von rationalen gesellschaftlichen Beziehungen und von rationalem Handeln mit dem Rationalisierungsgedanken. Die ihm inhärente formale Rationalität galt als Vernunft schlechthin. Arbeits- und Lebenszusammenhänge, gesellschaftliche wie private Beziehungen und Arrangements, öffentliche Institutionen wie die Politik überhaupt sollten, orientiert am Rationalisierungsgedanken, reorganisiert und -strukturiert werden. (vgl. Reese u.a. 1993)

Zwar hatte der Rationalisierungsgedanke alle Bereiche gesellschaftlichen Lebens erfaßt, dies bedeutete aber nicht, daß sich die Menschen immer danach verhalten hätten. Sowohl im Betrieb als auch im „Privaten" hätten soziale Beziehungen ohne weitere Orientierungen des Handelns, die das \204rationale" Handeln ergänzten und ihm zugleich widersprachen, keinen Bestand gehabt. Überhaupt prägte der Rationalisierungsgedanke selbst in der Epoche des „Fordismus" nur in Kombination und Konkurrenz mit anderen Orientierungen des Handelns die gesellschaftliche Entwicklung. So diente Rationalisierung häufig genug im doppelten, also auch im psychologischen Sinne des

Wortes den Menschen als Legitimation ihres Handeln. Aber, ihr Handeln änderte sich im öffentlichen wie im privaten Bereich, und damit änderten sich diese Bereiche selber und ihre Abgrenzungen zueinander.

Uns mag es heute seltsam vorkommen, mit welcher Emphase in den ersten Jahrzehnten des Fordismus Begriffe wie Emanzipation, Gerechtigkeit, Glück und sogar Ästhetik mit der Rationalisierung verbunden wurden. Es scheint, als seien wir in widersprüchlicher Weise klüger geworden. In dem Maße, wie der Rationalisierungsgedanke als Leitlinie für das, was richtig und falsch ist, verinnerlicht wurde, muß(te) er nicht mehr unablässig beschworen werden. Andererseits ist Rationalisierung nicht nur in der Industrie, sondern in der Gesellschaft überhaupt ein ständiger Lernprozeß, in dem hin und wieder ihre Überzeugungskraft erschüttert wurde.

Das Denken in Effizienz kennt keine zeitlichen und räumlichen Grenzen. Es fahndet nach Vergeudung, um sie zu eliminieren, und in jedem Aufwand, auch dem zuvor rationalisierten, kann wieder Vergeudung gefunden werden. Die Rationalisierungs-(groß)väter sahen die Ursachen für Vergeudung vor allem dort, wo noch nicht rationalisiert worden war. Ihre Söhne und Enkel entdecken „muda" (= Vergeudung) auch in dem, was Rationalisierung selber geschaffen hat. Waren Frederick W. Taylors und Henry Fords Methoden die strikte horizontale und vertikale Arbeitsteilung, die Arbeitszergliederung, die Standardisierung von Produktion, Arbeitsprozessen und -mitteln und war das nie erreichte Ziel, die Produktion vom Wollen und Können der Menschen unabhängig zu machen, so rückt heute, in der „schlanken Produktion", der Mensch in den Mittelpunkt, zwar im Rahmen nach wie vor standardisierter Abläufe und eingebunden in die Null-Puffer- und Null-Fehler-Maxime, aber als erwünschtes Kreativitäts- und Flexibilitätpotential auf der Grundlage internalisierten Rationalisierungsdenkens und beseelt vom Glauben an die automobile Weltgesellschaft. Just-in-time- statt just-in-mind-Produktion (Wood 1989), Nutzung statt Verschwendung menschlichen Produktivitätspotentials - die zeitgemäße Variante des alten Rationalisierungsdenkens.

Früher wie heute werden aber nicht nur die Formen, sondern ein Stück weit auch die Denkmuster der alten Rationalisierung hinterfragt. So mußten die rationalisierten bzw. sich selber und ihre Lebenszusammenhänge rationalisierenden Menschen immer wieder die Erfahrung machen, daß der Weg zum Glück so einfach nicht ist. Schien er zu Beginn der Epoche in der Kontrolle über alles, beispielsweise auch über die Gefühle oder die „Sexualtechnik" zu liegen, gilt heute: sei „spontan", sei „erotisch". Das Beispiel der Manager, die sich in Esoterikzirkeln für ihre Rolle fit machen wollen und gleichzeitig nach etwas suchen, das jenseits der Rationalisierung liegt, illustriert den seltsam widersprüchlichen Umgang heute mit den Erfahrungen aus der langen Geschichte der Rationalisierung. Scheint einerseits das Problem darin zu liegen, daß man (sich) noch nicht genug rationalisiert hat, und die Lösung darin, alles, aber auch alles für eine rationalisierte Arbeits- und Lebensweise zu mobilisieren, so wird andererseits das Glück gerade dort gesucht, wohin Rationalisierung (vielleicht) noch nicht reicht, in der Liebe,

9

der Welt der Seele und der Geister. Eines wie das andere scheint rational und irrational zugleich.

Funktioniert also das Prinzip der (Selbst-)Rationalisierung mit Hintertürchen teilweise noch recht gut, breitet sich auf der anderen Seite zunehmend Unbehagen aus. Automobile Weltgesellschaft, sagen die einen, weltweiter Schrotthaufen, die anderen - und ob dieser mit Verfahren der „schlanken Produktion" recyclet werden kann, ist fraglich. Management by love, sagen die einen, management by stress, die anderen - und die Abstimmung wird in japanischen Automobilunternehmen mit den Füßen entschieden, denn wer nicht zwingend muß, verdingt sich da nicht hin. Mit dem alten Wachstums-, Prosperitäts- und Fortschrittsmodell der Rationalisierung werden ihre Denkmuster auch in dieser Hinsicht zunehmend kritisch gesehen. Inwieweit Rationalisierung selbst zum fraglichen Prinzip wird oder ob nur ihre jeweiligen Konjunkturen schneller wechseln, sei hier dahingestellt - schließlich zeichnet sich heute, mitten in der lean-Konjunktur, bereits die post-lean-Ära ab.

Aber auch in anderer Hinsicht ist das Unbehagen an der Rationalisierung ein widerspruchsvolles Sich-Arrangieren und Kritisieren. Denn vieles, was im alten Rationalisierungsmuster gedacht und im ersten Anlauf umgesetzt wurde, hat heute im wahrsten Sinne des Wortes Gestalt angenommen und tritt uns vergegenständlicht in Technologien oder sozio-technischen Infrastrukturen entgegen. Wenngleich keineswegs technischer Sachzwang, hinterläßt die alte Rationalisierung dennoch ihre Spuren für die zukünftige gesellschaftliche Entwicklung nicht nur im Denken und Handeln von Menschen, sondern auch in den alltäglichen und weniger alltäglichen Technologien, deren wir uns zur Gestaltung der neuen Welt bedienen. Grundsätzlich gesellschaftlich hervorgebracht, können die eingeschlagenen sozio-technischen Entwicklungspfade ebenso grundsätzlich verlassen oder modifiziert, wenngleich nicht mehr revidiert werden. Auch wenn heute, wie dies von der Technikforschung gezeigt wurde, „Technik als sozialer Prozeß" und nicht als eigenlogische Entwicklung begriffen wird, darf die Schwerkraft der in ihr vergegenständlichten gesellschaftlichen Verhältnisse nicht unterschätzt werden. Die heutige Ungewißheitszone zwischen lean und post-lean bietet dafür reichhaltiges Anschauungsmaterial. Geht es um die Etablierung von „lean production" als Ablösung der alten tayloristisch-fordistischen Produktion oder um die Etablierung alter und neuer Gruppenarbeitsformen europäischer Provenienz als Ablösung von „lean production", dann werden Fabriken gleichsam auf der grünen Wiese neu konzipiert mit neuen Menschen, neuer Infrastruktur und neuen Technologien, da sich die neuen Arbeitsbeziehungen in den alten sozio-technischen Strukturen kaum etablieren lassen. Hier sind neue sozio-technische Entwicklungspfade der Ausweg, wobei diese, selbst wiederum Rationalisierungszielen verpflichtet, keineswegs grundlegend mit bisherigen gesellschaftlichen Konzeptionen von Technologie brechen.

Wie früher, wenngleich anders als früher, bietet das Thema Rationalisierung auch heute einen zentralen Zugang zur Analyse gesellschaftlicher Prozesse. Nur wird es so von der Rationalisierungsforschung nicht aufgegriffen. Die industrielle Rationalisie-

10

rung gilt als Rationalisierung schlechthin und wird als zentrales Thema der Industriesoziologie vorwiegend in ihren technisch-organisatorischen Aspekten untersucht. Nur selten, jedenfalls im mainstream der deutschen Industriesoziologie, werden das neue Menschenbild und die Mechanismen der Selektion und Hierarchisierung angesprochen, die in den alten und neuen Rationalisierungsmustern und der sie begleitenden Unternehmenskultur angelegt sind. Hingegen werden Fragen, wie beispielsweise die nach der Restrukturierung von Arbeits- und Lebenszusammenhängen, die nach der Bedeutung von Rationalisierung in den Veränderungen gesellschaftlicher Verhältnisse und Arrangements oder aber die nach dem der Rationalisierung innewohnenden Vernunftbegriff, in unterschiedlicher Weise und in jeweils anderen Disziplinen und hier keineswegs immer unter dem Begriff Rationalisierung verhandelt. Eine interdisziplinäre gesellschaftstheoretische Vermittlung steht noch aus.

Um gesellschaftliche und gesellschaftspolitische Dimensionen von Rationalisierung, die in der aktuellen Rationalisierungsdebatte weitgehend vernachlässigt werden, wieder ins wissenschaftliche Bewußtsein zurückzuholen, hatten wir unter dem Titel „Gesellschaftstheoretische Perspektiven der Rationalisierungsforschung" im April 1994 in Frankfurt ein Rundgespräch durchgeführt, das von der Deutschen Forschungsgemeinschaft gefördert und vom Institut für Sozialforschung und vom Fachbereich Gesellschaftswissenschaften der Johann Wolfgang Goethe-Universität veranstaltet wurde. Es sollte ein erster Schritt zum interdisziplinären und internationalen Austausch sein. Eingeladen waren WissenschaftlerInnen aus Deutschland, Großbritannien, Frankreich, Schweden und den USA. Vertreten waren so unterschiedliche Disziplinen wie die Industrie-, Technik- und Stadtsoziologie, Frauenforschung, Sozialgeschichte, Sozialphilosophie und Philosophie. Wir alle hatten, jedenfalls zu Beginn des Rundgesprächs, mit erheblichen Verständigungsproblemen zu kämpfen - womit weniger die Vermittlung zwischen den nationalen Sprachen gemeint ist. Vielmehr lagen die Schwierigkeiten darin, daß zwar in verschiedenen Diskursen und akademischen Disziplinen über dasselbe (Rationalisierungs-)Problem verhandelt werden mag, dies aber unter durchaus unterschiedlichen Begriffen, und daß umgekehrt wir gelegentlich zwar dieselben Begriffe benutzten, diese aber mit sehr unterschiedlichen Bedeutungen. Es ist also nicht einfach, die Segmentierung der gegenwärtigen Rationalisierungsforschung zu überwinden. Aber es ist möglich, insbesondere dann, wenn man nach den Denkmustern der Rationalisierung fragt, anstatt sich an der jeweils eigenen Begrifflichkeit festzuklammern. Die lebhaften Diskussionen, die sich im Verlauf des Rundgesprächs entwickelten, haben uns und, wie es schien, auch viele der TeilnehmerInnen in der Ansicht bestätigt, daß es an der Zeit ist, diese Segmentierung zu überwinden und den inneren Zusammenhang von Rationalisierung und gesellschaftlicher Entwicklung wieder deutlich zu machen.

Mit den in dem vorliegenden Buch abgedruckten Tagungsbeiträgen soll dazu eingeladen werden, die Diskussion um ein erweitertes Verständnis von Rationalisierung in einer breiteren Öffentlichkeit fortzuführen. Angesprochen werden dabei zum einen die Kontinuitäten und Brüche im historischen Prozeß der Rationalisierung. Beiträge zur aktuellen Kritik an und zu Neuorientierungen von Rationalitätsvorstellungen und Rationalisierungsmustern sind Beiträgen gegenübergestellt, in denen die frühere Faszination und Realisierung des Rationalisierungsgedankens behandelt werden. Ferner wird Ansätzen, die nach dem Zusammenhang von Rationalisierung und Geschlechterverhältnis fragen, ein besonderer Stellenwert eingeräumt, da hier Rationalisierung in weit stärkerem Maß als üblich als gesellschaftlicher Prozeß begriffen wird. Überhaupt werden Selektion und Hierarchisierung als Prinzipien thematisiert, die der Rationalisierung eigen sind, in die Technikentwicklung eingehen und auch gesellschaftstheoretische Entwürfe prägen. Und schließlich sollen zumindest in Ansätzen Probleme eines internationalen Vergleichs angedeutet werden, denn es geht dabei nicht nur um jeweils besondere Ausprägungen, sondern auch um national und kulturell unterschiedliche Thematisierungen von Rationalisierung.

Aus der Bandbreite gesellschaftsbezogener Rationalisierungsforschung haben wir für das vorliegende Buch drei Themengebiete ausgewählt. Im ersten Teil, „Gesellschaftliche Visionen", finden sich Beiträge, die sich mit Rationalisierung als gesellschaftlichem Entwurf befassen. Im Rückblick auf sozialphilosophische Fortschrittskonzepte behandelt *Sylvie Schweitzer* insbesondere die Tradition des Saint-Simonismus als Grundlage einer Ideologie, die dann in den Anfängen des zwanzigsten Jahrhunderts „Rationalisierung" in den Mittelpunkt der Diskussion um eine Neuorganisation der Gesellschaft stellt. Diese Verbindung erläutert sie am Beispiel des französischen Industriellen André Citröen, der in Worten und Taten die Vision vom sozialen Frieden propagierte, welcher auf einer nach den Grundsätzen der Wissenschaftlichkeit, Berechenbarkeit und Planung durchrationalisierten Gesellschaft (und Fabrik) beruhen sollte. Ähnlich und doch anders bestimmte, wie *Yvonne Hirdman* zeigt, im Schweden der dreißiger und vierziger Jahre der Gedanke von einem allumfassenden „Social Engineering" die gesellschaftspolitischen Vorstellungen schwedischer Sozialdemokraten wie beispielsweise Gunnar und Alva Myrdal. Das „Glück" der einzelnen und der Gesellschaft schien machbar, wenn man nur auf der Grundlage wissenschaftlicher Analyse die Produktion, die Befriedigung der Bedürfnisse (wie die Bedürfnisse selber), die Beziehungen zwischen den Geschlechtern, die Erziehung, kurz: alle Bereiche menschlichen Lebens und Handelns rationalisierte. Am Beispiel von Le Corbusier und des russischen Konstruktivismus behandelt *Paul Mattick, Jr.* die Frage, wie KünstlerInnen des frühen zwanzigsten Jahrhunderts versuchten, den Konflikt zwischen einer Kunst, die als Verkörperung nicht-instrumenteller Vernunft beziehungsweise als positiv bewertete Irrationalität verstanden wurde, und den dominant werdenden Rationalisierungsgedanken, der dieses Kunstverständnis hervorgerufen hat, zu überwinden suchten, indem sie Merkmale der Rationalisierung in die künstlerische Praxis übernahmen. Standardisierung, Wiederholung, Rechtwinkligkeit, Effizienz, Funktionalismus einschließlich einer strengen Trennung von Funktionen prägten beispielsweise die (städte)baulichen Entwürfe von Architekten wie Le Corbusier, und die Eliminierung aller „überflüssigen" Elemente (figürliches Bild, Ausdruck eines Gefühls, Ästhetik) und jedes überflüssigen Materials wurde das Ziel des Konstruktivismus. *Ursula Müller* diskutiert feministische Wissenschaftskritik und Methodologie als Prozeß der Kooptation von Bewegungs- und Erfahrungswissen und seiner Konfrontation mit einem Expertenwissen, in dem Rationalität mit Männlichkeit gleichgesetzt und Weiblichkeit als Gegenpol hierzu gedacht ist, wobei sich hinter dem wissenschaftlichen Universalismus letztlich Androzentrismus verbirgt. Im Anschluß an ihre Reflexion der Stationen feministischer Wissenschaftskritik geht es ihr darum, wie Frauen als "Gleiche und doch Ungleiche" im Wissenschaftsbetrieb aus der Kritik an der herrschenden Wissenschaft eigene Positionen formulieren und welche methodologischen Fragen sich für Frauenforschung, für die das Interesse an Emanzipation erkenntnisleitend ist, stellen, wenn nicht lediglich der Status quo im Geschlechterverhältnis. sondern die Bewegung, die aus dem Zusammenspiel von "Kräften und Gegenkräften" resultiert, sichtbar gemacht werden sollen. Und schließlich zeigen *Peter Noller* und *Klaus Ronneberger* am Beispiel der Stadt Frankfurt am Main, wie Rationalisierungsvorstellungen - und ihre Veränderung - ihren materiellen Ausdruck in der Architektur von Städten finden und in Konzepte städtischen Lebens einfließen. Der Wandel vom fordistischen zum post-fordistischen Denkmuster kommt in einer eher auf Exklusion, denn planender Inklusion beruhenden Restrukturierung urbanen Arbeitens und Lebens zum Ausdruck.

Im zweiten Teil des Buches wird auf das Prinzip der Selektion als „Geheimprogramm von Rationalisierung" eingegangen. *Regina Becker-Schmidt* geht in Auseinandersetzung mit der Systemtheorie und gestützt auf eine sozialpsychologische Perspektive dem Gedanken nach, welchen Verdrängungen und Rationalisierungen Gesellschaftstheorie unterliegt, wenn sie sich ihrer Anleihen aus dem naturwissenschaftlichen Bereich nicht bewußt wird. Sie zeigt, daß Gesellschaftstheorie, die Androzentrismen naturwissenschaftlicher Erklärungsmodelle übernimmt, ein zentrales gesellschaftliches Verhältnis, das der Geschlechter, und seinen empirischen Ausdruck, die geschlechtsspezifische Selektivität von Rationalisierungsprozessen, nicht zu erkennen vermag. Der aktuelle Streit um die Leitbilder veranlaßt *Brigitte Aulenbacher* zu der Frage, wie die bisherige tayloristisch-fordistische Vergesellschaftung der Geschlechter in Rationalisierungsleitbilder einfließt. Gezeigt wird, daß in Rationalisierungsleitbildern nicht nur die Zukunft industrieller Arbeit, sondern auch die Neuformierung des Geschlechterverhältnisses vorgedacht und, so ihre Überlegungen, damit auch zukünftige Pfade industrieller und technischer Entwicklung im Geschlechterverhältnis definiert werden. Mit neuen Konzepten der Organisationsentwicklung in der Forschungs und Entwicklungsarbeit und der Konstruktion und somit einem Segment hochqualifizierter industrieller Dienstleistungstätigkeit und Männerbeschäftigung, setzt sich *Magdalene Deters* auseinander. In ihrer Untersuchung des impliziten male bias moderner Vertrauensorganisationen zeigt sie, daß die Zugangschancen für Frauen zu diesen Beschäftigungssegmenten aufgrund der Unvereinbarkeit von Weiblichkeitsstereotypen mit den neuen, durch Vertrauen gesteuerten Arbeitsbeziehungen letztlich geringer sind als in traditionellen Bürokratien. *Gisela Dörr* schließlich beschäftigt sich mit dem Bedeutungswandel von Hausarbeit, ihrer Privatisierung und Individualisierung im Verlauf der Geschichte der Rationalisierung. Da in die Haushaltsrationalisierung geschlechtsspezifische Rollenzuweisungen und Stereotypen eingehen, wurde und, so ihre Prognose, wird mit der zunehmenden Haushaltstechnisierung die unsere Gesellschaft charakterisierende Arbeitsteilung zwischen den Geschlechtern trotz sich ändernder materieller Rahmenbedingungen konserviert.

Der dritte Teil des vorliegenden Buches gilt dem Thema „Industrielle Rationalisierung im Umbruch". Ausgehend von der Überlegung, daß von einem gesellschaftlichen Umbruch dann gesprochen werden kann, wenn die eine Epoche charakterisierenden Denkmuster erodieren, fragt *Tilla Siegel*, inwiefern sich die in den neuen „schlanken" Rationalisierungsmustern verkörperten Denkmuster von den in den alten „tayloristisch-fordistischen" Rationalisierungsmustern enthaltenen unterscheiden. Insbesondere am Beispiel der aktuellen Externalisierung von Selektions- und Hierarchisierungs-mechanismen sowie der Erosion des Konstrukts „gerechter Lohn" diskutiert sie mögliche Folgen des Umbruchs in der industriellen Rationalisierung für die gesellschaftliche Entwicklung. Die programmatische, mit dem Gedanken des "sozialistischen Volkseigentum" verbundene Gleichsetzung individueller und allgemeiner Interessen hat, so analysiert *Rudi Schmidt*, in der betrieblichen Realität der ehemaligen DDR zwar nie funktioniert, aber durch egalisierende Arbeits- und Entlohnungsbedingungen gestützt und in die Planerfüllung als (selbst-)erzieherisches Ziel eingebunden haben sich Vergemeinschaftungsmuster herausgebildet, in deren Ergebnis weniger Konflikte als vielmehr Arrangements die betrieblichen Sozialverhältnisse prägten. Bei der Reorganisation ostdeutscher Betriebe nach marktwirtschaftlichen Prinzipien befinden sich diese Sozialverhältnisse im Umbruch und überlappen sich, so zeigt er am Beispiel der Bauindustrie, alte Gemeinschaftsorientierungen mit neuen sozialen Differenzierungen und Hierarchisierungen und ist zu vermuten, daß erstere mit der Diffusion von Konkurrenz und Leistungsdifferenzierung erodieren. *Monika Goldmann* untersucht am Beispiel von Gruppenarbeit in der industriellen Fertigung und im Dienstleistungs- und Verwaltungsbereich, wie die Umsetzung neuer Produktions- und Managementkonzepte bisherige Geschlechtertrennungen und -hierarchien in der Erwerbsarbeit berührt. Die Suche nach neuen Wegen technisch-organisatorischer Rationalisierung bietet, so ihre Überlegungen, zahlreiche Ansatzpunkte für einen Neuzuschnitt von Arbeit, bei dem, wenngleich gebrochen durch Beharrungstendenzen im Geschlechterverhältnis, zentrale Elemente wie beispielsweise Entlohnungsformen oder Qualifizierungsmaßnahmen im Interesse von Frauen verändert werden können. Die in empirischen Studien immer wieder aufscheinende strukturierende Kraft von Technik veranlaßt *Daniel Bieber* zu der Überlegung, daß die industriesoziologische Rationalisierungsforschung ihre Kritik am technologischen Determinismus relativieren und gleichzeitig Prozessen der Technikgenese größere Aufmerksamkeit schenken sollte. Jene Prozesse lassen sich angesichts gestiegener Kompexität von Produkt- und

Produktionsinnovationen und angesichts der Tendenz zu systemischer Rationalisierung, so zeigt er, als verwissenschaftlichte, von den Anwendungszusammenhängen getrennte und zugleich rekursive Prozese zwischen Entwicklung, Anwendung und Weiterentwicklung begreifen, wobei über Technikmärkte vermittelte Austauschprozesse zwischen den Akteuren der Technikentwicklung bedeutsamer werden und auf notwendige Erweiterungen industriesoziologischer Fragestellungen über den shop floor hinaus verweisen. Anknüpfend an Arbeiten der Regulationstheorie untersucht *Boy Lüthje* am Beispiel der Telekommunikation die Herausbildung von Produktions-, Tausch- und Technologienormen, die bezogen auf die heutigen Telekommunikationsinfrastrukturen mit der Erosion tayloristisch-fordistischer Akkumulation und Regulation verbunden ist. Er stellt fest, daß das traditionelle Infrastrukturmodell einer Kommunikationsinfrastruktur gewichen ist, die die dezentralisierten, "postfordistischen" Reorganisationsprozesse in und zwischen Unternehmen ermöglicht und gleichzeitig zum Aufbau neuer zentralisierter Kontrollformen beiträgt, und zwar nicht nur auf einzelbetrieblicher Ebene, sondern auch gesamtgesellschaftlich.

Der Blick über die Grenzen der je besonderen disziplinären und nationalen Diskurse und die Vielzahl gegenstandsbezogener Facetten gesellschaftlichen Lebens, deren Reorganisation im Zuge des Rationalisierungsprozesses hier beleuchtet wurden, stehen freilich noch nicht für eine interdisziplinäre gesellschaftstheoretische Perpektive oder das gesellschaftliche Ganze. Sie lassen aber das geläufige Verständnis von Rationalisierung als bloß mehr industrielle Rationalisierung fraglich werden. So wollen wir mit unserem Buch zur Diskussion über die historische und aktuelle Bedeutung von Rationalisierung für gesellschaftliche Entwicklungen und über gesellschaftstheoretische Perspektiven ihrer Erforschung anregen.

Für die Unterstützung des Rundgesprächs, aus dem dieser Sammelband hervorgegangen ist, danken wir der Deutschen Forschungsgemeinschaft, dem Institut für Sozialforschung in Frankfurt am Main und dem Fachbereich Gesellschaftswissenschaften der Johann Wolfgang Goethe-Universität Frankfurt am Main. Vor allem danken wir Ingrid Zierold vom Institut für Sozialforschung, die neben der umfangreichen Korrespondenz, die eine solche Veranstaltung von den ersten Überlegungen bis zum Ende begleitet, die Organisation des Rundgesprächs übernommen und damit entscheidend zu seinem Gelingen beigetragen hat. Wir danken aber auch insbesondere allen den TeilnehmerInnen, die, obwohl ihre Beiträge in diesem Buch nicht vertreten sind, Verständnis dafür gezeigt haben, daß wir uns hier auf einige wenige Themenbereiche beschränken mußten. Vieles von dem, was in der Diskussion gesagt, kritisiert, angeregt wurde, findet sich in den für dieses Buch überarbeiteten Beiträgen wieder. Unser beonderer Dank gilt weiterhin Ingrid Goertz, die - die wissenschaftsüblichen Verzögerungen vorausplanend - termingerecht das technisch aufwendige Typoskript für dieses Buch erstellt hat.

Literatur

Haber, Samuel (1964): Scientific Management in the Progressive Era 1890-1920, Chicago/London

Reese, Dagmar u.a. (Hg.) (1993): Rationale Beziehungen? Geschlechterverhältnisse im Rationalisierungsprozeß, Frankfurt a.M.

Taylor, Frederick W. (1977/1913): Die Grundsätze wissenschaftlicher Betriebsführung, Weinheim/Basel

Womack, James u.a. (1991): Die zweite Revolution in der Autoindustrie, Konsequenzen aus der weltweiten Studie des Massachusetts Institute of Technology, Frankfurt/New York

Wood, Stephan (1989): The Japanese Management Model, Tacit Skills in Shopfloor Participation, in: Work and Occupations, Vol. 16, No. 4, Nov. 1989, 446-460

Teil 1

Gesellschaftliche Visionen

Sylvie Schweitzer

Saint-Simonismus, Produktion und Rationalisierung[*]
Ein französisches Programm für eine neue Gesellschaft?

Das neunzehnte Jahrhundert ist eines tiefgreifender Veränderungen, die sich jeweils ihrer eigenen Chronologie folgend in den großen, hoch entwickelten Länder anbahnen. Diese politischen, ökonomischen und sozialen Veränderungen gehen aus der Industrialisierung hervor. Sie ist die Grundlage politischer Umwälzungen, die sich je nach Land verschieden und voneinander abweichend herausbilden. Hierbei hat Frankreich, mit der Revolution von 1798, Modellcharakter.

Die politischen Veränderungen, nämlich die Gleichheit der Individuen, die Menschenrechte, der Status des Bürgers, zumindest für Männer, das Ende der feudalen Privilegien, das Verschwinden der Zünfte, haben natürlich Konsequenzen für die Organisation der gesamten Gesellschaftsstruktur. Das Ende der Zünfte und die proklamierte Freiheit eines jeden bei der Ausübung seines Berufes gehen mit weiteren Veränderungen und einer neuen Vision der Welt einher. Die allgemeine Einführung der Lohnarbeit und die Monetarisierung der Arbeitsverhältnisse, die städtebauliche Entwicklung, die Bevölkerungsverschiebungen besiegeln den Bruch mit den überlieferten sozialen Strukturen, die vor allem auf der Prädominanz des erworbenen Reichtums, aber auch auf den durch Geburt ererbten Privilegien beruhten. Wenngleich die neue Gesellschaftsordnung weder die Familie noch die patriarchale Autorität abschafft, so bringt sie doch neue Formen von Autorität und Hierarchie hervor: Kompetenz und technisches Wissen. Aus der „geschlossenen" wird eine „offene" Gesellschaft, offen für individuelle Begabung und soziale Mobilität.

Diese neue Gesellschaft, diese neue Zivilisation, führt nicht nur zu neuen individuellen und kollektiven Praktiken, sondern auch zu neuen Analysen, mit denen versucht wird, die gewaltigen Umwälzungen zu begreifen, theoretisch zu erfassen und zu beherrschen. Hierzu gehören die „gesellschaftlichen Utopien". Sie wurden nicht nur in der Gesellschaftstheorie, sondern auch von französischen Unternehmern entworfen, wobei die Ansätze der letzteren mit Ausnahme von André Citroën kaum bekannt sind,

---

[*] Übersetzung aus dem Französischen: Horst Jandeck

denn zu sehr wurde die Fabrik bis dato als Konfliktherd betrachtet, anstatt als Ort, an dem die neue Gesellschaft in Form gegossen und erzeugt wird.

1 Das Erbe der Denker

Die Gesellschaftsanalysen des neunzehnten Jahrhunderts haben zum Verständnis dieser modernen Entwicklung beigetragen. Es geht hier weder darum, über die Gültigkeit dieser Ansätze zu urteilen, noch darum ihre Autoren zu klassifizieren (Fourier, Sismondi, Say, und sogar Marx...), sondern darum, zu erhellen, ob ihre Beiträge bei der Gestaltung der neuen Gesellschaft, bei der Reifung ihrer theoretischen Grundlagen und bei der Beherrschung ihrer Neuerungen, einschließlich der sozialen, hilfreich waren. Eine dieser Theorien, der Saint-Simonismus, hat starke Auswirkungen auf die Eliten, besonders die industriellen, gehabt, denn sie versucht einen Gesellschaftsentwurf zu begründen, der die Produktion, die Produzierenden und die verschiedenen Industrien favorisiert. Diese Saint-Simonsche Tradition soll hier behandelt werden als Repräsentantin einer Ideologie, die, im zwanzigsten Jahrhundert, die „Rationalisierung" in den Mittelpunkt der Diskussionen stellt, die die Organisation der Gesellschaft zum Gegenstand haben. „Rationalisierung" konnotiert Ordnung, Strenge, maximale Nutzung der menschlichen und individuellen Möglichkeiten bei der Arbeit, Organisation; aber „Rationalisierung" ist auch eine Ideologie des Wandels im Rahmen dessen, was sie verspricht: Massenproduktion, Konsum für alle und das Verschwinden der Armut. „Rationalisierung" kann also als eines der gestaltenden Konzepte der Industriegesellschaft verstanden werden.

Allerdings scheint - was näherer Prüfung bedürfte - dem Begriff „Rationalisierung" in Frankreich ein weniger umfassendes Verständnis zu unterliegen als in Deutschland. Er wird vor allem seit der Produktionsausweitung der 1920er Jahre verwendet, um ein Produktionssystem zu bezeichnen, das die Erfahrungen von Ford, Taylor, aber auch der französischen Ingenieure, wie Le Chatelier oder Guillet, zusammenfaßt. Anders als im Deutschen konnotiert der Begriff im Französischen nur selten die Vorstellung einer „Rationalisierung" der Gesellschaft; man zieht Begriffe wie „Organisation" oder „Spezialisierung" vor.

Ist das vielleicht deswegen so, weil die *ratio*, „die Vernunft", zum philosophischen Erbe Frankreichs gehört? Denn der moderne Gebrauch von *ratio*, die produktive *ratio* eingeschlossen, geht auf Descartes zurück. André Citroën, der Automobilkonstrukteur, ein großer Verfechter und Illustrator der Massenproduktion, sieht Arbeitszerlegung als französische Errungenschaft: „Der menschliche Geist muß sich einer wissenschaftlichen Methode unterwerfen (...), diese Methode, Sie haben es erkannt, ist weder amerikanisch noch ist sie neu, sie ist französisch und stammt aus unserem XVII. Jahrhundert; es ist Descartes - durch Sokrates inspiriert - der sie erdacht hat und sie drückt die Erfordernisse der menschlichen Vernunft so gut aus, daß sie sich überall durchgesetzt hat".[1] Hier wird auf den „Discours de la Methode" („Abhandlung über die Methode") von Descartes und dessen zweites Prinzip verwiesen: Man muß „eine jede der zu untersuchenden Schwierigkeiten in so viele Parzellen aufteilen wie man nur kann und wie es erforderlich ist, um sie am besten zu lösen".[2] Das Verstehen einer so zergliederten Welt liefert die Rechtfertigung für den in „Bruchstücke" parzellierten Arbeitsprozeß. In Frankreich nimmt Henri Le Chatelier, Verfasser von Lehrbüchern der Philosophie für Gymnasien, bekannter Befürworter der Rationalisierung und Übersetzer von F.W. Taylor, mit seinem stark von Taylor inspirierten Aufsatz *L'industrie, la science et l'organisation au XXe siècle* einen beachtlichen Rang ein; ein Abschnitt dieses Aufsatzes trägt den Titel „Die Rolle des Determinismus in der Industrie", ein anderer „Was die Industrie der Grundlagenforschung verdankt"; im selben Kapitel wird Frederick Taylor in eine Reihe gestellt mit den Erfindern und den Verwertern der physikalischen Gesetze, wie Lavoisier, Ampère und Joule...[3] Die amerikanischen Ingenieure weisen, zumindest wenn sie in Frankreich sind, in dieselbe Richtung: „die cartesianische Geisteshaltung der Franzosen sollte mehr als jede andere die unausweichliche Logik der Prinzipien Taylors erfassen".[4]

Bekanntlich ist der vierte und letzte Punkt der cartesianischen Logik: „überall so vollständige Aufzählungen und so umfassende Übersichten zu machen, daß ich sicher sein kann, nichts auszulassen". Diese Methode wird von allen Ingenieuren befolgt, die von dem Gedanken der Arbeitsrationalisierung durchdrungen sind: „Wenn man sich für den Produktionsbereich, auf dem man sich spezialisieren möchte, entschieden hat, so gibt es, um ans Ziel zu gelangen, eine äußerst einfache Methode, die schon wegen ihrer Einfachheit überall geboten ist: Sie besteht darin, vor dem Beginn der Arbeit eine Liste aller zu vollziehenden Arbeitsschritte anzufertigen". Dies ist das Modell Henry Fords: „Man muß die Maschinen in der vorgesehenen Reihenfolge für jeden Arbeitsgang aufstellen; je länger der Arbeitsgang, um so mehr Maschinen müssen aufgestellt werden". Soweit der Gesichtspunkt des Unternehmers. Aus der Sicht der Ausführenden jedoch bedeutet es: „Die Spezialisierung besteht darin, ständig dieselben Leute denselben Arbeitsschritt ausführen zu lassen; daher hat sie auch ihre Gegner".[5]

Diese „Abhandlung über die Methode", diese Auffassung der Arbeit, berührt auch die anderen Bereiche ökonomischen und sozialen Lebens, sie weist außerdem einen Weg, die Welt als Ganzes zu begreifen und zu organisieren. Gemeint sind die Organisation des Staates und der sozialen Beziehungen, die Methoden zur optimalen Entwicklung der menschlichen und materiellen Ressourcen einer Nation, die Schritte zur Harmonie zwischen Mensch und Maschine und zum Fortschritt. Einer der Theoretiker dieser neuen Logik und der Organisation der schaffenden Menschen ist Henry de Saint-

---

1   André Citroën, „L'organisation scientifique du travail"
2   René Descartes, *Le Discours de la Méthode*, zweiter Teil.
3   C. Brunod und J. Jacob, *De Montaigne à Louis de Broglie*, Handbuch für die Oberstufe, 1965
4   nach H. Héron, „Le taylorisme hier et demain", *Les Temps modernes*, September 1975 , S.244.
5   André Citroën, „La vie à l'usine"

Simon.[6] Dieser Philosoph liefert uns eine Analyse der sich entwickelnden neuen Gesellschaft und eine politische und ökonomische Theorie, die zum Bezugssystem für einen Teil der Industriellen wird. Seine Vision der Welt wird insbesondere an der Ecole Polytechnique, der französischen Eliteschule, unterrichtet, aus der Saint-Simon selbst hervorgegangen ist, so wie sein berühmtester Schüler, Auguste Comte, der Philosoph des Positivismus, der schließlich selber Professor an der Ecole Polytechnique wird. Von Saint-Simon sagte Engels, er sei ein Universalgeist wie Hegel, und seine Philosophie wird im *Manifest der Kommunistischen Partei* gewürdigt. Es geht hier nicht darum, ob Saint-Simon einer der Väter des modernen Sozialismus war oder nicht, sondern um die Darstellung seiner Analysen der Gesellschaft und der Phänomene der Industrialisierung. Für ihn, dessen Lehrer d'Alembert war, und der im Amerikanischen Unabhängigkeitskrieg kämpfte, ist das neunzehnte Jahrhundert der Beginn einer neuer Weltordnung. Die Revolution von 1789 hat auf dramatische Weise den Übergang von einer feudalen und theologisch bestimmten Welt zu einem industriellen und philosophischen System markiert. Das neue politische Zeitalter - das des großen demokratischen Staates ohne König und Kasten - entspricht einem neuen ökonomischen Zeitalter, in dem die Arbeit zum zentralen Element wird. Die alte soziale Ordnung wird von dieser Auffassung erschüttert, insbesondere die Müßiggänger haben in ihr keinen Platz mehr: Arbeit wird zur sozialen Pflicht.[7]

Dies ist der Kern der Saint-Simonschen Doktrin: Die Gesellschaft muß aus produzierenden Menschen, aus „Arbeitern" bestehen; unter ihnen nehmen die Unternehmer und vor allem die Bankiers eine Schlüsselstellung ein: Im Mittelpunkt der Saint-Simonschen Bemühungen stehen all die „gigantischen Programme", die Fortschritt und Modernität Geltung verschaffen sollen. Andererseits werden alle Berufe als gleichberechtigt angesehen: die Produzenten und Arbeiter aus Industrie und Landwirtschaft, die Beamten, die Wissenschaftler und Künstler... Diese große Vereinigung der Produzenten soll also die Zivilisation regenerieren. Während Marx ein auf das Proletariat beschränktes Bündnis vorschwebt, während Jean-Baptiste Say und Adam Smith den Verbraucher im Mittelpunkt der Gesellschaft sehen, strebt Saint-Simon eine große Koalition aller Produzenten an.

Überdies soll diese kollektivve Anstrengung zur sozialen Emanzipation der Armen führen. Wie etliche Denker des neunzehnten Jahrhunderts ist Saint-Simon von dem Problem der Armut besessen. Für ihn, wie auch für Sismondi, darf der Arme nicht seinem Elend und dessen Gegenstück, der Mildtätigkeit, überlassen werden. Der Arme soll produzieren und konsumieren, seinen Platz in der neuen Gesellschaft finden, die aus Arbeit eine soziale Verpflichtung macht. Hier kommt der individuellen Ausbildung ihre besondere Bedeutung zu: An die Stelle des Zufalls und der sozialen Zwänge tritt der staatlicherseits organisierte Unterricht, insbesondere die Berufsausbildung. Die Ar-

---

6 1760-1825; seine wichtigsten Schriften: *L'Industrie* (1817), *Le système industriel* (1821)
7 Zu den Ideen Saint-Simons und seiner Schule siehe Maxime Leroy, *Histoire des idées sociales en France*, Band 2, *de Babeuf à Tocqueville*, Paris, Gallimard, 1950.

beitsteilung hat eine segensreiche Wirkung, denn sie führt zum planvollen Einsatz der verschiedenen persönlichen Fähigkeiten. Die Wahl wird nach der jeweiligen Eignung in Ausbildungsprogrammen getroffen, deren Aufgabe es ist, alle Produktionsbereiche miteinander zu verknüpfen. Die Lenkung der Gesellschaft soll ökonomischen Charakter haben und wissenschaftlich organisiert sein.

Dem Konkurrenzkampf setzen die Anhänger des Saint-Simonismus die Vereinigung der Kräfte entgegen, sie stellen die Produktion über den Verbrauch, und der Freiheit, dem „Liberalismus", setzen sie die Organisation entgegen, jene Organisation, die im Begriff der Rationalisierung definiert werden kann als jene rationale Lösung, die alle sozialen Akteure und ihre scheinbar widersprüchlichen Denkmuster versöhnen soll.

2   Ein französischer Weg?

Der Saint-Simonismus wird in Frankreich als die traditionelle Denkweise der Absolventen der Ecole Polytechnique betrachtet. Unter diesen sind die Brüder Emile und Isaac Péreire beispielhaft. Als Zeitgenossen der Saint-Simonsche Schule stehen sie mit ihr in enger Beziehung und verfassen Artikel für das Organ dieser Schule, Le Globe.[8] Ausdrücklich dieser Weltsicht verpflichtet entwickeln sie die Idee einer Bank für Kredite, Darlehen und Anlagen für Produzenten. 1852 gründen sie die Banque du Crédit Mobilier, die 1867 in Konkurs geht. Sie sind Vertreter der Ideologie des „gigantischen Programms", verbinden ihre Geschäfte mit ökonomischen und sozialen Projekten und sind entschlossene Befürworter des Ausbaus der Eisenbahn, der die öffentliche Meinung in Frankreich ablehnend gegenüber steht. Um den kommerziellen und industriellen Aufschwung zu fördern, planen sie ein großes Eisenbahnnetz, das Europa und den Orient überziehen soll. Sie sind die Initiatoren der Bahnlinie zwischen Paris und Saint-Germain, die zwar kurz ist, aber wirkungsvoll für das neue Verkehrsmittel wirbt. Als Partner der Rothschilds erfinden sie die Aufteilung des Kapitals in kleine Aktien, die auch für den gewöhnlichen Sparer und nicht nur für die Bankiers erschwinglich sind: die Investitionssumme von fünf Millionen wird in 10.000 Aktien zu je 500 Francs aufgeteilt.

Selbstverständlich soll hier nicht die These vertreten werden, daß die Entwicklung des Kapitalismus im neunzehnten und im zwanzigsten Jahrhundert auf die gesellschaftliche Utopie des Saint-Simonismus zurückgeht. Es ist jedoch bemerkenswert, daß sich Unternehmer, die mit ihr vertraut sind, in Theorie und Praxis erheblich von den andern Arbeitgebern unterscheiden. Das wird besonders im zwanzigsten Jahrhundert mit der Ausbreitung der Massenproduktion deutlich. Der Saint-Simonismus sieht Technolo-

---

8   Ihre Cousins, Olinde und Eugène Rodriguès haben sich um Saint-Simon während seiner letzten Jahren gekümmert; über die Brüder Pereire und den Saint-Simonismus, siehe Michael Graetz, *Les Juifs en France au XIXe siècle, de la Révolution francaise à l'Alliance israélite universelle*, Paris, Seuil, 1989 (für die französiche Übersetzung, und Jérusalem 1982), 483 Seiten.

gie nicht als Selbstzweck, sondern als Mittel im Dienste großer Entwürfe, wie etwa der sozialen Harmonie und der Teilnahme aller am Ertrag. André Citroën und eine Anzahl von Industriellen der Jahrhundertwende, wie etwa Louis Loucheur, Unternehmer im Bereich der Elektroenergie und in den zwanziger Jahren Minister, sowie Louis Renault, ebenfalls Automobilkonstrukteur, sind beispielhaft für die besondere Aufmerksamkeit, die sie der Arbeitswelt und der Industriegesellschaft widmen. Sie sind beseelt von dem Wunsch, alle sozialen Kräfte bei der Schaffung einer veränderten Welt zu vereinigen.[9] Ihre Pläne sind umfassend und innovativ; ihr Ziel ist der Überfluß an Gütern und der soziale Frieden.

André Citroën rühmt sich, Industrieller zu sein, Tausende menschlicher Individuen zu beschäftigen. Er sieht sich als Industrieunternehmer und Organisator bei der Herstellung eines Schlüsselobjekts: „Das Automobil ist nach und nach zum wichtigsten Verkehrsmittel geworden, es ist unentbehrlich für den Gütertransport. Es bekommt zunehmend volkstümlichen und demokratischen Charakter; deswegen ist seine Konstruktion eine Zukunftsindustrie, und wir müssen mit vermehrter Energie daran arbeiten, immer weiter gesteckte Ziele zu erreichen, zum größeren Wohl der Menschheit".[10]

Gleichzeitig entwickelt Citroën Ideen zum sozialen Wandel. Sein Ideal wäre, wie das aller Unternehmer, eine Gesellschaft (und selbstverständlich eine Fabrik...), in der sozialer Frieden herrscht und die frei von Konflikten ist - gegründet auf das Einvernehmen der sozialen Klassen, die in der Massenproduktion und im Konsum der Güter wieder zueinanderfinden. Dieses Ideal wird von André Citroën in seinen Reden und Schriften fortentwickelt. Außerdem versucht er die Formalisierung und Dynamisierung der Arbeitgeberverbände und der Gruppierungen jener Politiker und Unternehmer voranzutreiben, denen dieses Projekt am Herzen liegt. In seinen eigenen Fabriken versucht er Beziehungen mit Arbeitern und Gewerkschaften zu schaffen, die den Dialog ermöglichen.[11]

Nach dem ersten Weltkrieg gehen Industrielle und Politiker, zumindest deren fortschrittlichste Fraktion, ein Bündnis ein: sie erarbeiten die Grundlage für ein dirigistisches, ja planwirtschaftliches Modell, das eine Absage an das wirtschaftliche Einzelgängertum ist, das seine Unzulänglichkeit bewiesen hatte: „Man müßte ein nationales Industrieministerium schaffen, das die Industriellen zwingt, sich zu spezialisieren und das ihnen eine Aufgabe zuweist, um sie daran zu hindern, sich zu verzetteln und Arbeitskraft, Material und Geldmittel zu vergeuden."[12] Selbstverständlich ist die Rationalisierung der Arbeit bei der Massenproduktion vorgesehen, die Konsum für alle

---

9   Über die Unternehmer des öffentlichen und privaten Sektors, Richard Kuisel, *L'Etat et le capitalisme en France, Modernisation et dirigisme au XXe siècle*, Paris, Gallimard, 1984; amerikanische Ausgabe, *State and Capitalism in France in the Xxth Century*, Cambridge University Press, 1981.

10 Vortrag von André Citroën bei der Einweihung der Fabriken von Javel, *Le Bulletin Citroen*, Oktober 1933.

11 Zur Karriere André Citroëns und der Organisation seiner Fabriken, Sylvie Schweitzer, *André Citroen, Le Risque et le Défi*, Paris, Fayard, 1992.

12 André Citroën, „L'Avenir de la construction automobile", Vortrag im Conservatoire des Arts et Métiers, *Revue Politique et Parlementaire*, 10. Mai 1929, Seite 241.

sichern soll. Ideen, Projekte und Organisationspläne werden in den am stärksten durch Kriegsanstrengungen geforderten und somit dynamischsten Wirtschaftsbereichen entwickelt. Zur Debatte stehen Konzentration und Erneuerung der Industrie, die Demokratisierung der Betriebe, die Verstaatlichung ausgesuchter Objekte und die Zusammenarbeit der verschiedenen Klassen.

Ein Industrieller wie André Citroën handelt und vertritt auch seinen Standpunkt - vor allem in der Presse. Seine Vorschläge klingen anders als die der Großindustriellen seiner Zeit. Auf Konferenzen, in Reden, in Presseartikeln, sogar in sozialistischen Zeitschriften, etwa in *L'Information ouvrière et sociale*, verbreitet Citroën seine Vorstellungen über eine andere Gesellschaft. So ist bei ihm nicht nur von sozialer Organisation und sozialem Frieden, von Erziehung und Ausbildung und von der Rolle des Staates die Rede, sondern auch von der Geschichte. Saint-Simon faßt sie als die Geschichte der Ausbeutung des Menschen durch den Menschen auf, die im Laufe der Zeit verschiedene Formen angenommen hat: Sklaven, Leibeigene und schließlich das Proletariat. Für Auguste Comte entwickelt sich die Geschichte hin zur Ordnung und zum Fortschritt. Und André Citroën bemerkt seinerseits: „Im Mittelalter, in den engen und düsteren Gassen der Städte, hat jedes Haus im Erdgeschoß einen Laden mit niedriger Decke, schlecht gelüftet, vollgestopft mit Werkzeugen und den zu bearbeitenden Materialien, was ein angenehmes Arbeiten unmöglich machte. In diesem Laden ohne Luft verbrachte der Handwerker ein Leben ohne Horizont."[13]

Mangel an Licht, mangelnde Trennung von Wohn- und Arbeitsbereich, vielen Zwecken dienende überfüllte Räume, geringe Produktivität ohne Innovation - da bietet das zwanzigste, das Fordistische Jahrhundert, ein völlig anderes Bild: Moderne Arbeitsmethoden charakterisieren eine neue Generation. „Der moderne Arbeitgeber orientiert sich nicht an den gewohnten Verfahren, seien sie gut oder schlecht, der alten Gewerbe." Die erste Konsequenz der Entwicklung ist die „Spezialisierung", und zwar der Menschen, der Herstellungsprozesse und womöglich der ganzen Gesellschaft: „Ich möchte sie (die Spezialisierung) in allen Berufen angewendet wissen, sogar in der Literatur, sogar in den Künsten." Die technische Zivilisation hat sich fortentwickelt: „Man kann sein Leben mit der Ausführung derselben Arbeit verbringen, ebenso wie man sehr gut zu seinem Verbrauch nur Gegenstände aus der Serienfabrikation verwenden kann, ohne deswegen den Verlust seiner Persönlichkeit, der Eigenschaften des Geistes, des Herzens und des Charakters befürchten zu müssen. In den Vereinigten Staaten beispielsweise, wo die Arbeitsteilung zum äußersten getrieben worden ist, machte vor einigen Jahren das Statistische Amt eine Umfrage über die verschiedenen religiösen Sekten. Wissen Sie, wie viele gezählt wurden? Mehr als 2.000. Das beweist doch, daß die Amerikaner genug Muße haben, ihre eigene Persönlichkeit zu bilden."

Die Gesellschaft des Industriezeitalters beruht auf Kompetenz und Effektivität, die durch eine Ausbildung vermittelt werden, die diesen Namen verdient. André Citroën

---

13 und folgende Zitate im Text: André Citroën, „La vie à l'usine", siehe oben.

empfiehlt dem Staat, Berufsausbildung und Forschung langfristig zu fördern: „Der Staat müßte eine zentrale Forschungsanstalt der Arbeitswissenschaft (Ergologie oder Ergonomie) einrichten, die die Richtlinien für lokale oder spezialisierte Institute erarbeitet. Er sollte eine Hochschule für Arbeitsorganisation gründen, der es obliegt, Lehrer für regionale Schulen auszubilden, die ihrerseits Ausbilder heranziehen, die die Prinzipien Taylors in die Fabriken tragen werden. In allen öffentlichen Schulen, bis hin zu den berühmten Hochschulen, soll der Staat Lehrgänge einrichten, die die Prinzipien der Arbeitswissenschaft und deren Beziehungen zu den Geisteswissenschaften und den technischen Wissenschaften vermitteln."[14]

Zur Ausbildung entwickelt André Citroën folgende Vorstellungen: „Der Mensch ist keine Allzweckmaschine und es ist notwendig, ihm einen Arbeitsplatz zu geben, der seinen Fähigkeiten am besten entspricht (...); es ist notwendig, diese Fähigkeiten einer regelmäßigen Überprüfung zu unterziehen, um eine gute Aufgabenverteilung zu erreichen und andererseits eine ständige Weiterbildung nach wissenschaftlichen Gesichtspunkten zu gewährleisten."[15] Dabei dürfen die Grenzen einer jeden Kompetenz nicht vergessen werden: „Die Entfernung von Fachkräften aus den Betrieben bringt aktzeptable Resultate in den Montagefabriken, in denen die Arbeit sehr einfach ist und wenige Arbeiter und relativ wenig technische Kenntnisse erforderlich sind; aber sie scheitert in Fabriken, in denen problematische Werkstücke wie Motoren, Getriebe, Hinterachsen und elektrischer Zubehör gefertigt werden."[16]

Hier werden Parallelen zum Saint-Simonschen Begriff der „capacités" deutlich, die die Welt der Produktion lenken, jene „intelligence", die allein besitzen, produzieren, verwalten, regieren soll. Mit ihr wird eine Harmonie angestrebt, die durch die Vereinigung der Kräfte gefestigt wird. Citroën preist sie im nationalen wie internationalen, industriellen wie kommerziellen Kontext: „Anstatt gleichzeitig zehn oder fünfzehn Handelsvertreter für zehn oder fünfzehn Firmen nach Indien oder in die Kolonien zu schicken, damit sie sich im Konkurrenzkampf aufreiben und die allgemeinen Kosten um ein Fünfzehnfaches vermehren, wie es in der Automobilindustrie der Fall ist, sollten die französischen Vertreter, jeder für seinen Spezialbereich, in alle Länder fahren und französische Waren verkaufen, mit Hilfe von Katalogen, die von allen Firmen Frankreichs herausgegeben werden."[17]

Warum sollen sich nicht alle gesellschaftlichen Kräfte miteinander verbinden? „Wichtiger als die Arbeit ist im Leben der Arbeiter die Frage ihrer Organisation, ob föderal oder konföderal, die Beziehungen ihrer Gewerkschaften zum Staat oder zu den Unternehmerverbänden und schließlich all die Fragen der Lohnverhandlung, die die sogenannte Klasse der Unternehmer der Arbeiterklasse gegenüberstellen."[18] Die

---

14 André Citroën „Appliquons en France les méthode américaines", *La Revue des vivants*, Oktober 1927, Seite 459-465.
15 „Les idées de M. Citroën „ siehe oben.
16 André Citroën, „L'avenir...", siehe oben
17 siehe oben
18 André Citroën, „La vie à l'usine...", siehe oben

wissenschaftliche Betriebsführung ist im Gedanken der Produktionsentwicklung verankert. Die Steigerung der Produktivität, die Assimilierung neuer Techniken und Lohnerhöhungen könnten zum gemeinsamen Sammelpunkt für Unternehmer und Arbeitnehmer werden. Das beste Mittel, den Armen zu helfen, ist Wohlstand zu schaffen. Wir erkennen hier das Kraftfeld, das den Reformismus inspiriert hat.

André Citroën appelliert an Arbeiter und Gewerkschaften: „Wenn die Methoden der wissenschaftlichen Betriebsführung als nutzbringend für jedwede Art von Produzenten und für die Gemeinschaft aller anerkannt werden, dann müssen alle Beteiligten - Arbeitgeber, Arbeiter und Staatsorgane - zusammen daran arbeiten, sie der Öffentlichkeit zugänglich zu machen, zu verbreiten und ihre Anwendung generell durchzusetzen; (...) Die Arbeiter, vertreten durch ihre Gewerkschaften, insbesondere die CGT,[19] werden sich bemühen, die Kenntnis über die Prinzipien der wissenschaftlichen Betriebsführung zu verbreiten."[20] Neben Citroën verteidigt auch die reformistische CGT das neue Arbeitssystem und dessen Resultate in der amerikanischen Gesellschaft.[21] Doch es gibt auch das Beispiel der radikalen CGTU und der Kommunistischen Partei. Erst in den Jahren 1926/1927 stellen diese beiden Organisationen die wissenschaftlichen Arbeitsmethoden an den Pranger, ohne jedoch deren Mechanismen völlig zu demontieren und ohne ihre Langzeitwirkung vorauszusehen. Dargestellt in einer großartigen Metapher, beschränken sie ihre Taktik darauf, „den Regenschirm zu öffnen", zu verlangen, daß die neuen Arbeitsmethoden durch höhere Löhne kompensiert werden: „Wenn jemand sagt, er sei gegen die Fließbandarbeit, kommt er mir vor wie jemand, der sagt, er sei gegen den Regen. Gewiß ist der Regen nicht besonders beliebt, doch da man ihn nicht verhindern kann, muß man eben einen Regenschirm benutzen. Don Quichotte ist tot und trotz seiner Mühen sind aus den Windmühlen Mehlfabriken geworden (...). Unsere Position ist klar: wir sind für die Prinzipien der wissenschaftlichen Betriebsführung, auch für die Fließbandarbeit und auch für die Produktionsnorm."[22] Und wenn die Kommunisten, noch heftiger als bisher, gegen die Methoden Taylors und Fords agitieren, so denken und schreiben sie weiterhin, daß das, was in Kapitalismus schädlich ist, beim Aufbau und bei der Elektrifizierung der Sowjetunion völlig angemessen und fortschrittlich ist.[23]

Im Umgang mit seinen Arbeitern ist André Citroën ein Befürworter des Dialogs. Seine ersten Erfahrungen macht er 1912 als Leiter der Automobilwerke Mors mit etwa 1.200 Arbeitern. Nach einem Streik gewährt er den Arbeitern die Wahl von Arbeitneh-

19 Confédération Générale du Travail, reformistischer Flügel der französischen Gewerkschaftsbewegung, die sich nach der Revolution in Russland gespalten hatte; die Mehrheit der Arbeiter sammelt sich in der kommunistisch orientierten Confédération Générale du Travail Unitaire (CGTU). Die Wiedervereinigung erfolgt im März 1936 wenige Wochen vor der Regierungsübernahme durch die Volksfront (Front Populaire), ein Bündnis der linksgerichteten Parteien, die im Frühjahr 1936 mit einem gemeinsamen Programm in der Deputiertenkammer die Mehrheit erlangen.
20 André Citroën, „La vie á l'usine", siehe oben
21 Hyacinthe Dubreuil, *Standards*, Paris, 1929 und *Nouveaux Standards*, Paris, 1931.
22 *Congrès des Métaux de la CGTU*, Dezember 1927
23 Über die Positionen der Arbeiterorganisationen, Sylvie Schweitzer, *Des Engrenages à la chaîne, Citroën, 1915-1953*, Lyon, 1982.

mervertretern und außerdem die „Englische Woche". Er macht nicht nur weitreichende Zugeständnisse, sondern er wählt auch einen für seine Zunft sehr eigenwilligen Stil, der sich durch Offenheit und Verhandlungsbereitschaft auszeichnet. Er spricht sogar vor einer Streikversammlung, um seinen Standpunkt darzulegen. Für ihn sind Dialogbereitschaft, Diskussionen und Versammlungen Prinzipien der Unternehmensführung. Umsichtig macht er allerdings auch Einschränkungen: „Um Konflikte zu vermeiden, muß der Unternehmer ständigen Kontakt mit seinem Arbeiter pflegen. Es ist jedoch nicht ratsam, in Riesensälen, etwa der Kantine, mit zwei- oder dreitausend Personen auf einmal zu reden. Die Reaktionen einer Menschenmasse sind äußerst reflexhaft und ein zu großes Auditorium wird nur schwerlich Gesichtspunkte austauschen können". Deswegen ist es am besten, „einen höflichen Gedankenaustausch" anzuregen, in Konferenzräumen, die höchstens 200 Personen fassen.[24] Wenn Arbeitsniederlegungen drohen, soll der Unternehmer immer persönlich anwesend sein. Im März 1918 erreicht er die Beendigung eines Streiks durch rückwirkende Lohnerhöhungen, Bezahlung der Streiktage, Einsetzung von Delegierten der Arbeitnehmerschaft, die durch den Betriebsrat geschützt sind, durch Revision der Lohngruppen und durch Löhne, die sich nach der Qualifikation und dem Ertrag richten. Die Arbeitnehmervertreter sind sichtlich zufrieden mit der Art der Behandlung, die sie bei ihrem Chef erfahren haben: Auf der Arbeiterversammlung, bei der sie über die Vereinbarung Bericht erstatten, verlangen sie, daß André Citroën zugunsten der Streikenden einer benachbarten Fabrik interveniert!

Im Jahr 1919 kommt es zu großen Streiks in der Pariser Metallindustrie. Und dennoch: Als die Entlassungen wegen Umstellung der Produktion zunehmen, akzeptiert sogar die Arbeiterpresse die Argumente Citroëns, was außergewöhnlich ist: Wenn (die Citroën-Fabrik) Javel Leute entläßt, dann nicht aus dem Willen zur Unterdrückung, wie andere Unternehmer, sondern wegen einer vorübergehenden Krise. „Er ist der Unternehmer, der noch am wenigsten finstere Absichten hat", schreibt *L'Humanité*. Zum gleichen Zeitpunkt erklärt Citroën den Arbeitern, daß er gelassen der eventuellen Gründung von Arbeiterräten (nach sowjetischem Vorbild) in Frankreich entgegensieht: „Der Arbeiterrat könnte seine technischen und organisatorischen Qualitäten in den Dienst der veränderten Situation stellen." Das ist sehr ungewöhnlich und Jules Romain legt die gleichen Worte in den Mund des Automobilherstellers Bertrand, einer Nebenfigur aus *Hommes de bonne volonté*: „Ich sage euch, ich wünsche mir die Revolution gewiß nicht herbei. Aber ich fürchte sie weniger als andere...Ich habe die Vermutung, daß die Arbeiterräte nicht abgeneigt wären, mich als Generaldirektor meiner Fabriken zu behalten."[25]

Wir sehen, daß Theorie und Praxis bestimmter Unternehmer weit entfernt sind von der tradierten Vorstellung des absolutistischen und allmächtigen Bosses, der jeden Dialog mit den Arbeitnehmerorganisationen verweigert.

---

24 André Citroën, „La vie à l'usine", siehe oben.
25 *L'Humanité*, 21.Februar 1924 und *Les Hommes de bonne volonté, Le Sept Octobre*, Kapitel 18.

So könnte eine der Arbeitshypothesen zur „Rationalisierung" als gesellschaftlicher Organisationsprozeß, die anderen sozialen Normen gegenübersteht, folgende sein: In der neuen Gesellschaft, die sich mit der Industrialisierung herausbildet, müssen neue soziale Normen und Praktiken gefunden werden. Diese unterscheiden sich aufgrund der Veränderungen, die die Industrialisierung nach sich zieht, radikal von denen der alten feudalen Ordnung: Nicht nur Klassenkampf und Unterdrückung des Proletariats sind Ausdruck dieser Veränderungen, sondern vor allem die Verstädterung und der Verlust der Bindungen an die Bauerngesellschaft, die Bürgerrechte und das Recht des einzelnen auf Erziehung, die Serien- und schließlich die Massenproduktion, die Lohnarbeit mit ihren Folgen: die Monetarisierung menschlicher Beziehungen und der Warenkonsum, außerdem die neuen sozialen Hierarchien, die die alten Wirtschafts- und Sozialsysteme ersetzen. Von nun an liegt die Legitimation des einzelnen nicht mehr in seiner Geburt, sondern in seinem Wissen. Neue soziale Normen erscheinen, in deren Mittelpunkt bestimmte Autoren - von Saint-Simon bis André Citroën - die Organisation und die Rationalisierung als die bedeutendste Struktur erkennen.

Yvonne Hirdman

„Gesellschaftliche Planung unter rationaler Kontrolle": Social Engineering in Schweden in den dreißiger und vierziger Jahren[*]

Einleitung

Der Schwerpunkt meines Beitrags über das auf die gesamte Gesellschaft bezogene „social engineering" in Schweden in den dreißiger und vierziger Jahren wird auf der diskursiven Struktur dieser Art von „rationalem Denken" über eine Gesellschaft, ihre Mitglieder und die Beziehung zwischen beiden liegen. Mit diskursiver Struktur meine ich die Elemente und die implizierte Logik, die im Denkmuster des „social engineering" tief verwurzelt sind.

Deshalb beginne ich mit einem Überblick über die noch „rohen" Ideen, auf welche sich Sozialpolitik bezieht: Glück und Geschlechter. Sie finden sich meiner Auffassung nach in der Ideologie der sogenannten utopischen Sozialisten und hatten für die neue Ideologie der Sozialpolitik der dreißiger Jahre, deren Kern ich hier mit „social engineering" umschreibe, wesentliche Bedeutung. Allerdings handelte es sich nicht so sehr um einen linearen Einfluß als vielmehr um das Erbe eines ganzen Bündels von Ideen, das zum Vorschein kommt, sobald man anfängt, dieses Thema ausführlich zu behandeln.

Ohne hier allzu großen Nachdruck auf die vielfältigen Implikationen zu legen, die mit dem Konzept der Rationalisierung verbunden sind, will ich lediglich Teile einer Geschichte davon erzählen, was führende Politiker und Intellektuelle - die hier „Sozial-ingenieure" genannt werden - in den in politischer Hinsicht fruchtbaren dreißiger und vierziger Jahren in Schweden über Gesellschaft dachten und wünschten. Darüber hinaus soll mit Hilfe einer konkreteren Analyse der in der „prophylaktischen Sozialpo-

*   Übersetzung aus dem Englischen: Claudius H. Riegler

litik" enthaltenen Ideen versucht werden, zu einem Verständnis des Konzepts und seines Hintergrunds zu gelangen.[1]

Die Idee vom Glück

Das schlichte Wort „Glück" eignet sich wie kaum ein anderer Begriff, um die vielen revolutionären neuen Ideen und Ereignisse zusammenzufassen, die sich in den Köpfen der Menschen und in der „Wirklichkeit" des späten 18. Jahrhunderts abspielten.

Die Idee vom Glück - worunter *allgemeines* Glück zu verstehen ist - lag tief verwurzelt (allerdings nicht so unmittelbar zu verstehen) in dem sich ausweitenden „Ideensystem" von Demokratie. Dieses Denken schuf eine Vorstellung vom Menschen als „jedermann", „alle", anstelle der Vorstellung von Menschen, die jede/r seinen/ihren „rechten" Platz in einer stark differenzierten Menschheit einnahmen. Die industrielle Revolution - der Kapitalismus - schuf darüber hinaus die „gemeine" Masse, und trotz - oder vielmehr wegen - des Unglücks, das sie den ersten Generationen der neuen Arbeiterklasse brachte, versprach sie auch die Chance, Wohlstand über die neue Klasse der Kapitalisten hinaus auszuweiten.

Der Gedanke, allgemeines Glück herstellen zu wollen, ist wiederum geprägt durch eine Reihe fast unvermeidlicher Implikationen: Die eine ist das „know-how" von Glück: Was erzeugt Glück? Eine andere besteht darin, daß dieser Gedanke eine Art grandioser Planung erforderlich macht. Dabei handelt es sich um zweierlei Arten von Planung, die in Symbiose existieren: a) Sie erfordert eine Gesellschaft, die so gut „konstruiert" ist, daß sie dem Glück der Menschen keine Hindernisse in den Weg legt. b) Sie setzt Menschen voraus, die so „konstruiert" sind, daß sie nicht ihrem eigenen Glück oder dem anderer Menschen entgegenstehen.

Obwohl man nicht das eine ohne das andere haben kann, war es möglich, den Schwerpunkt entweder auf „Mensch" oder auf „Gesellschaft" zu legen. Aus der Machtperspektive heraus machte dies einen grundlegenden Unterschied aus. Unter dem Blickwinkel sozialer Rationalisierung jedoch bestimmte eine Form von Logik beide Einfallswinkel: eine Konstruktionslogik.

Glück war das explizite Ziel, das den neuen Ideen gesellschaftlicher und menschlicher Rekonstruktion zugrundelag. Es gab aber auch ein weiteres, ein eher implizites Ziel - das einer Reorganisierung der Geschlechterordnung.

---

1   Dieser Beitrag basiert auf Hirdman, Yvonne (1989): Att lägga livet tillrätta. Studier i svensk folkhemspolitik/Das Leben zurechtlegen. Studien zur schwedischen Volksheim-Politik, Stockholm. Große Teile daraus liegen ins Englische übersetzt vor in: Hirdman, Yvonne (1992): Utopia in the home, in: International Journal of Political Economy, Jg. 22, Nr. 2 (im folgenden zitiert als Hirdmann 1992).

Das Geschlechterverhältnis

Demokratie und Kapitalismus hatten auch nicht beabsichtigte Folgen. In meiner Art, die Ursprünge des Feminismus zu sehen, betone ich die Unordnung der Geschlechterordnung, die hervorgerufen wurde durch zwei Keime der Integration, welche in das neue ökonomische System und in die unvermeidbare *Logik* demokratischen Denkens eingebaut waren. Soweit bis jetzt bekannt ist, sind Geschlechterverhältnisse im Laufe der Geschichte, aber auch heute noch, durch zwei Grundsätze (oder „Gesetze": Logik) bestimmt. Dabei handelt es sich zum einen um den der *Segregation*, durch die Männern und Frauen nicht nur unterschiedliche Bereiche und Tätigkeiten, sondern auch unterschiedliche Charaktere zugeschrieben werden. Beim anderen handelt es sich um den Grundsatz der *Hierarchie*, was bedeutet, daß der Mann die Definitionsmacht über die Normen hatte und hat. Die mechanische Formel des Geschlechterkonflikts könnte also in dem Aufbrechen der segregierenden Logik eines alten Geschlechterverhältnisses und den integrativen Kräften dieser beiden neuen, modernen „Institutionen" liegen.[2] Dieser Konflikt wurde als „Frauenfrage" in Erfahrung gebracht und definiert, obwohl ihm im Kern die Reorganisation von „Mann" wie „Frau" in einer modernisierten Welt zugrundeliegt. Daniel Defoe brachte die männliche Sichtweite dieses Konflikts unverblümt zum Ausdruck mit der Frage: „Wozu brauchen wir Frauen?"

In der Konstruktion des utopischen Denkens bildeten beide Aspekte - der des Glücks und der der Geschlechter - die Hauptsäulen. Ich möchte deshalb ganz kurz einerseits auf die wesentlichen Elemente im Denken von Charles Fourier eingehen, der als Beispiel für einen utopischen Philosophen dienen soll, der den „Mann" (und ein wenig auch die „Frau") in den Mittelpunkt seiner utopischen Konstruktion stellt. Andererseits will ich auf Robert Owen eingehen, der im Gegensatz dazu den Schwerpunkt auf „Gesellschaft" legte. Ich will mich dabei auf diejenigen Ideen beschränken, die die Schaffung eines glücklichen Alltagslebens betreffen, des „kleinen Lebens". Denn in diesen wurzelt - meiner Auffassung nach - die Begründung jener Sozialpolitik, die dann in den Anfängen des Wohlfahrtsstaates zum tragen kam.

Charles Fourier

Charles Fouriers Plan zur Erreichung universellen Glücks leitete sich aus seinem festen Glauben an die vier Bewegungen des Universums ab.[3] Die Theorie der Leidenschaften,

---

2 Als Ansatz einer Theorie vgl. Hirdman, Yvonne (1990): The gender system. Theoretical reflections on the social subordination of women, Bericht Nr. 40, Maktutredningen, Stockholm; vgl. auch Hirdman, Yvonne (1994): Women - from possibility to problem? Gender conflict in the welfare state - The Swedish model. Research Report no. 3, Arbetslivscentrum, Stockholm.

3 Bebel, August (1907/1978): Charles Fourier. Sein Leben und seine Theorien, Leipzig; Talmon, J.L. (1960): Political Messianism, London.

die die „animalische Bewegung" bildete, lieferte ihm das Handwerkszeug für sein innovatives Denken über „Harmonie", d.h. eine gut eingerichtete Gesellschaft, in der die Menschen erfüllt von Aktivität und Glück leben würden, ungebunden ihre Lust und Kreativität erforschend - beschränkt nur durch die Phantasie von Fourier selbst. In der unterdrückten Leidenschaft, jedenfalls was sexuelle Leidenschaft betrifft, sah er die wesentliche Ursache für menschliches Unglück, und die Lösung dieses Problems beschäftigte ihn ausgiebig.

Daher waren seine Gedanken über die Sexualität nicht nur die Phantasien eines einsamen Mannes, sondern ein Hauptbestandteil seiner Theorie der Leidenschaft. Und in ihrer Fähigkeit als freie, sexuell ungebundene Menschen wurden Frauen Mitglieder seiner „Phalanstères". Ihre Fähigkeit, Männer zu erwählen, sie aber auch wieder zu verlassen, ohne durch die unmoralische Einrichtung der Ehe, die teuflischste Institution der „Zivilisation", eingefangen zu werden, schuf für die Phalanstères, die einzelnen Einheiten der Harmonie, eine Art Infrastruktur von großer Bedeutung, da jede Liebesgeschichte Bindungen tiefer Freundschaft zurückließ.

Sobald die Kinder älter als zwanzig Monate waren, sollte sich die „Gesellschaft" um sie kümmern. Diese Kinder sollten so betreut werden, daß sich ihre Talente entwickeln und so zum totalen Glück der Phalanstère beitragen konnten.

Alle Arten menschlicher Bedürfnisse würden wirklich befriedigt werden, und zwar nicht nur „einfache" Bedürfnisse wie Kleidung, Essen, Wärme, Wohnen - obwohl Fourier in seiner Konstruktion mit diesen Bedürfnissen wie mit Spielzeug spielte. Vielmehr ging es auch um die durch das Gesetz der Leidenschaft geschaffenen Bedürfnisse: die des Wandels, der Sexualität, der Abwechslung und schließlich die Bedürfnisse eines dauerhaften „Tuns". Fourier war ein erfindungsreicher und ruheloser Mann. Dies führte dazu, daß er endlose Serien aller möglicher Arten von menschlichen Begierden schuf, die aufgrund der dem Streben nach universellem Glück innewohnenden Konstruktionslogik institutionalisiert werden mußten.

Robert Owen[4]

Im Denken von Robert Owen sollte, so könnte man vielleicht sagen, die Konstruktion, das Bauen dominieren. Dies war sicherlich dem gleichsam religiösen Glauben Owens an die Idee des „Rationalen" geschuldet - ein Element, das fast ein eigenes Wesen besaß.

Die Menschen in Owens Gemeinwesen, erzogen und dazu ausgebildet, die „rationalsten" Lebewesen zu sein „und an ihren Platz gestellt in Übereinstimmung mit den Gesetzen ihrer Natur" würden „jederzeit rational denken und handeln", und zwar auch in der schwierigen Sache der Liebe. Wenn beispielsweise einer Person, die unter

---

4   Owen, Robert (1842/1970): The Book of the New Moral World, part 6, New York. Vgl. auch Browning, M. (1971): Owen as an Educator, in: Robert Owen. Aspects of his Life and Work. Hg. J. Butt, New York.

Eifersucht litt, erklärt würde, daß dies ein falsches Besitzgefühl sei, würde dies Gefühl schlicht verschwinden. Also betonte Owen die Freiheit der Liebe. Er betonte auch, daß Ehe in der neuen Gesellschaft eine Institution der Sympathie und ein „natürliches Gefühl von Zuneigung, nicht beeinflußt durch künstliche Unterscheidungen" sein müsse. Die Ergebnisse der Liebe, Kinder, sollten gemeinschaftlich aufgezogen werden, da sie eher die Kinder der Gesellschaft als eine Art Privateigentum eines einzelnen Paares waren.

Um menschliche Bedürfnisse wie Essen, Kleidung, Wärme etc. sollte man sich in den Gemeinwesen gemeinschaftlich kümmern, wodurch diese das Recht erhielten, auf dem Bedarf der Gesellschaft an „richtigen" Menschen mit rationalen Bedürfnissen zu bestehen. Daraus wiederum ergab sich die Notwendigkeit eines umfassenden Erziehungsprogramms: „Alle Individuen, erzogen, ausgebildet und an ihren Platz gestellt in Übereinstimmung mit den Gesetzen der Natur, müssen einfach immer rational denken und handeln, da sie sonst in physischer, intellektueller oder moralischer Hinsicht krank werden. In diesem Fall muß der Rat [des Gemeinwesens - meine Anm.] sie in das Hospital für in körperlicher, geistiger oder moralischer Hinsicht Kranke schaffen lassen, wo sie zu bleiben haben, bis sie sich mit Hilfe der mildesten Behandlung, die ihre Genesung beeinflussen kann, erholt haben."[5]

Trotz der Unterschiede im Denken von Fourier und Owen zeigen sich auch Gemeinsamkeiten, die den utopischen Diskurs bilden. Die eine war ihre Überzeugung, daß es ein „know-how" gibt - wie Menschen beschaffen waren, wie eine Gesellschaft funktionieren soll, was für die Verwirklichung allgemeinen Glücks nötig ist. Ein „wissenschaftlicher" Ansatz verwandelte Bedürfnisse im Sinne einer vagen, aber landläufigen Vorstellung von Bedürfnissen als Menschenrechten in Bedürfnisse im Sinne von kalkulierten, geplanten, „objektiven" Waren, die nicht nur das größtmögliche Glück für die größtmögliche Anzahl von Menschen schaffen, sondern die darüber hinaus eine neue Gesellschaft hervorbringen sollten.

Die zweite Gemeinsamkeit im Denken beider war also Ergebnis des Bestrebens, die beste aller möglichen Gesellschaften zu schaffen: es erzeugt unwiderruflich eine entsprechende *instrumentelle* Form, eine kalkulierte gesellschaftliche Planung.

Die dritte Gemeinsamkeit bezog sich auf einen möglichen Geschlechterkonflikt.

Die „Frauenfrage"

Auf gewisse Weise leisteten die beiden hier behandelten Philosophen einem Feminismus ihren Tribut, der sich zu ihrer Zeit noch in seiner embryonalen Phase befand. Obwohl sie unterschiedliche Lösungen anboten, war ihnen die Emanzipation der Frau ein wesentliches Anliegen, auch wenn diese Emanzipation durchaus das Ergebnis einer

---

5   R. Owen a.a.O., S. 87[Direktübersetzung aus dem Englischen - Anm. d. Übers.]. Die Ähnlichkeit
    mit dem Denken von J.J. Rousseau in diesem Punkt ist sehr groß - wer sich dem Allgemeinen Willen
    nicht freiwillig unterwerfen wollte, mußte dazu gezwungen werden.

Weltsicht war, die sich aus einem sehr männlichen Blickwinkel ergab. Es handelte sich um eine Emanzipation hin zu Liebe, sexueller Liebe - zum Mann -, indem die Frauen von zwei wesentlichen Hindernissen befreit wurden: vom Haushalt und von den Kindern.

Hingegen beruhte Ablehnung utopischen Denkens durch den „wissenschaftlichen Sozialismus" - den Marxismus - im wesentlichen darauf, wie ersterer sich die Reorganisation des Geschlechterverhältnisses vorstellte. Wie Barbara Taylor gezeigt hat, schufen die Gedanken - und in gewissem Ausmaß auch die kleinen kommunalen Gemeinwesen, die die utopischen Ideen zu verwirklichen suchten - die Grundlagen einer antisozialistischen Propaganda, die sich im Kern gegen die Gemeinschaft von Frauen, die Zerstörung der Familie und die gemeinschaftliche Aufzucht der Kinder richtete.[6]

Ohne irgendwelche Zusammenhänge zur antisozialistischen Propaganda unterstellen zu wollen, muß doch festgestellt werden, daß die marxistische Theorie von der Produktion als der Triebkraft der Geschichte in ihrer logischen Konsequenz der „Reproduktion" ihren Platz zuwies. Im Ergebnis wurde die „Frauenfrage" in theoretischer Hinsicht auf ein Nichts reduziert. Die Idee von Frauen, die sich durch produktives Leben emanzipierten, stellte eher eine Ergänzung der allgemeinen Theorie dar, konnte jedoch ohne Beeinträchtigung dieser allgemeinen Theorie wieder weggenommen werden, was auch geschah.

Aber indem die „Frauenfrage" aus der Theorie entfernt und die „Reproduktion" zu einer ahistorischen Notwendigkeit von „Produktion" reduziert wurde, entschwanden die Möglichkeiten, im Alltagsleben ein Potential für politische Aktion zu sehen. Alltagsleben in einer sozialistischen Zukunft würde gleichsam automatisch neue Konturen erhalten, sobald das Leben auf der Makroebene sozialisiert wäre. Es verlor in den Programmen und in der Agitation an Bedeutung und verschwand in die kleinen Gemeinschaften organisierter sozialistischer Frauen, wo diese erfolglos versuchten, „ihren" Fragen Status und ideologisches Gewicht zu geben.[7]

Daß die „Frauenfrage" als eine seriöse politische Frage vernachlässigt wurde, konnte auch die harte Wirklichkeit nicht ändern, die sich hinter dieser „Frage" verbarg. Irgendwie mußte man sich in einer modernen Gesellschaft mit den „Frauen" beschäftigen. Sollten sie integriert werden - wie es der Wunsch von mehr als nur den organisierten Feministinnen war -, und wenn ja, auf welche Weise? Und was würde mit der den Frauen zugewiesenen Aufgabe geschehen, dem Kinderkriegen und in gewissem Umfang der Kindererziehung? Wie sollte das organisiert werden, wo nun Lohnarbeit, Verstädterung und Technologie Wesen und Milieu der Familie veränderten?

Obwohl die Frage der Geschlechter selten auf eine so offene Art und Weise ausgesprochen wird wie im utopischen Denken, ist doch die Reorganisation des

---

6   Vgl. Taylor, Barbara (1983): Eve and the new Jerusalem. Socialism and Feminism in the Nineteenth Century, London, S. 186 ff.

7   Hinsichtlich der ersten beiden Jahrzehnte des 20. Jahrhunderts in Schweden vgl. Hirdman 1994. Für eine Geschichte der frühen Jahre der Arbeiterbewegung und die „Frauenfrage" vgl. Carlsson, Christina (1986): Kvinnosyn och kvinnopolitik. En studie av svensk socialdemokrati 1890-1910 (Sicht der Frau und Frauenpolitik. Eine Studie zur schwedischen Sozialdemokratie 1890-1910), Lund.

Geschlechterverhältnisses der Kern aller Arten von wohlfahrtsstaatlicher Politik. Man muß danach unter Themen wie „Sozialpolitik", „Familienpolitik" oder „Bevölkerungsfrage" etc. suchen, da sie im Diskurs dieser Zeit selten explizit verhandelt wurde.

Daraus ergibt sich meine These, daß dann, als Politiker, die sich einem sozialistischen Zusammenhang zurechneten, von neuem begannen, für eine radikale Sozialpolitik einzutreten, das utopische Vermächtnis wieder aufgegriffen wurde. Dieses Vermächtnis sollte man nicht als einfachen und geradlinigen intellektuellen Einfluß sehen - etwa als ein Buch, das von einer Hand in die andere geht. Es verhält sich eher so, daß zu dem Zeitpunkt, als man erneut beginnt, „Glück" als eine politische Aufgabe zu diskutieren, der „Diskurs des Glücks" zwangsläufig wiederaufgenommen wird. Dabei wurde auch das Alltagsleben zur Diskussion gestellt und so auch die Gedanken über das Geschlechterverhältnis.

Dieser Diskurs wurde in einem völlig neuen Zusammenhang wieder mit Leben erfüllt, und zwar im Schweden der frühen dreißiger Jahre.

Die Stockholmer Ausstellung von 1930

Auf gewisse Weise begann alles mit der Stockholmer Ausstellung im Sommer 1930.[8] Es handelte sich um ein überraschendes Ereignis: der Modernismus hatte die schwedische Hauptstadt in Form von neuen Häusern heimgesucht - weiße Gebäude mit Flachdächern, entworfen für einen modernen, urbanen Lebensstil, Wohnungen mit Mini-Küchen, Mini-Schlafzimmern, Mini-Wohnzimmern, Bädern und Balkonen. Auf einer Fläche von nur 40m² war eine komplette „Hausmaschine" eingebaut mit auf wissenschaftliche Weise unterschiedenen Abschnitten für eine wirtschaftliche, eine gesellige, eine Schlaf- und Ruhefunktion sowie eine allgemeine Funktion.

Die Häuser und ihre Funktionen und Möblierungen stellten den normativen Ausdruck neuer gesellschaftlicher Träume dar, eine moderne Version der Forderung nach allgemeinem Glück und einer neuen, funktionalen Geschlechterordnung. Diese Ordnung war verankert in einer funktionalistischen Utopie, in der „Arbeit" und nicht „Liebe" die Hauptrolle spielten. Es handelte sich um eine Organisation, die wie in der theoretischen sozialistischen Lösung die (Frauen-) Frage beantwortete, indem sie diese in die Welt der Männer verpflanzte und gewissermaßen ihren traditionellen Ort, die Familie, auflöste. Dies war jedoch kein hervorstechendes Motiv. Es war vielmehr ein Ergebnis des „Akzeptierens" der modernen Zeiten durch die Architekten: „Wenn wir an die Entwicklung des Menschen glauben, dann müssen wir auch glauben, daß eine Zeit kommen wird, wo Maschinen, Erfindungen, disziplinierte gemeinsame Arbeit, ja in der Tat alle Früchte menschlicher Intelligenz und der Fähigkeit des Menschen zu

---

8   Hirdman 1992, S. 32 ff.

organisieren dazu verwendet werden, uns mit den Mitteln zu versorgen, unseren Wert als Einzelpersonen zu erhöhen, und nicht dazu, einige von uns in Fesseln zu stecken."[9]

Die Stockholmer Ausstellung konkretisierte auf faszinierende Weise die heraufziehende neue Politik - die neue „Konstruktion" von Bedürfnissen als das Mittel einer neuen Sozialpolitik.

Die Planungsideologie

In der wirtschaftlich und politisch schweren Zeit der Weltwirtschaftskrise formulierte die schwedische Sozialdemokratische Arbeiterpartei (SAP) ein neues Wirtschaftsprogramm, das „Planungsideologie" getauft wurde.[10] Es war dies das erste Mal, daß eine keynesianische Wirtschaftspolitik eingeführt wurde, mit einem defizitären Haushalt und einer interventionistischen Wirtschaftspolitik, die darauf abzielte, für die Arbeitslosen Arbeitsplätze mit Löhnen zu schaffen, die mit denen auf dem offenen Markt vergleichbar waren.

Die Ideen von „Planwirtschaft" beinhalteten eine neue Verbindung zwischen Arbeit und Heim, da ihre Aufgabe darin bestand, die Krisen durch Konsum zu vermeiden und dadurch die Räder der Industrie in Gang zu halten. Für den Finanzminister, Ernst Wigforss, den hauptsächlichen „Architekten" der Planungsideologie, waren die Ideen über die Bedürfnisse des Heims äußerst wichtig als Antriebe, um die Produktion wieder anzukurbeln. Bedürfnisse waren für Wigforss Bedürfnisse im Sinne von Menschenrechten, d.h. „Grundbedürfnisse" wie Häuser, Kleider, Möbel, Lebensmittel etc..

Für diese neue Art Politiker, den „Sozialingenieur", war die Bedürfnisstruktur ein fruchtbarer Boden für eine expandierende Sozialpolitik. Diesen Politikern zufolge stellten Bedürfnisse zwei Seiten eines Konzepts dar, sie konnten als Menschenrechte und als objektive, meßbare und geplante Bedürfnisse verstanden werden.

„Social Engineering"

„Sie mußten jetzt den Schritt machen von einer bloßen Bestandsaufnahme und Analyse der Kausalbeziehungen zum Aufstellen rationaler Pläne, durch die zweckmäßiger Wandel herbeigeführt werden sollte. Eine solche konstruktive Ingenieurkunst liegt gegenwärtig in Schweden näher als in jedem anderen Land."[11]

---

9 Ibid., S. 33. „Akzeptieren" wurde bei diesen Architekten großgeschrieben; der Begriff war auch Titel der Programmschrift der Stockholmer Ausstellung.
10 Vgl. beispielsweise Lewin, Leif (1967): Planhushållningsdebatten (Die Debatte über Planwirtschaft), Stockholm.
11 Myrdal, Alva (1944): Folk och familj (Volk und Familie), Stockholm, S. 151 f. - Dieses Werk erschien zuerst in einer englischen Ausgabe 1941: Nation and Family. The Swedish Experiment in Democratic Family and Population Policy, New York und London.

Diese Worte schrieb Alva Myrdal in den frühen vierziger Jahren nieder, als sie auf die Erfolgsgeschichte der neuen Sozialpolitik zurückblickte. Auf diese Weise beschrieb sie sich selbst und ihre Freunde, unter ihnen Wirtschaftswissenschaftler, Politiker und Architekten.

Diese neue Art des politischen Menschen (Alva Myrdal war in gewisser Weise ein Paradebeispiel) fühlte sich zur siegreichen sozialdemokratischen Partei hingezogen. Er/sie sah klar die Potentiale, die sich aus der neuen politischen Orientierung innerhalb der Arbeiterbewegung ergaben, die von der sterilen, doktrinären Politik der zwanziger Jahre zur vielversprechenden Neuen Wirtschaftspolitik der dreißiger Jahre aufbrach. Einer, der die reichhaltigen Möglichkeiten erkannte, aus dem weiten Feld des Alltagslebens ein politisches Feld zu machen, war der Ökonom Gunnar Myrdal, der Ehemann von Alva Myrdal. In den frühen dreißiger Jahren schrieb er über die künftige Sozialpolitik, die er als *soziale Prophylaxe* bezeichnete.[12] „Der Sozialingenieur fragt nicht nach historischen Tendenzen und dem Schicksal des Menschen. Er glaubt, daß der Mensch Herr seines eigenen Schicksals ist und daß wir die Geschichte des Menschen genauso nach unseren Vorstellungen beeinflussen oder verändern können wie das Gesicht der Erde."

Soziales Unglück wirklich zu vermeiden - was das ausdrückliche Ziel echter liberaler Reformer war -, bedeute in der Tat eine echte Revolution, schrieb er spöttisch. „Diese Ideologie einer neuen Sozialpolitik trägt in sich starke radikale und in gewissem Grad revolutionäre Möglichkeiten." Der Grund hierfür liege nicht in „weichen" Werten wie Ideologie, sondern in der rauhen Wirklichkeit selbst: Wenn ein Architekt, Techniker oder Soziologe beginne, über das Problem schlechter Wohnverhältnisse oder die „Fehlanpassung" der Familie zu diskutieren, müsse er (oder sie) dadurch, daß es sich ganz einfach um eine Tatsache handelte, zu Schlußfolgerungen kommen, die äußerst überzeugende Lösungen beinhalteten.

Die diesen Argumenten zugrundeliegende Strategie war offensichtlich: Die Organisierung einer besseren, gerechteren und jedenfalls funktionelleren Gesellschaft war nicht die Idee einiger „utopischer Träumer", sondern Ergebnis der engen Verbindung von Sozialpolitik, Technologie und Wissenschaft. In erster Linie waren diese Argumente gegen die Liberalen gerichtet, aber auch die Sozialdemokraten wurden kritisiert, etwa wenn Myrdal behauptete, daß diese neue Sozialpolitik, die auf die Vermeidung sozialen Übels abzielte, wesentlich radikaler sei, als es reformistischer Sozialismus je gewesen war. Und in seiner Interpretation dessen, worauf die neue Wirtschaftspolitik abzielte, verknüpfte er die *soziale Prophylaxe* mit dem neuen Programm:

„Planungsideologie bedeutet genau dies, daß wir nämlich bereit sind, Maßnahmen zu ergreifen, die so gründlich sind, daß sie die größtmögliche Wirkung erzielen. Eben diese radikalere Sozialpolitik ist die Sozialpolitik der Planungsideologie."[13]

---

12 Myrdal, Gunnar (1932): Socialpolitikens dilemma (Das Dilemma der Sozialpolitik), Teil 2, Stockholm.
13 Ibid.

In seinem konkreten Beispiel einer neuen sozialen Prophylaxe wählte Gunnar Myrdal das Haus. Diese Wahl war keineswegs zufällig, und zwar nicht nur deshalb, weil er Teil jener Avantgarde war, die aus Ökonomen und Architekten bestand - jener Gruppe, die von Alva Myrdal einmal beschrieben wurde als „junge radikale Leute, die sich die Freiheit nahmen, alles zu kritisieren/.../die zusammenhielten, weil sie konstruktiv sein wollten"[14] - sondern auch wegen der sozialen Komplexität eines neuen Wohnungsbauprogramms und der engen Beziehungen zwischen radikalem Wohnungsbauprogramm und der neuen keynesianischen Wirtschaftspolitik. Was er wie auch die übrigen Sozialingenieure tatsächlich bezweckten, war, eine neue Gesellschaft zu konstruieren, die nicht nur aus neuen Wohnungen, sondern auch aus neuen Menschen bestünde.

Die Bevölkerungsfrage[15]

1930, im Jahr der Stockholmer Ausstellung, schrieb der Politiker und Ökonom Alf Johansson:

„An dem Gedanken ist überhaupt nichts Phantastisches, daß ein Volk und eine Kultur wegen ihrer Unfähigkeit, die Wohnungsfrage zu lösen, untergehen können. Denn diese Frage beinhaltet einige der grundlegendsten Voraussetzungen für die Gesamtheit des gesellschaftlichen Lebens."

Diese Formulierung der Wohnungsfrage spiegelt recht gut die in den frühen dreißiger Jahren zunehmende Heftigkeit der Debatte unter den Radikalen wider. Als Drohung jedoch war sie im Vergleich zu dem, was einige Jahre später kam, eher harmlos. 1934 wurde das von Alva und Gunnar Myrdal verfaßte Buch „Kris i befolkningsfragan" (Bevölkerungskrise, im folgenden als „Kris" zitiert) zu einem politischen Bestseller. Mit diesem Buch wurden der sozialen Prophylaxe eine Reihe starker neuer Argumente hinzugefügt: Falls gesellschaftliche Reformen wirklich vorbeugender Natur nicht in Angriff genommen würden, würde das Land aufhören zu existieren, da die Menschen sich nicht mehr vermehren würden.[16]

Reichte die Wohnungsfrage nicht als bedrohliches Argument aus, um die Einstellungen der nichtsozialistischen politischen Parteien in Richtung auf eine radikalere und kostspielige Sozialpolitik zu verändern, mußte das mit der Bevölkerungsfrage gelingen. Im Frühjahr 1935 wurde durch den Sozialminister Gustav Möller eine Bevölkerungskommission eingesetzt. Als sie ihre Arbeit 1938 beendete, hatte sie nicht weniger als 18

---

14 Für das ganze Zitat vgl. Hirdman 1992, S. 40 f.
15 Für diesen Teil vgl. Hirdman 1992, S. 40 f.
16 Vgl. Carlsson, Allan (1978): The Roles of Alva and Gunnar Myrdal in the Development of a Social Democratic Response to Europe's 'Population Crisis' 1929-1938, unveröff. Diss., Arbetarrörelsens Arkiv och Bibliotek, Stockholm; vgl. auch Hatje, Ann Katrin (1974): Bevölkningsfrågan och välfärden (Bevölkerungsfrage und Wohlfahrt), Stockholm, sowie Kälvemark, Ann-Sofie (1980): More Children of Better Quality? Aspects of Swedish Population Policy in the 30's, Stockholm.

Regierungsberichte erstellt, die die unterschiedlichsten Themen behandelten wie beispielsweise vorbeugende Fürsorge für Mutter und Kind, Familienbesteuerung, Einrichtung eines staatlichen Instituts für Volksgesundheit, Ernährung, Sexualität, die Entvölkerung des flachen Landes, Mütterversicherung, Entbindungsanstalten, Kindergärten etc.[17]

Meine Absicht ist es hier nicht, alle Einzelheiten der entworfenen und in gewissem Ausmaß auch (vorwiegend in der Nachkriegszeit, der sog. Erntezeit) verwirklichten Reformen zu behandeln. Ich möchte vielmehr analysieren, *wie sich die Sozialingenieure eine neue Sozialpolitik vorstellten, die das entscheidende Element bei der Schaffung einer gut geordneten und gut funktionierenden Gesellschaft ausmachen sollte.* In diesem Sinne verwende ich sowohl das programmatische Buch „Kris" als auch den programmatischen Inhalt einer Reihe der weiter oben erwähnten Regierungsberichte.[18]

In den Myrdals - als Idealtypen der modernen Sozialingenieure - erkennt man deutlich die Verbindung zu den utopischen Philosophen und das Owensche Vermächtnis. Denn sie waren ebenso wie die utopischen Sozialisten der Überzeugung, daß eine rationale Gesellschaft die Voraussetzung menschlichen Glücks und damit des Glücks jedes einzelnen war. Die große gesellschaftliche Perspektive und die wirklich großartigen politischen Ambitionen hinter der Forderung nach einer prophylaktischen Sozialpolitik macht das folgende Zitat deutlich: „.... was uns fehlt, ist eine vernünftige und geplante soziale Organisation der Produktion und der Distribution der von ihr erzeugten Produkte. Wir sind gut ausgestattet mit Produktionsmitteln und mit dem rein technischen Wissen darüber, wie sie wirklich benutzt werden müßten, um unseren Lebensstandard zu erhalten und ihn zu verbessern. Die aktuelle Organisation der gesellschaftlichen Produktion haben wir nicht gelöst: Das ist immer noch unsere am schlechtesten konzipierte Maschine."

Bei schrumpfender Bevölkerungszahl werde die technische Entwicklung aufgehalten - ein Argument, das die Bevölkerungsfrage mit dieser grandiosen Planungsideologie verband. Doch gab es auch andere Motive. Indem man die Abnahme des „Bevölkerungsbestands" zu einem Gegenstand der politischen Debatte machte, um das Problem „korrekt" zu lösen, eröffnete sich gleichzeitig ein weites Feld gesellschaftlicher Forschung: „Was wir deshalb vor allem anderen gesellschaftlich wissen müssen, ist, was gegenwärtig mit der Psychologie und Moral, den gesellschaftlichen Wertvorstellungen unserer Bevölkerung geschieht. Aber auch ihre Einstellungen zum Leben und insbesondere zur Sexualität, zur Familie und ihrem sozialem Umfeld sind wichtig./.../Die

---

17 Es existierten noch weitere Kommissionen, die damals im Bereich der Sozialpolitik arbeiteten. Zwischen 1932 und 1935 hatte eine Kommission zu Wohnfragen gearbeitet, in der u.a. Uno Åhrén und Gunnar Myrdal vertreten waren. Andere Untersuchungen beschäftigen sich - mitunter in engem Kontakt mit der Bevölkerungskommission - mit so heiklen Themen wie Sterilisierung, Abtreibung und Verhütungsmitteln.

18 Gunnar Myrdal war eines der führenden Mitglieder der Bevölkerungskommission. Seine Frau wurde jedoch nur herangezogen, um als Expertin in Fragen Elternausbildung oder der Einrichtungen für Kinderpflege u.ä. ihre Meinung zu äußern. „Der Markt kann keine zwei politisierenden Myrdals verkraften", wie sie diesen Umstand einmal sarkastisch kommentierte.

psychologische Forschung der letzten Jahrzehnte ist deshalb so spannend, weil sie Aufschluß gibt darüber, wie Kriminalität und Asozialität, Neurosen, Gebrechlichkeit und persönliche Ineffektivität in unzähligen Bereichen vermieden werden können."

Als Ergebnis einer erfolgreichen sozialen Prophylaxe erhoffte man sich einen Menschen, der „praktisch" war, „allgemein bildbar", „vorwärtsschauend", „modern", „frei" und schließlich ein „unabhängig denkender Bürger" - ein der Gesellschaft zugewandter Mensch.

„Gesellschaftliche Planung unter rationaler Kontrolle"[19]

Das Programm hatte vielfältige Reformen zur Folge, die nach den Worten Gunnar Myrdals den Zweck hatten, die wirtschaftliche Grundlage der Familie als Institution zu rekonstruieren, und zwar vom Zeitpunkt der Eheschließung bis zu der Periode, in der die Kinder geboren und aufgezogen werden. Darlehen für den Hausbau und Wohngeld sollten die Familienbildung erleichtern, kostenlose Mütterberatung und Entbindung das Kinderkriegen erleichtern, Kinderbetreuungszentren und Schulärzte die Verantwortung für die Gesundheit der Kinder übernehmen und ein allgemeines Kindergeld und Schulmahlzeiten die Bürde des Kinderaufziehens leichter machen. Als Ergänzung dazu wurden für die besonders Bedürftigen Unterstützungsmaßnahmen in natura vorgesehen. So sollten beispielsweise bedürftige Mütter und Kinder Lebensmittel und Kleidung erhalten.

Diese Gaben sollten jedoch nicht ohne Bedingungen gewährt werden: Die Menschen mußten in der Lebensführung, in richtigen Eß- und Kleidungsgewohnheiten unterwiesen werden - und vor allem darin, wie sie ihre Kinder aufzuziehen hatten.

„Die positivste Aufgabe der Sozialpolitik besteht jedoch darin, deutlich zu machen, welche praktischen Maßnahmen eine Person rational ihren eigenen Wertvorstellungen entsprechend sich wünschen müßte, wenn sie über tieferes Wissen verfügte." Negativ wurden die modernen Anforderungen, die von der Gesellschaft gestellt wurden, in „Kris" unverblümt folgendermaßen ausgedrückt:

„Schlechte Gewohnheiten müssen korrigiert werden. Der Törichte muß aufgeklärt werden. Der unverantwortlich Handelnde muß aufgerüttelt werden. Es gibt genügend Spielraum für eine umfassende, gesellschaftlich organisierte Erziehung der gesamten Nation und für Propagandaaktionen, die, falls man sie dort einsetzt, wo sie am meisten benötigt werden, intensiv und nachdrücklich sein und vor allem alle existierenden Kanälen zu Eltern nutzen müssen, die sonst vielleicht nur beschränkte (verkümmerte) Verbindungen mit der gesellschaftlichen Welt draußen haben..."

Derartige Argumente waren nicht nur ein Ausdruck der für diese Zeit bezeichnenden elitären Einstellung der Avantgarde, sondern ein wichtiger Baustein ihres ideologi-

---

19 Für diesen Teil vgl. Hirdman 1992, S. 43 ff.

schen Gedankengebäudes. Was die Leute mit ihrem Geld - Konsum - machten, war von vitalem Interesse für die ganze Gesellschaft und deren Entwicklung. Der Trend, so schrieben die Myrdals, „wird in Richtung auf Organisierung und Kontrolle durch Sozialpolitik gehen, und zwar nicht nur der Einkommensverteilung in der Gesellschaft, sondern auch der Ausrichtung des Konsums innerhalb der Familien."

So enthielt die Legitimierung staatlicher Intervention durch die Myrdals zwei Elemente. Das erste war wissenschaftliche Autorität. Wer vertrat, was korrekt war, hatte auch das moralische Recht, zu intervenieren und Dinge zu ändern, und zwar auch gegen die unmittelbaren Wünsche anderer Menschen. Das andere Element war das Gesetz des Gabentausches: Wenn die Leute Unterstützung erhielten, dann mußten sie auch etwas als Gegenleistung geben: „Durch solche Maßnahmen (staatliche Zuschüsse etc.) verleiht die Gesellschaft einer sozialen und moralischen Wertung der Familiengründung und des Kinderkriegens Ausdruck, schafft aber gleichzeitig auch die notwendigen Grundlagen dafür, moralischen Einfluß auszuüben."

Die Autorität der Wissenschaft wurde jedoch auch als politische Waffe dazu verwendet, eine Art von Unwiderlegbarkeit zu erzeugen, angesichts derer auch die politischen Gegner nicht anders konnten, als einer gesellschaftlichen Transformation von zuvor unvorstellbarem Ausmaß zuzustimmen. Das ist von nicht zu unterschätzender Bedeutung, denn in der Geschichte wohlfahrtsstaatlicher Reformen ist die Kombination von Wissenschaft und Politik die fruchtbare Formel par excellence. Im Sexualbericht von 1936, der zu einem großen Teil ein Werk Gunnar Myrdals war und vermutlich weltweit der erste Bericht, der sich auf offizieller Ebene im Detail mit dem intimsten und privatesten Bereich der Menschen beschäftigte, wurde diese Waffe in jeder Hinsicht und mit aller Kraft angewandt. Dieser Bericht hatte den Kern der Bevölkerungsfrage zum Thema: Wie bringt man Menschen dazu, sich organisiert und im Rahmen der Ehe zu vermehren? Ohne ihn kann der Diskurs des „social engineering" in der Zwischenkriegszeit wohl kaum verstanden werden.

Die Schaffung einer staatlichen Sexualmoral - der Sexualbericht von 1936[20]

Das Grundproblem wurde von den Kommissionsmitgliedern folgendermaßen formuliert: „Die Familie funktioniert kaum noch als legalisierte Institution der Vermehrung." Daraus ergab sich die Frage: Wie kann erreicht werden, daß sie in Übereinstimmung mit den Erfordernissen der Gesellschaft fungiert? Das vorrangige Problem bestand darin, die Menschen dazu zu bringen, ihre sexuellen Beziehungen zu legalisieren - und hier waren Menschen offensichtlich (wenn auch nur implizit) Männer. Aus diesem Grunde waren auch Männer - oder eher junge Burschen - die wichtigste Zielgruppe staatlicher

20 Ibid., S. 51 f.

Ehepropaganda. Es war ein indirekter Appell an deren Träume von Gemeinschaft, Glück und sexuellem Vergnügen.

Das Hauptproblem sah man im Gebrauch von Verhütungsmitteln. Auf diesem Gebiet hatten die Menschen ihr Sexualleben bereits „rationalisiert", indem sie - soweit sie keine Kinder haben wollten - Verhütungsmittel auf eine effektive und rationale Weise verwendeten. Die Lösung dieses ziemlich komplizierten Problems lag nicht in einer sentimentalen Propaganda für mehr Kinder, sondern sollte durch Argumente, die eine höhere Rationalität erzeugen sollten, erreicht werden, „um so rational und ausführlich wie möglich die Folgen klarzumachen, *wie sie wirklich sind*, und nicht so, wie sie die Leute als einzelne tatsächlich auffassen." Alva Myrdal war da weniger feinfühlig, als sie von einer „mißgeleiteten" Rationalität schrieb, die sie überhaupt nicht als eine Akt rationaler Abwägung, sondern einfach als eine Form von „Konventionalismus" betrachtete - eine Gewohnheit, die geändert werden mußte.

Es wurde eine Aufwertung der Rationalisierung des Sexuallebens von der individuellen auf die gesellschaftliche Ebene gefordert. Berechnung sollte nicht mehr nur das eigene Glück, sondern auch gesellschaftliches Glück einschließen. Dies stellte keineswegs einen Zielkonflikt dar: „Die Kommission geht von der Norm aus, daß im Interesse sowohl des einzelnen als auch der Gesellschaft möglichst intime, erfüllende, stabile und dauerhafte Beziehungen wünschenswert sind, die zwischen Ehepartnern und zwischen Eltern und Kindern aufrechterhalten werden sollten."

Als Grundlage dieser Synthese individuellen und gesellschaftlichen Glücks hielt man vier Kinder pro Familie für erforderlich. Es fügte sich wie zufällig, daß es dieser Kinderzahl nicht nur bedurfte, um dem Bevölkerungsschwund entgegenzuwirken, sondern daß sie auch aus dem „Blickwinkel individueller Familienpsychologie" genau die richtige war. Nur ein Kind zu haben, mußte die Gesundheit dieses Kindes gefährden, da es „eine Prädisposition für umweltbedingte Psychopathie, emotionale Instabilität, motorische Unruhe, Hyperaktivität, übertriebene Egozentrizität, Narzißmus etc." entwickeln könnte. So wurde Quantität mit Qualität gekoppelt. Man betonte, daß „der Anspruch der Gesellschaft an die Fähigkeit des einzelnen zu *korrekter* sozialer Anpassung dringlicher denn je ist".

Die Schaffung eines neuen Menschentyps

Der Bevölkerungsfrage lag der Anspruch zugrunde, daß Kinder besserer Qualität geschaffen werden sollten. Mit ihm wurde eine neue Art von Sozialpolitik geltend gemacht, womit auch der Unterschied zwischen der geburtenfreundlichen Politik in Schweden und der in Deutschland und Italien betont wurde, wie beispielsweise von Alva Myrdal in einer Vorlesung einige Jahre vor der großen Bevölkerungsdebatte: „Es macht nicht so schrecklich viel aus, ob wir fünf Prozent Einwohner mehr oder fünf

Prozent weniger haben, wenn wir uns nicht darum kümmern, welche Art von Menschen wir haben."[21]

Ein umfassendes Erziehungsprogramm hatte Alva Myrdal bereits mit ihren Ideen über Elternausbildung und ihren Träumen von einem kollektiven Privatleben skizziert. Ihre Visionen wurden im Bau eines Gemeinschaftshauses in Stockholm umgesetzt - ein Prototyp, so hoffte sie, zukünftiger allgemeiner Lebensformen. Hier sollte das Aufziehen von Kindern eine Aufgabe für Experten sein, da „die Durchschnittseltern nie Zugang zu dem notwendigen Fachwissen haben". Und diese Fachkenntnisse waren stärker gefragt als je zuvor, da man jetzt über das Wissen davon verfügte, wie geistige Gesundheit erreicht und Neurosen verhindert werden konnten. Deshalb waren in Alva Myrdals Idealhaus Ärzte, Krankenschwestern und ausgebildete Erzieher für das Kind die maßgeblichen Autoritäten. Um dieses mußte man sich auf das sorgfältigste kümmern: Nicht nur Hälse und Zähne sollten genauestens und zu regelmäßigen Zeiten untersucht werden, sondern auch die geistige Gesundheit. Hier im Gemeinschaftshaus war diese Art von Aufsicht leicht zu bewerkstelligen, da die Kinder im wesentlichen gemeinschaftlich aufgezogen werden sollten. Säuglinge sollten jedenfalls der Verantwortung der Institution unterstehen, da „die Betreuung von Säuglingen die mühseligste, unpersönlichste und in technischer Hinsicht anforderndste Arbeit darstellt, so daß dieses Geschäft am besten den Experten überlassen werden sollte...".[22]

Das Gemeinschaftshaus war jedoch nur eine partielle Lösung, ein Prototyp, der die städtischen Mittelschichten anzog, nicht jedoch diejenigen, die ihn am meisten benötigten. „Die Gruppe von Leuten mit niedrigen Einkommen", schrieb Alva Myrdal, „wird sich bestimmt nicht nur weigern, dort zu wohnen, sondern sich auch moralisch darüber entrüsten, daß dieses Unterfangen die Heiligkeit der Familie und das Überleben zärtlicher Wertvorstellungen zerstört".[23] Mit der richtigen Aufzucht der Kinder dieser Gruppe mußte man andere Wege gehen. Einer davon bestand darin, Elternausbildung als Schulfach einzuführen. Ein anderer war, den Ausbau von Kindergärten zu beschleunigen und Kindererzieher auszubilden. Alva Myrdal selbst gründete 1936 ein „sozialpädagogisches Seminar". Jedoch sah sie in den Schulärzten die wichtigste Zielgruppe. Sie sollten ihrer Ansicht nach eine Akte über jedes Kind anlegen, in der Angaben über die Familiengeschichte, die sozialen Kontakte der jeweiligen Familie, die Ausbildung der Eltern, die Zahl der Geschwister et cetera festgehalten wurden.

Hier können wir erneut die Verbindung zweier Erfordernisse, nämlich die Bedürfnisse der Gesellschaft mit denen des einzelnen zu einer einzigen harmonischen Lösung erkennen. In diesem Fall bestanden die Bedürfnisse der Gesellschaft in „korrekter sozialer Anpassung", während die des einzelnen in den Forderungen der Frauen bestanden, in die Lage versetzt zu werden, Mutterschaft mit einem produktiven, modernen Leben zu vereinen. Dieses Erziehungsprogramm, das bezweckte, einen sozial

---

21 Ibid., S. 41.
22 Ibid., S. 38.
23 Ibid., S. 39.

eingestellten Menschentyp zu schaffen, paßte wunderschön mit den Ideen über die neue Familie - und über die neue Frau - zusammen.

Feminismus als eine „Selbstverständlichkeit" - die Geschlechterstruktur im „social engineering"

Die funktionalistischen Architekten entwarfen als Ergebnis einer „pragmatischen" Einstellung zum modernen, urbanen Leben ein neues Geschlechterverhältnis. Ihre Ansichten wurden von den Myrdals geteilt und von Alva Myrdal zum Feminismus weiterentwickelt.[24] Fast schon sprach sie den Geschlechterkonflikt an, als sie den Ausspruch „Frauen - ein gesellschaftliches Problem" formulierte. Damit meinte sie, daß die Situation von Frauen in modernen Gesellschaften problematisch war, weil sie zurückblieben im unproduktiven Heim, einem Artefakt der vorindustriellen Welt, der seine Funktion in einer modernen Welt überlebt hatte. Obwohl sie früher zu einer produktiven Einheit, der Familie, gehört habe, sei die verheiratete Frau heute „in ihre Miniaturwohnung verbannt, wo sie oft dick, launisch und egozentrisch wird."[25] Die Lösung des „gesellschaftlichen Problems Frauen" bestehe folglich darin, daß Frauen sich in vollem Maße am gesellschaftlichen Leben beteiligten, und zwar als eigenständige Erwerbstätige. Die bedeutete natürlich eine Reorganisation des Privatlebens im Sinne der alten utopischen Lösung durch Kollektivierung des Alltagslebens, eine Lösung, die perfekt mit den Ideen Alva Myrdals über ein rationaleres und gesellschaftliches Aufziehen der Kinder durch ausgebildete Experten übereinstimmte.

Zwar war sie nicht Mitglied der großen Bevölkerungskommission, doch war Alva Myrdal Ende der dreißiger Jahre an einer großen Untersuchung beteiligt, die sich mit dem gesetzlich verbrieften Recht *verheirateter* Frauen auf Arbeit befaßte. In dem Jahrzehnt zuvor hatten Männer, Sozialisten wie Konservative, massiv die Forderung aufgestellt, die Erwerbstätigkeit verheirateter Frauen zu beschränken. Alva Myrdal machte sich nun in ihrer Argumentation den explizit anerkannten Bedarf an mehr Kindern - und zwar an Kindern „besserer Qualität" - zunutze und stellte das Problem vom Kopf auf die Füße, indem sie fragte: Wie kann die Gesellschaft verheirateten Frauen helfen, die Anforderungen von Mutterschaft und Erwerbstätigkeit zu vereinbaren?

In diesem Erpresserspiel zögerte Alva Myrdal nicht, mit den „irrationalen" Gefühlen des zeitgenössischen eugenischen Denkens zu spielen, nach dem Angehörige der wohlhabenderen Mittelschichten auch „bessere" Kinder aufzogen. Vor die Wahl zwischen Kindern/Ehe und Erwerbstätigkeit gestellt, würden diese Frauen nach den Worten von Myrdal und anderen Kommissionsmitgliedern die letztere wählen. Diese

---

24 Ibid., S. 34 ff. Für eine ausführliche Analyse des Feminismus von Alva Myrdal vgl. Hirdman, Yvonne (1992): Den socialistiska hemmafrun och andra kvinnohistorier (Die sozialistische Hausfrau und andere Frauengeschichten), Stockholm.
25 Hirdman 1992, S. 35.

Argumentation war erfolgreich, und 1938 wurde ein Gesetz verabschiedet, nach dem verboten wurde, Frauen zu entlassen, weil sie heirateten oder Kinder hatten.[26]

Es wurden die eher altmodischen populären Ideen eines Geschlechterpakts zurückgewiesen. Das ganze Konzept der Modernisierung der Frauen - und der Familie - wurde jedoch nicht übernommen. Im Endbericht der Bevölkerungskommission von 1938 (in der Gunnar Myrdal nicht vertreten war[27]), wurde das in der Vision des „social engineering" enthaltene Medium des Wandels, nämlich die „Rationalisierung" zwar weitgehend befürwortet, man machte jedoch dort halt, wo sie, die „Rationalisierung", radikalere Veränderungen des Geschlechterverhältnisses implizierte. Der Unterschied deutete sich im Titel an, der vom Geschlecherverhältnis handelte: „Die Stellung der im Haushalt arbeitenden Mütter. Die Probleme erwerbstätiger verheirateter Frauen."[28]

Die modernisierte Hausfrau und die Idee vom demokratischen "social engineering"

Die „Stellung im Haushalt arbeitender Mütter" verzögerte keinesfalls den Prozeß sozialer Rationalisierung - vielmehr drang dieser auf eine neue, gründlichere Weise in das Private ein. Der Haushalt als Bereich von Politik stärkte die Logik der neuen Sozialpolitik, die in der Debatte und der Reformeuphorie der dreißiger Jahre entworfen wurde. Im Detail wurden diese Ideen erst nach dem Krieg im Rahmen eines geringfügig erneuerten Konzepts von „social engineering" ausformuliert. Dieses Konzept könnte man als sozialdemokratisches „social engineering" bezeichnen, da nun die Schaffung von Demokraten in einer demokratischen Gesellschaft das erklärte Ziel war. Planungsideologie wurde ausdrücklich durch Planungsdemokratie ergänzt. Mit der Planungsdemokratie verbreiteten sich auch elitistische Ideen und verstärkten die Rolle von Experten. Denn die Ideen des „social engineering" wurden nicht mehr nur von einer Avantgarde auf programmatischer Ebene vertreten. Vielmehr wurden sie Gemeingut, drangen in alte Institutionen aller Art vor und bereiteten den Weg für neue Institutionen.

So wurde 1944 der Rat für Sozialforschung eingerichtet. Dieser Rat sollte beispielsweise Forschung initiieren wie „Intensivstudien des Verbraucher- und Sparverhaltens in verschiedenen Bevölkerungsschichten und verschiedenen geographischen Regionen". Ziel war die sorgfältige Untersuchung der ganzen Nation in einer genuin Myrdalschen Tradition: „Die Entwicklung von Methoden zur Erstellung einer äußerst genauen Bestandsaufnahme der Bevölkerung unter Berücksichtigung der Zahl der Geisteskranken, geistig Behinderter, hirngeschädigter Personen und Psychopathen"

---

26 Vgl. SOU 1938: 47.
27 Es ist belegt, daß er wütend forderte, die sozialdemokratischen Mitglieder der Kommission sollten nicht das Endergebnis akzeptieren, was diese jedoch taten. Vgl. Allan Carlsson, a.a.O.
28 Hirdman 1992, S. 65

wie auch „die Entwicklung von Methoden für eine effektive medizinisch-psychologische Registrierung aller Schulkinder".[29]

Der Radikalismus der sozialen Prophylaxe war nun von den Sozialdemokraten übernommen worden. Aus ihren 27 Punkten des „Nachkriegsprogramms der Arbeiterbewegung" geht hervor, wie durch „social engineering" die soziale Demokratie in Schweden verwirklicht werden sollte: durch Bau von Wohnungen mit höherer Wohnqualität, billigere Massenproduktion und Qualitätskontrolle von Verbrauchsgütern, effektivere Maßnahmen zur Verbreitung objektiver Kenntnisse über Waren und zur Verbesserung der Volksgesundheit, Ausgleich der Kosten für die Kindererziehung durch Gewährung von Familienbeihilfen, Erleichterung der Hausarbeit durch Kindertagesstätten und Vorschulen, gesellschaftlich organisierte Hilfe im Haushalt, arbeitssparende Haushaltsmaschinen und staatliche Unterstützung bei der Rationalisierung der Hausarbeit.

Die Idee, „unproduktive Bereiche" in „produktive" umzuwandeln, die dem Entwurf der sozialen Prophylaxe zugrunde lag, kam jetzt, zu Kriegsende, deutlicher zum Ausdruck. Ähnliche Entwicklungen kann man auch in anderen Ländern feststellen.

Die Bedürfnisse der Menschen sollten nun explizit gemacht und als ganze in die Volkswirtschaft aufgenommen und so der Kapitalismus sozusagen von innen aufgefressen werden. Auf diese Weise konnten die Bedürfnisse der Kinder, älterer Menschen und Kranker etc. innerhalb einer Planwirtschaft als Argument verwendet werden. Diese ursprüngliche alte Idee eines konsumorientierten Sozialismus konnte vielerlei Wege einschlagen. Der eine war eine auf die Produktion von „Volkswaren" wie Möbel, Kleidung, Fahrräder, Haushaltsgeräte, Teppiche, Haushaltszubehör, Wäsche und ähnlichem gerichtete Preis- und Kontrollpolitik. Diese „Volkswaren" konnten durch riesige Staatsaufträge an die Privatindustrie „unter öffentlicher Kontrolle der Qualität, der Gewinne etc." produziert werden. Ein anderer Weg war es, durch Zuschüsse die Kosten für die Aufzucht von Kindern weitgehend zu vergesellschaften. In dieser Art des Denkens dienten Bedürfnisse erneut als Mittel der Durchführung eines Programms, in dem soziale und wirtschaftliche Ziele kombiniert wurden.

Zwar wurden viele dieser großangelegten Ideen nie verwirklicht, doch erweiterten sie den Rahmen für die Handhabung der Bedürfnisse auf der politischen Ebene, für eine Art allgemeinen Plan also, dem man zu folgen hatte. Sie verschafften darüber hinaus den „Frauen" - in ihrer besonderen Stellung als Hausfrauen - eine *gesellschaftliche* Rolle, und zwar sowohl als diejenigen, die Bedürfnisse artikulierten, als auch diejenigen, die Bedürfnisse befriedigten, und das obwohl ihre „Bühne" im Mittelpunkt des Privaten lag - im Heim.

---

29 SOU 1944: 19, S. 16; Utopia, S. 72 ff.

„Die Frauen von 1941" und soziale Rationalisierung[30]

Einer der impliziten Gründe für die vollständige Akzeptanz der neuen Art des „social engineering" könnte darin gelegen haben, daß sie nun auf einen altmodischen Prototyp zugeschnitten war, nämlich auf die Familie mit einer Hausfrau im Mittelpunkt. Die gefährliche, zu moderne, zu nüchterne Ideologie des „social engineering" verlor dadurch viel von ihrer allzu kalten Rationalität. Indem Frauen ihre Rolle als Hausfrauen als einzig wirklich echte „Stellung" der Frauen in modernen Gesellschaften akzeptierten, übernahmen sie die „Bequemlichkeitsfunktion", die, wie die Architekten jetzt eingestanden, in den zu funktionalistischen Heimen des vorhergegangenen Jahrzehnts vielleicht gefehlt hatte.

Die „Frauen von 1941" waren eine Gruppe von Politikerinnen, die nun endlich eine eigene politische Plattform erhielten. Alle waren sie Mitglieder einer Kommission, die sich mit der „Stellung der im Haushalt arbeitenden Mütter" beschäftigen sollte - oder, wie sie es selbst formulierten, die Aufgabe hatte, „...zu klären, welche Art der Organisation des Haushalts gegenwärtig rational gerechtfertigt ist, und ihn so zu gestalten, daß er den stabilen Rahmen für das Alltagsleben bilden kann sowie den Raum für eine individuell zugeschnittene äußere Umgebung, die die Menschen heute genau so sehr brauchen wie in früheren Zeiten".[31]

So versuchten die Frauen von 1941, näher zu beschreiben, welches die „Funktionen" einer modernen Familie waren, wie diese vervollkommnet werden sollten, was die Gesellschaft tun könnte, um die Anforderungen einer effizienteren Haushaltsstruktur zu erfüllen und was die Hausfrauen selbst tun mußten, um die ihnen zugeteilten Rollen auszufüllen - kurz gesagt: welche Anforderungen die Frauen in der neuen Demokratie erfüllen sollten.

Die Rahmenbedingungen für die neuen Familien waren bereits durch den tonangebenden Architekten, Uno Åhrén, in einem sogenannten Generalplan abgesteckt worden. Mit diesem Plan sollten die besten Voraussetzungen dafür geschaffen werden, „wie die Bedürfnisse der Volkswirtschaft und der Bevölkerung befriedigt werden konnten". Demokratie und Gleichheit waren die ausdrücklichen Ziele des Generalplans: Alle, und insbesondere Kinder, hatten ein Recht auf die gleiche Menge gesellschaftlicher Güter. Das konnte aber nur dann garantiert werden, wenn die Menschen in gut entworfenen, hochwertigen Standardwohnungen zusammenlebten, die in den Häusern der Nachbarschaftszentren lagen. Ein Nachbarschaftszentrum war eine neue Art von Vorort, wo tausend bis zweitausend Personen in Einzelwohnungen leben sollten, die mit einer Anzahl halb-gemeinschaftlicher „Räume" wie Bibliotheken, Versammlungsräumen, Nähstuben, zentralen Waschküchen etc. kombiniert waren. Das Ziel war die „Kultivierung von Menschen mit einer sozialen Einstellung, die aktiv an Gemeindean-

---

30 Hirdman 1992, S. 70-87.
31 Hirdman 1989, S. 159 f. Der Abschlußbericht erschien 1947, vgl. SOU 1947: 46.

gelegenheiten interessiert sind, die in der Lage sind, unabhängig und kritisch zu denken...". Kurz: Es ging darum, einen demokratischen Menschentyp zu schaffen, für den Freiheit und Unabhängigkeit mit dem Gefühl sozialer Verantwortung verbunden sind.

Für Åhrén war der neue demokratische Typus das Resultat guter Planung in der richtigen Größenordnung und mit der richtigen Mischung aus sozialen und wirtschaftlichen Zugaben. Die „Frauen von 1941" sahen jedoch in der neuen demokratischen Planung mit den neuen Häusern der Nachbarschaftszentren unvorhergesehene Möglichkeiten für die Frauen - in ihrer neuen Rolle nicht nur als modernisierte Hausfrauen, sondern auch als Bürgerinnen. Ihr Feminismus war eine Mischung alter weiblicher Strategien - eine Kombination von „gleich" und „verschieden". Als Gleiche - den Männern also ebenbürtig - sollten Frauen natürlich alle Rechte auf Erziehung, Arbeit etc. besitzen. Als Verschiedene - nämlich als Mütter - hatten sie andererseits in der Gesellschaft, oder vielmehr im Hause, sehr spezielle Verpflichtungen.

Und wieder bestand eine Art, den widersprüchlichen Erfordernissen dieser beiden Strategien auszuweichen darin, sie in einer scheinbar harmonischen Strategie zu vereinen - eine Strategie, die perfekt zur Idee der Nachbarschaftszentren mit ihren halbgemeinschaftlichen Institutionen paßte. Den überwiegenden Teil ihres Lebens mußten Frauen, als Mütter, im Haushalt verbringen. Aber das Nachbarschaftszentrum würde nicht nur als eine institutionelle Lösung des alten Dienstbotenproblems für die Hausfrau da sein, indem es Unterstützungsleistungen wie Mütterhilfe bei Krankheit (staatlich ausgebildete Helferinnen, Kinderbetreuung aus rein pädagogischen Gründen) anbot, sondern auch als eine Sphäre mit „Eigenwert" - ein potentieller Arbeitsmarkt für die Zeit, wenn die Kinder größer waren und sich selbst überlassen werden konnten.[32]

Ihre Hauptaufgabe sahen die „Frauen von 1941" jedoch darin, der neuen Art von Familie Ausdruck zu geben. Die neue Familie wurde als Kombination vier fundamentaler Funktionen definiert: die Konsumfunktion, die Hausarbeitsfunktion, die sexuelle Funktion sowie die weniger gut beschreibbare „Funktion, Zentrum der emotionalen Kontakte zwischen den Menschen zu sein". Sie behandelten explizit die Konsum- und Hausarbeitsfunktion, während sie die beiden übrigen der sich ausweitenden Fachdisziplin Psychologie überließen.

Die Konsumfunktion paßte in den Generalplan, weil die Bedürfnisse der Familie ja als Hauptantrieb der Produktion galten. „Das letztendliche Ziel des Produktionsapparats einer Gesellschaft ist es, für den Konsum zu sorgen." Den „Frauen von 1941" oblag es nun zu bestimmen, was konsumiert werden sollte, und dafür bedienten sie sich der wissenschaftlichen Methode. Es galt, die Menschen dazu zu bringen, „schlechte" oder, wie es in dem Bericht genannt wurde, „konventionelle" Bedürfnisse aufzugeben, die auf dunklen, irrationalen Gefühlen gründeten. Diese konventionellen Bedürfnisse waren

---

32 Dies stellte den Anfang einer Theorie über die „Zwei Rollen der Frau" dar, die ausgearbeitet in einem 1956 veröffentlichten Buch gleichen Titels von Alva Myrdal und Viola Klein dargelegt wurde.

50

das Werk eines „mächtigen Apparats von Propaganda und kommerzieller Werbung", der den Konsum in eine Übung von Stereotypen verwandelte. Deshalb kauften die Leute die falschen Sachen, bereiteten das falsche Essen zu, nähten die falschen Kleider etc.. Die richtigen Dinge waren andererseits Dinge, die mit ihrem Zweck übereinstimmten, „entworfen, um auf optimale Weise ihre praktische Funktion zu erfüllen".

„Richtige" Dinge konnten auf zweierlei Weise in den Haushalt eingeführt werden. Die eine bestand darin, Wohnungen vor ihrer Vermietung mit den richtigen Dingen auszustatten. In gewissem Umfang wurde dies auch bei größeren Objekten wie Speisekammern und Küchenausstattungen gemacht. Bei Dingen wie Kleidung, Lebensmitteln und Möbeln wurde der andere Weg eingeschlagen, nämlich der erzieherische.

Obwohl die Idee der „richtigen Dinge" als funktional definiert worden war, war damit nicht das Problem gelöst, *was* funktional war. In dieser Beziehung forderten die „Frauen von 1941" ein umfassendes Forschungsprogramm, um herauszufinden, was nun genau die richtigen, für verschiedene Familientypen in unterschiedlichen Phasen des Lebenszyklus der Familie notwendigen Dinge waren. Die Gewohnheiten und Bedürfnisse unterschiedlicher Familientypen mußten sorgfältig studiert werden - also beispielsweise die „Eß- und Kleidungsgewohnheiten der verschiedenen Familienmitglieder, Hygienegewohnheiten, Gewohnheiten in bezug auf den Gebrauch des Heims und die Gewohnheiten der Kinderbetreuung im breiten Sinne, Freizeitgewohnheiten etc.". Alle hier aufgeführten Gewohnheiten sollten untersucht und analysiert werden, um die folgenden Fragen beantworten zu können: Was erzeugt Gewohnheiten? Welche alternativen Wahlmöglichkeiten gibt es? Welche Gewohnheiten sind angemessen? Nur dann, so stellten die „Frauen von 1941" fest, kann man „beurteilen, in welchem Grad die Befriedigung von Bedürfnissen erreicht werden könnte".

„Richtiger" Konsum war nicht nur funktional, sondern gründete auch auf der mehr oder weniger impliziten Idee einer Norm, eines Standards. Das Problem, diese Norm auf wissenschaftliche Weise zu finden, war jedoch nicht so leicht zu lösen, wie eine Erhebung des Amts für Soziale Wohlfahrt im Jahre 1945 treffend illustriert. Küchengeräte und Wäschevorräte von 200 verschiedenen Haushalten wurden registriert, gezählt und in verschiedene Kategorien aufgeteilt. Eine Durchschnittszahl für Wäsche, Tassen etc. wurde so für verschiedene Einkommensgruppen bestimmt. Jedoch dienten nicht diese Zahlen als Grundlage für die Definition der Bedürfnisse. Vielmehr wurden sie mit einer bestimmten Norm verglichen, die man, wie man zugab, durch ein „etwas subjektives" Verfahren zuvor festgelegt hatte. Bedürfnisse wurden also nicht empirisch begründet, sondern waren maskierte, vorgefertigte Normen.

Die Bestimmung der *Hausarbeitsfunktion* war ebenso paradox. Hier machte sich offen der Taylorismus als Methode breit, als nämlich die „Frauen von 1941" die verschiedenen Elemente der Summe „Hausarbeit" diskutierten, indem sie versuchten, diese Teile einzeln für sich zu analysieren und für jedes die effizienteste Lösung zu erarbeiteten. Hier kollidierten alte Rationalisierungsideen vom effizientesten Haushalt mit Ideen von der Familie als Mittelpunkt von Gefühlen. Die Logik der Effizienz sagte ihnen, daß gemeinsames Kochen billiger war, eventuell auch gesünder, hygienischer etc., da in diesem Fall die Essenszubereitung von Fachleuten ausgeführt werden konnte. Aber die „Mutterfunktion" (mein eigener Ausdruck dafür) gab der Logik eine andere Richtung. Den neuesten psychologischen Erkenntnissen zufolge brauchten Kinder eine enge und stabile Beziehung zu ihren Müttern, was wiederum ausschlaggebend für die Bestimmung der gesellschaftlichen Rolle der Frauen war. Kinder brauchten ein Heim, von daher war Hausarbeit um der Kinder willen notwendig, und zwar in erster Linie aus erzieherischen Gründen.

Die Hausarbeit wurde kategorisiert und in ihren Einzelheiten genauestens untersucht: Staubwischen, Waschen, Ausbessern von Kleidern, Einkaufen, Essenszubereitung etc.. Diese genaue Unterscheidung bedeutete, daß trotz Rationalisierung eine Reihe von Modellen dafür geschaffen wurde, wieviel Hausarbeit es geben und worin diese bestehen sollte. In Wirklichkeit bedeutete das mehr Arbeit - wenn die anpassungsfähige und wendige Hausfrau den Vorgaben wirklich folgte. Man machte Zeitstudien, und zwar nicht nur für das Einkaufen und Putzen (wobei die durchschnittliche Dauer für letzteres zwei Stunden pro Tag betragen sollte), sondern auch für die Kinderbetreuung. Je älter ein Kind war, so ergab sich, desto seltener hatte die Mutter körperlichen Kontakt mit ihm - 26mal täglich bei einem Säugling von sechs Monaten, aber nur 10mal täglich bei einem fünfjährigen Kind. Hier war Rationalisierung im Sinn von Effizienz, um den Zeitaufwand noch mehr einzuschränken, nicht gewünscht. Die Zahlen wurden benutzt, um für ein Kindergeld zu argumentieren, das höher für Säuglinge und niedriger für ältere Kinder war.

Hinter den Bemühungen, eine gut organisierte Familie zu schaffen, in der die gut organisierte Frau in ihrer Eigenschaft als Hausfrau der Chefarchitekt war, standen alte weibliche Träume von einer Emanzipation der Frauen in der Gesellschaft, die von Alva Myrdals Rezept abwichen. Die Wertvorstellungen wurden umgedreht und das Heim zum wichtigsten Element erhoben. Die Norm war jedoch aus der „großen" Welt geliehen, wobei die männliche Fabrikarbeiteranstellung als Modell diente. Differenzierung und Effektivität galten als selbstverständliche Werte. Das Problem mit der Hausarbeit war natürlich, daß Frauen - zusätzlich dazu, daß sie keinen Lohn dafür bekamen - ihre eigenen Vorgesetzten und ihre eigene Arbeitskraft sein mußten. Die unsichere Form der Hausarbeit erforderte in der Tat eine innere Aufsicht der Frauen über sich selbst.

Für die damals sehr wichtige Kommission der „Frauen von 1941" wurde Leben zu einem Projekt - wobei Mittel, die der Demokratie dienten, ausdrücklich das Endziel darstellten. In der Logik sozialer Rationalisierung, mit der dieses Ziel durchgesetzt werden sollte, lag jedoch ein unausgesprochenes noch höheres Endziel, nämlich die Effizienz.

Schlußfolgerungen

Die Vertreter des „social engineering" waren Moralist/inn/en: Ohne jegliche Rücksichtnahme klärten sie die Leute über ihre schlechten Gewohnheiten, ihr irrationales oder sogar nutzloses Leben auf, wobei sie sich der Legitimation bedienten, die ihnen Gelehrsamkeit und Wissenschaft verliehen hatten. Die Versuchung ist groß, ihre Irrationalität und Idiosynkrasien zur Schau zu stellen und auf diese Weise wie sie zu moralisieren. Doch habe ich hier versucht, mich nicht auf die schwierigen Probleme von Demokratie und Macht, sondern auf die diskursive Struktur des „social engineering" im Kontext der schwedischen Sozialdemokratie zu konzentrieren - eine vielleicht besonders reine Version sozialer Rationalisierung.[33]

Es gibt eine ganze Reihe von Merkmalen, die es wert sind, zusammengefaßt zu werden. Im Denken des „social engineering" gibt es eine Kombination paradoxer Ziele, die eine strukturelle Basis für die neue Planungsideologie bildeten: Nie wurde angenommen, das Glück des einzelnen könne irgendwie im Widerspruch zum Glück der Gesellschaft stehen. Da das Glück der Gesellschaft eingebettet war in die technologische Entwicklung und industrielles Wachstum, die die Mittel für eine prophylaktische Sozialpolitik neuer (und expansiver Art) stellten, mußten die Bedürfnisse der Gesellschaft zwangsläufig Vorrang vor den Bedürfnissen der einzelnen haben. Man kann natürlich den Wunsch der Vertreter des „social engineering", einen neuen Menschentyp zu „schaffen", als ein Mittel betrachten, das diesem Zweck diente. Produktion macht eine „Reproduktion" von Menschen als gut angepaßte Teile der Maschine „Gesellschaft" erforderlich. Der Wunsch, eine neue Art gesellschaftlichen Lebens zu schaffen, stellte jedoch auch ein Ziel an sich dar, eine Konkretisierung des Strebens nach „allgemeinem Glück". Mit den Ideen der „Planwirtschaft" verschob sich der Ort des Sozialismus von der „Fabrik" ins Heim. Und dort begann er auf unvorhergesehene Weise, der Politik größeren Raum zu verschaffen.

Der Gedanke, daß die Bedürfnisse der Menschen, die Bedürfnisse der Haushalte, die Bedürfnisse der „Reproduktion" wiederum die „Produktion" prägen, lag in der Tat nahe. Das hatten auch die Frauen des Sozialdemokratischen Frauenbundes Mitte der dreißiger Jahre mit ihrem Wahlspruch „Das Beste der Fabrik für die Bedürfnisse des Heims" zum Ausdruck gebracht. Damit wollten sie die Hausfrau zum eigentlichen Arbeitgeber des Industriearbeiters machen - ein vergeblicher Versuch, das Machtproblem durch eine semantische Umkehrung zu lösen.

Indem aber die „Bedürfnisse des Heims" artikuliert, definiert und von legitimierten Fachleuten untersucht wurden, erhielten die „Bedürfnisse des Heims" eine führende Rolle im neuen sozialpolitischen Spiel. Menschliche Bedürfnisse - Tomaten und Häuser, Wäsche und Sexualität, Kleidung und Bequemlichkeit - vereinten nicht nur die beiden

---

33 Für eine Diskussion dieser Probleme vgl. Hirdman 1992, S. 88f.

Teile, Gesellschaft und Individuum, sondern wurden auch zur selbstverständlichen Legitimierung für eine Expansion der Wirtschafts- und Sozialpolitik.

Eine Analyse der Bedürfnisstruktur, die durch die Reformer der dreißiger und vierziger Jahre in Hinblick auf die Restrukturierung des Alltagslebens geschaffen wurde, zeigt, wie eine sich selbsterzeugende Logik zu wirken beginnt. Ein „funktionelles" Leben war eines, das gut an die (moderne) Gesellschaft angepaßt war. Dabei galt die explizite oder implizite Annahme, daß eine solche Anpassung das doppelte Glück von Gesellschaft und Individuum bewirken würde.

Hinter der Idee von Funktionen wirkten jedoch starke normative Antriebe, die der wirklich romantischen Seite der „sachlichen" Ideologie des Funktionalismus entsprangen. Das vielleicht illustrativste Beispiel ist das funktionalistische Haus: Es war weiß, mit einem Flachdach - ein Dach für Sonnenbäder. Die kalten und schneereichen Winter in Schweden verwandelten diese „Funktion" jedoch in eine Dysfunktion, und so wurde das Dach jene Art „nutzloser" Dekoration, der die funktionalistischen Architekten selbst den Krieg erklärt hatten.

Der höchste Ausdruck dieses Romantizismus jedoch war der „Wirkungsgrad", die Effizienz. Das richtige Leben war das, das zu seinem Zweck paßte, „entworfen, um seine praktische Funktion auf optimale Art zu erfüllen", um hier die Ansichten der "Frauen von 1941" einmal überspitzt zu formulieren. Wie wir gesehen haben, konnte sich dieser „Zweck" ändern, und zwar besonders für Frauen. Die konkreten Arrangements der Aufgaben, die zu einem normalen Frauenleben gehören - wie Sexualität, Reproduktion, Niederkunft und Kinderaufziehen, Waschen, Putzen, Einkaufen etc. - enthüllten die romantische, utopische und tief männliche Substanz des Diskurses der sozialen Rationalisierung.

Ob nun die Frauen in die Gesellschaft „wie Männer" eingegliedert werden - eine Strategie, die eine Art gesellschaftlicher Kollektivierung der Hausarbeit und der Kinderbetreuung erforderlich machte -, oder ob das Heim der wahre Ort der Frauen bleibt - in beiden Fällen war die männliche Norm der implizite Leitstern für ein besseres, ein wirkliches Leben.

Glück und Geschlecht waren also dem diskursiven Produkt, der Effizienz untergeordnet. Vielleicht brachte das den kleinen sozialdemokratischen Ortsverein von Kungshamn dazu, beim Kongreß der Sozialdemokratischen Partei 1944 einen Beschlußantrag zu stellen, der wieder zum Kern der Sache kommen wollte: Es wurde eine neue Untersuchung darüber gefordert, was Menschen glücklich oder unglücklich macht.[34]

34 Vgl. Hirdman, Yvonne (1989): Vi bygger landet. Den svenska arbetarrörelsens historia från Per Götrek till Olof Palme (Wir bauen das Land. Die Geschichte der schwedischen Arbeiterbewegung von Per Götrek bis Olof Palme), Stockholm, S. 258.

Paul Mattick Jr.

Kunst im Zeitalter der Rationalisierung
Le Corbusier, Konstruktivismus und die Taylorisierung der Kunst*

„Wir sprechen nur dann von einem Kunstwerk, wenn es nicht überwiegend instrumentellen Nutzen hat und wenn es nicht vorrangig technisch oder rational begründet ist".[1] Diese Worte erscheinen ihrem Autor, George Kubler, deshalb so selbstverständlich, weil sie eine grundlegende Konzeption der modernen Ästhetik wiederaufgreifen, die bereits Kant in einer berühmten Passage der *Kritik der Urteilskraft* von 1791 formuliert hat. Durch die Verbindung der Idee der ästhetischen Erfahrung mit „Interesselosigkeit" bringt Kant das Ästhetische in einen Gegensatz zu Moral und instrumenteller Vernunft. Das ästhetische Wohlgefallen an der Kunst (wie auch der Natur) stellt einen Zweck an sich dar, der zu seiner Rechtfertigung keines Bezugs auf weitere Zwecke bedarf. Die künstlerische Tätigkeit ist ebenso „Spiel, d.i. Beschäftigung, die für sich selbst angenehm ist."[2] Sie repräsentiert eine Ausübung persönlicher Autonomie, die durch kein äußeres Ziel reglementiert wird, wie dies bei gewöhnlichen Produzenten durch den Zwang der Lohnarbeit oder bei ihren Meistern durch andere wirtschaftliche Interessen der Fall ist. Daher muß die „schöne Kunst" nach Kants Definition in einem doppelten Sinne frei sein, so „daß das Gemüt sich zwar beschäftigt, aber dabei doch, ohne auf einen andern Zweck hinauszusehen (unabhängig vom Lohne), befriedigt und erweckt fühlt", und „daß sie nicht, als Lohngeschäft, eine Arbeit sei, deren Größe sich nach einem bestimmten Maßstabe beurteilen, erzwingen oder bezahlen läßt."[3]

Diese Ansicht war nicht nur weit entfernt von der Wirklichkeit der künstlerischen Tätigkeit, die, wenngleich sie nicht „nach einem bestimmten Maßstabe bezahlt wurde", so doch ein „Lohngeschäft" war (und ist), sofern es den KünstlerInnen gelingt, sie zu

---

* Übersetzung aus dem Englischen Immanuel Stieß
1 George Kubler (1982): Die Form der Zeit. Anmerkung zur Geschichte der Dinge, übers. v. Bettina Blumenberg mit e. Einleitung v. Gottfried Boehm, Frankfurt, S. 50. Im Anschluß an dieses Zitat stellt der Text eine Verbindung zwischen dieser Idee und einem weiteren wesentlichen Element der modernen Konzeption von Kunst her: „Kurz gesagt, ein Kunstwerk ist ebenso unbrauchbar, wie ein Werkzeug brauchbar ist. Kunstwerke sind so einzigartig und unersetzbar, wie Werkzeuge weitverbreitet und abnutzbar sind."
2 Immanuel Kant (1974): Kritik der Urteilskraft, Frankfurt, S. 238
3 Immanuel Kant (1974): Kritik der Urteilskraft, Frankfurt, S. 259

einem solchen zu machen.[4] Sie widerspricht auch der absichtlichen und theoretisch ausgewiesenen Indienstnahme der Kunst für eine ganze Reihe moralischer, politischer und wirtschaftlicher Zwecke, die sich von den Anfängen der Renaissance bis hin zur modernen Praxis der schönen Kunst unserer Tage beobachten läßt. Was Kants Schriften jedoch ausdrückten - und was einen Grund für ihren zentralen Stellenwert im Diskurs der Ästhetik ausmacht - war die Idee, daß Kunst im Unterschied zur „materiellen", d.h. ökonomischen Ausrichtung, die das moderne Leben beherrscht, eine Verkörperung des „Geists" darstellt. Grob gesagt, bezieht sich „Geist" in seiner philosophischen Verwendungsweise auf die in der „Kultur" verwirklichten menschlichen Fähigkeiten, wobei die Aktivitäten und Hervorbringungen, die dieser Bereich umfaßt, ihren Wert aus ihrer Stellung in einer früheren Periode der Sozialgeschichte beziehen.

Insbesondere die im Laufe des späten 18. Jahrhunderts entstandene moderne Form der Kunst kann zumindest in einem wesentlichen Aspekt als ein Versuch der neu entstehenden wirtschaftlichen, finanziellen und industriellen Eliten verstanden werden, das Beiwerk einer adligen Lebensweise nachzuahmen. Sie bot zunächst das Terrain, auf dem sich die alten mit den neuen Eliten vermischen konnten, und drückte schließlich den Anspruch der obersten Schichten der kapitalistischen Gesellschaft aus, sich als würdige Nachfahren der aristokratischen Kultur der Vergangenheit über die Schranken des Geschäftslebens zu erheben. Aus diesem Blickwinkel reicht die Bedeutung von Kunstwerken über den historischen Zeitpunkt ihrer Herstellung und Rezeption hinaus und befreit Schöpfer wie Kenner gleichermaßen von den sie ansonsten beschränkenden besonderen Umständen der Sozialgeschichte. Nach Hegels charakteristischer Formulierung vermag Kunst, „das *Göttliche*, die tiefsten Interessen des Menschen, die umfassendsten Wahrheiten des Geistes zum Bewußtsein zu bringen und auszusprechen."[5]

Wenngleich Kunst als Zeichen einer überlegenen gesellschaftlichen Stellung dient, kann sie ebensogut als Herausforderung der Grundlage dieser Überlegenheit erscheinen, da sie, z.B. im handwerklichen Charakter und der virtuellen Einmaligkeit von Gemälden und Skulpturen oder der Einzigartigkeit des Kompositionsakts poetischer und musikalischer Werke eindeutig Charakteristika einer vorkapitalistischen Gesellschaft innerhalb einer zunehmend auf mechanisierter Massenproduktion beruhenden Gesellschaftsordnung bewahrt. Wie Raymond Williams hervorgehoben hat, erlaubte die Besonderheit der künstlerischen Produktion unter modernen Bedingungen und die spezifische Stellung, die Künstler als Produzenten einnahmen, „daß in der Kunst gewisse menschliche Werte, Fähigkeiten und Energien lebendig geblieben sind, die von der gesellschaftlichen Entwicklung zu einer industriellen Zivilisation bedroht oder

---

4 Zur Diskussion der Komplexität der ideologischen Gegensätze zwischen Kunst und Kommerz am Ausgang des 18. Jahrhunderts vgl. Paul Mattick, „Art and Money", in: Paul Mattick (Hg.) (1993): Eighteenth-Century Aesthetics and the Reconstruction of Art, New York, S. 152-177; und Martha Woodmansee, „'Art' as a Weapon in Cultural Politics: Rereading Schiller's Aesthetic Letters", in: ebd., S. 178-209
5 G.W.F. Hegel (1986): Vorlesungen über die Ästhetik, Frankfurt, Bd. 1, S. 21

sogar zerstört zu werden schienen."[6] Als Konzentrat des „Geistes" konnte Kunst daher so unterschiedliche Rollen übernehmen wie die ideale Repräsentation des Staates (z.B. in Museumsbauten oder öffentlichen Kunstprogrammen) oder die Selbstdarstellung des entfremdeten Individuums. Théophile Gautier beispielsweise verwendete eine Variante der Kunstkonzeption Kants, wenn er vierundvierzig Jahre nach der *Kritik der Urteilkraft* und im Gegensatz zur vorherrschenden Ästhetik seiner Zeit „Nützlichkeit" als Kriterium des ästhetischen Urteils angriff und im Vorwort zu *Mademoiselle de Maupin* behauptete, „nichts ist wahrhaft schön, wenn es nicht nutzlos ist; alles Nützliche ist häßlich, da es eine Notwendigkeit ausdrückt ..."[7]

Im einflußreichen Bild des von den Zwängen der Massenproduktion und des Massenkonsums befreiten Lebens des Künstlers, das im Laufe des 19. Jahrhunderts entstand, werden auch die Kosten dieser Freiheit sichtbar - und damit zugleich ein verwirrender Aspekt der ökonomischen Rationalität selbst, nämlich Armut, Bedeutungslosigkeit und Wahnsinn. Charles Baudelaire bringt diese Situation in seinem Essay über Edgar Allen Poe deutlich zum Ausdruck. Er war überzeugt, „daß Poe und [die Vereinigten Staaten ...] nicht auf der gleichen Höhe [standen]", und fügte hinzu: „Zeit und Geld haben dort drüben einen so großen Wert!"[8] Dies habe die Verwahrlosung und den frühen Tod des Schriftstellers zur Folge gehabt, eines „natürlichen Aristokraten" in einer bürgerlichen Kultur. In Baudelaires Verherrlichung des Flaneurs zeigt sich derselbe Widerstand gegen die Effizienz, die eine von ökonomischen Imperativen getriebene moderne Entwicklung forderte. Nach Baudelaires Vorstellung promeniert der „Maler des modernen Lebens" als Beobachter der sozialen Maschinerie der Moderne durch die Menge. Das Böse in ihr verwandelt er in Schönheit und bewundert, wie Baudelaire mit einer ironischen Anspielung auf die laissez-faire Theorie formuliert, „die erstaunliche Harmonie des hauptstädtischen Lebens, die Harmonie, die im Tumult der menschlichen Freiheit so urvorbedacht erhalten ist."[9]

Der widersprüchliche Charakter der Ideologie der Kunst kann anhand der komplexen vergeschlechtlichten Natur seiner Konstrukte gezeigt werden. Als schöne Dinge, d.h. als Dinge, die für das lustvolle Konsumieren durch die verschiedenen Sinne hergestellt werden, galten die Produkte der künstlerischen Arbeit als feminin. Wurden sie jedoch als Beiträge zur Kultur betrachtet, die wichtige Bedeutungen und geistige Werte beinhalten, war ihr Charakter maskulin. Ebenso ist der Künstler, der der Materie Form

---

6 Raymond Williams (1960): Culture and Society, 1780-1950, Garden City; dt.: Gesellschafts-theorie als Begriffsgeschichte. Studien zur historischen Semantik von „Kultur", übers. v. Heinz Blumensath, München 1972, S. 62
7 Théophile Gautier (1835): Mademoiselle de Maupin, engl. v. Joanna Richardson, Harmondsworth 1981, S. 39 (eigene Übersetzung, I.S.)
8 Charles Baudelaire (1983): Sämtliche Werke/Briefe, hg. v. Friedhelm Kemp u. Claude Pichois i. Zus. mit Wolfgang Drost, München/Wien, Bd. II, S. 318. Lediglich in Poes Trunksucht entdeckt Baudelaire etwas Amerikanisches, die er als ein Trinken „mit durchaus amerikanischer Geschäf-tigkeit und Zeitersparnis" beschreibt (355).
9 Charles Baudelaire (1983): Sämtliche Werke/Briefe, hg. v. Friedhelm Kemp u. Claude Pichois i. Zus. mit Wolfgang Drost, München/Wien, Bd. V, S.223.

verleiht, dem Wesen nach männlich. Aber weil er mit dem (visuell) Sinnlichem und - vor allem seit Beginn des frühen 19. Jahrhunderts - mit dem Ausdruck von Gefühl zu tun hat, trägt er auch feminine Züge. Im späten 18. und frühen 19. Jahrhundert wurde die Idee des Erhabenen im Unterschied zum Schönen und die wiederkehrende Orientierung am Neoklassizismus als männlich stilisiert;[10] auf ähnliche Weise spielt der feminine Aspekt der Kunst z.B. im modernen Widerstand gegen das „überwiegend Dekorative" eine Rolle. Angesichts der lange währenden Assoziation von Rationalität und Männlichkeit in der europäischen Kultur ist es wenig überraschend, daß das Motiv des Geschlechts auch bei KünstlerInnen des 20. Jahrhunderts auftaucht, die den Konflikt zwischen einer Kunst, die als Verkörperung nicht-instrumenteller Vernunft angesehen oder als positiv bewertete Irrationalität verstanden wurde, und der Rationalisierungstendenz der kapitalistischen Ordnung, die dieses Kunstverständnis hervorgerufen hat, durch die Aufnahme von Merkmalen dieser „Rationalisierung" in die künstlerische Praxis zu überwinden suchten.

Besonders bedeutend waren solche Versuche in der Periode um den Ersten Weltkrieg, also zur Zeit der internationalen Durchsetzung des Taylorismus. In zahlreichen Ländern schufen Avantgarde-KünstlerInnen Stile der Darstellung, Abstraktion und sogar der Produktgestaltung, die den Geist der mechanisierten Produktion verkörpern sollten. Diese stilistischen Entwicklungen können - so Meyer Shapiro - nicht einfach als Reflex auf die zunehmende Rolle der Maschinen in der Produktion erklärt werden: „Mechanisch abstrakte Formen entstehen in der modernen Kunst nicht wegen der Mechanisierung der Produktion, sondern wegen der Werte, die dem Menschen und der Maschine in Ideologien beigemessen werden, welche aus widersprüchlichen Interessen und einer gesellschaftlichen Situation entstehen, die sich von Land zu Land unterscheiden."[11] Eine deutsche Kritikerin reagierte mit einer ähnlichen Beobachtung auf die Erste Russische Kunstausstellung, die 1922 in Berlin eröffnet wurde: „Ein naives Streben nach Gebäuden und der Konstruktion von Objekten, die es bei uns gibt, die aber in der russischen Technologie noch immer fehlen, hat die Russen in ihrer schönen Kunst zu einer primitiven Imitation von Maschinen verleitet..."[12] Der Futurismus entstand in Italien ebenfalls in einem technologisch unterentwickelten Land, auch wenn er schnell in ganz Europa an Einfluß gewann. Die Entwicklung solcher Stile muß daher auf die Wahrnehmung von Modernisierungszwängen zurückgeführt werden und hängt von den jeweiligen Verbindungen zwischen KünstlerInnengruppen und Modernisierungseliten bzw. -verweigerern ab.

---

10 Vgl. Paul Mattick, „Beautiful and Sublime: 'Gender Totemism' and the Constitution of Art", in: Peg Brand and Carolyn Korsmeyer (Hg.), Feminism and Tradition in Aesthetics, University Park 1995.

11 Meyer Schapiro (1937): The Nature of Abstract Art, in: Modern Art: 19th and 20th Centuries, New York, S.207 (eigene Übersetzung, I.S.)

12 Zitiert (ohne Angabe von AutorIn oder Originalpublikation) in Christina Lodder (1983): Russian Constructivism, New Haven, S.133 (eigene Übersetzung, I.S.)

Das komplexe Verhältnis zwischen der Idee der Rationalisierung und der Idee der Kunst als Domäne des freien Ausdrucks des Geistes läßt sich auf besonders verblüffende Weise in der Architektur beobachten, die trotz ihres offensichtlich funktionalen Charakters zum Kanon der schönen Künste gehört. Seit dem 16. Jahrhundert gilt Architektur gemeinsam mit Malerei und Bildhauerei als „arti di disegno", d.h. als eine Kunst des Zeichnens, und wird als ein Gegenstand des erfinderischen künstlerischen Genius angesehen, dem formale, ästhetische Überlegungen zugrundeliegen. Nur so erklärt sich ihre Definition im 19. Jahrhundert als „erstarrte Musik", was einen ansonsten eher seltsam anmutenden Vergleich mit einer Kunst darstellte, die zu dieser Zeit der Inbegriff einer weder funktionalen noch mimetischen Kunst war. Für Hegel manifestiert sich die Architektur als Kunst nicht mit den ersten Anfängen der Bautätigkeit, sondern erst mit dem Aufkommen von „Bauwerken, die gleichsam wie Skulpturwerke *für sich selbständig* dastehen", wie dies bei ägyptischen Obelisken und Tempeln der Fall ist. Trotz ihrer gebrauchsorientierten Funktionen bleiben Gebäude in der Moderne Kunstwerke, „gleichsam unbekümmert um diesen Zweck ...".[13]

Ich weiß nicht, ob Le Corbusier sich jemals mit Hegel auseinandergesetzt hat. Umso bemerkenswerter ist es daher, auf den ersten Seiten des *Ausblicks auf eine neue Architektur* von 1922, dem sicher einflußreichsten Texts über Architektur des 20. Jahrhunderts, ein Echo der Gedanken dieses Philosophen zu finden:

> „Der Ingenieur, beraten durch das Gesetz der Sparsamkeit und geleitet durch Berechnungen, versetzt uns in Einklang mit den Gesetzen des Universums. Er erreicht Harmonie.
>
> Der Architekt verwirklicht durch seine Handhabung der Formen eine Ordnung, die reine Schöpfung seines Geistes ist; mittels der Formen rührt er intensiv an unsere Sinne und erweckt unser Gefühl für die Gestaltung; die Zusammenhänge, die er herstellt, rufen in uns tiefen Wiederhall hervor, er zeigt uns den Maßstab für eine Ordnung, die man als im Einklang mit der Weltordnung empfindet, er bestimmt mannigfache Bewegungen unseres Geistes und unseres Herzens: so wird die Schönheit uns Erlebnis."[14]

Auf der Grundlage der hier getroffenen Unterscheidung zwischen „Ingenieur-Ästhetik" und „Baukunst" vergleicht er die gegenwärtige „peinliche Rückentwicklung" dieser mit der erreichten „vollen Entfaltung" jener. Ganz besonders stellt Le Corbusier dem traurigen Zustand der französischen Architektur die vor allem in den USA praktizierte industrielle Gestaltung gegenüber: „Wir kennen zu viele Großindustrielle, Bankiers und Geschäftsleute, die uns immer sagen: 'Nehmen Sie es mir nicht übel, aber ich bin nur Geschäftsmann, ich lebe gänzlich außerhalb der künstlerischen Sphäre, ich bin Banause.' Wir haben protestiert und ihm erwidert: 'All Ihre Energien sind auf das eine herrliche Ziel gerichtet, die Werkzeuge einer Epoche zu schmieden und in der ganzen Welt jene

---

13 G.W.F. Hegel (1986): Vorlesungen über die Ästhetik, Frankfurt, Bd. II, S.269, 271
14 Le Corbusier (1922): Ausblick auf eine neue Architektur, dt. v. Hans Hildebrandt (überarb. v. Eva gärtner), Braunschweig/Wiesbaden 1982, S.21. Eine weitere Fassung dieser Idee Le Corbusiers verdient es, zitiert zu werden: Architektur ist etwas, „was einen Gedanken verrät. Ein Gedanke, der ohne Worte oder Töne, allein durch die geometrischen Körper klar wird, die in bestimmten Maßverhältnissen zueinander stehen... Ihre Beziehungen untereinander haben nichts gemein mit praktischen durch Worte zu beschreibenden Bedürfnissen." Ebd., S.151.

vielen sehr schönen Dinge zu schaffen, in denen das Gesetz der Sparsamkeit und die Berechnung mit Kühnheit und Phantasie verbunden sind. Sehen Sie sich doch an, was Sie schaffen: das ist im genauesten Sinne schön.‟[15] Erforderlich ist also die Synthese von Effizienz und Schönheit, bei der die Mittel der modernen Technologie im Dienste des Ziels der elementaren Form stehen.

Mit diesen Worten wandte sich der junge Architekt an eine herrschende Klasse, deren Ästhetik noch immer im 19. Jahrhundert verwurzelt war.[16] Nach einem Weltkrieg, der die ökonomische und politische Macht der USA enthüllt und zur gesellschaftlichen Revolution in Rußland geführt hatte, schlug Le Corbusier Gestaltungsprinzipien vor, die an ein Produktionssystem erinnerten, das bereits damals mit dem Namen Henry Ford identifiziert wurde: Standardisierung, Wiederholung, Genauigkeit, Effizienz. Die nach dem Prinzip des rechten Winkels konstruierten Wohnhäuser, die in seinem Buch abgebildet sind, beruhten auf dem Vorbild der amerikanischen Geschäftsgebäude. Und in der Zeitschrift *L'Esprit Nouveau*, die Le Corbusier gemeinsam mit dem Miterfinder des Purismus, dem Maler Amédée Ozenfant, herausgab, wurden moderne Büromöbel für ihre klare und effiziente Gestaltung gepriesen und Léger für seine Bemühungen gelobt, klassische Themen der Malerei, wie die Frauengruppe mit Interieur, durch die Aufnahme von Konstruktionsprinzipien aus dem Schiffsbau auf neuartige Weise zu gestalten.[17]

Zugleich werden in Le Corbusiers Text auch die Grenzen der Standardisierung deutlich, wenn er zwischen zwei unterschiedlichen architektonischen Bedürfnissen unterscheidet: „Einerseits verlangen die Massen eine anständige Behausung, und diese Frage ist von brennender Aktualität. Andererseits verlangt der schöpferische Mensch, der Mensch der Tat und des Denkens, der Elitemensch, nach einem heiteren und abgeschlossenen Raum, um sich in Ruhe in seine Arbeit versenken zu können; die Lösung dieses Problems ist für die Gesundheit der Elite unerläßlich.‟[18] So sind die für die Massen gedachten Wohnblöcke das Gegenstück zu der von Le Corbusier 1923 für den Schweizer Bankier Raoul La Roche geplanten, mit puristischer Kunst ausgestatteten Villa und zu dem Ausstellungspavillon des *L'Esprit Nouveau* von 1925. In seiner Umsetzung in die Praxis wird so das Wesen der Rationalisierung verdeutlicht: Ihr technischer Aspekt dient einem gesellschaftlichen Ziel genauso wie die vermeintliche

---

15 Le Corbusier (1922): Ausblick auf eine neue Architektur, S.33
16 Zur Lage seiner Profession in den zwanziger Jahren vgl. Reyner Banham (1960): Theory of Design in the First Machine Age, Cambridge, Kap. 16; dt.: Die Revolution der Architektur. Theorie und Gestaltung im ersten Maschinenzeitalter, übers. v. Wolfram Wegmuth, mit e. Vorw. v. Ulf Jonak, Braunschweig/Wiesbaden 1990. Das gesamte Buch ist grundlegend für ein Verständnis der modernen Ideologien des Designs.
17 Auch Walter Gropius vertrat bei einem Vortrag vor einem englischen und amerikanischen Publikum über den Geist des Bauhauses die Ansicht, daß „Standardisierung kein Hindernis für die Entwicklung der Zivilisation darstellt, sondern im Gegenteil eine ihrer unmittelbaren Voraussetzungen.‟ Sie „eliminiert die persönlichen Eigenarten ihres Gestalters und alle anderen unwesentlichen und ihr nicht gemäßen Eigenschaften.‟ Walter Gropius (1935): The New Architecture and the Bauhaus, Boston, S.34 (eigene Übersetzung, I.S.)
18 Le Corbusier (1922): Ausblick auf eine neue Architektur, S.34

Überlegenheit der von Smith bis Taylor gepriesenen kapitalistischen Arbeitsorganisation mit ihrem Verbot von Bummelei oder „Drückebergerei" die Perspektive der Arbeitgeber und nicht der Beschäftigten wiedergibt. Das irrationale Element des Gesellschaftssystems tritt in Le Corbusiers Text in Gestalt des charismatischen Führers an den Tag, mit dem sich der Architekt völlig identifiziert, wenn er, Le Corbusier, davon träumt, einen Großteil von Paris niederzureißen, um die Stadt seiner „rationalen" Planung gemäß neu aufzubauen.

Im Zentrum der idealen Stadt, die in der „Stadt der Gegenwart für 3 Millionen Einwohner" von 1922 der Öffentlichkeit vorgestellt wurde, waren gläserne Türme für die Machthaber vorgesehen: „Kapitäne des Handels, der Industrie, der Finanz, der Politik, Meister der Wissenschaftler, der Erziehung, des Denkens, Wortführer der Menschenseele, Künstler, Dichter, Musiker."[19] Die Türme sind umgeben von Luxuswohnhäusern für die Elite, während einfache Angestellte und ArbeiterInnen in bescheideneren Vorstädten leben. Le Corbusiers Konzeption der herrschenden Elite geht offensichtlich auf Saint-Simons Doktrin der Klasse der Industriellen zurück, und tatsächlich verfügte Le Corbusier über gute Beziehungen zu französischen Neo-Saint-Simonisten wie zu dem ähnlich eingestellten *Redressement Francais*, von dem 1928 sein Buch *Paris im Maschinenzeitalter* veröffentlicht wurde. Seine Überzeugung, daß die Versprechen der modernen Technologie, wie Wohlstand, Glück und gesellschaftliche Harmonie, nur in einer Gesellschaft verwirklicht werden konnten, die „zentral gesteuert, hierarchisch organisiert und von oben verwaltet wird, in der die qualifiziertesten Menschen die verantwortungsreichsten Positionen einnehmen",[20] ließen ihn nacheinander mit dem Faschismus, Syndikalismus und der Sowjetunion sympathisieren, von der er „beispielhafte Autorität, Erbauung und Führerschaft" erwartete.[21]

Rationalisierung von Architektur und Stadtplanung bedeutete für Le Corbusier jedoch mehr als Effizienzsteigerung durch Maßnahmen wie Zentralisierung der Entscheidungsfindung, das Bauen mit vorfabrizierten Elementen und die Lösung der Dienstbotenfrage durch kollektive Dienstleistungen. Die Öffnung der Stadt für den Autoverkehr besaß in seinen Augen keine größere Bedeutung als die Einrichtung von Parks, Sportstätten und Übungsräumen, um die menschliche Maschine bei gutem

---

19 Le Corbusier (1929): Städtebau, übers. u. hrsg. v. Hans Hildebrandt, Stuttgart/Berlin/Leipzig, S.88. Vgl. Robert Fishman (1977): „From the Radiant City to Vichy: Le Corbusier's Plans and Politics, 1928-1942", in: Russel Walden (Hg.): The Open Hand. Essays on Le Corbusier, Cambridge, S.244-283. Die „Strahlende Stadt" von 1935, die Le Corbusier nach seinen enttäuschenden Erfahrungen mit der fehlenden Unterstützung durch Kapitalisten entwarf, brachte ihn in die Nähe von Syndikalismus und Faschismus. Sie wies egalitäre Wohnbereiche auf, jedoch blieben die Entscheidungsprozesse in einer Kommandozentrale zusammengefaßt, für die ein eigenes Gebäude vorgesehen war.

20 Robert Fishman: Ebd., S.247 (eigene Übersetzung, I.S.)

21 Le Corbusier: Brief an A.V. Lunatscharsky vom 13. März 1932 (Fondation Le Corbusier), zitiert nach Jean Louis Cohen (1981): Le Corbusier and the Mystique of the U.S.S.R, in: Oppositions 23, 84-121, S.112 (eigene Übersetzung, I.S.). Ausführliche Beziehungen Le Corbusiers zur Sowjetunion vgl. J.L. Cohen (1992): Le Corbusier and the Mystique of the U.S.S.R. Theories and Projects for Moscow, Princeton.

Zustand zu erhalten. Die enge Verbindung, die Le Corbusier in den zwanziger Jahren mit Pierre Winter, einem französischen Faschisten und Theoretiker des Sports unterhielt, stimmt völlig mit seiner ästhetischen Vision überein, die die Künstler auffordert, „unseren Ingenieuren" nachzueifern, die „gesund und männlich, aktiv und nützlich, ausgeglichen und glücklich bei ihrer Arbeit sind."[22]

Diese Visionen erinnern an Gustav Kluzis' Entwurf für das sowjetische Plakat *Elektrifizierung des gesamten Landes* von 1920, das einen riesigen Lenin mit gespreizten Beinen auf einer geometrisch-abstrakten Darstellung der Erdkugel zeigt, auf der winzige Gestalten entweder mit dem Aufbau eines Stromnetzes beschäftigt sind, oder den Führer mit enthusiastischen Gesten grüßen. Nur ein Jahr zuvor hatte Kluzis nichtgegenständliche, plastische Konstruktionen geschaffen. Auch Alexander Rodtschenko, der in den späten zwanziger Jahren „direkt von Themen des Ersten Fünfjahresplans inspirierte"[23] Werbegraphiken und Kunstphotographien des sowjetischen Lebens für Zeitschriften wie *Dajosch!* (Vorwärts!) herstellte, hatte in den Jahren 1918-1921 mit radikalsten Formen der Gegenstandslosigkeit experimentiert. Allerdings haben beide Künstler ihr abstraktes Werk auf den Geist der Mechanisierung bezogen und so den Anspruch erheben, im Wechsel der Arbeitsmethoden ein konsistentes Ziel zu verfolgen. Zutreffender wäre es wohl, das Verhältnis ihrer früheren und späteren Arbeiten hegelianisch als „inneren Zusammenhang" von künstlerischen Absichten und einer gesellschaftlicher Wirklichkeit zu bezeichnen, die diese inspiriert, begrenzt und schließlich zerstört hat.[24]

Zwar hielten sich viele radikale KünstlerInnen in Rußland zunächst zum bolschewistischen Staatsapparat auf Distanz, doch waren sie von Anfang an stark beeindruckt von der Revolution und den von ihr eröffneten Möglichkeiten des gesellschaftlichen Fortschritts. Die Zeit war reif für eine Neubestimmung der künstlerischen Tätigkeit.[25] Zu dieser Situation kam der Druck des neuen, der Avantgarde-Kunst nicht sonderlich gewogenen Regimes hinzu und die Ressentiments von Bauern, Bäuerinnen und ArbeiterInnen gegenüber den als nutzlose Parasiten wahrgenommenen Intellektuellen und KünstlerInnen. Die russischen AvantgardistInnen bezeichneten sich selbst als „Futuristen", wobei sie über die italienischen Vorbilder hinausgingen und mit dem Namen eine „Tendenz [identifizierten,] die Grenzen des in sich geschlossenen Kunstwerks zu überschreiten, d.h. den Trend hin zur Abschaffung der Kunst als eigenständiger Disziplin."[26] In den frühen zwanziger Jahren bildeten die KonstruktivistInnen

---

22 Ebd.: S.18 (eigene Übrsetzung, I.S.)

23 Margarita Tupitsyn: „Fragmentierung versus Totalität. Grundsätze zu Bildeinheit und Bildverfremdung", in: Bettina-Martine Wolter/Bernhart Schwenk (Hg.) : Frankfurt: Schirn-Kunsthalle 1992, S.199-207.

24 Was in mehr als einem Fall den KünstlerInnen selbst widerfuhr: Kluzis, ehemaliges Mitglied der Bolschewistischen Partei und Kämpfer im Bürgerkrieg, wurde schließlich im Gulag umgebracht.

25 Eine ausgezeichnete Darstellung dieser Entwicklung findet sich bei Hubertus Gaßner „Konstruktivisten: Die Moderne auf dem Weg in die Modernisierung", in: Die große Utopie, S.109-149.

26 Ivan Puni (1919): Sovremenye gruppirovki v russkom levom iskusstve, in: Iskusstvo kommuny 19, S.3, zitiert in C. Lodder, Russian Constructivism, S.48 (eigene Übersetzung, I.S.)

unter Führung Rodtschenkos eine eigenständige Gruppe. Sie verstanden sich nicht als Schöpfer oder Bewahrer der Kultur, sondern als „Professionelle" und spezialisierte Arbeiter in einem Zweig der gesellschaftlichen Produktion. Wie Le Corbusier orientierten sie sich am Modell des um eine effiziente Lösung technischer Probleme bemühten Ingenieurs. Nach Rodtschenko „wird jede Spur des Ästhetizismus verschwinden. Die Malerei tendiert zur Ingenieurskunst, da der Gang ihrer Entwicklung dem des Ingenieurs, der Technologie und der Revolution folgt ..."[27]

In ähnlicher Weise behauptete Liubow Popowa 1921, daß „ein Bild genauso wie eine Lokomotive konstruiert sein kann, allerdings mit dem Unterschied, daß die Konstruktion in der Malerei einen bildlichen Zweck verfolgt, während dieser bei der Lokomotive technisch ist. Aber in beiden Fällen sollte es keine überflüssigen Teile oder Materialien geben."[28] Dieser Vergleich wirft zwei Fragen auf: Erstens, was könnte in der Malerei als „überflüssig" angesehen werden? Für Rodtschenko gehören dazu z.B. „figürliches Bild, Ausdruck eines Gefühls, Ästhetik."[29] Ein Gemälde erforderte lediglich das Auftragen der Farbe auf eine Unterlage, Bildhauerei weiter nichts als die Montage von Elementen, die eine bestimmte dreidimenionale Beziehung zueinander aufrechterhalten können. Die künstlerische Parole der „Konstruktion" wurde daher typischerweise durch ihren Gegensatz zur „Komposition" erläutert, die sich eher vom „Geschmack" leiten lasse als von den „wissenschaftlichen Gesetzen" der Kunst. Warwara Stepanowa hielt 1921 fest: „Nur die Konstruktion verlangt die Abwesenheit aller überschüssigen Elemente und jedes überflüssigen Materials, bei der Komposition ist es gerade umgekehrt - hier basiert alles ausschließlich auf dem Überschuß."[30] Diese eher objektiv als subjektiv verstandene Konstruktion sollte auf alles Ornamenthafte, Expressive oder sonstwie Unnötige verzichten.

Diese Doktrin wirft jedoch die Frage auf, welcher „bildliche Zweck" übrigbleibt, wenn Figürlichkeit, Ausdruck und Geschmack abgezogen werden. Eine Antwort legt der konstruktivistische Architekt Alexander Vesnin in dem 1922 für die INChUK verfaßten „Credo" nahe, wo er den Standpunkt vertritt, ebenso wie „der moderne Ingenieur mit Brücke, Dampflok, Flugzeug und Kran geniale Werke geschaffen hat", muß „der moderne Künstler Werke produzieren, die diesen an Stärke, Spannung und Potential, d.h. den organisierenden Prinzipien hinsichtlich ihrer psychophysischen

---

27 Bemerkung anläßlich einer Diskussion über das Konzept der Konstruktion in der Allgemeinen Arbeitsgruppe für Objektive Analyse des INChUK (Institut für künstlerische Kultur); zitiert in Selim O. Khan-Magomedov (1987): Rodchenko: The Complete Work, Cambridge, S.84 (eigene Übersetzung, I.S.)

28 Selim O. Khan-Magomedov (1987): Rodchenko: The Complete Work, Cambridge, S.87 (eigene Übersetzung, I.S.)

29 Selim O. Khan-Magomedov (1987): Rodchenko: The Complete Work, Cambridge, (eigene Übersetzung, I.S.)

30 Warwara Stepanowa: Protokol zasedaniya INChUK, 28. Januar 1921, zitiert in C. Lodder: Russian Constructivism, S. 88 (eigene Übersetzung, I.S.)

Wirkung auf das menschlichen Bewußtsein, gleichkommen."[31] Rodtschenkos Erklärung ist noch radikaler: „Der Zweck" eines seiner Werke bestehe darin, „zwei Gestalten von unterschiedlicher Farbe auf einer flachen Oberfläche zu schaffen."[32] Die Sprache der Rationalisierung diente so zur Verteidigung der radikalsten Autonomie der Kunst, wobei der Inhalt eines Werkes mit der Handhabung des Materials zur Produktion dieses Werks und die Funktion mit seiner Herstellung gleichgesetzt wurde.

Rodtschenkos *Gegenstandsloses Gemälde, Schwarz auf Schwarz* von 1918 (Museum of Modern Art, New York) suggeriert beispielsweise durch die Beschränkung der Farben auf verschiedene Schwarztöne den (wenn auch erfolglosen) Versuch, Bildlichkeit und Ausdruck im gewöhnlichen Sinn auszulöschen, so daß nur noch die aufgetragene Farbe übrigbleibt. Die Verneinung der gängigen Eigenschaften eines Gemäldes verweist dabei auf die Effizienz der Produktion, während die Verwendung von Schwarz Farbenfreudigkeit als überflüssig zurückweist. Zwei Jahre später erfuhren Rodtschenkos Arbeiten eine weitere Reduktion. Die Bearbeitung der Oberfläche und die Spuren des Pinselstrichs verschwanden zugunsten mit dem Lineal gezogener Linien auf einer gleichmäßig eingefärbten Fläche.[33] Für seine hängenden Konstruktionen von 1921 schnitt Rodtschenko schließlich die Fläche so ein, daß aus einfachen geometrischen Formen - sinnbildlich für Unpersönlichkeit - Strukturen im Raum entstanden: Die Werke sind auf ein Minimum beschränkt; das Material ist lediglich Träger der das System definierenden Relationen, während es eine unbegrenzte Anzahl von Konfigurationen annehmen kann. Mit den drei monochromen Leinwänden in den Primärfarben, die er im selben Jahr ausstellte, wandte er den Grundsatz der strikten Ökonomie auf die farbige Fläche an.

Obwohl Frauen im Konstruktivismus eine ungewöhnlich prominente Rolle spielten, hatte das vordergründig geschlechtslose Bild des Künstlers als Konstrukteur eindeutig die männlichen Figuren des Wissenschaftlers und des Ingenieurs zum Vorbild, wie auch die revolutionäre Ästhetik (z.B. eines Le Corbusier) traditionell als weiblich bestimmte Elemente, wie Farbe, Gefühl, sinnliches Vergnügen, zugunsten der neoklassischen

---

31 Alexander Vesnin (1975): Kredo, in: Mikhail Barkin/Yuri Yaralov (Hg.): Mastera Sovetskoi arkhitektury ob arkhitekture, Moskau, Bd. 1, S.14, zitiert in J.-L. Cohen (1992): Le Corbusier and the Mystique of the U.S.S.R. Theories and Projects for Moscow, Princeton, S.32 (eigene Übersetzung, I.S.)

32 Selim O. Khan-Magomedov: Rodchenko, S.87 (eigene Übersetzung, I.S.). Vgl. dazu Karel Teigs Kritik an Le Corbusier, der im Gegensatz zur konstruktivistischen Eliminierung „ideologisch-metaphysisch-ästhetischer Intentionen" nachdrücklich den ästhetischen, emotionalen Gehalt der Architektur betont; vgl. J.-L. Cohen: Le Corbusier and the Mysthique of the U.S.S.R., S.112

33 Siehe auch die Sprache der Effizienz in Rodtschenkos Essay „Die Line" von 1921: „Der Pinsel war wesentlich für ein Gemälde, das die Illusion eines Gegenstands in allen Details vermitteln sollte. Er ist zu einem unangemessenen Instrument geworden, das durch solche ersetzt wurde, mit denen eine Oberfläche einfacher und bequemer bearbeitet werden kann: Druckerpresse, Walze, Stift, Lineal und Zirkel sind heutzutage üblich." Selim O. Khan-Magomedov: Rodchenko, S.293 (eigene Übersetzung, I.S.)

Strenge industrieller Materialien und (vorgeblich) unpersönlichen Prinzipien der Gestaltung zurückwies.[34] Mikhail Kaufmans 1921 entstandene Photographie von Rodtschenko, der eine von ihm entworfene und von seiner Ehefrau, Stepanowa, genähte Arbeitsuniform des Künstlers trägt, zeigt emblematisch die Bewahrung traditioneller Geschlechterkategorien in einer Praxis, die auf einen völligen Bruch mit der Vergangenheit gerichtet war.

Theoretiker wie Tarabukin haben allerdings auch darauf hingewiesen, daß auch eine dermaßen radikalisierte Form der Malerei immer noch zur Produktion von Kunstwerken führte.[35] Hier wird eine theoretische Unsicherheit offenkundig. Das Kennzeichen der ambivalenten gesellschaftlichen Situation der radikalen KünstlerInnen war, daß sie wie bereits ihre älteren kapitalistischen Geschwister ungeachtet ihrer Zielsetzungen eine Unterscheidung zwischen rationalisierter Produktion und schöner Kunst hervorbrachten. Der Versuch einer „Rationalisierung der künstlerischen Arbeit"[36] führte die KonstruktivistInnen zunächst zu einer Neubestimmung ihrer Tätigkeit als „Laboratoriumsarbeit" und schließlich in eine ähnliche Richtung, wie sie in Deutschland vom Bauhaus vertreten und in Frankreich von *L'Esprit Nouveau* propagiert wurde: Zur Anwendung ihrer Kenntnisse auf die Gestaltung von Gebrauchsgegenständen, zur Beschäftigung mit Theater und Film und zu politischer und kommerzieller Reklame. Für Rodtschenko und andere folgte daraus ein Wechsel von der Malerei zur Photographie, was eine Annäherung an den offiziell geschätzten akademischen Realismus bedeutete und zudem ideologisch mit Objektivität, Sachlichkeit und Technologie gleichgesetzt wurde. Die Bewegung der KünstlerInnen hin zu Photographie und Propaganda war in den Worten eines Historikers, „gleichzeitig Symptom und Ursache für den Niedergang des Konstruktivismus" als künstlerischem Programm „und seinen zunehmenden Kompromiß mit der existierenden im Unterschied zur vorgestellten Wirklichkeit."[37] Mit diesem Kompromiß unterwarf sich der Konstruktivismus den Anforderungen der gesellschaftlichen Entwicklung, zu der die frühere Arbeit der KünstlerInnen einen Beitrag hatte liefern wollen.

Aber auch in ihrer neuen Rolle als nützliche Produzenten gelang es den russischen „Futuristen" nicht, sich gegenüber den politischen und ästhetischen Imperativen einer Gesellschaft zu behaupten, deren Rückständigkeit, gemessen an der kapitalistischen

---

34 Z.B. erklärte Tatlin in seinem Text von 1920:"Unsere bevorstehende Aufgabe: Wir glauben nicht mehr mit dem Auge, wir stellen das Auge unter die Kontrolle des Tastsinns...(Daher ist es Zeit,) mit der künstlerischen Gestaltung der Materialkombinationen aus Eisen und Glas zu beginnen, da dies die klassischen Materialien unserer Zeit sind, die im Hinblick auf ihre künstlerische Disziplin mit dem Material der Vergangenheit, dem Marmor, wetteifern." In: Larissa Alexejewna Shadowa (Hg.) (1984): Tatlin, dt. v. Hannelore Schnör-Weichenhain, Dresden/Weingarten, S.258.

35 Nikolai Tarabukin (1983): From the Easel to the Machine, engl. v. C. Lodder, in: F.Frascina/C.Harrison (Hg.): Modern Art and Modernism, London.

36 Stellungnahme der Ersten Arbeitsgruppe der KonstruktivistInnen aus dem Katalog der Ersten Diskussionsausstellung der Vereinigungen der aktiven revolutionären Kunst 1924; in: J.E. Bowlt (Hg.): Russian Art of the Avant-Garde, S.241.

37 C. Lodder: Russian Constructivism, S.181 (eigene Übersetzung, I.S.)

Modernität, die Hingabe zu technologischen Formen erzeugt hatte. 1924 beklagte der konstruktivistische Theoretiker Osip Brik, „die Grundidee der Produktionskunst, daß nämlich die äußere Erscheinung eines Gegenstands durch seinen ökonomischen Zweck und nicht durch abstrakte, ästhetische Überlegungen bestimmt wird, hat unter unseren industriellen Entscheidungsträgern noch immer keine ausreichende Zustimmung gefunden ...".[38] Wie wenig solche Ideen auf der Tagesordnung standen, machte die Ausrufung des Sozialistischen Realismus nur wenige Jahre später deutlich.

Wie wir wissen, schuf der Fünfjahresplan ebensowenig die von den Konstruktivisten erträumte Verwandlung des Lebens wie der „neue Geist" der rationalisierten Industrie im Westen zu allgemeiner Wohlfahrt und gesellschaftlicher Ordnung führte. Siebzig Jahre später offenbart sich der Kern der gesellschaftlichen Verhältnisse, von denen die autoritären Phantasien eines Le Corbusier und der revolutionäre Utopismus Rodtschenkos und seiner GefährtInnen inspiriert war, in dem katastrophalen Scheitern zweier Fortschrittswege. In ihrer modernen Form hat sich Rationalisierung im Osten wie im Westen als Quelle von Verschwendung, als Zerstörung des Lebens und seiner natürlichen Grundlage sowie als Ursprung für das Elend von Millionen erwiesen. Es überrascht kaum, daß das Ideal der Rationalität selber viel von seiner früheren Kraft verloren hat.

Am Ende des 20. Jahrhunderts unternahm ein amerikanischer Künstler, nämlich Andy Warhol, erneut den Versuch, den Kreis zwischen Kunst und Leben durch die Unterwerfung der Kunst unter Prinzipien der wirtschaftlichen Vernunft zu schließen. Dabei inszenierte sich Andy Warhol in der Öffentlichkeit nicht als viriler Produzent, sondern als femininer Konsument. Nicht der Ingenieur war das Vorbild seiner Tätigkeit, sondern die Experten für Verpackung und Symbole, die Reklametechniker, auch verglich er seine Produkte nicht mit Lokomotiven und Dampfschiffen, sondern mit Werbung, Logos und den Bildern der Massenmedien. Während Le Corbusier erklärt hatte, daß das Haus eine Maschine zum Wohnen sei, wollte Warhol selbst Maschine *sein*. In seinem mit größtmöglicher Effizienz produzierten und der Unpersönlichkeit und Abwesenheit von Gefühlen verpflichteten Werk kehren die rechten Winkel, nackten Oberflächen und elemtaren Strukturen der frühen Moderne wieder, um diesmal nicht die Möglickeit der Veränderung, sondern die endlose Wiederkehr des Ewiggleichen anzuzeigen. Allerdings wird diese wohl ebenso wenig zur Wirklichkeit werden wie die von den KünstlerInnen der zwanziger Jahre imaginierten Transformationen. Weder ist der Rationalität der modernen Klassengesellschaft die Schaffung einer bürgerlichen oder proletarischen Utopie gelungen, noch hat sie das Ende der Geschichte erreicht. Nicht das „Leben" wird ästhetisiert, sondern nur einzelne seiner Aspekte. Während Rationalität weiterhin neu zu bestimmen bleibt, hat die Fiktion der Nutzlosigkeit der Kunst schon viel von ihrer Kraft eingebüßt.

---

38 Osip Brik: From Pictures to Textile Prints, in: J.E. Bowlt (Hg.): Russian Art of the Avant-Garde, S.249 (eigene Übersetzung, I.S.)

Ursula Müller

Wissenschaftskritik und Methodologie im feministischen Diskurs

1. Wissenschaftsproduktion und Feminismus[1]

Die Diskussion um feministische Methodologie ist rückblickend beschreibbar als die Geschichte der Kooptation von Wissen, das von Bewegungen außerhalb der akademischen Gemeinschaft produziert worden ist. In Diskussionen um Forschungsethik und politische Prinzipien, im Wunsch, gesellschaftliche Bedingungen zu verändern, hat die Frauenbewegung, wie auch andere Bewegungen (z.B. die Arbeiter- oder die Studentenbewegung oder die Schwarzenbewegung in den USA) das etablierte akademische Wissen in besonderer Weise angezweifelt und in Frage gestellt: Die Geschichte der Betroffenen, die sich in diesen Bewegungen zusammenfanden; ihre gesellschaftliche Positionierung; ihre eigenen Ansichten darüber, wie sich ihre Gesellschaft zusammensetzt und warum sie in der Situation sind, in der sie sich befinden; auch ihre Hoffnungen, Wünsche und Bedürfnisse sahen sie in dieser Wissenschaft entweder nicht repräsentiert oder aber nur verzerrt aufgenommen - bis hin zur extremen Verdrehung im Sexismus und Rassismus. Damit wurde zugleich eine Grundfeste der wissenschaftlichen Gemeinschaft in Frage gestellt. Diese erhebt nämlich den Anspruch, alle ernstzunehmenden Experten der Wissensproduktion in sich selbst zu vereinen. Expertenschaft außerhalb der wissenschaftlichen Gemeinschaft ist per definitionem nicht vorgesehen. Das Monopol auf die Produktion anerkannten Wissens und die postulierte scharfe Trennung von wissenschaftlichem und Alltagswissen, gekoppelt mit der Durchsetzung von Verfahren, wie dieses Wissen zu gewinnen sei, wird vom main-stream der Wissenschaften mit immer neuen Grenzziehungen bzw. der Verstärkung bereits etablierter Grenzziehungen zu verteidigen versucht. Dabei treten die Probleme, mit denen sich die

---

[1] Die ersten vier Abschnitte dieses Teils sind stark geprägt durch einen Kommentar von Tilla Siegel, den sie zu meinem Tagungsbeitrag „Feminismus in der empirischen Forschung: Eine methodologische Bestandsaufnahme" (Müller 1994) gegeben hat. Ebenso hat sie Vorschläge zur Überarbeitung einer früheren Fassung des gesamten Aufsatzes gemacht, für die ich ebenfalls sehr dankbar bin. Gleichwohl trage ich für den endgültigen Text mit seinen Licht- und Schattenseiten die Verantwortung.

Wissenschaft inhaltlich beschäftigt, oft in den Hintergrund; das Insistieren auf und Befestigen von Grenzen, manifestiert u.a. in den spezifischen und exklusiven Ritualen, mit denen Wissen präsentiert und diskutiert werden, scheint soviel Energie zu binden, daß es offenbar der Wissensproduktion von außerhalb des Wissenschaftssystems bedarf, um dieser wieder zu einem „Problembewußtsein" zu verhelfen - und zwar im Wortsinne: zu einem Bewußtsein davon, daß ihre Legitimation in der Erforschung eines Gegenstandsbereichs mit spezifischen Fragen und Problemen liegt.

Die Geschichte der Wissenschaft ist voller Beispiele, wie gesellschaftliche Bewegungen die Kooptation ihrer Wissensformen in die wissenschaftliche Gemeinschaft erzwungen haben - in wie auch immer prekär bleibenden Formen. Ist aber z.B. der „Marxismus an der Universität" (Wetzel 1976) noch derjenige, der für Arbeiter- und Studentenbewegungen eine so große Rolle spielte? Und wie verhält es sich mit dem „Feminismus an der Universität", den manche bereits als „wissenschaftlichen Feminismus" bezeichnen, also als eine mehr oder minder zu Tode akademisierte Variante, der ein „autonomer" Feminismus gegenübergestellt wird?

Gleichzeitig verschieden und im Gleichen besser sein zu müssen, ist eine Erfahrung, die feministische Forscherinnen mit anderen teilen, die aus wissenschaftsexternen Bewegungen in die wissenschaftliche Gemeinschaft gekommen sind. Sie wollen sich als Expertinnen und Experten erweisen in einer Welt, deren Anspruch auf das Monopol der Wissensproduktion sie gerade erst kritisiert haben.[2]

Diese Welt ist unter anderem geprägt durch Rationalisierung. Alle Rationalisierungsexperten - ob es sich nun um die industrielle Rationalisierung, die Rationalisierung der Hausarbeit, der Kindererziehung, des Körpers und sogar der Sexualität handelte - beanspruchten, daß ihr Wissen und ihre Methoden wissenschaftlich und daher anderem Wissen überlegen seien. Dagegen haben soziale Bewegungen immer wieder das Expertenwissen ihrer Zeit als falsch und fehlerhaft bezeichnet und die Beachtung des durch sie produzierten Erfahrungswissens eingeklagt. Die Professionalisierung des Wissens, das von diesen Bewegungen hervorgebracht wurde, und seine Kooptation in die Bereiche von Wissenschaft und Rationalisierungen haben wiederum neues Expertenwissen hervorgebracht und damit eine neue Runde im Spiel „Expertenwissen über Erfahrungswissen" eingeläutet.

Es gibt jedoch einen Unterschied zwischen der Herausforderung, die feministische Ideen für die Wissenschaft darstellen, und der Herausforderung durch andere soziale

---

2 Vgl. eine etwas andere Formulierung dieses Problems bei Helga Geyer-Ryan (1992): „Nähmen Frauen in ihren Handlungen nicht an der gleichen Vernunft teil wie Männer, wäre ein Zusammenleben unmöglich. Gleichzeitig ist aber gerade diese Vernunft als instrumentelle verdächtig geworden; scheint sie doch die Herrschaftsstrukturen zu legitimieren, aus denen westliche Gesellschaften ihre patriarchale Identität zusammenzimmern. Das heißt, daß die Insistenz der Frauen auf ihrer Teilhabe an der Vernunft ihre Benachteiligung in der Gesellschaft festschreibt. (Sie) befinden sich in einer klassischen „double-bind" - Situation. Reklamieren sie für sich die Vernunft, scheinen sie gleichzeitig ihre Unterdrückung zu fordern. Kritisieren sie diese Vernunft, bleibt ihnen kein anderer Spielraum als der, der ihnen schon immer traditionell als weiblicher zugewiesen war: der nicht-vernünftige aus Wahnsinn, Intuition, Emotionalität, Seele, Sanftmut, Barmherzigkeit." (dies. 1992, S. 1)

Bewegungen. Der Ansatzpunkt feministischer Kritik an der herrschenden Wissenschaft ist der Androzentrismus-Vorwurf, mit dem sie den neuzeitliche Begriff von Rationalität angreift. Rationalität, so die feministische Kritik, sei in der Entwicklung der modernen Naturwissenschaften mit „abstrakter Männlichkeit" (Hartsock 1984), mit einem „männlichen Sozialcharakter" assoziiert, der sich in der bürgerlichen Geschlechterideologie zu voller Blüte entfaltet habe. Hierbei sei es sogar gelungen, „Rationalität" gleich „Männlichkeit" und „Weiblichkeit" als Gegenpol nicht nur zu „Männlichkeit", sondern auch zu „Rationalität" zu setzen. Damit einher ging der auch der Ausschluß von Frauen aus der Wissenschaft - ein Prozeß, der immerhin mehrere Jahrhunderte in Anspruch nahm (vgl. Lloyd 1984).

Um diesen Ausschluß zu begründen, wurden gesellschaftlich erzeugte Unterschiede zwischen Frauen und Männern biologisiert; hier zeigen einige Autorinnen (vgl. Honegger 1991), wie die Herausbildung und Entwicklung von Wissenschaften wie der Anthropologie und der Physiologie sowie auch der Gynäkologie an der Entwicklung eines geschlossenen Weltbildes arbeiteten, das die Wesensmerkmale von Frauen direkt oder indirekt zu ihren körperlichen Eigenarten in Verbindung brachte und dabei die körperlichen Unterschiede von Frauen zu Männern in historisch bisher nicht dagewesener Weise überzeichnete.[3] Ein bisher in der Wissenschaftsgeschichte nur wenig beachteter Zusammenhang ist der der bürgerlichen Lebensformen, die sich über die Trennung von privat und öffentlich herstellt, mit den wissenschaftlichen Denken und der entsprechenden Forschungspraxis (Scheich 1993, S. 60). „Im allgemeinen ... scheinen die *privaten* Verhältnisse der Geldbesitzer, Staatsbürger und Denker nur wenig mit ihren wissenschaftlichen Unternehmungen zu tun zu haben. ... Die Ergänzung von Politik durch Biologie erzeugt blinde Flecken im Denken über Gesellschaft ..." (Scheich 1993, 60 f). So kann es gelingen, Frauen trotz der Proklamierung von Freiheit und Gleichheit in der bürgerlichen Revolution von den Bürgerrechten, aber auch von der Wissenschaft auszuschließen: „Die erzwungene Abhängigkeit vom Lohn oder Eigentum des Mannes wird transformiert in die Unselbständigkeit ihres Verstandes." (Scheich 1993, S. 52)

Dieser Prozeß der „Substantialisierung von Abstrakta und ihrer anschließenden Universalisierung" (Geyer-Ryan 1992, S. 3) war jedoch nur vordergründig erfolgreich. Zum einen büßte die neuzeitliche Wissenschaft die Chance ein, ihren eigenen aufklärerischen Zielen gerecht werden zu können: „Am Thema Frau, Weiblichkeit, Geschlechterdifferenz erweist sich Wissenschaft nicht als Gegnerin und Vernichterin von Ideologie, Religion und Aberglauben, sondern als deren Nachfolgerin und Fortsetzerin im modernen Gewand und mit effizienteren Mitteln. ... Gewiß geht (sie) in dieser Funktion (Herrschaftslegitimierung, UM) nicht völlig auf, ... (aber) im Gegensatz zum selbsterhobenen Anspruch ist die moderne Wissenschaft früheren Weltbildern nicht grundsätzlich überlegen ..." (Klinger 1990, S. 27). Zum anderen aber ist es eine Illusion,

---

3   Vgl. zur Geschichte der biologischen Geschlechtsunterschiede und ihrer Wahrnehmung in der Wissenschaft auch Laqeur 1992.

anzunehmen, Wissenschaft könne in der Tat durch Ausgrenzung eines abstrakten Weiblichen (und der konkreten Frauen) eine reine Rationalität ihres Vorgehens garantieren: Das Ausgegrenzte wirkt als Verdrängtes und Ferngehaltenes im Prozeß der Wissenschaftsentwicklung fort; der neuzeitliche Begriff von Rationlität selbst kann als Ausdruck eines Affekts verstanden werden, der seine Affekthaftigkeit leugnet, wodurch sie unkontrollierten Einfluß auf den Wissenschaftsprozeß erhält (vgl. Modelmog 1989).

Die feministische Kritik zielt also auf die Kernstruktur neuzeitlichen wissenschaftlichen Wissens und das ihr zugrunde liegende Konzept von Rationalität. Damit fordert sie zugleich dazu heraus, die Trennung von wissenschaftlichem Wissen und Erfahrungswissen aufzugeben bzw. zu überdenken. Die Entwicklung dieser Kritik ist allerdings widersprüchlich verlaufen. Der Anspruch, selbst auch wissenschaftlich befähigt zu sein, scheint im Widerspruch zu der Kritik am Monopolanspruch auf die Produktion von Wissenschaft zu stehen.

2   Die Entwicklung der feministischen Wissenschaftskritik: Ein kurzer Abriß

Die Argumentationsstrategie der feministischen Wissenschaftskritik zeigt Ähnlichkeit zu einer konstruktivistisch orientierten Wissenschaftsforschung, die hervorhebt, daß Wissenserzeugung niemals nur ein deskriptiver, sondern immer auch ein konstruktiver Prozeß ist. Sie ist kontextgebunden: Wissenschaftliche Erkenntnisse sind das Produkt von Menschen mit spezifischen Interessen in einer spezifischen historischen und kulturellen Situation. Sie sind an theoretische Vorannahmen gebunden und durch Situationsspezifität, Interessenstrukturen und mehr oder minder explizite Parteinahmen gekennzeichnet (vgl. Müller 1979). Diese Kritik verweist auf die Bedeutsamkeit der Tatsache, daß nahezu ausschließlich Männer die erkennenden und forschenden Subjekte in der Wissenschaft sind und über die Vergabe von Forschungsmitteln entscheiden.

Wissensprodukte sind hochgradig durch Selektionen strukturiert (Knorr-Cetina 1984, S. 28). Die Auswahl des Untersuchungsgegenstandes ist nicht beliebig. Mit bestimmten Problemstellungen sind spezifische Erkenntnisinteressen verbunden, hinter denen allgemeine Wertideen stehen. Den Forschenden selber muß dies nicht immer bewußt sein. Vielfach bewegen sie sich in einer Forschungstradition, in die sie gleichsam hineinwachsen, ohne sich deren Voraussetzungen zu vergegenwärtigen. Die Auswahl des Forschungsgegenstandes und der Forschungsmethoden sowie der Forschungsprozeß selber können darüber hinaus für daran Beteiligte eine spezifische, subjektive und oftmals unbewußte Bedeutung haben (vgl. Devereux 1976).

Wenn Wissenserzeugung standpunktabhängig und interessengebunden ist, stellt sich die Frage, welche Auswirkungen die Tatsache hat(te), daß die erkennenden Subjekte Männer sind/waren und die bisher als grundlegend geltenden wissenschaftlichen Fragen von Männern gestellt und wissenschaftlich/forschend beantwortet worden sind.[4] Die Aufdeckung des sog. „androzentrischen Bias" in Partialtheorien der Wissenschaften, aber auch in der Grundstruktur von Erkenntnis wurde in einer ersten Phase der feministischen Wissenschaftskritik zunächst als Konsequenz eben dieses Ausschlusses von Frauen aus der Wissenschaftsentwicklung analysiert. Da Frauen als kritisches Korrektiv nicht vorhanden waren, ist der Androzentrismus der neuzeitlichen Wissenschaften - also die unhinterfragte und meist nicht bewußte Orientierung am „abstrakten Männlichen" als dem Allgemeinen - eine sozusagen notwendige Konsequenz. Durch den Ausschluß von Frauen haben sich die Wissenschaften selbst daran gehindert, ihren Idealen von Objektivität und Universalität zu entsprechen. Eine Annäherung an diese Ideale, so die These, sei erst durch die feministische Kritik erreichbar, was den gleichberechtigten Einschluß von Frauen in die Wissenschaft voraussetzt (dieses Modell der „better science" ist von Evelyn Fox Keller vertreten worden; vgl. dies., 1982).

Dieser These entspricht die in der ersten Frauenbewegung herrschende Vorstellung, der Zugang zur Wissenschaft für Frauen müsse durch die Reformierung der Mädchenbildung gesichert werden; seien erst einmal die Zugangsmöglichkeiten für Frauen geschaffen, werde die gleichberechtigte Mitwirkung der Frauen an der Wissenschaftsentwicklung nicht mehr lange auf sich warten lassen.

In einer fortführenden Diskussion der feministischen Wissenschaftskritik wurden die Kriterien von Objektivität und Universalität sowie der neuzeitliche Begriff von Rationalität selbst in Frage gestellt und auf die Geschlechterdichotomie in der Gesellschaft bezogen (s.o.). Die Trennung der Wissenschaft von den alltäglichen Verrichtungen der Reproduktion des Lebens und das Postulat, Erkenntnis von Körperlichkeit wie auch von Emotionalität zu trennen, sind die Angriffspunkte der feministischen Kritik; in vielfältigen Arbeiten wurde zudem nachgewiesen, wie sich das neuzeitliche Wissenschaftsverständnis gleichzeitig mit der Herausbildung der bürgerlichen Geschlechterstereotype vollzog, die Frauen ihre Beschränkung auf den privaten Haushalt als Natur und als freien Willen unterstellte (s.o. sowie Gerhard 1978).

In einem nächsten Schritt ergab sich hieraus die These einer grundlegenden Relativität von Erkenntnis. Je nach Standpunkt der oder des Erkennenden sei Erkenntnis unterschiedlich; vielfach wurde diese These verbunden mit der Behauptung einer „wesenhaften" Differenz der Geschlechter oder aber einer Differenz der *Erfahrungen* von Frauen, die aufgrund der geschlechtshierarchischen Arbeitsteilung von denen der Männer verschieden seien (Hartsock 1984). Die grundlegenden Fragen dieser sogenannten „Standpunkttheorien" (Seifert 1992) betreffen den Entstehungskontext von

---

4   Die folgende Darstellung folgt weitgehend Klinger 1990 und partiell Fox Keller 1990.

Erkenntnis, Kriterien der Validität und das methodologische Vorgehen (vgl. Seifert, ib.).
Sie stellen fest, daß Frauen - wie unterschiedlich sie auch sein bzw. leben und denken
mögen - „von historischen und gesellschaftlichen Entwicklungen auf Grund ihrer
anders definierten und gelebten Position in der Gesellschaft immer anders betroffen sind
als Männer. (Dies hat) dazu geführt, daß sie im Verlauf der Geschichte andere Erfahrun-
gen als Männer gemacht haben und immer noch machen. Andere Erfahrungen aber
führen zu anderen Problemlagen und damit auch zu anderen Perspektiven auf die
Wirklichkeit" (Seifert 1992, S. 262). So betrachtet, ist die Gestalt der neuzeitlichen
Wissenschaft ein Ausdruck männlicher Subjektivität; diese wiederum wird von einigen
Wissenschaftstheoretikerinnen im Kontext des bürgerlichen Sozialisationsmodells als
Folge der Mutter-Kind-Dyade gesehen. So erscheint der vorherrschende Typus von
Rationalität als Folge einer frühen Abgrenzung des männlichen Kindes von seiner
Mutter und darüber vom gesamten weiblichen Geschlecht; Autonomie statt Relationalität
bestimmt die emotionale Struktur des Erkenntnis- und Forschungsprozesses, womit
sich Grundzüge männlicher Geschlechtsidentität mit der „programmatische(n)
Unpersönlichkeit wissenschaftlicher Erkenntnis" verbinden (Scheich 1993, unter Be-
zug auf Fox Keller 1986).

Die derzeit aktuelle Diskussion hinterfragt wiederum aus dekonstruktivistischer
Perspektive die Basis der feministischen Erkenntniskritik. Diese sei einem substanz-
logischen und dichotomisierenden Denken verhaftet, das aber selbst als soziale
Konstruktion zu analysieren sei. Die „Andersartigkeit" des „Weiblichen" - ob nun als
Essenz gedacht oder als Konsequenz differenter Erfahrung - gilt in diesem Ansatz weder
als Kritikhorizont oder Utopie zukünftiger wissenschaftlicher Entwicklung, noch als
Bezugspunkt für die Entwicklung autonomer weiblicher Subjektivität. Sie wird vielmehr
decouvriert als Produkt kultureller Konstruktionsprozesse, die sich innerhalb einer
symbolischen Ordnung vollziehen und diese selbst immer wieder reproduzieren.
Wissensproduktion erschöpft sich, so machen diese Ansätze klar, nicht in der Beziehung von Erfahrung und Theoriebildung, sondern bewegt sich „darüberhinaus notwendig in der Sprache und das heißt innnerhalb eines Systems symbolischer Repräsen-
tationen" (Seifert 1992, S. 268 f).

Die Frage, wie die feministische Wissenschaftskritik sich „positiv" wenden, also das
„ganz Andere" (Seifert) ausfüllen könnte, ist in diesem Ansatz keine Frage, die wie auch
immer notwendigerweise offen gehalten werden muß, sondern einfach falsch gestellt:
Sie basiert auf einer vorgängig als vorhanden unterstellten Geschlechterpolarität, die
sich als kulturelle Konstruktion unseres Denkens bemächtigt hat, aber gerade deshalb
infrage gestellt werden muß. An diesem Punkt allerdings sehen einige Autorinnen die
Gefahr, daß die feministische Wissenschaftskritik sich so vollständig akademisiert, daß
sie die inhärente Geschlechterpolitik des dekonstruktivistischen Ansatzes nicht mehr
erkennt: „Die Position der Ich-Losigkeit, des Nicht-Subjekt-Seins erscheint von ihren
rigiden Ich-Panzern gequälten männlichen Theoretikern als erstrebenswerter Ort. ...
Letztlich erscheint ... allerdings sogar das ganze Projekt Feminismus als Teil der „großen

Erzählung", als die postmoderne Denker wie ... Lyotard die moderne westliche Rationalität und Kultur einschließlich ihrer humanistischen und emanzipatorischen Ideale auffassen. Als Teil dieser „großen Erzählung" ist Feminismus natürlich ebenso obsolet wie diese als ganze. ... der Feminismus, der sich selbst als Projekt der Infragestellung der großen patriarchalen Erzählung Rationalität versteht, ... findet sich mit dieser an die Seite gerückt." (Klinger 1990, S. 45 f)[5]

Die dekonstruktivistische Perspektive auf sich selbst angewendet führt zu dem Schluß, daß der Rationalität, die als Resultat konstruierter Männlichkeit betrachtet wird, nicht Gefühl oder Sinnlichkeit als „weibliche Prinzipien" gegenübergestellt werden können. Diese lassen sich ebenfalls nur als Effekt von Diskursen auffassen und bieten damit keinen „authentischeren" Zugang zu den Phänomenen, die erkannt und analysiert werden sollen (Seifert 1992, S.281). Auch die Kritik an der Trennung von Rationalität und Emotionalität sowie Körperlichkeit hat die feministische Kritik überzeugend vollzogen; zu bedenken ist allerdings, daß - einem Argument Cornelia Klingers (1992) folgend - Begriffe wie „Rationalität" und „Objektivität" widersprüchlich sind: sie können Herrschaftsinstrument, gleichzeitig aber auch Befreiungsinstrument sein (vgl. Seifert 1992; vgl. auch Scheich 1993 im Anschluß an die Differenzierung von Rationalitätstypen bei Erdheim 1984).

Vor diesem Hintergrund entwickelt sich die feministische Wissenschaftskritik als eine relevante Stimme im konstruktiven Prozeß von Wissenschaft und Forschung, und sie hat auf diese Weise schließlich Eingang in den Kreis derjenigen gefunden, die das Monopol auf seriöse Wissensproduktion beanspruchen. Dieser Eindruck stellt sich zumindest ein bei der Lektüre des Berichts der „Senatskommission für Frauenforschung" der Deutschen Forschungsgemeinschaft. Hiernach sei die Situation der Frauen derzeit ein Thema von „hoher Kulturbedeutung", und die Frauenforschung habe eine Reihe neuer Themenperspektiven und konzeptueller Umdeutungen erzwungen (Nunner-Winkler 1994, S.45). Als Beispiele werden hier genannt die Feststellung von Gewalt in der Familie, die ein bislang kollektiv verdrängtes Problem öffentlich gemacht habe; das Konzept „Vergewaltigung in der Ehe", das dem Gewaltbegriff eine neue Deutung gegeben habe; die Durchsetzung des Konstrukts „Reproduktionsarbeit", die eine neue Fassung des Konzepts „Arbeit" notwendig gemacht und die Aufmerksamkeit auf unreflektiert unterstellte Funktionsbedingungen unserer Wirtschaftsweise gelenkt

---

5 Auch wenn Klinger sich hier auf *eine* Variante des Dekonstruktivismus bezieht und Seifert (1992) meint, nicht der Subjektbegriff als solcher, sondern lediglich seine substanzlogischen Konnotationen würden vom Dekosntruktivismus infrage gestellt, scheint mir die Grundrichtung von Klingers Kritik doch sehr bedenkenswert. Daß das Beharren auf „Geschlechterhierarchie" statt „Geschlechterdifferenz" obsolet sei; daß die Frauen - die heute stärker denn je auf den Arbeitsmarkt drängen - immer schon „alternative" Werte vertreten hätten, indem sie dem Arbeitsmarkt fernblieben, und insofern Vorreiterinnen des „Wertewandels" seien; daß Frauenforschung (oder auch Frauenförderung) angesichts des gewachsenen Problembewußtseins allerorten nicht mehr notwendig sei - diese und andere Argumentationen weisen in die gleiche Richtung wie Klingers Verdacht gegenüber dem Dekonstruktivismus: Es handelt sich um Versuche, durch verstärkte „kulturelle Arbeit" (Cockburn) die patriarchale Dominanz in der Bestimmung der Geschlechterdifferenz aufrechtzuerhalten.

habe: daß nämlich die Reproduktionsarbeit unentgeltlich im Privatbereich geleistet wird. Darüber hinaus wurde die „bürgerliche" Trennung von privater und öffentlicher Sphäre ... - wie auch die Zuschreibung von Persönlichkeitsmerkmalen zu den Geschlechtern - kritisch thematisiert und somit als Produkt historischer Entwicklungsverläufe rekonstruierbar ..."; damit verlor diese „den bislang aufrecht erhaltenen Anschein naturwüchsiger Selbstverständlichkeit" (a.a.O.). Auch die Verbindung der Frauenforschung zur Frauenbewegung wird als produktives Moment hervorgehoben: „Die Frauenbewegung ist Teil und Motor zugleich solcher Prozesse einer gesellschaftlichen Veränderung in der Stellung der Frau. Diese Veränderungen, ihre Kosten und möglichen Gewinne sowie die Rolle der Frauenbewegung in diesem sozialen Modernisierungsprozeß liefern eine Fülle von Impulsen für empirische Forschung, für neue Konzeptualisierungen und theoretische Deutungsmuster. Die Sozialwissenschaften sind gut beraten, solche Impulse, die der praktisch-politischen Reflexion über soziale Modernisierungsprobleme entspringen, aufzunehmen und für sich fruchtbar zu machen ..." (Nunner-Winkler 1994, S. 45 f).

3 Feminismus im Wissenschaftsbetrieb

Die kritische Sichtweise der Frauenforschung ist durch die widersprüchliche Situation der Frauen im Wissenschaftsbetrieb geprägt: als (wenngleich oft nur zeitweilige) Mitglieder des Wissenschaftsbetriebs gehören sie einer relativ privilegierten Gruppe der Bevölkerung an und sind - wie ihre männlichen Kollegen auch - „Subjekte" der Forschung, die sie betreiben. Andererseits unterliegen sie aufgrund ihrer Geschlechtszugehörigkeit der Unterdrückung der Frau genauso wie alle anderen Frauen in der Gesellschaft. Sie machen außerdem die Erfahrung, daß die Wissenschaft unreflektiert das Männliche als das Allgemeine gesetzt hat und sind mit Ansätzen und Ergebnissen von Forschung konfrontiert, in denen Frauen entweder überhaupt nicht oder nur in verzerrter Form vorkommen. Diese widersprüchliche Situation ist eine der Wurzeln der feministischen Wissenschaftskritik. Als Gleiche und doch Ungleiche sehen sich die Wissenschaftlerinnen vor der Notwendigkeit, sich mit der „herrschenden" Wissenschaft auseinanderzusetzen und gleichsam durch diese hindurch die Kritik aus der Frauenperspektive zu entwickeln und neue Positionen zu formulieren.

Sicherlich ist das Denken der Wissenschaftlerinnen durch „männliche" Muster beeinflußt; zu unterstellen, daß kritisches feministisches Denken deshalb innerhalb des Wissenschaftssystems nicht möglich sei, stellt jedoch eine Verkennung wissenschaftlicher Sozialisationsprozesse dar. Wir könnten auch sagen: dem liegt ein Begriff von Sozialisation und Prägung durch Institution zugrunde, der die zu sozialisierenden Individuen als eine Art Knetmasse betrachtet, die sich lediglich passiv formen lassen, selbst aber zu keiner aktiven Auseinandersetzung und Bewältigung fähig sind. Sozialisation, so formuliert Robert W. Connell, ist ein widersprüchlicher Prozeß; sie produziert Anpassung und Widerspruch zugleich (Connell 1987).

Analog den Aussagen, die die Frauenforschung über die geschlechtsspezifische Sozialisation macht, kann für die Sozialisation im Wissenschaftsbetrieb davon ausgegangen werden, daß sowohl die Normen als auch die Möglichkeit der Distanzierung, der Abweichung und bewußten Abgrenzung vermittelt werden (s. hierzu schon Hagemann-White 1984). Diese doppelte Wirkungsweise wissenschaftlicher Sozialisation kommt insbesondere dann zum Tragen, wenn sie sich auf Individuen - hier: Frauen - bezieht, deren Anwesenheit im Wissenschaftsbetrieb per se noch weitgehend als „Abweichung" wahrgenommen wird.

Die widersprüchliche Situation der Wissenschaftlerinnen stellt für die Betroffenen eine Belastung dar, erzwingt jedoch auch die sukzessive Artikulation der eigenen Position, und zwar aus doppelter Perspektive: einerseits aus der Blickrichtung der Unterdrückung als Frau - also mit dem „Blick von unten" (Mies 1978) - andererseits aus der Blickrichtung der kritischen Wissenschaftlerin, die als Mitglied im Wissenschaftsbetrieb auch in der Reflexion über den gegenwärtigen status quo hinausgehen kann - also mit dem Blick „von der Seite" (vgl. Müller 1992).[6]

Dies ist allerdings erst möglich zu einem Zeitpunkt der gesellschaftlichen Entwicklung, zu dem die gesellschaftliche Bestimmung des „Weiblichen" aufhört, ausschließlich über den Vergleich mit und die Ableitung vom „Männlichen" bestimmt zu werden. Zwar kann von einer gesellschaftlichen Gleichheit von Frauen und Männern noch nicht die Rede sein, und wie ein zukünftiges befreites Verhältnis der beiden Geschlechter zueinander aussehen wird - hier benutze ich den emphatischen Begriff der „Befreiung" analog der marxistischen Tradition, speziell in der Kritischen Theorie, und entziehe mich damit der poststrukturalistischen Verunsicherung bezüglich des Subjekt- und damit verbundenen Befreiungsbegriffs - wird heute erst ansatzweise, wenn überhaupt, sichtbar. Gleichwohl manifestiert sich die neue gesellschaftliche Existenz der Frau bereits in einzelnen Handlungen, die in ihrem Ensemble durchaus schon Strukturen erkennen lassen. Frauenforschung ist ein Vorgriff auf Gleichheit der Geschlechter; sie artikuliert eine selbstbewußte Frageperspektive, die noch nicht die gesellschaftlich verallgemeinerte ist, für deren Artikulation jedoch heute bereits Raum ist. Sie formuliert Kriterien aus der Perspektive des Fraueninteresses an Emanzipation, an Veränderung des status quo im Geschlechterverhältnis und mißt daran das artikulierte Bewußtsein und einige Verhaltensweisen männlicher Individuen und die Strukturen gesellschaftlicher Ungleichheit sowie die Mechanismen ihrer Aufrechterhaltung.[7]

---

6   Eine etwas andere Nutzung der „Blick"-Metapher findet sich bei Großmaß/Schmerl 1989.
7   Ich bin mir bewußt, daß die Rede von „dem" Fraueninteresse nicht nur unter poststrukturalistischen Perspektiven, sondern auch durch die teilweise heftig geführte Diskussion um die Bedeutung ethnischer und kultureller Unterschiede zwischen Frauen schwierig geworden ist. Um diese Thematik auszuloten, bedürfte es jedoch einer eigenen Abhandlung, die sich u.a. verorten müßte im Kontext von Patriarchat, Zivilgesellschaft und der Frage nach der „ethischen Qualität des Gemeinwesens" (Hagemann-White 1992).

Diese „Vorgriffe" der Frauenforschung, ihre Bemühungen, die gesellschaftlichen und individuellen Bedingungen für ein egalitäres Geschlechterverhältnis herauszufinden, bedürfen angemessener methodologischer und theoretischer Reflexionen.

4 Methodologische Grundlagen als forschungsleitende Orientierungen

In ihrem eigenen Ansatz hat sich die Frauenforschung anfangs an Konzepten orientiert, die insbesondere seit dem Ende der 60er Jahre in der empirischen Sozialforschung zunehmend mehr Gehör fanden, wie die Ethnomethodologie und die Aktionsforschung.

Die Ethnomethodologie ermuntert die Sozialwissenschaft dazu, selbstbewußter auf ihre genuine Gegenstandskonstitution zu reflektieren und die Aufgaben, die ihr Gegenstandsbereich ihr stellt, in deren Eigenart wahrzunehmen und anzuerkennen. Es wurde die Anforderung formuliert, sich nicht mehr in einen Kanon von Verfahrensregeln und Postulaten zu flüchten, der nur für einen sehr beschränkten Ausschnitt der sozialwissenschaftlichen Forschungsaufgaben produktiv sein kann. Die Ethnomethodologie hat dafür sensibilisiert, Methodologien danach zu unterscheiden, welche Mannigfaltigkeit empirischer Phänomene sie als „Datum" zulassen und welche sie als „Problem" definieren, das eher erkenntnishemmend wirkt (vgl. hierzu grundlegend Cicourel 1970).

Ein Beispiel für diese methodologische Haltung ist das „Problem" der Widersprüchlichkeit subjektiver Aussagen. Die Ethnomethodologie verweist hier auf die Kontextabhängigkeit verbaler Äußerungen; die qualitative Methodologie hat dies aufgegriffen und dahingehend weitergeführt, daß es einen wie auch immer näher zu bestimmenden Zusammenhang geben muß zwischen der Widersprüchlichkeit verbaler Äußerungen und der Widersprüchlichkeit der *Situation* von Individuen, die in einem Interview befragt werden. Insbesondere den letzten Gedanken - widersprüchliche Aussagen sind Ausdruck einer widersprüchlichen Situation, von konfligierenden Handlungsbedingungen und Verhaltenszumutungen - hat die neue Frauenforschung aufgenommen (vgl. Becker-Schmidt 1984 u.ö.), ohne sich auf das schlichte Konstatieren dieser Widersprüchlichkeit zu beschränken: die gesellschaftlich widersprüchlichen Lebensanforderungen von Frauen verweisen auf *Ambivalenz* ihrer Orientierungen und Äußerungen als *adäquate* Form der Wirklichkeitsverarbeitung und -gestaltung.

Relevant war auch die von der Ethnomethodologie betonte Einsicht, daß Gegenstände durch den theoretischen Zugriff der Forschung und auch durch die Forschungsmethoden selbst mit konstituiert werden, Methoden also keineswegs „theorieneutrale" Instumente seien.

Für die Frauenforschung ist in umgekehrter Sichtweise besonders interessant gewesen, welche Gegenstände durch Theorie und Methode der Sozialforschung bisher nicht wissenschaftlich konstituiert wurden, wie z.B. die Diskriminierung der Frau und der Sexismus im Alltag. Die Betrachtung der Alltagswelt als fremder Welt, ein zentraler methodologischer Grundsatz der Ethnomethodologie, ist für die Frauenforschung nicht nur methodologisch wertvoll, sondern zugleich Merkmal der weiblichen Existenz in einer patriarchalisch strukturierten Gesellschaft, in der die herrschenden Deutungsmuster reale, materielle Gewalt über die Existenz der Frauen gewonnen haben. Daß Männer und Frauen zwar in derselben Gesellschaft, aber in unterschiedlichen, nämlich „homosozialen" Welten leben, was ihre wesentlichen Lebensvollzüge und Erfahrungen angehe, ist eine solche Aussage der neuen Frauenforschung, deren methodologische Verwandtschaft zur Ethnomethodologie unverkennbar ist. Dies gilt auch für das Konzept der „kulturellen Zwischenwelten" (Schultz 1992), mit dem versucht wird, die heutige Situation von Frauen im Wissenschaftsbetrieb zu fassen.

Die Ethnomethodologie verfügt jedoch über keine theoretische Vorstellung von gesellschaftlicher Realität, die unabhängig von den Sinndeutungen der Gesellschaftsmitglieder besteht. Auch ist ihre Kritik ausschließlich wissenschaftsimmanent ausgerichtet. Feministische Theoriekonzeptionen, die an der Alltagserfahrung von Frauen ansetzen (z.B. Smith 1988, 1989) stehen vor einem ähnlichen Problem: Ist „die Übereinstimmung in der Wahrnehmung oder Erfahrung von Kollektivsubjekten - Frauen - mit der Erkenntnis der strukturellen Zusammenhänge gleichzusetzen, auf denen diese Wahrnehmungen und Erfahrungen basieren" (Beer 1987, S. 144)? Nehmen sie einen kritischen Standpunkt auch bezogen auf die „Subjekte" ihrer Theorie ein? Schaffen sie hilfsweise die Subjektkategorie mit Hilfe des poststrukturalistischen Instrumentariums ab? Oder bleiben sie der „alten" Kernfrage der Gesellschaftswissenschaften auch für die feministische Perspektive treu, die da lautet: wie ist Gesellschaft möglich, wie ist das Verhältnis von Individuen und Gesellschaft zu denken, und welche Auswirkungen hat dies für die Entwicklung der Wissenschaft?

Die Aktionsforschung hingegen begreift Sozialforschung als Bestandteil gesellschaftlicher Praxis und bezieht sich im Unterschied zur Ethnomethodologie auf eine theoretische Grundvorstellung von gesellschaftlicher Realität, die nicht in der Realitätsdeutung vergesellschafteter Individuen aufgeht. Das eher inhärente politische Aufklärungskonzept enthält implizit die Vorstellung von einer Realität, die die Individuen, die sie tagtäglich reproduzieren, zumindest partiell nicht durchschauen.

In der Frauenforschungsdiskussion hat die Aktionsforschung als methodologische Orientierung zeitweise eine dominante Rolle gespielt, insbesondere ihre Postulate der Demokratisierung des Forschungsprozesses, der Organisation des Forschungsprozesses als Lern- und Bewußtwerdungsprozeß aller Beteiligten und der gemeinsamen Veränderung einer als veränderungsbedürftig empfundenen Situation. Diese These hat jüngst Maria Mies dahingehend kritisiert, nicht die Frauenforschung habe den Ansatz der Aktionsforschung übernommen, sondern es sei umgekehrt gewesen (vgl. Mies 1994). Obwohl auch ich mit ihrer Meinung übereinstimme, daß heute die Vorgehensweisen, Fragen und Ergebnisse der Frauenforschung in vielfacher Weise vom Wissenschaftssystem wie auch von anderen gesellschaftlichen Institutionen absorbiert werden, ohne deren Ursprung im Feminismus Aufmerksamkeit zu zollen, denke ich andererseits doch, daß es kein Schaden ist, die feministische Forschung im Kontext derjenigen wissenschafts- und gesellschaftskritischen Strömungen zu verorten, in den sie m.E. auch hineingehört.

Wegen ihres interaktiven Charakters ist die Aktionsforschung in ihrer analysierenden und verändernden Wirkung aber auf Problembereiche zugeschnitten, die durch das gemeinsame Handeln der Betroffenen tatsächlich berührt und verändert werden können. Diese methodologische Entscheidung zu verabsolutieren, d.h. unkritisch auf alle möglichen Problembereiche zu übertragen, und nur einer Forschung, die sich als Aktionsforschung begreift, die Bezeichnung „Frauenforschung" oder „feministische Forschung" vorbehalten zu wollen, hat schwerwiegende Konsequenzen. Entgegen dem Anspruch der Frauenforschung, eine allgemeine, also umfassende Wissenschaftskritik zu leisten, würde der ihrer Kritik zugängliche Bereich einschneidend begrenzt, und die Funktion von Theorie würde reduziert auf die Interpretationen von Wirklichkeit, die im Bezugsrahmen der „Betroffenen" konsensfähig sind.

Die Kritik, die der Ethnomethodologie und der Aktionsforschung und damit auch der Frauenforschung in ihren Anfängen entgegengehalten werden muß, bezieht sich auf die interaktionstheoretische Auflösung, die diese bezogen auf das Problem des Verhältnisses von intentionalem Handeln und gesellschaftlichen Strukturen unter kapitalistischen Bedingungen vornehmen. Die der Marxschen gesellschaftstheoretischen Ebene entlehnten Begriffe der Aktionsforschung und der Frauenforschung wie „Subjekt" und „Objekt" fassen, gewendet auf das Verhältnis von Sozialwissenschaft und Gesellschaft im arbeitsteiligen kapitalistischen Reproduktions- und Krisenzusammenhang nur noch die Rollen, die die Teilnehmer/innen an der Forschungsinteraktion spielen. Dem korrespondiert, daß die Deutungsmuster der Untersuchungsobjekte oder der Betroffenen von Forschung als der *relevante* Aspekt gesellschaftlicher Realität aufgefaßt werden, hinter dessen Bedeutung alle anderen Dimensionen der Realität zurückzutreten haben. Der kritische Reflex, der hierin liegt, nämlich die Betroffenen als Expertinnen und Experten ihrer Situation ernstzunehmen und die Forschung für die Realitätswahrnehmung der Betroffenen zu öffnen, wird damit auf die Mikroebene des individuellen Alltagshandelns reduziert, wodurch der Bezug auf die gesellschaftlichen Rahmenbedingungen der Forschungssituation verlorengeht.

Der Verlust der gesamtgesellschaftlichen Perspektive ist jedoch kein zwangsläufiger, wenn Sozialforschung die subjektive Ebene ernstnimmt. Es zeigt sich vielmehr, wie relevant auch für die Frauenforschung die Bezugnahme auf eine gesellschaftstheoretische Perspektive ist, die die Ebene der individuellen Handlungen und die der strukturellen Bedingungen zu verbinden sucht. Von daher erklärt sich die kritische Auseinandersetzung von Theoretikerinnen in der Frauenforschung mit der Marxschen Theorie und in neuerer Zeit mit Ansätzen wie denen von Anthony Giddens und Pierre Bourdieu (vgl. Davis 1991).

Der Vorteil dieser Ansätze liegt in ihrem jeweiligen kritischen Begriff vom Objektiven. D.h.: Gesellschaft als Untersuchungsgegenstand kann weder aus der Empirie abgelesen noch aus subjektiver Erfahrung allein rekonstruiert werden, sondern besteht aus Beziehungsstrukturen, die die Individuen selbst - wenn auch unbeabsichtigt - reproduzieren und dabei, je nach den historischen Rahmenbedingungen, verändern. Diese Ansätze schärfen die Sensibilität dafür, wie subjektiv vermeintes Handeln Systemcharakter gewinnt, und damit der zielgerichteten Veränderung durch intentionales Handeln sich tendenziell entzieht. Nicht nur kann subjektives Wollen allein gesellschaftliche Veränderungen nicht erzeugen; zugleich ist hier der Gedanke angelegt, daß der Wille zur Beharrung, das Interesse an der Aufrechterhaltung des status quo ebenfalls sich nicht darauf verlassen können, die strukturellen Bedingungen würden prinzipiell der Aufrechterhaltung des status quo förderlich sein; die Beharrung erzeugt vielmehr zugleich ihre Veränderung. Diese Denkfigur ist in verschiedenen Varianten von der Frauenforschung aufgegriffen und u.a. durchaus treffend mit den Begriffen von „Kräften und Gegenkräften" (Knapp 1987 unter Bezug auf Horkheimer) gefaßt worden.

Auf diese Weise können latente Funktionalismen vermieden werden, die - nicht nur, aber auch - in der Frauenforschung den Zusammenhang von gesellschaftlichen Strukturen und subjektivem Bewußtsein in einer Art Kreislaufmodell zu erklären versucht haben. So wurde z.B. in frühen Arbeiten zur Arbeits- und Industriesoziologie davon ausgegangen, daß die betrieblichen Arbeitskräfteeinsatzstrategien ein bestimmtes Potential weiblicher Arbeitskraft voraussetzen: durch Mehrfachbelastung an wirksamer Interessenvertretung gehindert, hauptsächlich auf Teilzeitarbeit und Zuverdienst orientiert, etc. Andererseits wurde in Bewußtseinsuntersuchungen bei Arbeiterinnen festgestellt, daß die Orientierungen dieser Frauen sich mit den faktischen Einsatzstrategien der Betriebe decken. Ein Erklärungsmuster für das Beharrungsvermögen des status quo war damit durchaus gefunden; die darüber hinausweisenden Tendenzen und diejenigen Anteile sowohl auf der Struktur- wie auf der Subjektebene, die den status quo transzendieren und Vorboten gesellschaftlichen Wandels sein können, blieben unanalysiert und unbeachtet.

Feministische Forschung sollte demgegenüber in der Lage sein, Anzeichen eines realen gesellschaftlichen Wandels in Richtung auf die Aufhebung der geschlechtsspezifischen Arbeitsteilung zu erkennen und von den ihnen widerstrebenden Tendenzen zu unterscheiden. Ihre reflexiven Wurzeln in der wissenschaftlichen Tradition sollten sie dazu befähigen zu sehen, daß es keine gesellschaftliche Bewegung ohne Gegenbewegung gibt. Dies hängt u.a. mit den Interessengegensätzen in der Gesellschaft zusammen, aber auch mit dem hohen Grad der Komplexität und der Differenzierung von Lebenslagen. *Ohne* diese Perspektive auf „Kräfte und Gegenkräfte" steht feministische Theoriebildung vor der unfruchtbaren Alternative, entweder gesellschaftsfrei zu argumentieren - den Sitz des Patriarchats also lediglich in den Köpfen der Menschen zu verorten - oder aber weibliche Subjektivität als ausschließlich strukturell-gesellschaftlich determinierte zu bestimmen, damit also auf Gesellschaft bezug zu nehmen, diesen Bezug aber mangels dialektischer Betrachtung nicht fruchtbar machen zu können. Frauen, die Widerstand leisten, sich zusammenschließen, in Wissenschaft und Gesellschaft Alternativen formulieren, kommen dann „von außerhalb des Konzepts" (Knapp 1987).

Aus einer erkenntnistheoretischen Position heraus, die weibliche Erkenntnis nur versteht als Resultat der prägenden Herrschaft männlichen Denkens, also ersteres als weitgehend determiniert durch letzteres begreift, kann keine kritische Konzeption feministischer Wissenschaft formuliert werden. Andererseits hilft aber auch eine Art „tabula rasa"-Vorstellung nicht weiter, weil unsere Denkweise gesellschaftlich geprägt ist und wir aus unserer Gesellschaft nicht heraus können. Dies spricht gegen Positionen, die Frauen wegen ihrer Ausgegrenztheit als kulturelle Reserve der mit ihren Lösungsvorschlägen immer mehr scheiternden patriarchalen Gesellschaft betrachten (z.B. Irigaray 1987). Vielversprechender erscheint es, von der doppelten Situation der Frauen unter bürgerlich-patriarchalen Bedingungen auszugehen: „Sie befinden sich innerhalb und außerhalb der Gesellschaft zugleich. ... Mit der Darstellung der Ausgrenzung ist die Situation der Frauen unvollständig, denn ihr „*aktiver Anteil am Vergesellschaftungsprozeß*" ist nicht erfaßt. Es ist deshalb überzugehen von der Untersuchung der Art und Weise, wie Frauen diskriminiert werden, zu ihrer Teilhabe an der Konstitution des Gesellschaftlichen *aus und in* der Position der Unterdrückung. Der Ausgangspunkt ist die Paradoxie, in der sich die historische und gesellschaftliche Position der Frauen darstellt: Ihre Teilhabe besteht in der Ausgrenzung. ... Wissenschaftstheoretisch bedeutet dies, die Funktionalität des ausgegrenzten Abwesenden *für* die Gestalt der formalen Vergesellschaftung und des abstrakten Denkens herauszuarbeiten..." (Scheich 1993, S. 61, S. 64 f).

Wie alle empirische Forschung kann allerdings auch die Frauenforschung nicht warten, bis alle grundlegenden theoretischen Fragen befriedigend geklärt sind - zumal auch das Anknüpfen an kritische Theorietraditionen, wie die Auseinandersetzung Marxismus-Feminismus oder die aktuelle Debatte um Feminismus und Kritische Theorie zeigen, keineswegs umstandslos möglich ist. Die Diskussion über methodologische und erkenntnistheoretische Fragen der vergangenen fünfzehn Jahre zeigt, wie ich an anderer Stelle ausgeführt habe (Müller 1994), eine spezifische Struktur: aus der ursprünglich vielfach gegebenen Einheit einer Frauenforscherin, die zugleich „Bewegungsfrau", d.h. engagiert in einem außeruniversitären Praxisprojekt war, hat sich eine Arbeitsteiligkeit in der Weise entwickelt, daß auf der einen Seite Wissenschaftstheoretikerinnen über die feministische Wissenschaftskritik reflektieren und die normativen Grundlagen einer feministischen Erkenntnis zu klären versuchen, während auf der anderen Seite empirische Forscherinnen feststellen, daß sie mit sehr allgemein und moralisch hoch aufgeladenen Postulaten der Forschung nicht zurecht gekommen sind.

Dem Charakter der Frauenforschung entspricht es eher, sich im ständigen Austausch von Theorie und Empirie, von Forschung und Praxis weiterzuentwickelnn. Sie steht damit vor der Aufgabe, in sich selbst immer wieder die Auseinandersetzung zwischen verschiedenen Ebenen und Formen von Wissen führen zu müssen. Allerdings hat sie auch gute Chancen, diese Aufgabe zu bewältigen, da Selbstreflexion ihr nicht ungewohnt ist. Frauenforschung - mit ihrer Genese in der Frauenbewegung und ihrer fortwährenden Verbindung zu dieser - stellt möglicherweise eher den Prototyp einer neuen, mit ihrer Reflexivität angemessen umgehenden Wissenschaft dar, als die Abweichung von dem, was „wirklich" wissenschaftlich wäre.

Literatur

Becker-Schmidt, Regina (1984):‚Probleme einer feministischen Theorie und Empirie in den Sozialwissenschaften, in: Zentraleinrichtung zur Förderung von Frauenstudien und Frauenforschung an der Freien Universität Berlin (Hg.), Methoden in der Frauenforschung, Frankfurt, 224-238

Beer, Ursula (Hg.) (1987): Klasse Geschlecht. Feministische Gesellschaftsanalyse und Wissenschaftskritik, Bielefeld

Beer, Ursula (1987): „Objektivität" und „Parteilichkeit" - ein Widerspruch in feminsitscher Forschung? Zur Erkenntnisproblematik von Gesellschaftsstruktur, in: dies. (Hg.) a.a.O., 142-186

Cicourel, Aaron V. (1970):, Methode und Messung in der Soziologie, Frankfurt/M

Connell, Robert W.(1987):, Gender and Power: Society, the Person and Sexual Politics, Cambridge

Davis, Kathy et al. (Hg.) (1991):, The Gender of Power, London/Newbury Park/New Delhi

Devereux, Georges (1976):, Angst und Methode in den Verhaltenswissenschaften, Frankfurt/Berlin/Wien

Diezinger, Angelika u.a. (Hg.) (1994):, Erfahrung mit Methode. Wege sozialwissenschaftlicher Frauenforschung, Freiburg

Erdheim, Mario (1984):, Die gesellschaftliche Produktion von Unbewußtheit, Frankfurt/M

Gerhard, Ute (1978):, Verhältnisse und Verhinderungen. Frauenarbeit, Familie und Rechte der Frauen im 19. Jahrhundert. Mit Dokumenten, Frankfurt/M

Geyer-Ryan, Helga (1992):, Die Grenzen von Aufklärung und Naturbeherrschung. Zur Geschichte des weiblichen Vernunftverbots, in: Christine Kulke, Elvira Scheich (Hg.) (1992):, Zwielicht der Vernunft. Die Dialektik der Aufklärung aus der Sicht von Frauen, Pfaffenweiler, 1-14

Großmaß, Ruth, Christiane Schmerl (1989): „Nur im Streit wird Wahrheit geboren...". Gedanken zu einer prozeßbezogenen feministischen Methodologie, in: dies. (Hg.), Feministischer Kompaß - patriarchales Gepäck. Kritik konservativer Anteile in neueren feministischen Theorien, Frankfurt/New York, 247-285

Hagemann-White, Carol (1984):, Sozialisation: Weiblich - männlich?, Opladen

Hagemann-White, Carol (1992): Strategien gegen Gewalt im Geschlechterverhältnis, Pfaffenweiler

Hartsock, Nancy, Money (1984):, Sex, and Power, Boston

Honnegger, Claudia (1991):, Die Ordnung der Geschlechter. Die Wissenschaften vom Menschen und das Weib, Frankfurt/New York

Irigaray, Luce (1987):, Zur Geschlechterdifferenz, Wien

Keller, Evelyn Fox (1982):, Feminism and Science, in: Keohane, Nannerl O., Michelle Z. Rosaldo, Barbara C. Gelpi (Hg.) (1982):, Feminist Theory. A Critique of Ideology, Brighton

Keller, Evely Fox (1986): Liebe, Macht und Erkenntnis

Keller, Evelyn Fox (1990):, Wissenschaftstheorie in feministischer Perspektive, in: Krüll, Marianne (Hg.) (1990): a.a.O., 115-133

Klinger, Cornelia (1990):, Bis hierher und wie weiter? Überlegungen zur feministischen Wissenschafts- und Rationalitätskritik, in: Krüll, Marianne, a.a.O. (Hg.) (1990), 21-56

Klinger, Cornelia (1992):, Romantik und Feminismus. Zur Geschichte und Aktualität ihrer Beziehung, in: Ilona Ostner, Klaus Lichtblau (Hg.) (1992):, Femininistische Vernunftkritik. Ansätze und Traditionen, Frankfurt/New York, 29-52

Knapp, Gudrun-Axeli (1987):, Arbeitsteilung und Sozialisation: Kosntellationen von Arbeitsvermögen und Arbeitskraft im Lebenszusammenhang von Frauen, in: Beer, Ursula (Hg.)(1987) a.a.O.
236-273

Knorr-Cetina, Karin (1984):, Die Fabrikation von Erkenntnis, Frankfurt/M

Krüll, Marianne(Hg.) (1990):, Wege aus der männlichen Wissenschaft, Pfaffenweiler

Laqeur, Thomas (1992):, Auf den Leib geschrieben. Die Inszenierung der Geschlechter von der Antike
bis Freud, Frankfurt

Lloyd, Geneviève (1994):, The Man of Reason. „Male" and „Female" in Western Philosophy,
London

Mies, Maria (1978):, Methodische Postulate zur Frauenforschung - dargestellt am Beispiel der Gewalt
gegen Frauen, in: beiträge zur feministischen theorie und praxis, 1/1978, 41-63

Mies, Maria (1994):, Frauenbewegung und 15 Jahre „Methodische Postulate zur Frauenforschung",
in: Diezinger, Angelika u.a. (Hg.)(1994):, a.a.O., 105-128

Modelmog, Ilse (1989):, Die zwei Ordnungen. Industrielles Bewußtsein und Subjektanarchie, Opladen

Müller, Ursula (1979):, Reflexive Soziologie und empirische Sozialforschung, Frankfurt/New York

Müller, Ursula (1992):, Wissenschaftstheorie und Methodologie. Ein Dialog mit Hartmut Esser, in:
Interdisziplinäre Forschungsgruppe Frauenforschung (IFF) (Hg.), Zweierlei Welten? Feministische Wissenschaftlerinnen im Dialog mit der männlichen Wissenschaft, Frankfurt/New York

Müller, Ursula (1994):, Feminismus in der empirischen Forschung: Eine methodologische Bestandsaufnahme, in: Diezinger, Angelika u.a. (Hg.) (1994): a.a.O., 31-68

Nunner-Winkler, Gertrud (1994):, Wissenschaftsimmanente Überlegungen, in: DFG - Senatskommission für Frauenforschung (Hg.) (1994):, Sozialwissenschaftliche Frauenforschung in der
Bundesrepublik Deutschland, Berlin, 43-46

Scheich, Elvira (1993):, Naturbeherrschung und Weiblichkeit. Denkformen und Phantasmen der
modernen Naturwissenschaften, Pfaffenweiler

Schultz, Dagmar (1992):, Akkulturationsprozesse und die Entwicklung kultureller Zwischenwelten,
in: Wetterer, Angelika (Hg.) (1992):, Profession und Geschlecht. Über die Marginalität von
Frauen in hochqualifizierten Berufen, Frankfurt/New York, 225-240

Seifert, Ruth (1992):, Entwicklungslinien und Probleme der feministischen Theoriebildung. Warum
an der Rationalität kein Weg vorbeiführt, in: Knapp, Gudrun-Axeli/Wetterer, Angelika (Hg.)
(1992):, Traditionen Brüche. Entwicklungen feministischer Theorie, Freiburg, 255-285

Smith, Dorothy (1989):, Eine Soziologie für Frauen, in: List, Elisabeth/Studer, Herlinde (Hg.) (1989),
Denkverhältnisse. Feminismus und Kritik, Frankfurt/M, 353-422 (engl. 1979)

Smith, Dorothy (1988):, The Everyday World as Problematic. A Feminist Sociology, Oxford

Wetzel, Dietrich (1976):, Marxismus an der Universität, in: Sozialwissenschaften: Studiensituation,
Vermittlungsprobleme, Praxisbezug, Frankfurt/New York, 161-224

82

Peter Noller/Klaus Ronneberger

Die Rationalisierung des Raumes in der postmodernen Stadt

Urbanisierungsstrategien in Frankfurt

Im Kontext der neuen internationalen Arbeitsteilung vollzieht sich in bestimmten Metropolen der westlichen Kernländer ein ökonomischer und sozialer Transformationsprozeß. Auch wenn die Ansichten in den sozialwissenschaftlichen Disziplinen weit auseinander gehen, so kann man doch seit Anfang der achtziger Jahre eine wachsende Literatur feststellen, die die Internationalisierung der Produktion und Distribution, vor allem im Bereich der Banken und der Finanzdienstleistungen untersucht und dabei die herausragende Rolle von *Global Cities* oder *World Cities* für den Prozeß der Globalisierung betont (Cohen 1981; Friedmann und Wolf 1982; King 1990; Sassen 1991; Keil 1993; Friedmann 1995). Über das engmaschige Netz der *Global Cities*, die sich in den entwickelten Industrieländern konzentrieren, werden nun die weltweiten Kapitalkreisläufe und internationalisierten industriellen Produktionsprozesse koordiniert und gesteuert. Die technologische Basis für die Ausbildung solcher strategischen Knotenpunkte bildet das weltweite Kommunikations- und Informationssystem: Satelliten, Computernetzwerken und Fax ermöglichen es, Steuer- und Leitungsfunktionen auch aus der Distanz auszuüben

In solchen Städten siedeln sich die Hauptsitze von Banken und transnationalen Unternehmen an und etablieren eine Zitadellenökonomie, deren operativer Handlungsraum weitgehend vom regionalen Kontext abgekoppelt ist. Dabei stellen *Global-* und *World Cities* als Umschlagplätze im Welthandel und internationale Verkehrsdrehkreuze nicht nur Knotenpunkte für monetäre oder informationelle Ströme dar, sondern ziehen auch verstärkt Migrationsbewegungen an.

Auf diese Weise hat sich im Laufe der achtziger Jahre eine Hierarchie von Städten herausgebildet, die auf differenzierte Weise in das internationale System integriert sind (Sassen 1991). An ihrer Spitze stehen New York, London und Tokio. Auf der nächsten Stufe folgen für den europäischen Bereich Paris, Zürich und Frankfurt Rhein-Main, dann Mailand, Amsterdam und Brüssel.

Räumliche Restrukturierung und flexibles Akkumulationsregime

Für die Analyse von postfordistischen Entwicklungsmodellen und postmodernen Urbanisierungsstrategien erweist sich insbesondere das Konzept der „flexiblen Akkumulation" von David Harvey als produktiv: Danach strebt dieses neue Akkumulationsregime - im Gegensatz zur Rigidität der fordistischen Massenproduktion - nicht nur eine Flexibilisierung des Produktionsprozesses, sondern auch „Verflüssigung" räumlicher Strukturmuster und Organisationsformen an (Harvey 1989). Ähnlich wie Castells, vertritt Harvey die Ansicht, daß mit den neuen Technologien der Informationsverarbeitung und -übermittlung die raum- zeitlichen Barrieren weiter an Bedeutung verlieren. Zugleich wird mit der Flexibilisierung des Raumes die Zonierung und Standardisierung städtischer Räume auf globalisierter Ebene fortgesetzt. Allerdings beginnen bestimmte Entwicklungsdynamiken die fordistische Zonierungslogik, das industrielle Muster von urbaner Verdichtung und regionaler Diffusion, aufzuweichen. Die unterschiedlichen Formen der Integration beziehungsweise Exklusion von Raumeinheiten in die flexible Hierarchie der Global-ökonomie verändern das Verhältnis von „Zentrum" und „Peripherie" - sowohl auf globaler wie auf nationaler und regionaler Ebene. Die konzentrische Raumstruktur der Metropolen wird zusehends von einem fragmentarisierten Nutzungsmuster überlagert, das gleichermaßen durch Konzentrations- wie Dekonzentrationsprozesse gekennzeichnet ist und zu unterschiedlich dimensionierten Zentren und Peripherien führt. Die Figuration von Zentrum und Peripherie muß heute neu gedacht und dargestellt werden. Es handelt sich nun um ein relationales Modell räumlicher Strukturen, die sich in nicht eindeutig voraussagbaren konkreten Formen manifestieren (*Clusters*, Knoten, Patchwork etc.). Durch diese Prozesse werden die bisherigen städtischen „Einheiten" aufgelöst und in übergreifende Strukturen integriert. Die bislang meistens monozentrisch strukturierten Agglomerationen transformieren sich zu urbanen, poly-zentrischen Großregionen, die aus einem Geflecht unterschiedlichster Standorte bestehen (Ronneberger/Schmid 1995).

Diese Entwicklungen verweisen zugleich auf das Problem von Kontinuität und Diskontinuität des Urbanisierungsprozesses (Ipsen 1987; Krätke 1991). Mit den neuen räumlichen Konfigurationen, die sich in den Metropolen herausbilden, wird eine seit über einem Jahrhundert bestehende dezentrale Raumstruktur zu einem neuen Gebilde transformiert, in dem sich „präfordistische", „fordistische" und „postfordistische" Strukturen überlagern.

Vom Modernismus zum Postmodernismus

Die gesellschaftliche Transformation, die mit dem Übergang vom fordistisch-keynesianischen zum flexiblen Akkumulationsregime verbunden ist, manifestiert sich in den Strategien und Praxisformen, die den Alltag der städtischen Bevölkerung bestimmen, und in den konzeptiven Ideologien des Städtischen: Der „Modernismus" (Funktionalisierung) wird vom „Postmodernismus" (Pluralisierung und Ästhetisierung) abgelöst.

Das Projekt der Moderne war eng verknüpft mit der Rationalisierung des städtischen Alltags. Die Bewegung der klassischen Moderne propagierte eine funktionale Architektur, die mit den bourgeoisen Formen der Repräsentation brach, Schnörkel und Verzierungen verabscheute und die Übereinstimmung von Form und Funktion anstrebte. Meist handelte es sich um große Entwürfe, die radikal mit den bisherigen städtebaulichen Strukturen brachen und eine neue, rationale und funktionale urbane Struktur schaffen wollten.

Nach dem Zweiten Weltkrieg setzten sich die Prinzipien der Moderne auf breiter Front durch, allerdings in einer marktwirtschaftlichen Form und entkleidet von dem ursprünglichen sozialen Gehalt. Der Diskurs der städtischen Spezialisten war beherrscht von einer Maschinenmetaphorik. Architektur und Städtebau wurden nicht mehr als „Baukunst" aufgefaßt, sondern als Herstellung von reproduzierbaren Zellen einer Produktionskette, die vom konkreten Raum oder Ort abstrahierte. Der Funktionalismus - das Konzept räumlicher Trennung gesellschaftlicher Funktionen - wurde zur dominanten konzeptiven Ideologie, die für einige Jahrzehnte die Kohäsion zwischen Städtebau, Politik und Alltagshandeln begründete und die unterschiedlichen gesellschaftlichen Praktiken miteinander koordinierte. Daraus resultierte ein Urbanisierungsmodell, das vom fordistischen Massenkonsum (Anschaffung langlebiger Konsumgüter wie Automobil, Kühlschrank, Fernseher etc.), von einer zunehmenden Rationalisierung und Technologisierung des Alltags und von einer forcierten Suburbanisierung gekennzeichnet war.

Die Stadtentwicklung der bundesdeutschen Nachkriegsära folgte dem Prinzip der kontrollierten städtebaulichen Planung. Gerade Städte wie das vom Krieg zerstörte Frankfurt wurden gemäß der damals vorherrschenden Zonierungslogik neu aufgebaut. Das „sachliche" Raumbild der Main-Metropole, geprägt von Autobahnkreuz, innerstädtischem Parkhaus und vertikaler Verdichtung von Tertiär- und Konsumtionsfunktionen im City- Bereich, stand für eine effiziente und rationale Infrastrukturpolitik.

Gegen Ende der sechziger Jahre machten sich die Nachteile der funktionalen Raumkonzeption in aller Schärfe bemerkbar. Mit dem Umbau der Innenstädte zu monofunktionalen City-Gebieten wurden Segregationsprozesse in Gang gesetzt und Abwanderungstendenzen innerhalb der Wohnbevölkerung beschleunigt. Die Stadtflucht zahlungskräftigerer Bevölkerungsgruppen in die suburbane Peripherie, die zunehmende Verödung der Innenstädte und die Trostlosigkeit der neuen Trabanten-siedlungen in den Agglomerationsgürteln erschienen vielen Kulturkritikern als Vorboten einer Auflösung der Stadt. Während sich Städte wie Frankfurt zum Finanz-zentrum der bundesdeutschen Wirtschaft entwickelten, stand sie zugleich als Synonym für die „Unwirtlichkeit der Städte" (Mitscherlich 1965).

Im Laufe der siebziger Jahre formierten sich in den unterschiedlichsten Konstellationen Bewegungen gegen den rationalisierten Alltag und die funktionalistischen Modernisierungsstrategien. Die wachsende Kritik an den modernen „Enstädterungstendenzen" wurde unter Stichworten wie „Revitalisierung der Städte" oder „Urbanität" auch in den wissenschaftlichen und stadtplanerischen Disziplinen aufgegriffen. Gerade in Frankfurt entwickelte sich „Urbanität" zur neuen dominanten konzeptiven Ideologie und regulativen Idee, die die auseinanderfallende Stadt als unverwechselbaren und identitätsstiftenden Ort rekonstituieren sollte (Prigge 1987). Die Krise der funktionalistischen Repräsentationsweise korrespondierte mit gesellschaftlichen Umbrüchen und der Erosion des fordistischen Entwicklungsmodells und dessen spezifischer Raum- und Zeitmatrix. Im Rahmen dieser Transformation veränderte sich auch die Beziehung von Modernisierung und Modernität, die Bedeutung von Kultur und Tradition. Die symbolische Beschwörung einer lokalen Identität oder der Einsatz architektonischer und semiotischer Elemente der historischen Stadt (Straße-Platz-Monument-Quartier) wurden nun zum integralen Bestandteil einer veränderten Urbanisierungsstrategie. Im Gegensatz zum fordistisch-keynesianischenen Entwicklungsmodell, das mit der ökonomisch- technologischen Modernisierung stets auch eine „Gleichheit im Raum" und die Perspektive einer sozio-kulturellen Modernität artikulierte (Emanzipation, Egalität und soziale Demo-kratie), betonen die zentralen ideologischen Elemente des postmodernen/ postfordistischen Diskures „Heterogenität" und „Differenz".

Metropolitane Urbanität

Die Durchsetzung dieser neuen Urbanisierungsstrategie verlief lokal höchst unter-schiedlich. In dem Fall von Frankfurt etablierte sich als Anwort auf den ökonomi-schen Restrukturierungsprozeß mit der Wallmann-Ära ab Ende der siebziger Jahre ein urbanistischer Diskurs der (kulturellen) Differenz, der Aspekte der Kritik an der fordistischen Rationalität aufnahm, ihnen jedoch eine andere Wendung gab: Während die oppositionellen Bewegungen der siebziger Jahre die sozialräumlichen Gegensätze als soziale Widersprüche zu artikulieren versucht hatten, verwandelte der Diskurs der „Urbanität" die sozialen Differenzen in kulturelle Gegensätze und distinktive Lebenstile, die nun als „natürliche" Bestandteile einer Metropole erschienen (Prigge 1988).

Im Gegensatz zur SPD hatten die Konservativen begriffen, daß die Erringung von (Wahl-) Mehrheiten in den ausgehenden siebziger Jahren neue Identitätsangebote beinhalten mußte: Kultur wurde so zum „Ferment der Kommunalpolitik" (Walter Wallmann). Insbesondere die Errichtung einer innerstädtischen Museumslandschaft stand für den Anspruch Frankfurts, nicht nur zu einem internationalen Finanzzentrum, sondern auch zu einer bedeutenden „Kulturmetropole" aufzusteigen. Mit dem Mythos von der aufstrebenden Weltstadt hatten die Konservativen ein identitätsstiftendes Raumbild geschaffen, dessen Faszinationskraft wichtige Teile der Mittelklasse veranlaßte, der Metropolenentwicklung positiv gegenüber zu stehen.

Dieses postmoderne Urbanisierungsprogramm stellte eine lokale politische „Antwort" auf die Anforderungen des entstehenden internationalen Wirtschaftszentrums Frankfurt dar (Lieser/Keil 1988). In dieser Reorientierung der kommunalen Politik lag für ein Jahrzehnt der Schlüssel zum „Erfolg" Frankfurts im internationalen Städtewettbewerb. Es war diese Transformation des stadtpolitischen Konzepts von der modernen Großstadt zur metropolitanen Urbanität, die das konservative Neue Frankfurt der achtziger Jahre zum erfolgversprechenden Exportmodell machte. Zugleich hatte Frankfurt mit der Wallmann-Regierung die Schwelle zur *Global City* überschritten. Die Stadt entwickelte sich von einem nationalen Finanzzentrum zu einem strategischen Knoten im Netzwerk der restrukturierten globalen Ökonomie.

Raumaneignung der städtischen Professionellen

Die Headquarter Economy ist anderen Standortanforderungen unterworfen als traditionelle Produktionsbetriebe: Die Kommandofunktionen der internationalen Konzerne und des finanzindustriellen Komplexes benötigen nicht nur ein leistungsfähiges nationales Finanzsystem, sondern auch eine qualifizierte urbane Infrastruktur und ein gut ausgebautes internationales Kommunikations- und Verkehrsnetz (z. B. Hochgeschwindigkeitszüge oder Flughafen). Insbesondere ist die Zitadellenökonomie auf die räumliche Nähe eines differenzierten Spektrums von spezialisierten Dienstleistungen angewiesen: Universitäten und Hochschulen, Einrichtungen aus dem Bereich Forschung und Entwicklung, Consultingbüros, Kanzleien, Steuerberater und Wirtschaftsprüfer, aber auch Kommunikationsunternehmen, Designer und Architekten. Von der ökonomischen Restrukturierung der Stadt profitieren somit vor allem die Berufsmilieus aus dem Finanzsektor, die technologisch-naturwissenschaftlichen Kader aus den High-Tech- und EDV-Branchen sowie die symbolischen Produzenten aus Marketing, Werbung und Public Relations. Im Kern bildet sich eine

strategische Schicht von Dienstleistern heraus, die sich sowohl durch extreme Arbeitszeiten als auch durch hohes Einkommen auszeichnet.

Die städtischen Professionellen werden in Städten wie Frankfurt zu Trägern von
Distinktionsprozessen, die der bereits vorher bestehenden Ausdifferenzierung der
kulturellen Konsumtion eine neue Qualität hinzufügen. Demonstrativer Konsum
exklusiver Waren, die Nutzung einer Vielzahl kommerzieller Dienstleistungen (von
Restaurants bis zu Reinigungsdiensten) und aufwendige Konsumtionsmuster formen
sich zu einer Lebensweise, die den Zirkulationsprozeß des ökonomischen und
kulturellen Kapitals auf neue Weise antreibt (Zukin 1991). Bedeutende Teile der
Stadt erfahren durch die Aneignungs- und Nutzungsmuster dieser Teritärgruppen
eine Umformung: Die City verwandelt sich zu einem „gehobenen" Konsumtionsraum
für Dienstleistungen aller Art. Teile von Wohnquartieren erfahren einen Umnutzungs-
und Aufwertungsdruck, der sich entweder aus den expandierenden Flächenansprüchen
der *Headquarter Economy* oder aus den Wohnansprüchen und Konsummustern gut
ausgebildeter, erwerbstätiger Ein- oder Zwei-Personen-Haushalte mit höherem
Einkommen ergibt.

Die Konsumtion „urbaner" Zeichen durch diese Mittelklasse belegt auch die
Bedeutung von Diskursen und Raumbildern für die Formierung der Wahrnehmungs-
und Handlungsmuster sozialer Kollektive und Individuen. Die Stadt ist nicht nur
strukturierter Raum, sondern strukturiert ihrerseits die Alltagspraktiken der Individuen: Gebäude, Monumente oder Plätze lösen Imaginationen und Gefühle aus.
Urbane Landschaften sind immer zugleich auch Bilder, deren Metaphorik etwa für
lokale Vertrautheit oder internationale Modernität, aber auch für bestimmte gesellschaftliche Entwicklungsmodelle stehen kann, an denen sich soziale Gruppen orientieren (Zukin 1991, Ipsen 1987). Stadtlandschaften legen die Existenz einer sichtba-
ren Ordnung nahe und repräsentieren sie zugleich. In der Auseinandersetzung um die
Nutzungs- und Aneignungsweisen städtischer Räume schälen sich die dominanten
Machtrelationen zwischen den sozialen Klassen und Milieus heraus, wird der
hegemoniale Anspruch einer spezifischen Repräsentation von Lebensweisen unter-
strichen.

Die Verbindung von distinktiven Konsumtionsweisen mit einer internationalisierten Arbeitskultur produziert in Städten wie Frankfurt einen Raum, in dem sich die
neuen Lebensstile und die Global-Ökonomie materialisieren und repräsentieren
können.

Verpackungsarchitektur und konsumtive Erlebnisräume

Mit dem Aufstieg zum internationalen Finanzzentrum entwickelt sich Frankfurt auch zu einem bevorzugten Standort für internationale Immobilieninvestitionen. Der globalisierte Kapitalismus reproduziert sich nun verstärkt durch die „Produktion des Raumes" und die Umleitung produktiver Investitionen in den „sekundären Kapitalkreislauf" (Harvey 1982). Als Folge der Neubewertung von Besitz- und Eigentumstiteln legen Bankkonsortien und transnationale Konzerne einen Teil ihres überschüssigen Kapitals in global gestreutem Immobilienbesitz an und nutzen die städtischen Grundstücksmärkte als reine Finanzanlage. In der Regel werden die Projekte von großen Konsortien betrieben, wobei internationale Geldinstitute die Finanzierung sicherstellen und Immobilienfirmen die materielle Produktion - von der Planung über das Design bis zur Bauausführung - übernehmen (vgl. Sudjic 1992). Die Immobilienmärkte verwandeln sich so in eine Anlagesphäre von disponiblem Kapital, in der Grund und Boden wie Aktien oder Wertpapiere gehandelt werden. Auf diese Weise entwickelt sich die Aneignung der Grundrente zu einem wichtigen Bestandteil des flexiblen Akkumulationsregimes und der verselbständigten Finanzsphäre (Harvey 1989). Die spekulative Verwertung von städtischen Immobilien und deren Umformung zu „fiktivem Kapital", dessen Wert sich weniger nach regionalen als nach internationalen Maßstäben bemißt, verstärkt zugleich die zunehmende Trennung von Produktions- und Kapitalverwertungsprozeß. Bestimmte Städte geraten so in den spekulativen Sog eines hochmobilen Geldkapitals und werden gemäß den Anforderungen der Tertiär- und Finanzökonomie umgeformt.

Dieser Restrukturierungsprozeß vollzieht sich auch in Frankfurt besonders einschneidend. Mit der Errichtung von insgesamt zehn neuen Hochhäusern im Citybereich wird die Bebauung der Zitadelle höher und dichter. Die neue Generation der Hochhäuser, die dicht zusammengedrängt im Bankenviertel entstehen, verändert nicht nur das Gesicht der Frankfurter *Skyline*, sondern auch den darunter- und dazwischenliegenden städtischen Raum. Im Gegensatz zu den anderen Hochhäusern verfügen die neuen Bürotürme über öffentliche Atrien, Wintergärten, Restaurants, Geschäfte und Boutiquen, *Pocket Parks* und Erholungszonen. Kulturelle Veranstaltungen und Animationsprogramme vervollständigen ein Konzept, das als Identifikationsangebot den veränderten Arbeits- und Lebensvorstellungen der „Neuen Dienstleister" entgegenkommt.

„Westend 1" der DG-Bank

Als herausragendes Beispiel für die neue Hochhausgeneration kann das Gebäude der
DG-Bank in der Mainzer Landstraße herangezogen werden. Der Neubau der Deutschen Genossenschaftsbank „Westendstraße 1", wurde im Frühjahr 1993 vollendet
und zählt neben dem Messeturm zu den höchsten Gebäuden Frankfurts. Während der
eigentliche Turm mehr als 40.000 Quadratmeter Bürofläche aufweist, sind in einem
angeschlossenen Flügelbau neben weiteren 10.000 Quadratmetern für Büronutzung
lediglich 1.200 Quadratmeter für Appartments vorgesehen, die die städtische Forderung nach einer „neuartigen Verknüpfung von Wohnen und Arbeiten" eher symbo-
lisch erfüllen. Zwischen den beiden Gebäuden befindet sich als öffentlicher Raum
ein Atrium, das - wie die überdachten Gartenpassagen des zwischen den Bürotürmen
des World Trade Center entstandenen Battery Park Center - „Wintergarten" getauft
wurde. Nach üblichem internationalen Standard sind im Parterre Restaurant, Feinkost-
laden, Parfümerie, Café und Blumenladen untergebracht. Im Inneren des Atriums
dominiert Granit: Am Fußboden von weißen Marmorstreifen durchzogen und auch
die Säulen umkleidend, die im oberen Teil in eine Glas-Eisen-Konstruktion überge-
hen. In den Fußboden sind eisenvergitterte und mit Tongranulat gefüllte Löcher
eingelassen, aus denen zwölf gleichhohe Fächerpalmen emporwachsen und wie
Säulen den Innenraum gliedern. Das Fehlen von natürlichem Erdreich und die
identische Größenordnung der einzelnen Bäume lassen allerdings die Palmen synthetisch und anorganisch erscheinen. Der Siegeszug dieser Baumart als globales
Symbol der Tertiärgesellschaft verdankt sich nicht nur der Vorstellungswelt der
„Neuen Dienstleister", die ihre (abstrakte) Tätigkeit mit den Insignien einer relaxten
Freizeitkultur ausstatten. Die immergrünen Palmen stellen zugleich ein pflegeleichtes
und modellierbares Material für Innenarchitekten dar, das sich mühelos unterschiedlichen Installierungsvorstellungen anpaßt. „Natur" wird auch durch die in die Wand
eingelassenen Wasserrutschen thematisiert, deren Geplätscher im Kontrast zu der
stark befahrenen Mainzer Landstraße steht. In der postmodernen Bürowelt werden
natürliche Elemente wie Granit, Wasser und Palmen so zu standardisierten Zeichenträ-
gern für eine exklusive Atmosphäre, die von der internationalen Business-Community
als „eigenes" Territorium identifiziert werden kann. Es handelt sich dabei um
wiedererkennbare Einheiten einer hochtechnisierten Raumstruktur, die den Globus
mit Bürogebäuden, Hotelhallen oder Shopping Malls überzieht: Regressive Kokons
eines Kontrollsystems, das eine aseptisch-synthetische Umwelt produziert, aus der
alle Irritationen und Schrecken des umliegenden städtischen Raumes verbannt sind.
    Im (scheinbaren) Widerspruch zu solchen Ausschlußmechanismen wird im Falle
des DG-Neubaus die piazzaähnliche „Flanier- und Ruhezone" des Wintergartens,
nach den Verlautbarungen der Bauherren, als Bindeglied zwischen Geschäftsviertel
und Wohnquartier dargestellt. Diese „Dauereinladung für die Bürger", die auch

diverse Animationsprogramme miteinschließt, richtet sich insbesondere an die Bewohner des Westends, die Ende der achtziger Jahre gegen dieses Bauprojekt protestiert hatten und nun den „neuen urbanen Treffpunkt" auch als ihren öffentlichen Raum nutzen sollen. Es scheint jedoch mehr als zweifelhaft, ob sich städtisches Leben (in Europa) an die Atrien von Bürohochhäusern oder Einkaufszentren binden läßt. Bisher jedenfalls meidet die Wohnbevölkerung den „Wintergarten", der die Atmosphäre einer überdimensionierten Schalterhalle ausstrahlt.

Doch nicht nur die Nutzungsansprüche der Headquarter-Ökonomie verändern die Stadt, sondern auch die konsumtiven Ansprüche der fast vier Millionen BewohnerInnen der Rhein-Main-Region. Dank diesem Potential hat sich die „Zeil" zu einer der umsatzstärksten Einkaufsmeilen der Bundesrepublik entwickelt. Nicht zuletzt durch den Anstieg der Ladenmieten um fast 200 Prozent innerhalb der letzten zehn Jahre, zeichnet sich die Frankfurter City wie alle deutschen Innenstädte durch den üblichen Instant-Charakter aus: eine Monostruktur von internationalen Ladenketten und Boutiquen, die den innerstädtischen Konsumtionsraum flächendeckend überziehen.

Die höchste Dichte dieser globalen Standardisierung weist neben der Zeil, die auf Massenkonsum ausgelegt ist, die nahegelegene Goethestraße auf. Gewissermaßen als „gehobenes" Pendant konzentrieren sich hier die gängigen Haute Couture- und High Fashion-Läden.

Mit der baulichen Aufwertung von Straßenzügen rund um die Börse und der Arrondierung der bisher „minder genutzten" Ostzeil erreicht die kommerzielle Ausrichtung des gesamten Citybereichs eine neue Qualität. Städte wie Frankfurt transformieren sich so zu einem *festival marketplace* (Crawford 1992), der von einer internationalisierten Gastronomie über Einkaufspassagen bis hin zu Museumsausstellungen und Straßenfesten reicht. Es entstehen fließend ineinander übergehende Konsumtionsräume für kommerzielle und nicht-marktförmige Aktivitäten, die in ihrer Synthese die früheren Grenzen von Öffentlichkeit und Privatheit, Kultur und Ökonomie zusehends verwischen.

Museum für moderne Kunst

Einen wichtigen Bestandteil des Frankfurter Urbanisierungsprogrammes stellen die verschiedenen städtischen Kultureinrichtungen dar. Mit einer Reihe von spektakulären Museumsbauten versuchte das postmoderne *urban management* unverwechselbare Zeichen einer spezifischen städtischen Identität zu produzieren, von denen man sich zugleich im interurbanen Konkurrenzkampf Wettbewerbsvorteile erhoffte.

Den vorläufigen Schlußstein, der seit den siebziger Jahren ausgebauten Frankfurter Museumslandschaft, bildet das in der Innenstadt gelegene Museum für Moderne Kunst. Im Gegensatz zu den Museen am Mainufer fehlt ihm das Ambiente eines

„Museumsparks". Keilförmig von verschiedenen Straßenzügen eingezwängt, hebt es sich wie ein steinernes Schiff von seiner baulichen Umgebung ab. Ähnlich wie bei dem „Wintergarten" zeichnet sich die Architektur des Museums durch ein intensives Raumerlebnis aus. Von außen markieren drei an der Spitze des „Tortenstücks" integrierte Metallplastiken den Anspruch des Gebäudes, selbst ein Kunstwerk zu sein. Neben dem Eingang befindet sich ein Café, das sich zu einem beliebten Treffpunkt am Wochenende entwickelt hat.

Gezeigt werden unterschiedliche von den Künstlern repräsentierte „Welten". Andy Warhols Problematisierung von „Warencharakter" und „wahrem Charakter", die Infragestellung individueller Subjektivität in den übergroßen, hyperreal auf Plexiglas aufgezogenen Portraits von Thomas Ruff oder die Darstellung der künstlichen Intensität der Werbe- und Warenwelt in Jeff Walls monumentalem Breitwandfarbdia, thematisieren Wahrnehmungsweisen der Subjekte und deren Stellung und Beziehung zu den Konsumobjekten. Ständig wechselnde Teile der ausgestellten Gegenwartskunst sowie deren Neugruppierung sollen die Besucher mit der Gegenwart und mit der Ästhetik der Warenwelt konfrontieren. Diese Konzeption orientiert sich nicht an der Chronologie von Stilen und Epochen, sondern an der Pluralität künstlerischer Auseinandersetzungen mit dem aktuellen Zustand der Welt.

Der rezeptive Umgang mit den Ausstellungen setzt ein bestimmtes Maß an interpretativer Kompetenz voraus. Um das Museum einem breiteren Publikum zugänglich zu machen werden deshalb zahlreiche Führungen und Informationsblätter angeboten. Dennoch stellt diese Einrichtung vor allem einen bevorzugten Ort für die kulturell interessierte Mittelschicht dar. Schließlich erfordert die Aneignung des Kulturraums Museum ein bestimmtes kulturelles (unter Umständen auch soziales oder ökonomisches) Kapital, das durch gesellschaftliche Position und soziale Herkunft strukturiert wird.

Zeilgalerie „les facettes"

Ähnlich wie das Museum für moderne Kunst versucht das fast zeitgleich eröffnete Warenhaus „les facettes", sich durch eine architektonische Konzeption - sowohl was die Außenfassade wie auch die Innenraumgestaltung anbetrifft - von anderen Kaufhäusern abzuheben. Solche Elemente der visuellen Konsumtion basieren auf Strategien der amerikanischen Mall-Kultur, deren Erfolg vor allem auf der Verknüpfung von kommerziellen Aktivitäten und „Erlebnis-Attraktionen" beruht, die nicht direkt an die einzelne Ware gekoppelt sind.

Zunächst auf die dezentrale Struktur amerikanischer *suburbs* ausgelegt, wandert das Konzept der *shopping mall* nun zusehends in den Kern der Großstädte. Neben diesen amerikanischen Bezügen knüpft das „les facettes" an die Einkaufspassagen und Kaufhäuser des neunzehnten Jahrhunderts an. Im Gegensatz zur funktionalen Behälterarchitektur der Warenhäuser in den sechziger Jahren, betont das Konzept der neuen Zeilgalerie durch Material und Design, aber auch durch die Vielzahl von kleineren Geschäften seinen individuellen Charakter - das Kleinhändlertum der Passagen soll sich mit dem Massenkonsum der Warenhäuser vermischen. Die raumästhetisch überhöhte Treppenfunktion, die bereits bei Warenhäusern um die Jahrhundertwende zu beobachten ist, bildet den theatralischen Mittelpunkt des schmalen, achtgeschossigen Gebäudes. In Anlehnung an das Guggenheim-Museum in New York bringt eine Rolltreppe die Besucher und Besucherinnen zum obersten Geschoß, an das sich als besondere Attraktion eine Dachterasse mit Panoramablick auf die Frankfurter City anschließt. Auf einer sanft abfallenden Rampe führt ein schmaler Weg an über 70 Geschäften vorbei, der schließlich in einem Atrium endet. Entlang dieser 750 Meter langen Serpentine sind zwischen den Läden Bars, Cafés und Restaurants eingebaut, die am Abend geöffnet haben und von privaten *security guards* überwacht werden. In einer der oberen Etagen ist darüber hinaus ein Medienzentrum installiert, in dem neben Radio- und Fernsehsendungen auch Talksshows oder Autorenlesungen stattfinden. Abgesehen davon, daß auf der ganzen Strecke wenig Möglichkeiten zum Innehalten bestehen, wird man durch die Baukonstruktion geradezu gezwungen, den ganzen Weg nach unten zu Fuß zu gehen und damit die gesamte Front der Geschäfte abzuschreiten. Charakteristisch für die Zeilgalerie ist zudem die Außenhaut der Fassade, die als kinetische Lichtplastik fungiert. Eine Wetterstation auf dem Dach übermittelt einem Comptersystem Temperatur, Feuchtigkeit und Windstärke, das sodann diese Informationen zu unterschiedlichen Farbkompositionen verarbeitet.

Fantasy-Urbanität in der Instant-City

Postmoderne Einkaufsgalerien wie „les facettes" stellen den vorläufigen Schlußpunkt einer Entwicklung dar, die sich bereits mit der Durchsetzung des Fordismus abzeichnete: die Transformation des Kaufverhaltens in einen Erlebnisvorgang und die Funktionalisierung der Raumgestaltung als integraler Bestandteil einer kommerziellen Verkaufsstrategie.

Zugleich bilden dieses Warenhaus, wie auch das Museum für moderne Kunst oder die Bürotürme der dritten Hochhausgeneration die wichtigsten Bauteile einer „*Fantasy*-Urbanität". Solche Archipele eines kontrollierten städtischen Erlebens versuchen die Atmosphäre und das Image eines traditionellen Stadtplatzes zu erzeugen, der gemeinhin mit Kommunikation, sozialer Dichte, Öffentlichkeit und Spektakel gleichgesetzt wird. In gewisser Weise inkorporieren die artifiziellen Konstrukte der neuen Urbanität die Geschäftigkeit und Sozialität alter Städte, allerdings in der Form von Hybridprodukten, die von allen „negativen Begleiterscheinungen" wie Wetter, Lärm, Armen oder Drogenabhängigen gesäubert sind.

Die Strukturen solcher Räume verändern nicht nur die Formen des Konsumierens; ihre Ordnungsfunktion, die sich in Überwachungsmonitoren und Sicherheitspersonal ausdrückt, wirkt sich auch auf öffentliche Räume der Stadt aus. Ein immer enger werdendes Raster sozialer Kontrolle überzieht die „Instant-City", dessen Selektionskriterien von verschiedener Seite ideologisch bereitgestellt werden. So forderte u.a. die lokale Industrie- und Handelskammer die politisch Verantwortlichen auf, verschärfte Sicherheitsmaßnahmen im Innenstadtbereich durchzuführen. „Alkoholisierte Stadtstreicher, Obdachlose und Drogensüchtige in den Einkaufsstraßen" seien keine „gute Visitenkarte" und schmälerten das „Einkaufserlebnis". Der Vorstandsvorsitzende der Douglas-Holding drohte gar mit dem Abzug aus den Innenstädten, wenn es nicht gelinge, die City „sauber zu halten". Der „schleichende Abrutsch" zeige sich in dem „Bettler- und Gauklerunwesen" und „fragwürdigen Veranstaltungen mit Billigbuden". Durch sie würde ein unerwünschtes Publikum angezogen, das dann auch noch teure Schaufenster und Eingänge zu etablierten Ladenlokalen blockiere.

Maßnahmen der Stadt, wie die Zerschlagung der offenen Drogenszene in der Taunusanlage im Bankenviertel, die Vertreibung von Fixern und Obdachlosen im Bahnhofsumfeld und der Innenstadt, die häufige Überprüfung von ausländischen Jugendlichen an den verschiedenen B-Ebenen oder die Razzien gegen Kleindealer im Zeilbereich, deuten darauf hin, daß der innerstädtische Bereich den marginalisierten Gruppen als Reproduktions- und Kommunikationsraum zunehmend streitig gemacht wird.

Während so die „unteren Klassen" aus den gesicherten Enklaven der Stadt vertrieben werden, transformiert sich die City, eingerahmt von Skyline und Museumsufer, zum Freizeitpark und zur Spielzeugmetropole, in der das „Städtische" zur Bühnenattrappe eines hierarchisierten Raumes gerät, in dem die Ungleichheiten und (feinen) Unterschiede zwischen den sozialen Gruppen sich materialisieren.

Literatur

Bourdieu, Pierre (1991): Physischer, sozialer und angeeigneter physischer Raum; in: Martin Wentz (Hg.): Stadt-Räume. Die Zukunft des Städtischen. Frankfurter Beiträge, Bd. 2, 25-34

Cohen, Robert (1981): The New International Division of Labor, Multinational Corporations and Urban Hierarchy; in: M. Dear/A. Scott (Hg.): Urbanziation and Urban Planning in Capitalist Society. New York

Crowford, Margret (1992): Warenwelten; in: Arch+ 114/115, 73-80

Friedmann, John (1995): Standortbestimmung: Ein Jahrzehnt World City Forschung; in: Hans Ruedi Hitz u. a. (Hg.): Capitales fatales: Finanzmetropolen im Umbruch. Zürich und Frankfurt auf dem Weg zum Postfordismus. Zürich

Friedmann, John, Gerald Wolff (1982): World City Formation: An Agenda for Research and Action; in: International Journal for Urban and Regional Research No. 6

Harvey, David (1982): The Limits to Capital. Chicago

Harvey, David (1989): The Condition of Postmodernity: An Enquiry into the Origins of Cultural Change. Oxford/Cambridge

Ipsen, Detlev (1987): Räumliche Vergesellschaftung; in: Prokla 68, 113-130

Keil, Roger (1993): Weltstadt - Stadt der Welt: Internationalisierung und lokale Politik in Los Angeles. Münster

King, Anthony (1990): Global Cities: Post-Imperialism and the Internationlization of London. London/New York

Lieser, Peter, Roger Keil (1988): Frankfurt - Weltstadt?; in: Pflasterstrand 288

Mitscherlich, Alexander (1965): Die Unwirtlichkeit der Städte. Frankfurt am Main

Noller, Peter (1994): Stadtlandschaften; in: Peter Noller, Walter Prigge, Klaus Ronneberger (Hg.): Stadt-Welt. Die Zukunft des Städtischen, Frankfurter Beiträge, Bd. 6. Frankfurt/New York, 198-211

Prigge, Walter (Hg.) (1987): Die Materialität des Städtischen: Stadtentwicklung und Urbanität im gesellschaftlichen Umbruch. Basel/Boston

Prigge, Walter (1988): Mythos Metropole; in: Walter Prigge, Peter Schwarz (Hg.): Das Neue Frankfurt. Städtebau und Architektur im Modernisierungsprozeß 1925 - 1988. Frankfurt am Main, 209-240

Ronneberger, Klaus (1994): Zitadellenökonomie und soziale Transformation der Stadt; in: Peter Noller, Walter Prigge, Klaus Ronneberger (Hg.): Stadt-Welt. Die Zukunft des Städtischen, Frankfurter Beiträge, Bd. 6. Frankfurt/New York, 180-197

Ronneberger, Klaus, Christian Schmid (1995): Globalisierung und Metropolenpolitik: Überlegungen zu Urbanisierungsprozessen der neunziger Jahre; in: Hans Ruedi Hitz u. a. (Hg.): Capitales fatales: Finanzmetropolen im Umbruch. Zürich und Frankfurt auf dem Weg zum Postfordismus. Zürich

Sassen, Saskia (1991): The Global City: New York, London, Tokyo. Princeton

Sassen, Saskia (1995): Hierarchie, Maßstab, Zentrum: Neue Definitionen und Fragen; in: Hans Ruedi Hitz u. a. (Hg.): Capitales fatales: Finanzmetropolen im Umbruch. Zürich und Frankfurt auf dem Weg zum Postfordismus. Zürich

Sudjic, Deyan (1992): The Hundred Mile City. San Diego/New York/London

Zukin, Sharon (1991): Landscapes of Power: From Detroit to Disney World, University of California Press

Teil 2

Selektion - Geheimprogramm der Rationalisierung

Regina Becker-Schmidt

Homo-Morphismus
Autopoietische Systeme und gesellschaftliche Rationalisierung

1 Problemaufriß

In gegenwärtigen Theorien zur Technik- und Gesellschaftsentwicklung läßt sich ein zirkulärer Prozeß beobachten, der dazu angetan ist, Schwindel zu erzeugen: Naturwissenschaftler übertragen evolutionistische Konstruktionen aus der Biologie auf soziale Verhältnisse, und Sozialwissenschaftler berufen sich auf naturwissenschaftliche Modellvorstellungen von biologischen Prozessen, um Theorien von gesellschaftlicher Entwicklung oder sozialer Differenzierung zu fundieren. Unterschiede zwischen biologischen Kreisläufen und geschichtlich-gesellschaftlichen Prozessen verschwinden im Zuge dieses Transfers.

In den naturwissenschaftlichen Diskussionen wird der Begriff „Evolution" durchaus kontrovers diskutiert. Neodarwinistische Konzepte konkurrieren mit nicht-kausalistischen Positionen, teleologische mit anthropologischen Spekulationen.

Sobald jedoch der Begriff „Evolution" in den Sozialwissenschaften als Ausdruck für gesellschaftliche Entwicklung auftaucht, entsteht der Anschein, als sei er eindeutig definiert. In Verbindung mit kulturanthropologischen Prämissen verweist er in der Regel auf das angeblich geschichtlich nicht hintergehbare Fortschreiten des menschlichen Erkenntnisvermögens, das sich in Wissenschaft und Technik objektiviert. Das Tandem „Wissenschaft und Technik" gewinnt in diesem Kontext als Promotor gesellschaftlicher Rationalisierungsschübe eine überhistorische Dignität. Die technische Entwicklung erscheint als rational, da sie evolutionsbedingten Sachzwängen folgt. (Vgl. hierzu: Becker-Schmidt 1994) Wo sozialdarwinistische Argumente die Diskussionen um internationale Wettbewerbsfähigkeit bestimmen, dient der Begriff „Evolution" zur Legitimation für die Durchsetzung von Hochtechnologien im Dienst politisch-ökonomischer oder militärischer Machtkonzentration. (Axelrod 1988)

Nun ist sowohl der Rückgriff von Naturwissenschaftlern auf „sinnstiftende" Methaphern aus anderen Denktraditionen als auch die Übertragung evolutionstheoretischer Modelle auf soziale Zusammenhänge kein neues Phänomen - solche wechselseitigen Übergriffe lassen sich beobachten, seitdem es Wissenschaft, vor allem neuzeitliche gibt. (Könnecke 1993)

Von aktueller Brisanz sind jedoch die wissenschaftlichen Konstruktionen, in denen komplexe biologische Organisationen und vielschichtige historisch-gesellschaftliche Verhältnisse systemtheoretisch zur Deckung gebracht werden. Als ein Beispiel hierfür möchte ich die Korrespondenzen zwischen dem Biologen Huberto R. Maturana und dem Sozialwissenschaftler Niklas Luhmann zur Diskussion stellen. Auf hohem Abstraktionsniveau werden von beiden Seiten epistomologisch affine Modellvorstellungen zu einem einheitlichen Entwurf verbunden, der verspricht, die ganze lebendige Welt nach einigen universellen Regulationsprinzipien beschreiben zu können. „Autopoiesis" (Selbsterzeugung, Selbstorganisation) ist das Zauberwort, das zwischen Maturana und Luhmann - wenn auch mit großen Unschärfen in den Grenzbereichen ihrer Disziplinen - über weite Strecken Übereinstimmumg stiftet. Zwei Theorien scheinen sich zu einem transdisziplinären Projekt verknüpfen zu lassen, in dem sich die Grenzen zwischen Natur- und Sozialwissenschaften verflüssigen.

Alles scheint unter Zuhilfenahme des Begriffs „Autopoiesis" beschreibbar zu sein - das Genom ebenso wie der Computer, die Individuen als Sozialcharaktere ebenso wie historisch gewordene soziale Verhältnisse. Die theoretische Homogenisierung differenter Sphären - biologischer, wissenschaftlicher und gesellschaftlicher - verfolgt einen bestimmten Zweck: Reduktion von Komplexität. Und sie bedient sich einer spezifischen Methodik: der Abstraktifikation. Diese wissenschaftliche Methodik - Zugewinn von Allgemeinheitsgraden durch das Postulat einer alle beschreibbaren Sphären durchziehenden universellen Logik - entspricht der realen Schwerkraft einer pragmatischinstrumentellen Vernunft, die unter dem Stichwort „Rationalisierung" technologische Normen in fast allen sozialen Bereichen durchsetzt: Effektivität in der Erziehung, Gerätemedizin im Gesundheitswesen, allgorithmische Relationen in der technisch vermittelten Kommunikation und Information, verwertungsorientierte, computergesteuerte Durchorganisation von Verwaltungen und Betrieben, Mathematisierung der Ökonomie.

Maturana wie Luhmann erproben die Sachhaltigkeit ihrer systemischen Analysen weniger an der Durchdringung empirischer Zusammenhänge als an der logischen Kohärenz ihrer Modelle, deren Strukturen durch universalistisch formulierte Grundannahmen bestimmt werden (Selbstregulation, Selbstreferentialität). Wie bei realen Rationalisierungsprozessen, die tendenziell alles für ihr Kalkül Nichtkommensurable eliminieren und zwar unter Hintanstellung der sozialen Folgen jenseits der intendierten Kosten-Nutzen-Planungen, so bleibt auch bei Maturana und Luhmann unberücksichtigt, wo das systematisch Ausgegrenzte als Konfliktpotential oder Mangel wiederauftaucht. Nicht *daß* abstrahiert wird, ist problematisch - auf Verallgemeinerung ist jede

100

Theorie angewiesen; zu denken gibt vielmehr, daß das, wovon abgesehen wird, durch Nichtthematisierung der Reflexion entzogen wird. In dieser erkenntnistheoretischen Perspektive bekommt der Begriff „Rationalisierung" eine Bedeutungsschicht, die etwas anderes anzeigt als die zweckrationale Durchorganisation sozialer Bereiche. Dem psychoanalytischen Begriff „Rationalisierung" ähnlich, der Ausblendungen im Dienste der Abwehr erfaßt, kann die wissenschaftlich präsentierte Suggestion von logischer Kohärenz, die in Wahrheit auf Ausklammerungsakrobatik beruht, die Funktion haben, dem Forscher und der Umwelt soziale Irrationalitäten zu verdecken.

Im Folgenden möchte ich zeigen, welche sozialen Konflikte Maturana und Luhmann dem kritischen Bewußtsein durch ihren Rückgriff auf autopoietische Modellvorstellungen entziehen.

An Maturanas Kognitionsbiologismus läßt sich nachweisen, daß die Beschwörung von Selbstregulation und Selbstreferentialität, die alle Organismen am Leben erhalten sollen, einem identitätslogischen Denken entspringt, das mit der Leugnung jeglicher Differenz vor allem die Geschlechterdifferenz neutralisiert. Für Luhmann gilt, daß in seiner Vorstellung von Gesellschaft als autopoietischem System Phänomene sozialer Ungleichheit als Ausdruck sozialer Widersprüchlichkeit vernachlässigt werden. Sein Weltbild ist nicht - wie bei Maturana - unmittelbar als anthrozentrisches zu erkennen. In dem Maße aber, wie er soziale Disparitäten ausspart, abstrahiert er nicht nur generell von gesellschaftlichen Herrschaftsstrukturen, sondern auch von männlicher Macht, die Frauendiskriminierung produziert und legitimiert. Beide können also das Geschlechterverhältnis nicht als System sozialer Ungleichheit erkennen. Ich habe diesen Punkt zum Focus meiner Kritik gemacht, weil der Umgang mit der Geschlechterdifferenz zentral zum Thema „Denkmuster der Rationalisierung" gehört. Das ist doppelt zu verstehen - der Rekurs auf ideologische Männlichkeits- und Weiblichkeitsbilder gehört von jeher zur Rationalisierung von Frauenunterdrückung; desweiteren: von der Geschlechtszugehörigkeit hängt mitentscheidend ab, wer bei Rationalisierungsprozessen etwas zu gewinnen oder zu verlieren hat.

Ich wende mich im folgenden zunächst Maturana zu. Meine Argumentation kreist hier im wesentlichen um zwei seiner Theoreme - um die These vom Beobachter als Erzeuger von Wirklichkeit und um die Vorstellung von der Mutter-Kind- Dyade als Modell der Autopoiese.

Ich werde die kognitionsbiologischen Konstruktionen von Maturana soweit nachzeichnen, wie das zum Verständnis seiner Konstruktionen, aber auch der durch sie ausgelösten systemtheoretischen Wende bei Luhmann notwendig ist.

In der Auseinandersetzung mit Luhmann konzentriere ich mich auf seine Theorie funktional-differenzierter Systeme. Hier geht es mir um den Nachweis, daß seine analytische Beschreibung von sozialen Zusammenhängen gerade das nicht einfangen kann, was gesellschaftliche Verhältnisse als historisch spezifische ausmacht: ihre Formbestimmtheit. Das tangiert die Möglichkeit, Ungleichzeitigkeiten und soziale Disparitäten wissenschaftlich adäquat zu erfassen. Es liegt in der Konsequenz seiner rationalistischen Denkweise, daß er die Organisation des Geschlechterverhältnisses als ein Strukturprinzip gesellschaftlicher Gliederung nicht in den Blick bekommt. Damit kann ein aktuelles Problem nicht thematisiert werden: der Zusammenhang zwischen technologisch vermittelten Rationalisierungsschüben und einer weiteren Hierarchisierung des Geschlechterverhältnisses, abzulesen an geschlechtsspezifischen Segmentationslinien auf dem Arbeitsmarkt und im Beschäftigungssystem.

2 Zirkuläre Organisation und Identität des Systems: Autopoiesis in der Theorie H.R. Maturanas

Ich möchte die wichtigsten Argumentationslinien von Maturana (vgl. hierzu: Fischer 1993) thesenhaft vorstellen:

- Lebende Systeme sind bei Maturana stets gekennzeichnet durch Autonomie. Sie bestehen aus einem Netzwerk von Produktionsprozessen, die zum einen deren eigene Bestandteile hervorbringen; zum anderen bewirkt die Vernetzung der Aktivitäten aller einzelnen Elemente, daß durch deren Gesamtaktivität das System als operative Einheit innerhalb eines räumlichen Kontinuums erzeugt und erhalten wird.

- Die Interaktionen zwischen den Elementen sowie die zwischen dem Ganzen und den Teilen erfolgen nach dem Prinzip der Rekursivität (Selbstbezüglichkeit), d.h. alle Operationen folgen der gleichen Logik: „der Aufrechterhaltung der Invarianz". (Maturana 1982, 268) Diese Form der Selbsterzeugung und Selbsterhaltung durch interne, auf einander abgestimmte Regulative nennt Maturana „Autopoiesis" (Selbsterzeugung). Alle lebenden Systeme folgen dieser Form der Selbsterhaltung - das gilt für die einzelne Zelle, für ganze Menschen und komplexe soziale Einheiten.

- Das „Wesen" eines autopoietischen Systems besteht in seiner „Organisation". Das heißt: von Bedeutung sind die Relationen zwischen den Elementen, die gegeben sein müssen, damit eine Einheit als geschlossenes System funktionieren und sich aus sich selbst heraus reproduzieren kann. Die Relationen zwischen den einzelnen Elementen bestimmen die Zustände und Aktivitätspotentiale in einem System; sie sind z.B. verantwortlich für Homöostase oder Ungleichgewicht, Symmetrie oder Asymmetrie, Assimilation oder Störung. In autopoietischen Systemen sind alle Relationen auf deren Selbsterhaltung bezogen, was impliziert, daß alle Einzeloperationen miteinander rückgekoppelt sind. Sie agieren und reagieren im Rahmen einer

102

abgestimmten Codierung. Das garantiert die Identität eines Systems. Ein System bleibt solange unverändert, wie seine Organisation unverändert bleibt.

- Obwohl jedes autopoietische System als *strukturelle* Einheit geschlossen ist, muß es doch zum Zwecke des Stoffwechsels, der Energiezufuhr, zur Umwelt hin offen sein. Diese metabolische Offenheit hat keinen Einfluß auf die internen, die Grenzen des Systems bestimmenden Regulative.

- Trotz dieser strukturellen Geschlossenheit sind autopoietische Systeme elastisch. Aber Veränderungen ergeben sich nicht durch Umwelteinflüsse - sie werden von Maturana lediglich als Störungen aufgefaßt. Strukturelle Varianten ergeben sich durch neue Interaktionen im System selbst. Alle lebenden Systeme sind determinierte Systeme, aber sie haben die Fähigkeit, zu einem beliebigen Zeitpunkt solche Verhaltensalternativen synthetisieren zu können, die innerhalb ihrer eigenen Funktionsweise entstehen. Die Anpassung auf äußere Veränderungen erfolgt durch graduelle Modifikationen. (1987, 116) Wir können auch sagen: es gibt Metamorphosen im Rahmen von Identität.

- Lebende Systeme können sich mit anderen autopoietischen Organismen zu größeren Einheiten verbinden. Solche strukturellen Koppelungen von Organismen sind aber nur möglich, wenn diese operational übereinstimmen, d.h. wenn sie über gemeinsame Codierungen verfügen. Sie müssen homomorph sein, um als Informationsträger interagieren zu können. (1982, 262 und 289)

- Diese operationale Kongruenz nennt Maturana „Kommunikation", was er mit „Interaktion" gleichsetzt. Verhalten beruht also auf Sprache, und Sprachfähigkeit wiederum bedeutet Umgehenkönnen mit Codes. Diese Erkenntnisfähigkeit läßt sich charakterisieren als das Vermögen, Unterschiede wahrzunehmen und auf sie zu reagieren. Unterscheiden impliziert Identifizieren. Nach Maturana wird nicht wahrgenommen, was sich nicht als isomorph zu erkennen gibt. Alles Fremde bleibt unbegriffen.

- Nun ist dem menschlichen Erkenntnisvermögen nicht eingegeben, in Erfahrung zu bringen, wie autopoietische Systeme „wirklich" operieren - die Phänomene „an sich" sind uns in ihrer Intentionalität, internen Dynamik und Komplexität nicht zugänglich. Ihre Aktivitäten sind nur im Medium von Subjektivität, im gedanklichen Nachvollzug „festzustellen"; es gibt nur die Schlüsse, die ein Beobachter aus *seinen* Beobachtungen zieht. Erkenntnis ist rekonstruierende Beschreibung von Vorgängen, welche aus Informationsvermittlungen bestehen.

- Dem Beobachter kommt im Prozeß des Erkennens eine Schlüsselrolle zu. Als biologisches Gattungswesen selber ein autopoietisches System, tritt er als beschreibender mit den Phänomenen seiner Beobachtung in Beziehung. Damit initiiert der Beobachter eine Interaktion zweiter Ordnung: es geht nicht um die Kommunikation im System, sondern um eine neue Ebene der Kommunikation, in der etwas mit dem zu beschreibenden System geschieht - und zwar durch das Auftreten des Forschers: die Einbettung des Phänomens in den Beschreibungskontext des Beobachters bestimmt das Beobachtete. Nur im Medium seiner Subjektivität, die allerdings aufgrund ihrer eigenen autopoietischen Struktur andere autopoietische Strukturen zu identifizieren vermag, kann das Beobachtete zur Sprache gebracht werden. In der Beschreibung zweiter Ordnung erzeugt also der Beobachter den Gegenstand, er bringt ihn hervor. Dabei bleibt er der Homomorphose verpflichtet: „In jeder Erklärung ... bedient sich die Neuformulierung des Phänomens derselben Begriffe (Identität, Ausschluß, Abfolge u.s.w.). Es gibt folglich eine universelle Logik, die für alle Phänomene gilt..." (1982, 223) Dennoch ist der Homo sapiens ein Homo sapiens sapiens - er weiß, daß er weiß. Und darum ist er der Maßstab aller Erkenntnis. „Die letztmögliche Bezugsgröße für jede Beschreibung ist ... der Beobachter selbst." (1982, 34)

- Innerhalb der kognitionsbiologischen Fundierung ist Erkenntnis instrumentelles Handeln - die Beobachtung muß sich an Erfolgen ausrichten: „Wir sprechen dann von Erkenntnis, wenn wir ein effektives (oder angemessenes) Verhalten in einem bestimmten Kontext beobachten...." (1987, 189) Maturanas Beobachten ist selektiv: nur Angemessenes, Effektives soll in den Blick genommen werden. So steht seine Forschung im Dienste des Herstellens, sie verfolgt also eine technische Intention. Der Beobachter wird nicht nur zum Erzeuger, weil er die zweckmäßigen Operationen des autopoietischen Systems durch Beschreibungen generiert, er hält auf der Beschreibungsebene auch durch die An-Erkennung des von ihm Beschriebenen dessen Selbstorganisation aufrecht. Aufgrund der Entscheidung, nur die eine Wirklichkeit zuzulassen, welche selbstreferentiellem Beschreiben entsprungen ist, gibt es für den Beobachter keinen Bezugspunkt der Erfolgskontrolle außerhalb der eigenen Subjektivität.

- Bei Maturana gibt es trotz der umweltunabhängigen Evolution und der Autonomie der Systeme soziale Verantwortlichkeit - mit dieser Prämisse erscheint er als Kritiker reinen Sachzwangs. Aber menschliche Verantwortung hat ihre Grenzen an den kognitions-biologisch konzipierten emotionalen Grundzuständen, die das einzelne Individuum als Teil eines homomorphen Umfeldes nicht willentlich aufgeben kann. Emotion ist bei Maturana weniger ein Gefühl - der Begriff bezeichnet eher eine Verhaltensdisposition, eine Handlungspräferenz. Maturana schreibt: „Aus der Perspektive des Bereichs, in dem die Handlungen stattfinden (d.h. im Verhaltensbereich), ist daher die Wahl einer der möglichen Handlungen der Ausdruck einer Präferenz ..., d.h. eine Handlung mit einer Meta-Bestimmung. Die Logik (soll heißen der Determinismus) ist jedoch mächtig. Bei gegebenen Prämissen ist die Schlußfolgerung einer Argumentation determiniert, es gibt keine Alternative und keine andere Entscheidung darf getroffen werden." (1982, 31O). Und wer entscheidet bei der Festschreibung von Prämissen, was autopoietische Rationalität und was eigenmächtige Rationalisierung ist?

2.1 Der Beobachter als Produzent von Erzeugungswissen ist männlichen Geschlechts

Maturana klammert die phylogenetische Dimension von Evolution aus - Geschichte als historischen Prozeß im Spannungsfeld zwischen sich entwickelnden Lebewesen und einer sie umgebenden Umwelt, die sich ebenfalls verändert und auf die darum immer aufs Neue reagiert werden muß, wird nicht thematisiert. Entwicklung ist Ontogenese. Sie hat ein räumliches Kontinuum.

Nach Maturana lassen sich biologische Systeme nicht außerhalb der Beobachtung analysieren. Darf damit in deren wissenschaftlicher Rekonstruktion Geschichte als ein der Beobachtung vorgängiger Prozeß unterschlagen werden? Wäre dem so, denn würde der Begriff der Evolution hinfällig. Evolutionstheoretisch müßte Maturana den distinkten Phänomenen - einzelne Systeme, Systeme und Umwelt - getrennte Entwicklungen außerhalb der Zeit der Beobachtung zubilligen. Das zeitliche Nebeneinander verschiedener Organismen, deren synchrone Entwicklung nicht unbedingt vorausgesetzt werden kann, birgt die Möglichkeit von Ungleichzeitigkeiten in sich, mit der Konsequenz, daß es auch zu Verselbständigungen - zwischen getrennten Systemen, zwischen Lebenswelt und Umwelt - kommen kann. Solche Ungleich-zeitigkeiten könnten auch Differenzen schaffen - solche zwischen vorgängigen und späteren Einheiten bzw. in System-Umwelt-Konstellationen. Aus geschichtlicher Erfahrung wissen wir, daß für das aktuell Gegenwärtige das historisch Vorgegebene so etwas wie einen „objektiven Überhang" darstellt. Graduelle Anpassungsleistungen an veränderte Umwelt, die Maturana ja annimmt, könnten Heteromorphologie produzieren. Maturana geht aber offensichtlich davon aus, daß es in der Natur keine Differenz durch Entwicklungssprünge gibt. Nimmt man jedoch die Existenz ungleichzeitiger Entwicklungen an, dann führt das zu der Überlegung, daß Kommunikation im Bereich des Homologen zum Überleben autopoietischer Systeme alleine nicht ausreicht. Angesichts der Möglichkeit von Entfremdungen durch zeitliche Trennung ist nicht auszuschließen, daß Lebewesen auf Fremdes bzw. Widerständiges stoßen, dessen Bewältigung psychische, physische und kognitive *Arbeit an der Differenz* erforderlich macht. Aber den Begriff „Arbeit" gibt es bei Maturana nicht. Ebensowenig die Vorstellung von einem Unbewußten, in dem das aufgehoben bleibt, was im Akt des Identifizierens als Nicht-Identisches, bzw. als nicht integrierbare Differenz aus der Kognition ausgegrenzt wurde.

Maturana beschreibt die Reproduktion von autopoietischen Systemen nur ontogenetisch, nur in einer räumlichen Dimension, nur als durch bewußte Erkenntnis vermittelte. Alle diese theoretischen Reduktionen - die Ausklammerung von Umwelt als Einflußfaktor auf Phylogenese (und Ontogenese), von Zeit als Generator unstimmiger Verhältnisse, von Arbeit als Mittel von Anpassung und Veränderung, von Emotionalität als Phänomen der Übereinstimmung und Ambitendenz, von Kognition als erkennender und verdrängender Instanz, die etwas dem Bewußtsein entgegengesetztes, nämlich Unbewußtes, erzeugt - all diese Reduktionen dienen einer radikalen Subjektivierung der Welt, die als in sich identische widerspruchsfrei und kohärent erscheint. Meine These ist: hinter dieser Konstruktion steckt ein männlicher Konflikt. Aus der Psychoanalyse ist bekannt, daß zum Beharren auf Identität die Abwehr des Nicht-Identischen gehört. In der männlichen Sozialisation ist es eine der frühesten psychischen Herausforderungen, ertragen zu lernen, daß das eigene Geschlecht dem des ersten Identifikationsobjektes - dem der Mutter nämlich - nicht gleich ist. Männer, die die geschlechtliche Differenz zwischen Mutter und Sohn verdrängt halten müssen, weil die Erkenntnis, daß etwas nicht nach dem eigenen Bild beschaffen ist, als bedrohlich oder den eigenen Geltungsanspruch einschränkend empfunden wird, geraten in Gefahr, später auch alle anderen Differenzen, die narzißtisch kränkend sind, aus dem Bewußtsein ausblenden zu müssen. Auf dieses Problem, das in Maturanas Mutter-Kind-Phantasien deutlich zutage tritt, komme ich zurück.

Ein erster Hinweis auf die Ausklammerung der Geschlechterdifferenz liegt in der Tatsache, daß mit der Nichtbeachtung der Phylogense auch ein anderes Thema der Evolutionstheorie nicht behandelt wird: das der Fortpflanzung, der Sexualität.

Zumindest der menschliche Gattungserhalt vollzieht sich im Rahmen einer zweigeschlechtlichen Sexualität - Sperma und Eizelle sind ähnlich in ihrer Substanz, aber different in ihrer Struktur, in Maturanas Nomenklatur: sie sind nicht iso- oder homomorph (von ihm oft synonym verwandt), sondern heteromorph. Und erst aus der Einheit von Identischem und Nicht-Identischem entspringt ein vielfältiges menschliches Leben.

Zunächst gibt es einen einleuchtenden Grund, warum der biologische Geschlechtsunterschied nach Maturana keinerlei Beachtung verdient: Im sozialen Zusammenleben bedeutsam sind die kulturellen Differenzen, mit denen Vorstellungen von Männlichkeit und Weiblichkeit belegt werden. Aber diese antiideologische Argumentation hat eben doch einen rationalisierenden Kern: im Rahmen seiner eigenen Disziplin ist der

Unterschied in der Chromosomenstruktur zwischen Sperma und Eizelle ein empirisches Phänomen, das seiner These von der homomorphologischen Struktur interagierender autopoietischer Systeme widerspricht. Das Gesetz des Homomorphismus wird von Maturana jedoch strikt aufrecht gehalten, auch wenn es empirischen Forschungsergebnissen in seinem Fach widerspricht.

Wie im main-stream der Gentechnologie und der KI-Forschung, hängt auch für Maturana die Erzeugung und Erhaltung lebender Syteme allein von der Kraft der Kognition ab. Auch er bleibt im Bannkreis abendländischer Traditionen, die in Dualismen - Geist/Materie, Seele/Leib, res cogitans/res extensa - dachten, ohne deren Vermittlung zu reflektieren. Die Entgegensetzung des zwar Differenten, aber doch Zusammengehörigen ermöglichte schon immer deren Hierarchisierung. Unter dem Postulat einer Rangordnung, in welcher der Erkenntnis der höchste Stellenwert eingeräumt wurde, ließ sich in der abendländischen Geistes- und Realgeschichte Ausgrenzung oder Marginalisierung von Frauen schon immer rationalisieren: das Weibliche wurde assoziiert mit Materie, Leib, Passivität - das Männliche mit dem Überlegenen: mit Geist, Schöpfung, Aktivität. (Vgl. hierzu Treusch-Diether 1992)

Daß die Denkfiguren von Maturana androzentristisch sind, läßt sich auch in einem anderen Punkt herausarbeiten.

Das Modell für soziale Autopoiese ist für ihn die Mutter-Kind-Dyade. (Maturana/Verden-Zöllner 1993). „Normalerweise" herrscht hier seiner Ansicht nach Homöostase, Harmonie, vollkommene Übereinstimmung. Das ist in der Wirklichkeit aber nur möglich, wenn die Mutter von ihren eigenen Interessen als erwachsener, autonomer Person vollständig absieht zugunsten kindlicher Bedürfnisse. Kinder wünschen sich, daß die Mutter ihnen allgegenwärtig als zuwendende und bestätigende Bezugsperson zur Verfügung steht. Diese Asymmetrie zwischen kindlichem Wunschdenken und erwachsener Lebenswelt, in der die Frau ja nicht nur Mutter ist, sondern auch Hausfrau, Ehefrau, in der sozialen Öffentlichkeit Tätige, schließlich: Subjekt mit Selbstansprüchen, wird von Maturana nicht bedacht. Aber sogar dann, wenn Mütterlichkeit in der selbstlosen Weise praktiziert würde, wie Maturana das vorschwebt, wären Konflikte und Krisen in der kindlichen Entwicklung nicht zu vermeiden. Für das kleine Mädchen nicht, weil es die erste Liebesbeziehung zur Mutter, die ja eine homosexuelle ist, unter dem Druck der gesellschaftlichen Normierung zur Heterosexualität in dieser Form nicht aufrechterhalten kann. Für den kleinen Jungen nicht, weil seine primäre Identifikation mit den Attributen von Mütterlichkeit - aus dem eigenen Körper, der Brust, Nahrung spenden zu können, und aus dem eigenen Leib Leben zu entlassen - an der Tatsache zerschellen muß, daß er dem weiblichen Geschlecht nicht angehört. In der mimetischen Symbiose mit der Mutter, aus der seine Allmachtsphantasien erwachsen, kann er nur verharren, wenn er entgegen aller Faktizität am Prinzip der Ähnlichkeit festhält und die Differenz - sein vom primären Vorbild abweichendes geschlechtliches Anderssein - leugnet. Die Verstrickung im Netz von Ähnlichkeiten ist das Schicksal von Narziß, der eigensüchtig in den fraktalen Bildern seiner

Selbstimago gefangen bleibt: alle Anderen haben nur Spiegel-Funktion, dienen seiner Selbstreferenz. Die Umwelt ist nicht mehr als ein Raum für diese Spiegelung, nicht mehr als eine Quelle narzißtischer Zufuhr. Vielleicht ist die Mutter dem Sohn so sehr Modell autopoietischer Prozesse, daß er seine Nicht-Identität mit ihr kompensieren muß: er erzeugt als Ersatz für Prokreation Erkenntnis.

Maturanas Super-Beobachter, dem in letzter Instanz das Urteil über richtige und falsche Beschreibungen zusteht, ähnelt in seiner grandiosen Selbstbezüglichkeit dem Bild, daß Otmar Leist in einem kleinen Gedicht von einer Männlichkeit zeichnet, die in einer homologischen Welt eingeschlossen ist: „Hauch auf dem Spiegel. Zyklus: Dieser Junge ähnelt Jungen, die an Narziß erinnern, der jenem Jungen gleicht, der dieser Junge ist."

2.2 Maturana als Beobachter des Geschlechterverhältnisses

Eigentlich ist es schon klar: Maturanas Bild der Mutter-Kind-Dyade läßt Frauen kein Recht auf eine Selbstverwirklichung jenseits von Beziehungsarbeit. Brisanz gewinnt dieses Modell von „Autopoiese", das unter dem Stichwort „Liebe" firmiert, weil sich bei Maturana daran das Wunschdenken von einer grundsätzlichen kulturellen Umkehr knüpft. Ich will hier auf seine abenteuerliche Geschichtsschreibung nicht näher eingehen. (Vgl. hierzu: Maturana in: Maturana/Verden-Zöllner 1993, 36 ff.) Nur soviel: im Zuge der Völkerwanderung - so Maturanas Kulturlegende - überfielen patriarchalisch organisierte, aus dem Osten kommende Horden die matristisch lebenden Europäer und zerstörten deren Kultur. Die Gegenüberstellung von patriarchalisch/matristisch ist Schwarz-Weiß-Malerei: in einer Gesellschaft, in der die Mutter-Kind-Dyade das Modell des Zusammenlebens abgibt, herrschen Frieden, Gleichheit, wechselseitige Anerkennung und ein pfleglicher Umgang mit Natur, weil Kinder in solchen Gesellschaften über Generationen hinweg ohne Frustrationen, Neid, Aggressivität und Einbußen ihres Selbstbewußtsein aufwachsen. „Gesellschaft" wird auf so etwas wie Großfamilie reduziert. In patriarchalisch organisierten Sozialeinheiten dringen die Verkehrsformen der Männerherrschaft, die auf Unterordnung, Gehorsam, Konkurrenz, Gewaltausübung, Gewinnsucht und Krieg beruhen, auch in die Mutter-Kind-Beziehung ein. Damit werden die lebenszerstörenden Verhaltensweisen bzw. Handlungsstrategien in die Persönlichkeitsstrukturen eingelagert, die den Menschen im Patriarchat eigen sind. Würden Frauen sich wieder ganz der Kinderaufzucht im Sinne der Autopoiesis widmen, ließe sich eine matristische Kultur wiederherstellen. Im Klartext gesprochen heißt das, daß Frauen ihren Anspruch auf Emanzipation im Spannungsfeld von Gleichheit und Differenz aufgeben sollen. Die ihnen vom Super-Beobachter zugewiesene familiale Lebenswelt erscheint als die für sie einzig adäquate Praxis. Sie läßt sich - aus der Sicht der Autopoiese - den männlichen

Aktionsfeldern komplementär zuordnen. In dieser Komplementarität wäre der durch patriarchale Okkupation gestörte Frieden zwischen den Geschlechtern wieder hergestellt.

Bei Maturana wird deutlich, daß soziale Reproduktion in dieser identitätslogischen Konstruktion auf Kosten dessen geht, was nicht ins Modell systemischer Ausgeglichenheit paßt. Seine Instrumentalisierung von Frauen für gesellschaftliche Selbsterhaltung, die in deren Subsumtion unter die Funktion der Kindererziehung besteht, ist hierfür ein Indiz. Historisch nicht ins Bild passende Entwicklungen werden als Abwege der Evolution gesehen, Interessen von Frauen, die sich in historischen Kontexten konturieren, als falsche Bedürfnisse diskreditiert. Maturana schreibt: „Die Welt verändert sich, und die Rechte der Frauen beginnen, respektiert zu werden. Ist es wirklich so? Wir können sagen, daß die Frauen durch die Frauenbewegung ihre Rechte als vollwertige Bürgerinnen wiedergewinnen. Aber die schlichte Tatsache, daß die Frauen davon ausgehen, daß sie zu kämpfen und zu streiten haben für das, was sie als ihre Rechte als demokratische Bürgerinnen behaupten wollen, verfestigt nur patriarchalische Verhältnisse ..." (Maturana/Verden-Zöllner 1993, 84).

Gehen wir an dieser Stelle zu Luhmanns Vorstellungen von systemischer Rationalität über. Diese garantiert gesellschaftliche Selbsterhaltung, indem sie disfunktionale Komplexität kontinuierlich reduziert.

3 Zu Luhmanns Theorie funktional-differenzierter Gesellschaften. Funktional für wen?

Die Arbeiten von Luhmann sind richtungsweisend für die Versuche geworden, die kognitionsbiologische Theorie autopoietischer Systeme auf den spezifischen Gegenstand der Sozialwissenschaften - auf Gesellschaft - zu übertragen.

Ich will mich hier nur auf einen, allerdings zentralen Aspekt seiner Systemtheorie beschränken: auf seine Strukturmuster funktionaler Differenzierung.

Jürgen Gerhards (1993) konstatiert zurecht, daß Luhmanns Konzept eine der wenigen aktuellen Anstrengungen darstellt, überhaupt noch komplexe Gesellschaften begrifflich zu erfassen. (264) Alternative Ansätze, wie solche in der Tradition der Kritischen Theorie, scheinen sich dagegen im soziologischen main-stream nicht behaupten zu können. Um so wichtiger ist es mir, in Rückbezug auf Kritische Theorie danach zu fragen, ob Luhmann denn tatsächlich in der Lage ist, Gesellschaft als Organisationszusammenhang adäquat zu erfassen. Immerhin nimmt Luhmann für sich in Anspruch, Gesellschaften sowohl in ihrer horizontalen als auch in ihrer vertikalen Gliederung beschreiben zu können.

Gesellschaften setzen sich - darin ist Luhmann zuzustimmen - in der Moderne aus differenzierten Sphären (Produktion, Dienstleistungssektor, Bildungsinstitutionen, private Sozialisations- und Regenerationsphäre, Staat u.a.) zusammen. Aufgabe einer Soziologie, die nach der Rationalität sozialer Entwicklung fragt, ist es zu klären, wie diese einzelnen Sektoren in der Reproduktion des Ganzen zusammenwirken. Für die Beantwortung dieser Frage kann es m.E. keine universelle Anwort geben: die Formation gesellschaftlicher Funktionszusammenhänge - etwa im Übergang von agrarisch-feudalen zu industriell-kapitalistischen Gesellschaften - unterliegt geschichtlichen Veränderungen, d.h. sie ist in jeweils spezifischer Weise historisch bestimmt.

Solange die verschiedenen, für den gesellschaftlichen Bestandserhalt gleich wichtigen Sphären nicht auch als autonome und gleichgewichtige aufeinander bezogen sind, sondern trotz wechselseitiger Interdependenzen Dominanzen, Hierarchien und heteronome Abhängigkeiten zwischen ihnen bestehen, solange es in den einzelnen Teilbereichen zudem Rangordnungen von sozialen Gruppen gibt, werden gesellschaftliche Widersprüchlichkeiten und soziale Ungleichheit fortgeschrieben. Unter Herrschaftsaspekten ist es darum erforderlich zu untersuchen, ob Rationalisierungsprozesse alle gesellschaftlichen Bereiche und alle Bevölkerungsgruppen gleichmäßig erreichen oder ob die Kosten von sozialem Wandel ungleich verteilt sind, desweiteren ob solche Prozesse totalitäre oder demokratische Tendenzen verstärken.

Meine Frage ist, ob Luhmanns Ansatz derartige Zusammenhänge kategorial erfassen kann.

Ich erinnere kurz an die wichtigsten Grundannahmen seiner „Theorie sozialer Systeme" (1984).

- Gesellschaften erfüllen die Kriterien autopoietischer Systeme, weil sie ihre Elemente selbst erzeugen und von diesen wiederum reproduziert und erhalten werden („Basale Selbstreferenz"). Diese Elemente sind sinnhafte Kommunikationssysteme, in denen der Beobachtung zugängliches Verhalten stattfindet. Gesellschaften sind geschlossene Einheiten, die zwar nicht ohne Kontakt zur Umwelt operieren, die aber in ihrer Funktionsweise doch ihren eigenen Sinnstrukturen folgen.

- Soziale Systeme können nur dadurch überleben, daß sie die Komplexität der Welt „auf *ein* Format, das Erleben, Sichentscheiden und Handeln überhaupt erst gewährleistet", reduzieren. (Luhmann 1970, 117)

- Gesellschaften setzen sich zusammen aus gegeneinander abgegrenzten Kommunikationssystemen: „Von sozialen Systemen kann man immer nur dann sprechen, wenn Handlungen mehrerer Personen sinnhaft aufein-

110

ander bezogen werden und dadurch in ihrem Zusammenleben abgrenzbar sind von einer nichtdazugehörigen Umwelt." (Luhmann 1975, 9)

- Komplexe Gesellschaften sind funktional differenziert. „Normalerweise sind Operationen der modernen Gesellschaft auf jeweils eines der gesellschaftlichen Funktionssysteme spezialisiert: Industrieunternehmen und Banken auf Wirtschaft, Schulen auf das Erziehungssystem, politische Parteien und Interessenvertretungen auf das politische System." (Luhmann 1987, 205)

- Gesellschaft besteht aus Interaktionssystemen, die durch ihre je eigenen Sinnzusammenhänge den sozialen Akteuren Handlungsorientierungen vorgeben. Festigkeit und Stabilität erhalten die einzelnen Einheiten dadurch, daß sich in ihnen spezifische Codes und Rollenformationen ausbilden, die von den Akteuren in dieser Einheit verstanden und befolgt werden können.

- Die Kombination verschiedener in sich kohärenter Rollen (Leistungsrollen, Publikumsrollen, Privatrollen) macht es den Akteuren möglich, sich in den differenten Praxissphären, in denen sich ihr soziales Leben insgesamt abspielt, zurechtzufinden.

- Die verschiedenen Teilbereiche, die arbeitsteilig funktionieren, sind miteinander verflochten. Zwischen den Teilsystemen bestehen vielfältige Austausch- und Leistungsbeziehungen. Solange die Austauschprozesse - Luhmann spricht von „Kommunikationen" - zwischen den ausdifferenzierten Bereichen nicht abbrechen, erhält sich das Gesamtsystem im Gleichgewicht.

3.1 Was fehlt?

Die Rede von der kommunikativen Struktur des autopoietischen Systems „Gesellschaft" sagt noch nicht viel darüber aus, unter welchen institutionalisierten Strukturprinzipien die verschiedenen sozialen Teilbereiche zueinander ins Verhältnis treten. Sind hier Prinzipien der Homologie oder der Heteronomie am Werk, solche der Egalität oder der Hegemonie, der strikten Trennung oder der Abstimmung, der jeweiligen Geschlossenheit oder der wechselseitigen Durchlässigkeit?

Es muß weiter gefragt werden: Von welchen Bereichen gehen gesamtgesellschaftlich relevante Planungen aus, welche Sphäre kann ihre Funktionslogik (Sinnstruktur) auf andere Sphären ausweiten, welchen sozialen Bereichen kommen dagegen kaum Gestaltungsmöglichkeiten über die eigenen Grenzen hinaus zu und welche werden darüberhinaus in ihrer Automie beschränkt? Wie sind Individuen und soziale Gruppen von solchen Verhältnisbestimmungen betroffen?

In Anlehnung an Adorno lassen sich moderne Gesellschaften als komplexe Gesamtheiten („Totalitäten") charakterisieren, in denen die einzelnen Sphären in heteronomer Weise zusammengeschlossen sind. (Adorno 1972) Alles hängt zwar mit allem zusammen - aber daraus ergibt sich noch kein in sich stimmiges Ganzes. Obwohl die gesellschaftlichen Teilbereiche aufeinander angewiesen sind - die Erwerbssphäre z.B. auf die private Prokreation und Regeneration der Arbeitskräfte und die häusliche Privatsphäre wiederum auf die Produktion von Lebensmitteln in der Erwerbssphäre - bewirkt diese Interdependenz doch keine planvolle Abstimmung der in beiden Sektoren notwendigen Arbeits- und Interaktionsformen. Zeitstrukturen und die Arbeitsorganisation in der Erwerbssphäre berücksichtigen regenerative Anforderungen, die dem Erhalt der Arbeitskraft dienen, in erster Linie unter dem Aspekt der Eigenlogik, also innerhalb eines ökonomischen Bezugsrahmens. Was darüber hinausgeht, muß durch Gegenmacht - etwa die der Gewerkschaften - durchgesetzt werden. Daß die eigensinnigen zeitlichen, physischen und psychischen Anforderungen an menschliche Regeneration in der Ökonomie der Waren- und Dienstleistungswelt so wenig Beachtung finden, hat bekannterweise etwas damit zu tun, daß die Erwerbssphäre in der Regel den Normalarbeiter voraussetzt, für den die Lebenspartnerin die häuslichen Reproduktionsleistungen erbringt. (Beck-Gernsheim 1980) Eher ist der Privatbereich auf die Erwerbssphäre bezogen: die Disziplinierung der Sinne zum Zwecke der Arbeitsfähigkeit zeigt das an. Wir können sagen: Obwohl Hausarbeit und Kinderbetreuung in der Familie für den Erhalt der Gesellschaft ebenso unabdingbar sind wie die Erwerbsarbeit, werden diese nicht in gleicher Weise honoriert und in Hinblick auf die veschiedenen notwendigen Ressourcen abgesichert. Beides bekommen Frauen, vor allem berufstätige und alleinerziehende, zu spüren: zum einen daran, daß ihre privaten Versorgungsleistungen nicht adäquat entgolten werden; zum anderen an dem Maße, wie sie an sich körperlichen, nervlichen und seelischen Raubbau erfahren. Kurzum: In industriell-kapitalistischen Gesellschaften gibt es ein Dominanzgefälle zwischen familialen und marktvermittelten Sphären, welches für die davon Betroffenen nicht rational ist.

Gegen Luhmann ist also zunächst zweierlei einzuwenden. Zum einen: soziale Differenzierung geht mit Differenzen einher, die sich sowohl in einer Hierarchie gesellschaftlicher Sphären ausdrücken als auch in sozialen Disparitäten, denen jeweils bestimmte Bevölkerungsgruppen - z.B. Frauen - ausgesetzt sind. Zum zweiten: die einzelnen Sphären sind in ihren Obliegenheiten nicht so klar voneinander geschieden, wie es Luhmann vorgibt. Die Familie ist Wirtschafts- und Sozialisationseinheit, die Wirtschaft ist Arbeits- und Ausbildungsstätte, der Staat vertritt politische und ökonomische Interessen.

Dabei trifft Luhmanns These von der Abgegrenztheit der jeweiligen sozialen Funktionseinheiten durchaus etwas Richtiges - Privat- und Erwerbssphäre, Erziehungswesen und Wirtschaft, Gesellschaft und Staat sind voneinander geschieden. Die ausdifferenzierten Sphären können ihre arbeitsteilig zugeschnittenen Aufgaben tätsächlich nur adäquat im Sinne ihrer Eigeninteressen realisieren, wenn sie über ein gewisses Maß an Autonomie und Geschlossenheit verfügen. Auch seine Hypothese von der Durchgängigkeit einer gesellschaftlichen Selbsterhaltungslogik wirft auf den ersten Blick Licht auf eine reale Tendenz: technokratische Rationalität hinterläßt in entwickelten Tausch- bzw. Informationsgesellschaften Spuren in allen sozialen Bereichen. Instrumentelle Zweck-Nutzen-Kalküls und Kriterien für reibungsloses Funktionieren greifen von Betrieben, Büros und öffentlichen Verwaltungen auf Bereiche wie Familie, Freizeit und Konsum über.

Aber die getrennten Sphären folgen dennoch nicht einsinnig einer universalen Logik und die Komplexität der Verhaltensanforderungen in den verschiedenen Sektoren läßt sich bei näherem Zusehen auch nicht „auf ein Format" reduzieren. Für beides einige Beispiele: Erziehung erfordert einen anderen Zeitrhythmus als Fabrikarbeit in ihrer derzeitig vorherrschenden Organisationsform; Hausarbeit verlangt andere Qualifikationen als Computerarbeit, private zwischenmenschliche Beziehungen andere Formen des emotionalen und gedanklichen Austausches als reine Geschäftverhandlungen. Die Zwecksetzungen der gegeneinander isolierten Sphären Familie/ Erwerbssystem sind ebensowenig gleichsinnig wie die eingesetzten Mittel kompatibel: in Sozialisationprozessen muß z.B. um der Entfaltung von Subjektivitätspotentialen willen ein Mindesmaß an Spontanität und Spielräumen zugelassen werden, die Normierung gewerblicher und bürokratischer Arbeitsvollzüge erfordert dagegen eher Reglementierung.

Desweiteren: Trennung von Bereichen mit klar abgegrenzten Zwecksetzungen ist nicht das einzige Bestimmungsmoment in der Formierung institutionalisierter gesellschaftlicher Zusammenhänge. Die Abschottung sozialer Sphären geht einher mit Durchlässigkeit. Nicht nur setzen sich instrumentelle Orientierungen aus der Erwerbssphäre im Privaten fort, sondern auch umgekehrt: in der Familie, in der Freizeit erworbene Fähigkeiten werden im markvermittelten Arbeitsleben genutzt.

Luhmann übersieht eine weitere Strukturgegebenheit in ausdifferenzierten Gesellschaften. Sie fördert nicht nur Konflikte, sondern auch Komplexität: Widersprüchliche Zielsetzungen (ökonomische Verwertung menschlicher Arbeit in der Produktion/ Prokreation und Erhalt von Leben in der privaten Reproduktionssphäre), deren Einlösung auch differente Organisationsformen einfordert, herrschen nicht nur zwischen den gesellschaftlichen Teilbereichen. Fast alle sozialen Sphären sind in sich selbst kontradiktorisch. Um der Anpassung an soziale Leistungs- und Integrationsanforderungen willen müssen in der familialen Sozialisation disziplinierende Ansprüche ebenso beachtet werden wie Freiräume für psychosoziale Entwicklungsschritte, die Kindern Chancen für Autonomiegewinn und Individualität eröffnen. Aus der industriellen Produktion können Gewinne nur erzielt werden, wenn nicht nur der Tauschwert, sondern auch der Gebrauchswert der Waren eine Rolle spielt. Kontradiktorische

Verhältnisse wie diese erzeugen auch bereichsimmanent widersprüchliche Verhaltensanforderungen: ErzieherInnen müssen gewährenlassen können und eingreifen,
ArbeiterInnen unter dem Druck von Arbeitszeitnormen gleichzeitig quantitative wie
qualitative Aspekte im Arbeitsvollzug berücksichtigen, d.h. sie müssen in kurzer Zeit
ein Maximum an Out-put bei einem Minimum von Ausschuß produzieren. (Vgl. hierzu:
Becker-Schmidt/Brandes-Erlhoff/Rumpf/Schmidt 1983)

Aus der Perspektive der Selbsterhaltung sozialer Systeme läßt sich gegen Luhmann
festhalten: Der Zusammenschluß der ausdifferenzierten Einzelbereiche zu einer
gesellschaftlichen Einheit von Identischem und Nicht-Identischem erfolgt nicht im
Vollzug einer universalen Logik, sondern durch die Gleichzeitigkeit gegenläufiger
Organisations- und Gestaltungsprinzipien: Trennung und Durchlässigkeit, Vereinheitlichung durch bereichsübergreifende Ausrichtungen an instrumenteller Rationalität und relative Selbständigkeit in der Durchsetzung bereichsspezifischer
Eigenlogiken, Hegemonie und Abstimmung zwischen interdependenten Bereichen.
Solche Widersprüche in der Formation gesellschaftlicher Reproduktionsprozesse,
die sich auch in der strukturellen Verquickung von Privatheit und Öffentlichkeit, von
allgemeinen und partikularen Interessen, von Autonomie und staatlicher Kontrolle
niederschlagen, werden von Luhmann systematisch ausgeblendet.

In der Unstimmigkeit gesellschaftlicher Organisationsprinzipien drückt sich die
Abwesenheit eines solidarischen politischen Gemeinwillens aus: Der Zusammenhang des Dissoziierten wird nicht durch eine Logik gestiftet, in der die Bedürfnisse
aller Menschen und die Belange aller Lebensbereiche planvoll aufgehoben sind.
Davon lenkt Luhmanns These von der Selbstregulation sozialer Systeme ab. Gesellschaftliche Komplexität wird nur in seiner Theorie reduziert, in der sozialen Realität
wird sie durch strukturelle Trennungen, die Bezogenheiten verdecken, sowie durch
populationsspezifische Segmentations- bzw. Marginalisierungstrategien, die Sozial-
erfahrungen einengen, lediglich uneinsichtig gemacht.

In Luhmanns ahistorischer, universalistischer Gesellschaftstheorie bleibt ein
weiteres Moment gesellschaftlicher Entwicklung unberücksichtigt: die sozialen
Auswirkungen von Ungleichzeitigkeiten.

Der Relevanz dieser Dimension für die Beschreibung sozialer Ungleichheit soll
im nächsten Abschnitt nachgegangen werden. Focus ist das Geschlechterverhältnis.

3.2 Hierarchien zwischen gesellschaftlichen Sphären, Hierarchien im Geschlechterverhältnis

Die widersprüchliche Formbestimmtheit industriell-kapitalistischer Gesellschaften schlägt sich in der sozialen Organisation des Geschlechterverhältnisses nieder

und umgekehrt: hierarchische Strukturen im Geschlechterverhältnis erzeugen soziale Ungleichheit. Die Vermittlungen zwischen der Gesamtgesellschaft und dem Geschlechter-verältnis sind vielfältig:

- Die gesellschaftliche Rangordnung der sozialen Sphären geht mit der Hierarchisierung der Geschlechter einher: wie bereits ausgeführt, hat die Erwerbssphäre ein stärkeres Gewicht als die private Reproduktionssphäre; da die als höherwertig eingestufte Erwerbssphäre im patriarchalischen Selbstverständnis unserer Gesellschaft eher als Männerdomäne, die Familie eher als weibliches Betätigungsfeld gilt, werden Männern mehr Privilegien zugebilligt als Frauen. Darauf komme ich zurück.

- Frauen sind doppelt vergesellschaftet: sie stehen einerseits - unter den Bedingungen geschlechtlicher Segmentation - dem Arbeitsmarkt zur Verfügung; sie werden andererseits qua Geschlecht für die vielfältigen Aufgaben des Privatlebens in die Pflicht genommen. Durch ihre Partizipation an beiden Sphären gesellschaftlicher Reproduktion - der häuslichen und außerhäuslichen Arbeitswelt - bekommen sie die widersprüchliche Art und Weise, in der beide gegeneinander isoliert und doch miteinander kombiniert werden, besonders drastisch zu spüren: alle Vereinbarkeitsproblematiken, aber auch alle Wünsche nach der Vereinbarkeit dieser Sphären hängen damit zusammen, daß in ihnen unterschiedliche Zeitstrukturen, differente Formen der Arbeitsorganisation, konträre Zwecksetzungen der Tätigkeiten, abweichende Interaktions-, Kommunikations- und Kooperationsformen und unvergleichbare Formen der Anerkennung ein Kontrastprogramm bilden, das nur als Ganzes zu haben ist: Der Mangel an Kooperationserfahrungen in der Familie macht auf der einen Seite Berufsarbeit unverzichtbar, Entfremdungsphänomene in der Erwerbssphäre verweisen andererseits auf Privatsphäre. Angesichts ihrer Doppelsozialisation kommen Frauen also notwendigerweise in eine Zwickmühle: Die Widersprüche im Wechsel der Praxisfelder auszutarieren, bedeutet psychische und physische Ausbeutung; auf eines zu verzichten - die Bestätigung und Erprobung im beruflichen Sektor oder die emotionale Einbindung in private Zusammenhänge - eine unzumutbare individuelle Einengung und zudem die Gefahr sozialer Deprivation. So ist Doppelbelastung ein gesellschaftliches Problem, das vorrangig von Frauen ausgetragen wird.

- Die Bezogenheit und Durchlässigkeit der getrennten Bereiche macht sich für Frauen in dem Zwang geltend, mit der eigenen, doppelt eingesetzten Arbeitskraft in beiden Praxisfeldern kalkulierend umzugehen. Bei der Beanspruchung im einen müssen die Ansprüche im anderen Bereich berücksichtigt werden, um im Wechsel der Sphären schnell genug „umschalten" zu können. Aber auch Erfahrungen und Ansprüche - an Emanzipationschancen, Anerkennungsmöglichkeiten, Solidarität, Menschenwürde - werden von einem Bereich in den anderen transponiert. Die einzelnen Betätigungsfelder gewinnen gerade im Vergleich ihre jeweilige subjektive Bedeutung. Gegen Luhmann gewendet bedeutet das: Die „Rollen" werden nicht nur bereichsspezifisch gegeneinander abgegrenzt und dann im Wechsel der Praxisfelder ausgetauscht. Sie durchdringen sich auch - und zwar als widersprüchliche. Das zeigt sich an der Gleichzeitigkeit von Fortsetzungsverhalten zuhause nach der Erwerbsarbeit und der Anstrengung, aus der familialen Kommunikation im Betrieb vorherrschende, hier aber als unangemessen empfundene Verhaltensweisen herauszulassen; oder: an der Schwierigkeit, bestimmte private Verkehrsformen im sachlichen betrieblichen Umgangston zwar zu vermeiden, sie um der Zwischenmenschlichkeit willen aber auch einzuklagen.

- Geschlechtshierarchische Arbeitsteilung hat viel mit Ungleichzeitigkeiten in der gesellschaftlichen Entwicklung zu tun. Adorno hat auf das Fortbestehen feudal-patriarchalischer Verhältnisse in industriell-kapitalistischen Gesellschaften hingewiesen: „In der Krisis der Familie wird dieser die Rechnung präsentiert nicht bloß für die rohe Unterdrückung, die der schwächeren Frau und vollends den Kindern bis an die Schwelle des neuen Zeitalters vom Familienoberhaupt vielfach widerfuhr, sondern auch für das ökonomische Unrecht, die Ausbeutung hauswirtschaftlicher Arbeit in einer sonst Marktgesetzen gehorchenden Gesellschaft." (1956, 123) Diese Ungleichzeitigkeit konnte sich - mit Veränderungen - bis heute durchhalten, weil sie sich sowohl für kaptilistisch-technokratische Verhältnisse als auch für Männerherrschaft als funktional erwies.

Unter diesem Aspekt möchte ich noch einmal auf das Hierarchieverhältnis zwischen Erwerbssphäre und Familie eingehen.

Männer und Frauen gehören beiden Sphären an - aber die Art und Weise, wie sie in diese vergesellschaftet sind, unterscheidet sich gravierend. In beiden Praxisfeldern sind den Geschlechtern nicht nur ungleiche soziale Positionen zugewiesen; es gibt hier wie dort auch frauen- und männerspezifische Funktionszuweisungen. Welche Konsequenzen diese doppelte Differenz für die Struktur des Geschlechterverhältnisses zeitigt, möchte ich an den Befunden einer Studie von Helga Krüger und Claudia Born illustrieren. (1993)

Für den Mann gilt bis heute die Sphäre der marktvermittelten Arbeit als dominanter Orientierungspunkt in seiner Lebensplanung. Er ist zwar auch auf die Familie ausgerichtet, insofern er in ihr leben will, aber seine Rolle in ihr ist nicht durch Familienarbeit, sondern durch seine gegenüber Frauen privilegiertere und normativ abgesichertere Stellung im Erwerbssystem gekennzeichnet. Männer verdienen besser als Frauen und halten auch die qualifizierteren Berufspositionen besetzt. Daraus folgt, daß sie zuhause - über ihre monetären Leistungen vermittelt - als Familienernährer auftreten können. Die Forschungsergebnisse von Krüger/Born zeigen, daß sie an dieser Rollendefinition selbst dann festhalten, wenn die Ehefrau berufstätig ist. Eine Konsequenz dieses bread-winner-Selbstverständnisses ist, daß Männer den Wunsch nach Familie und Beruf in ihrer Lebensplanung als gleichsinnige Orientierungen aufeinander beziehen können; eine andere, daß sie sich nicht auf eine gleichmäßige Aufteilung der Hausarbeit einlassen. So haben sie - wie Helga Krüger es ausdrückt - einen Masterstatus in der Erwerbssphäre und in der Familie. Diese doppelte Vorrangstellung folgt der Dominanz des Erwerbssystems über die Institution „Familie" sowie der ungleichzeitigen Integration von Hausarbeit und Erwerbsarbeit in die Gesellschaft.

Für Frauen bedeutet das: Da normativ für sie auch in der Moderne die Familie Priorität haben soll, wird ihnen die Verantwortung von Vereinbarkeit und Beruf aufgebürdet. Die Verpflichtung auf häusliche Aufgaben beschneidet ihre beruflichen Möglichkeiten, die sowohl im Berufsbildungssystem als auch auf dem Arbeitsmarkt gegenüber der männlichen Konkurrenz ohnehin eingeschränkt sind, noch einmal. Familien- und Berufsorientierung verlaufen bei ihnen nicht gleich- sondern gegensinnig. Von ihrem Status in der Familie her - sie gelten als „Familienerhalterinnen" - haben Frauen kaum Möglichkeiten, eine an den privaten Erfordernissen ausgerichtete Arbeits(zeit)gestaltung im Erwerbsleben durchzusetzen. Sie verfügen auch angesichts patriarchalischer Wertstrukturen in den privaten vier Wänden kaum über Machtressourcen, hier eine egalitäre Arbeitsverteilung durchzusetzen. Die Gewerkschaften vertreten eher die Interessen von Männern als die von Frauen. So ist anzunehmen, daß auch bei den nächsten Rationalisierungsschüben eher Männer die Gewinner sein werden.

4   Ausblick

In einem Interview ließ Luhmann verlauten: „Ein durchgehender Zug ist sicher mein Versuch, Distanz zu halten gegenüber solchen Phänomenen, bei denen andere sich aufregen oder wo gewöhnlich normatives oder emotionales Engagement gefragt ist. Mein Hauptziel als Wissenschaftler ist die Verbesserung der soziologischen Beschreibung und nicht die Verbesserung der Gesellschaft. Das schließt nicht aus, daß man als anderer auftritt, wenn man an politischen oder an kirchlichen oder auch an künstlerischen Veranstaltungen teilnimmt." (Luhmann 1992)

Diese Trennung in wissenschaftliche Analyse, die sich um veränderungsbedürftige soziale Zustände nicht bekümmert, und ein öffentliches Argumentieren als Privatmann mit politischen Engagement kommt einer Rationalisierung sehr nahe: hinter dem

Bedürfnis nach einer soziologischen Beschreibung, die in ihrem Kategoriensystem allumfassend und logisch kohärent erscheint, welche die konkrete empirische Vielfalt jedoch hinter Abstraktionen verschwinden läßt, kann sehr wohl der Wunsch stecken, den Lauf der Gesellschaft zu beeinflussen: Sie soll so funktionieren, wie sie sich unter operationalen Gesichtspunkten beschreiben läßt.

In der Systemtheorie Luhmann'scher Prägung droht Gesellschaftstheorie in den Sog zu geraten, über den sie als Wissenschaft aufzuklären hätte. Die Beziehung zwischen Gegenstand und Analyse verkehrt sich: reale Rationalisierungsprozesse und deren utilitaristische Methoden, die ihr Modell an naturwissenschaftlichen Prämissen und technisch-mathematischen Verfahren haben, bilden sich in die Denkformen ein, mit denen sie „unparteilich und objektiv" reflektiert werden sollen.

Wie aber läßt sich eine Sichtweise von gesellschaftlicher Wirklichkeit legitimieren, die genau durch die Brille gefiltert ist, deren Optik „verbessert" - und das heißt doch wohl: geschärft - werden soll?

Maturana und Luhmann setzen in ihren Erkenntnisstrategien unbefragt auf jene Denkformen, durch welche sich die Spielregeln moderner Technik, vor allem die der Informationstechnologie charakterisieren lassen: Widerspruchsfreiheit, Formalisierbarkeit, Universalität, Regelhaftigkeit, instrumentelle Rationalität, Effektivität. Das sind auch die Prinzipien technokratischer Reatonalisierung, deren Folgen Sozialwissenschaften zeitdiagnostisch zu untersuchen hätten. Wie soll aber eine Gesellschaftstheorie diese Aufgabe der Zeitdiagnostik erfüllen, wenn sie in ihrer Begrifflichkeit und Intentionalität keine Distanz zu dem hat, was es zu erforschen gilt?

Luhmanns wissenschaftliche Entscheidung, nur adäquat beschreiben und nicht bewerten oder erklären zu wollen, führt dazu, daß es bei ihm nur abstrakte Konstruktionen gibt - fernab von jeder Empirie und allen historischen Konstitutionszusammenhängen. In diesem Punkt - der Enthistorisierung und Universalisierung von „Gesellschaft" - trifft Luhmann sich mit Maturanas Naturalisierung sozialer Systeme. Beide argumentieren identitätslogisch: Differenzen werden unterdrückt, an deren Stelle tritt die logische Möglichkeit unendlicher Differenzierung. Widersprüche stören die angenommene Balance autopoietischer Systeme, Ungleichzeitigkeiten und Interessenkonflikte die Setzung von der Selbstregulation.

Literatur

Adorno, Theodor W., Max Horkheimer (1956): Familie; in: T.W. Adorno, W. Dirks (Hg.): Soziologische Exkurse. Europäische Verlagsanstalt, Frankfurt a.M.

Adorno, Theodor W. (1975): Reflexionen zur Klassentheorie; in: Gesammelte Schriften 8, Soziologische Schriften 1. Suhrkamp, Frankfurt a.M.

Axelrod, Robert (1991): Die Evolution der Kooperation, Scientia Nova. R. Oldenbourg Verlag, München

Becker-Schmidt, Regina, Uta Brandes-Erlhoff, Mechthild Rumpf, Beate Schmidt (1983): Arbeitsleben - Lebensarbeit. Konflikte und Erfahrungen von Fabrikarbeiterinnen. Verlag Neue Gesellschaft, Bonn

Becker-Schmidt, Regina (1994): Computer sapiens; in: Else Fricke, Werner Fricke (Hg.): Jahrbuch der Technik 1994. Verlag Dietz Nachfolge GmbH, Bonn

Beck-Gernsheim, Elisabeth (1980): Das halbierte Leben. Männerwelt Beruf - Frauenwelt Familie. Suhrkamp, Frankfurt a.M.

Fischer, Hans Rudi (1993): Murphys Geist oder die glücklich abhanden gekommene Welt; sowie: Information, Kommunikation und Sprache. Fragen eines Beobachters; in: H.R. Fischer (Hg.): Autopoiesis. Eine Theorie im Brennpunkt der Kritik. Verlag Carl Auer, Heidelberg

Gerhards, Jürgen (1993): Funktionelle Differenzierung der Gesellschaft und Prozesse der Entdifferenzierung; in: H.R. Fischer (Hg.): Autopoiesis. Eine Theorie im Brennpunkt der Kritik. Verlag Carl Auer, Heidelberg

Könnecke, Doris (1993): Revolutionierung der Wissenschaft. Zur (Selbst)-Täuschung der Theorie autopoietischer Systeme; in: H.R. Fischer (Hg.): Autopoiesis. Eine Theorie im Brennpunkt der Kritik. Verlag Carl Auer, Heidelberg

Krüger, Helga, Claudia Born (1994): Erwerbsverläufe von Ehepartnern und die Modernisierung weiblicher Lebensführung. Beltz-Verlag, Weinheim

Luhmann, Niklas (1970): Soziologische Aufklärung; in: ders.: Soziologische Aufklärung Bd.1. Westdeutscher Verlag, Opladen

Luhmann, Niklas (1975): Interaktion, Organisation, Gesellschaft; in: ders., Soziologische Aufklärung Bd.2. Westdeutscher Verlag, Opladen

Luhmann, Niklas (1984): Soziale Systeme. Grundriß einer allgemeinen Theorie. Suhrkamp, Frankfurt a.M.

Luhmann, Niklas (1987): Zwischen Gesellschaft und Organisation. Zur Situation an Universitäten; in: Soziologische Aufklärung Bd.4. Westdeutscher Verlag, Opladen

Luhmann, Niklas (1992): Die Selbstbeobachtung des Systems. Ein Gespräch mit Ingeborg Breuer; in: Frankfurter Rundschau vom 5.12.1992

Maturana, Hubertus R. (1982): Erkennen: Die Verkörperung und Organisation von Wirklichkeit. Vieweg, Braunschweig

Maturana, Hubertus R. (1987): Kognition; in: S.J. Schmidt (Hg.): Der Diskurs des radikalen Konstruktivismus. Suhrkamp, Frankfurt a.M.

Maturana, Hubertus R., Gerda Verden-Zöller (1993): Liebe und Spiel. Die vergessenen Grundlagen des Menschen. Verlag Carl Auer, Heidelberg

Treusch-Diether, Gerburg (1990): Von der sexuellen Revolution zur Gen- und Reproduktionstechnologie. konkurs-Verlag Claudia Gehrke, Tübingen

Brigitte Aulenbacher

Das verborgene Geschlecht der Rationalisierung
Zur Bedeutung von Rationalisierungsleitbildern für die industrielle und technische Entwicklung

Im aktuellen Streit um neue Rationalisierungsleitbilder wird nicht nur die zukünftige industrielle und technische Entwicklung vorgedacht, sondern auch die Neuformierung des Geschlechterverhältnisses. Der Beitrag befaßt sich zunächst anhand eines Konzeptes aus der Technikgeneseforschung mit der Bedeutung von Leitbildern für technische Entwicklungen. Die Frage, inwiefern Rationalisierungsprozesse und Rationalisierungsleitbilder im Geschlechterverhältnis geprägt sind, wird anschließend theoretisch und am Beispiel von Leitbildern zu Gruppenarbeit in der industriellen Fertigung aufgegriffen. Abschließend werden hypothetische Überlegungen dazu vorgestellt, wie sich die Geschlechtsspezifik von Rationalisierungsleitbildern auf technische Entwicklung auswirkt.

1   Leitbilder technischer Entwicklung. Ein Zugang aus der Technikgeneseforschung

In empirischen Untersuchungen finden sich hin und wieder Hinweise auf die Leitbildprägung von Technik, die jedoch kaum weiter definiert, sondern eher exemplarisch ausgeführt wird, wenn z.B. von Leitbildorientierungen in Hersteller-Anwender-Beziehungen oder von Lean Production als Leitbild technischer Entwicklung die Rede ist (z.B. Berger 1991, 173ff.; Fleck 1992, 6f.). In seiner elaboriertesten Fassung ist der Gedanke der Leitbildsteuerung von Technikgeneseprozessen in dem analytischen Modell von Meinolf Dierkes, Ute Hoffmann und Lutz Marz (1992) ausgeführt worden.[1]

---

1 Ihm liegt ein Verständnis von Technikentwicklung zugrunde, das wesentlich drei Gesichtspunkte betont: 1. Technikentwicklung ist als industrialisierter und zugleich verwissenschaftlichter Prozeß zu begreifen. 2. Kommunikations- und Kooperationsprozessen, Organisationskulturen und individuellen wie kollektiven Wahrnehmungs-, Denk-, Verhaltensmustern der Akteure kommt erhebliche Bedeutung zu. 3. Technik wird in technischen oder technikgenetischen Netzwerken hergestellt, in die unterschiedliche soziale Akteure involviert sind. (vgl. ebd., 9ff.) Die AutorInnen nehmen damit im Spektrum der Technikforschung eine Perspektive ein, die weniger die Strukturen industrialisierter und verwissenschaftlichter Technikentwicklung, als vielmehr das Handeln der Akteure betont. Ihr Ziel ist es, Aufschluß in der Frage nach den Vorstellungen und ihren wahrnehmungs-, handlungs- und entscheidungsrelevanten Orientierungsleistungen zu gewinnen, die Technikentwicklung prägen.

Technikentwicklung erfolgt, so ihre Überlegung, in „Netzwerken technik-genetischer Prozesse" in der „Interferenz", den Überschneidungs- und Kooperations-feldern, von „Wissens-Kulturen". „Wissens-Kulturen" sind als „soziale Handlungs-räume" begreifbar, die zunächst zwei Dimensionen umfassen: Die „(Re-)Produkti-on", d.h. den Gegenstands-, Akteurs- und Selbstbezug von Menschen bei der Erzeu-gung von Wissen und die „Repräsentation", d.h. die Erzeugung von Zeichen, die Handlungen in Form von Symptomen, Symbolen, Signalen und in ausdifferenzierter Form verschiedene „Wissens-Kulturen" mit je spezifischen Rationalitäten repräsen-tieren. (vgl. ebd., 30ff.) Beide Dimensionen gehen in die „Interferenz" von „Wissens-Kulturen" in „Netzwerken technikgenetischer Prozesse" ein, und zwar als intrakulturelle Ausdifferenzierung der Gegenstands-, Akteurs- und Selbstbezüge und als interkulturelle Ausdifferenzierung zwischen „Wissens-Kulturen".

Ziel der AutorInnen ist es, die für die Technikentwicklung bedeutsamen Interferenz-bereiche zu bestimmen. Sie heben hierzu eine dritte und vierte Dimension des „sozialen Handlungsraums" „Wissens-Kultur" hervor, nämlich die „Kommunikations-" und die „Individuationsebene". Kommunikation umfaßt die „Kooperation", die „Reproduktion von Kooperation" und die „Koordinierung der Reproduktion von Kooperation", somit Prozesse, die notwendig sind, um Zusammenarbeit nicht nur zu initiieren, sondern auch weiterzuführen und zu stabilisieren. Durch sie vollzieht sich die „Interferenz" von „Wissens-Kulturen" auf der äußeren Seite. Individuation ist die innere Entsprechung hierzu, nämlich die individuell sich immer aufs Neue vollziehende Auseinandersetzung mit dieser äußeren Seite, in ihren Worten, die „Internalisation", die „Reproduktion der Internalisation" und die „Koordinierung der Reproduktion der Internalisation". Diese Prozesse bewirken, daß Individuen in Kooperationsbezügen aktiv werden und jene aufrechterhalten (vgl. ebd, 36). Beide Ebenen sind untrennbar mit den Subjekten und durch sie miteinander verbunden, wobei in diesem Zusammenspiel Synchronisations-notwendigkeiten und -probleme in der „Interferenz" von „Wissens-Kulturen" und den sich hier vollziehenden Technikgeneseprozessen auftreten. Synchronisationserforder-nisse beziehen sich auf die Kommunikations- und Individuationsprozesse je für sich und untereinander und betreffen die Ungewißheitszonen im Geneseprozeß, in denen dem Akteurshandeln noch keine gemeinsame Orientierung im Hinblick auf die zu entwickelnde Technik zugrundeliegt.

Die erforderlichen Synchronisationsleistungen werden, so die These von Meinolf Dierkes, Ute Hoffmann und Lutz Marz, durch Leitbilder erbracht, denn sie erfüllen die hierfür notwendigen Voraussetzungen: Sie existieren auf der Ebene der Individuation und Kommunikation als Gegenstände der Selbstverständigung und Verständigung der Akteure. Sie sind evident, da sie ein offenkundiges Problem benennen und zum Kooperationsgegenstand machen. Sie sind in und zwischen verschiedenen „Wissens-Kulturen" kommunizierbar, sind also „wissenskulturspezifisch und -unspezifisch" und ermöglichen Kommunikation und Kooperation in und zwischen „Wissens-Kulturen". Sie stimulieren, orientieren und stabilisieren die „Interferenz" von „Wissens-Kulturen".

Denn als Gegenstände von Individuations- und Kommunikationsprozessen geben sie diesen eine gemeinsame Richtung, verhindern das „Auseinanderdriften der Wissens-Kulturen" (ebd., 40) und wirken mit ihren Vorgaben, dem „ständigen Soll/Ist-Vergleich zwischen Interferenzziel und Interferenzzustand" (ebd.) richtungsweisend und ggfs. richtungsändernd.

Dies geschieht den AutorInnen zufolge durch die „Leit-" und „Bildfunktion" von Leitbildern. In ihrer „Leitfunktion" bündeln sie Absichten und Wissen im Hinblick auf die Wünsch- und Machbarkeit der zu erzielenden Ergebnisse („kollektive Projektion"), binden Wahrnehmungs- und Bewertungsformen in ein gemeinsames Richtungsfeld und synchronisieren individuelle Bewertungen auf jenes („synchrone Voradaption"). Ferner ersetzen sie nicht existente gemeinsame Regelsysteme und Entscheidungslogiken zwischen „Wissens-Kulturen" („funktionales Äquivalent"). (vgl. ebd., 42ff.) In der „Bildfunktion" werden Begriffe reduziert, gedanklich in Zeichen und Symbole umgesetzt, begrifflich und bildlich repräsentiert und werden bildliche und begriffliche Repräsentationsformen transformiert („kognitiver Aktivator"), wobei das Leitbild zum „Denkzeug" wird. Hierbei wird zugleich die Persönlichkeit aktiviert („personeller Mobilisator"), werden Konflikte reguliert und Kooperationsbezüge stabilisiert („interpersoneller Stabilisator"). (vgl. ebd., 54ff.) Es handelt sich um dezentrale, weil grundsätzlich von den Subjekten auf der inneren und äußeren Seite der „Interferenz" vollzogene Synchronisationsprozesse.

Meinolf Dierkes, Ute Hoffmann und Lutz Marz begreifen Leitbilder mit ihrem Ansatz in akteursorientierter Sicht als Elemente von Technikentwicklung, nicht lediglich als Einflüsse auf jene. Denn sie sind untrennbar mit den Subjekten verbunden, werden erst durch deren Kognition und aktive Rezeption in Individuations- und Kommunikationsprozessen wirksam und lenken das Handeln verschiedener Akteure aus verschiedenen „Wissens-Kulturen" in individuellen und kollektiven Auseinandersetzungen in eine hinsichtlich des zu erzielenden Ergebnisses gemeinsame Richtung. Diese Prozesse, und darin liegt meines Erachtens neben der wissenschaftlichen auch die praktisch-politische Relevanz des Ansatzes, spielen sich in den Ungewißheitszonen technischer Entwicklung ab. Leitbilder synchronisieren Individuations- und Kommunikationsprozesse dort, wo Entscheidungen über Ziele und einzuschlagende Wege technischer Entwicklung noch ausgehandelt werden.

Den Konstellationen und Orten der Produktion technischen Wissens, in ihrer Terminologie, den „Wissens-Kulturen", schenken Meinolf Dierkes, Ute Hoffmann und Lutz Marz wenig Aufmerksamkeit. Da Leitbilder in ihrem analytischen Modell auf der Ebene der Individuation und Kommunikation angesiedelt sind, lassen sich bisherige Regelsysteme, formelle und informelle Strukturen und Praxen der „Wissens-Kulturen" und, dies sei hinzugefügt, ihre geschlechtsspezifische Prägung im Gegenstandsbezug von Individuen aufspüren und werden so vermittelt für das individuelle und kollektive Handeln der AkteurInnen im noch unreglementierten, durch Leitbilder synchronisierten Prozeß der Technikgenese bedeutsam. Ausgeblendet wird jedoch, daß die

AkteurInnen und „Wissens-Kulturen" bei der Etablierung gestaltungsmächtiger Leitbilder über ungleiche Definitionsmacht in Abhängigkeit von den jeweiligen „Wissens-Kulturen" und ihrer individuellen Position in diesen, und, auch dies sei hinzugefügt, durchgängig im Geschlechterverhältnis verfügen und auch Ausschließungen erfolgen. Dies ist umso bedeutsamer, als heutige technische Entwicklungen, die beteiligten „Wissens-Kulturen" und technologisches Wissen selbst Ergebnisse eines langandauernden Selektionsprozesses im Geschlechterverhältnis sind. (vgl. Wajcman 1991)

Ein zweiter Kritikpunkt ist aus meiner Sicht die von Meinolf Dierkes, Ute Hoffmann und Lutz Marz vorgenommene Definition des Leitbildbegriffs ausschließlich aus der Produktion technischen Wissens heraus. Leitbilder sind hierbei immanent durch die Kriterien definiert, die erfüllt sein müssen, damit sie die notwendigen Synchronisationsleistungen in Individuations- und Kommunikationsprozessen erbringen können. Ihre (darüberhinausgehende) gesellschaftliche Definition, nämlich die Frage, was im Unterschied zu Wunschbildern zum gestaltungsmächtigen Leitbild werden kann, entscheidet sich den AutorInnen zufolge in „kollektiven Projektionen" im „Schnittpunkt von Wünsch- und Machbarkeit" und letztlich zugunsten des Machbaren im Sinne des alltagsweltlich als machbar Erfahrenen. (Dierkes/Hoffmann/Marz 1992, 44f.) Dessen Voraussetzungen und Implikationen, gesellschaftliche Prozesse und Strukturen, vor deren Hintergrund Wünsch- und Machbarkeitsprojektionen seitens der Akteure erfolgen, bewegen sich jedoch weitgehend außerhalb des Konzeptes. Damit riskieren Meinolf Dierkes, Ute Hoffmann und Lutz Marz einerseits, selbst in eindimensionale Erklärungen technischer Entwicklung, nämlich Leitbildsteuerung, zu verfallen, die sie zu Recht an reduktionistischen Ansätzen der Technikforschung, die z.B. Herrschafts-, Kontroll- oder Wirtschaftsinteressen in den Mittelpunkt rücken, kritisieren (ebd., 9f.). Andererseits wird die Chance vertan, Leitbilder mit jenen Faktoren in Zusammenhang zu setzen. Um diesen Punkt geht es mir nun im Hinblick auf Rationalisierungsleitbilder und ihre geschlechtsspezifischen Momente.

2   Rationalisierung, Rationalisierungsleitbilder und Geschlechterverhältnis. Theoretische Überlegungen

Die Herausbildung von Industriegesellschaften ist grundlegend mit Formierungsprozessen im Geschlechterverhältnis verbunden. Erst mit der Trennung der Produktion von der Reproduktion und mit der komplementär-hierarchischen Organisation beider Bereiche im Geschlechterverhältnis konnte die Logik der Kapitalverwertung mit ihrem abstrakten Prinzip der Mehrwertproduktion zur dominierenden Orientierung in der Produktion werden, deren Dynamik auf weitere gesellschaftliche Bereiche übergreift. In strukturtheoretischer Perspektive hat vor allem Ursula Beer (1990, 109ff.) gezeigt, daß das Geschlechterverhältnis nicht nur eine historische Voraussetzung im Transformationsprozeß von der ständischen zur kapitalistischen Gesellschaft, sondern im Bereich der Produktion und der Reproduktion als Strukturierungsprinzip in die kapitalistische Gesellschaftsformation eingelassen ist.

Ursula Beers analytische Perspektive betont weniger die Seite der Kapitalverwertung als die der Existenzsicherung in kapitalistischen Gesellschaften. Die Autorin zeigt, daß die geschlechterungleiche Vergesellschaftung von Menschen hinsichtlich der alltäglichen Reproduktion wie des generativen Bestandserhalts von Gesellschaft konstitutiv für die Herausbildung der kapitalistischen Produktionsweise, in ihren Worten, ihrer „Wirtschafts- und Bevölkerungsweise", ist. Diese in der „Versorgungs- und Fortpflanzungsökonomie" erbrachten unentgeltlichen, existenz- und bestandssichernden Leistungen bleiben der „Marktökonomie" nicht äußerlich. Sie stiften die sozio-ökonomische Geschlechterungleichheit, die vermittelt durch Prozesse geschlechtsspezifischer Vergesellschaftung von Lohnarbeitskraft Bestandteil der „Marktökonomie" wird. (Vgl. Beer 1990, 29ff.) Mit Bezug auf strukturtheoretische Interpretationen der Marxschen Widerspruchskonzeption schlägt die Autorin eine Bestimmung des Geschlechterverhältnisses vor, wonach jenes analog zum Kapitalverhältnis in der Struktur der Produktionsverhältnisse und die Menschen als geschlechtliche Individuen in der Struktur der Produktivkräfte zu verorten sind. Die Produktivkraft Mensch entäußert sich in dieser Lesart als geschlechtliche in Produktionsverhältnissen, die Ausdruck des Geschlechterverhältnisses sind (ebd., 120ff.) und, so sei hinzugefügt, ohne dies hier theoretisch ausführen zu können, im Zusammenspiel mit Produktivkräften, die ebenfalls im Geschlechterverhältnis geprägt sind (vgl. Aulenbacher 1994, 147ff.). Wenn sich nun, wie hier theorieimmanent angenommen, die Dynamik gesellschaftlicher Entwicklung aus dem Widerspruch von Produktionsverhältnissen und Produktivkräften, die beide im Geschlechterverhältnis strukturiert sind, entfaltet, dann sind Prozesse industrieller und gesellschaftlicher Entwicklung als Reorganisation des Geschlechterverhältnisses zu begreifen.

Ausgehend von der Produktion, aber mit Wirkung auf weitere gesellschaftliche Bereiche kann industrielle Rationalisierung als ein Element begriffen werden, das diese Dynamik mit in Gang setzt und aufrechterhält. Ähnlich wie die Logik der Kapitalverwertung setzt auch die Logik der Rationalisierung Vergesellschaftungen im Geschlechterverhältnis voraus. Denn ebenso wie erstere konnte sie erst mit der Herausbildung der Produktion als gesellschaftlich getrenntem Bereich in diesem zur dominierenden Orientierung des Handelns werden. Und ähnlich wie die Logik der Kapitalverwertung abstrahiert die Logik der Rationalisierung mit ihrem Grundprinzip, mit weniger Aufwand mehr Effizienz zu erzielen, von Verhältnissen, gesellschaftlichen Bereichen und Menschen, während sie als Maxime des Handelns in Rationalisierungsprozessen nur in bezug zu eben diesen konkret-historischen Verhältnissen, Bereichen und Menschen zum Tragen kommt. (vgl. Aulenbacher/Siegel 1993, 70ff.; Siegel 1993,

363ff.)[2] In theoretischer Perspektive ist es ihr Bezug zu den Produktionsverhältnissen und den Produktivkräften, mit dem Rationalisierung auf Vergesellschaftungen im Geschlechterverhältnis aufbaut und selbst zu dessen Dynamisierung beiträgt. In empirischer Sicht bezieht sie sich auf markt- und produktionsökonomische Zusammenhänge, technologische Entwicklung, Arbeitsteilung und Menschen, die im Geschlechterverhältnis geprägt sind. Indem deren Zusammenspiel im Rationalisierungsprozeß reorganisiert wird, wird auch das Geschlechterverhältnis, ausgehend von der Produktion und mit Wirkung auf die Reproduktion, neu formiert.

Rationalisierungsleitbilder, um deren geschlechtsspezifische Momente es mir hier geht, sind nicht identisch mit dem tatsächlichen Rationalisierungsgeschehen. So wird in der Literatur beispielsweise der Kontrast zwischen der Dominanz des tayloristisch-fordistischen Rationalisierungsmusters und der vorfindbaren industriellen Mischstruktur als empirischer Beleg dafür angeführt, daß weniger die Leitbilder als vielmehr die branchen- und betriebsspezifischen Strukturen ausschlaggebend für die tatsächlich eingeschlagenen Rationalisierungspfade sind (z.B. Wittke 1990, 23ff.). Auf der anderen Seite erleben wir derzeit am Beispiel der Lean Production wie ein Rationalisierungsleitbild nicht nur Gegenstand von Kontroversen zwischen den verschiedenen AkteurInnen des Rationalisierungsgeschehens wird, sondern auch zur Leitlinie des Handelns, wenn z.B. Unternehmen reorganisiert werden (z.B. IAT/IGM/ IAO/HBS 1992). Wirkungslosigkeit und Wirkungsmacht von Rationalisierungsleitbildern lassen sich, je nachdem, worauf sich der Blick richtet, empirisch belegen.

Zur Präzisierung des Zusammenhangs von Rationalisierungsprozessen und Rationalisierungleitbildern schlage ich vor, mit dem Prinzip und den Methoden der Rationalisierung zwei Dimensionen eines Rationalisierungsleitbilds voneinander zu unterscheiden. Rationalisierungsleitbilder repräsentieren zum einen die Logik der Rationalisierung und deren abstraktes Prinzip, mehr Effizienz bei weniger Aufwand zu erreichen. Empirisch konkret sind Rationalisierungsleitbilder zum anderen, indem sie, die aus Prozessen der Rationalisierung hervorgehen, historisch-gesellschaftlich spezifizierte Methoden und paradigmatische Wege repräsentieren, mit denen das abstrakte Prinzip realisiert werden soll. Ihre Gestaltungsmacht entfalten sie in dieser Sichtweise gerade dadurch, daß das Grundprinzip der Rationalisierung abstrakt und damit zugleich auf verschiedene gesellschaftliche Bereiche und ihre je spezifischen Voraussetzungen anwendbar ist, während die Methoden empirisch, nämlich aus der bisherigen industriellen und gesellschaftlichen Entwicklung gewonnen werden und in der Problemdefinition und Konzipierung von Lösungsmöglichkeiten deren Entwicklungsstand

---

2 Eine Perspektive, die die theoretisch-historische Reflexion von Rationalisierung, ihres Grundprinzips und ihrer Methoden, zum Ausgangspunkt der Erforschung aktueller Prozesse industrieller Rationalisierung nimmt, charakterisiert die Arbeiten Tilla Siegels. Die hier ausgeführte theoretische Argumentation nimmt zahlreiche Gedanken auf, die im Laufe unserer Zusammenarbeit von ihr formuliert wurden. Daher möchte ich Tilla Siegel für diese und weitere Anregungen danken und deutlich machen, daß es ihre teilweise im Gespräch eingeflossenen, eben (noch) nicht zitierbaren Forschungsergebnisse sind, auf die ich hier zurückgreifen konnte.

spiegeln. In diesem Sinne repräsentieren Rationalisierungsleitbilder in paradigmatischer Form Vorstellungen dazu, mit welchen Methoden das abstrakte Prinzip der Effizienzsteigerung bei Verringerung des Aufwandes in gesellschaftlich adäquater Weise realisiert werden soll, wobei auch das, was als Effizienz und als Aufwand zu begreifen ist, redefiniert wird.

Die soziale Kategorie Geschlecht ist, anknüpfend an die vorgängige gesellschaftstheoretische Argumentation, zweifach Bestandteil von Rationalisierungsleitbildern: Ebenso wie das Grundprinzip der Rationalisierung bauen auch ihre Methoden auf Vergesellschaftungen im Geschlechterverhältnis auf. Hier wird sozusagen mit den gesellschaftlichen Erfahrungen im bisherigen Rationalisierungprozeß und mit dem Stand gesellschaftlicher Entwicklung auch der Status quo im Geschlechterverhältnis in Rationalisierungsleitbildern transportiert. Auf der anderen Seite enthalten Rationalisierungsleitbilder Vorstellungen zur zukünftigen Rationalisierung, zur Reorganisation des Zusammenspiels von Markt- und Produktionsökonomie, technologischer Entwicklung, Arbeitsteilung und Menschen und ist, da diese im Geschlechterverhältnis geprägt sind, dessen Neuformierung ausgesprochen oder unausgesprochen mitgedacht.

3 Leitbild Gruppenarbeit. Von der tayloristisch-fordistischen Vergesellschaftung der Geschlechter zur flexiblen Fertigung

Die Suche nach neuen Wegen industrieller Rationalisierung erfolgt derzeit im vehementen Streit um die Leitbilder. Hier wie auch in der betrieblichen Realität kristallisiert sich bereits eine Tendenz heraus. Gruppenarbeit ist ein bedeutendes Element von Leitbildern industrieller Rationalisierung und wird auch, wie Dieter Seitz (1993, 33) feststellt, zu einem „Kernelement unternehmensübergreifender Rationalisierungsstrategien" (Seitz 1993, 33). Im Unterschied zu den 70er und 80er Jahren verliert sie ihren mit dem damaligen industriepolitischen Hintergrund und vor allem den Sonderbedingungen des Programms zur Humanisierung des Arbeitslebens einhergehenden Modellcharakter und ist mit ihrer Verbreitung in high-tech und low-tech-Bereichen zu rechnen (vgl. ebd.). Zur Verhandlung steht Gruppenarbeit heute jedoch, im Unterschied zur Rationalisierungs- und Humanisierungsdebatte der 70er und 80er Jahre, als Element „betrieblicher Leistungspolitik" (ebd., 43), das aus wirtschaftlichen Gründen in Zeiten der Rezession eingeführt wird. Ihr Humanisierungspotential, wie es damals hieß, ist ungewiß.

Nicht nur der industriepolitische Hintergrund hat sich verändert. Mit der Renaissance von Gruppenarbeit als Lösungskonzept für die , nahezu alle Industrien erfassenden markt- und produktionsökonomischen Anforderungen und Probleme hat sich auch ihr Gehalt verändert. Gruppenarbeit ist, in den Worten von Dieter Seitz (ebd., 69), zur „Kommunikationschiffre" für den „Wunsch nach Veränderung" geworden. In welche Richtung diese Veränderung gehen soll und wie der Neuzuschnitt industrieller Arbeit durch Gruppenarbeit aussehen wird, ist die offene Frage, um die es beim Streit um die Leitbilder geht.

Bei Lean Production und qualifizierter Gruppenarbeit bzw. gruppentechnologischen Prinzipien handelt es sich um zwei prominente Rationalisierungsleitbilder, die in diesem Streit hinsichtlich ihrer Vorstellungen zur Modifizierung tayloristisch-fordistischer Rationalisierung in der industriellen Fertigung zwei Pole eines denkbaren Spektrums von Gruppenarbeit bilden. Dieses Spektrum wird im weiteren Rationalisierungsverlauf vermutlich die betriebs-, branchen- und, dies sei vorweggenommen, geschlechtsspezifische industrielle Mischstruktur umfassen, die dann mit den Leitbildern scheinbar nichts mehr zu tun hat.

Bei der Skizzierung von Lean Production und qualifizierter Gruppenarbeit[3] konzentriere ich mich auf drei für die tayloristisch-fordistische Rationalisierung und die Reorganisation des Geschlechterverhältnisses zentrale Methoden, nämlich die strikte vertikale und horizontale Arbeitsteilung und damit verbunden die Arbeitszergliederung sowie die Enteignung des ProduzentInnenwissens zugunsten seines Transfers ins Management oder seiner Vergegenständlichung in Technik. Sind dies Methoden, die lebendige Arbeit tendenziell eher als Störgröße aus dem Produktionsprozeß eliminieren, denn als Flexibilitätspotential zu seinem Funktionieren nutzen sollten (vgl. Brödner 1985, 61ff.), geht es heute um die Suche nach Rationalisierungsmethoden, die genau jenes Flexibilitätspotential aktivieren und fördern, das Störpotential aber ebenfalls unter Kontrolle halten.

Die vertikale und horizontale Arbeitsteilung bilden in betrieblicher und überbetrieblicher Sicht auch zentrale Segregations- und Hierarchisierungslinien im Geschlechterverhältnis. Mit dieser Form der Arbeitsteilung war im Zuge tayloristisch-fordistischer Rationalisierung das Bemühen verbunden, den „geeigneten Mann am geeigneten Platz" (zit. n. Hinrichs 1981, 45) einzusetzen. Es handelt sich um eine Stratifizierungs- und Segmentierungsstrategie auch unter Männern nach Kriterien wie Alter, Qualifikation und Leistungsfähigkeit. Wenn der „geeignete Mann" jedoch eine Frau ist, dann ändert sich auch der „geeignete Platz" und treten nicht unerhebliche Unterschiede in der leistungspolitischen Regulierung von Erwerbsarbeit und der Verausgabung von Arbeitskraft auf, in denen sich neben individuellen Verschiedenheiten auch strukturierte Ungleichheit ausdrückt. Denn zum einen findet die reproduktionsbezogene Geschlechterungleichheit vermittelt über Rationalisierungsstrategien und gestützt durch die ungleiche Verhandlungsmacht der Geschlechter ihr produktionsbezogenes

---

3 Zu Lean Production und qualifizierter Gruppenarbeit gibt es inzwischen eine breit gefächerte wissenschaftliche und politische Diskussion. Eine auch nur ansatzweise Rezeption dieser Debatte kann hier nicht geleistet werden. Im folgenden werde ich selektiv einige Gesichtspunkte aufgreifen, die die bisherigen Ausführungen illustrieren und beispielgebend für die abschließenden hypothetischen Überlegungen sein sollen. (vgl. ausführlicher: Aulenbacher 1995)

Pendant in der Ungleichbehandlung weiblicher und männlicher Arbeitskraft und damit im ungleichen Ressourcenzugang. So wurde das tayloristisch-fordistische „Normalarbeitsverhältnis" durch ein entsprechendes familiäres Arrangement ergänzt. An ersterem partizipierten Frauen weniger und in letzterem leisteten vor allem sie die Arbeit, die zur Freistellung männlicher Arbeitskraft für ersteres notwendig ist und wurden sie selbst zwischen Markt und Familie verfügbar gehalten und zwar, wie Ursula Beer (1990, 154) zeigt, gestützt durch arbeits-, familien-, sozial- und steuerrechtliche Normierungen. Zum anderen bildeten sich industrielle Strukturen heraus, in denen die Produktionsfaktoren und hierbei zentral auch der Faktor Arbeit, je nachdem, ob es sich um Männer oder Frauen handelt, im Sinne ihres effizienten Einsatzes sowie perspektivischer Entwicklungen anders zu kalkulieren sind, auch dies gestützt durch rechtliche Normierungen und vor allem tarifvertragliche Regelungen.

Aber auch für die technologische Entwicklung erweisen sich die vertikale und horizontale Arbeitsteilung als bedeutsame Segregations- und Hierarchisierungslinien im Geschlechterverhältnis. Die gesellschaftliche Konzeption von Technologie selbst ist, das haben Cynthia Cockburn (1988, 17ff.) und Judy Wajcman (1991, 27ff.) gezeigt, aufs engste mit der Trennung von Produktion und Reproduktion, ihrer Organisation im Geschlechterverhältnis sowie der aus der Produktion hervorgehenden Dynamik technologischer Entwicklung verbunden. Erst auf dieser Grundlage konnten sich Interpretationen etablieren, in denen gesellschaftlicher mit technologischem Fortschritt gleichgesetzt und beides, wenngleich durch Stratifikationseffekte gebrochen, mit Männlichkeit identifiziert wird (vgl. ebd., 143). Der Taylorismus-Fordismus mit seinem Wachstums-, Prosperitäts- und Fortschrittsmodell kann m.E. als eine solche Interpretation gesehen werden, in der Perspektiven industrieller und gesellschaftlicher Entwicklung ausgehend von den technologisch avanciertesten Leitindustrien mit Wirkung auf weitere industrielle und darüberhinausgehende gesellschaftliche Bereiche vorgedacht werden. Sowohl inner- als auch überbetrieblich markieren die vertikale und horizontale Arbeitsteilung sowie die Trennung direkt und indirekt produktiver Tätigkeiten eine Stratifizierungslinie unter Männern (und vereinzelt auch unter Frauen) und eine Segregations- und Hierarchisierungslinie zwischen den Geschlechtern. Angesichts geschlechterungleicher Voraussetzungen in Ausbildung und Studium, was den Zugang zu technisch-gewerblichen und wissenschaftlich-technischen Qualifikationen angeht (vgl. Roloff 1993, 47ff.), und, in einer ungleichheitsstrukturierten Leistungsgesellschaft (vgl. Kreckel 1992) durch bloß formal gleiche Leistungskriterien legitimiert, wird entlang der vertikalen und horizontalen Arbeitsteilung und der Trennung zwischen direkt und indirekt produktiver Tätigkeit über die Nähe und Ferne zu den technologisch fortgeschrittensten Bereichen entschieden. Damit wird aber auch über den Zugang zu technologischer Kompetenz als alltäglicher Erfahrung im Umgang mit Technologien entschieden, die hinsichtlich der Beteiligungschancen an ihrer Weiterentwicklung bzw. Modifizierung unabdingbar ist (vgl. Wajcman 1991, 14f.).

Das Gefälle zwischen Frauen- und Männerarbeit in der heutigen Industrieland-schaft, das zugleich eines zwischen zukunftsträchtigen und weniger zukunftsträchti-gen Branchen und Berufen und zwischen high-tech und low-tech-Bereichen ist, und die weitgehend ungebrochene Geschlechtersegregation in der Industrie sind empirisch sichtbare Ergebnisse der tayloristisch-fordistischen Vergesellschaftung der Geschlech-ter. Sie kennzeichnen die ungleiche Startposition von Männern und Frauen im Über-gang von standardisierter Massenproduktion zu flexibler Fertigung.

Dieser Übergang ist Gegenstand der Debatte um Lean Production und/oder quali-fizierte Gruppenarbeit und wird in beiden Leitbildern in Form zweier paradigmatischer Wege vorgedacht. Das Grundproblem, das es zu lösen gilt, nämlich die Bewältigung neuer markt- und produktionsökonomischer Anforderungen - Stichworte sind: der Trend vom Verkäufer- zum Käufermarkt, die kundenorientierte flexible Fertigung unter Verkürzung der Lieferzeiten, die Erhöhung der Produktvielfalt bei gleichzeitiger Verkür-zung der Innovationszyklen - stellt sich zwar inzwischen für nahezu alle Branchen und Betriebe, aber es stellt sich für sie nicht in der gleichen Weise. Die gewachsenen Produktionsstrukturen und das Zusammenspiel der Produktionsfaktoren, das im Sinne höherer Effizienz bei Verringerung des Aufwandes neu austariert werden muß, sind je andere und das geschlechtshierarchische Gefälle der Industrielandschaft ist ihnen immanent.

Rationalisierungsleitbilder erbringen, in Anlehnung an Meinolf Dierkes, Ute Hoffmann und Lutz Marz (1992), Orientierungsleistungen in den Ungewißheitszonen industrieller Rationalisierung, indem sie die Zukunft industrieller Arbeit zwischen verschiedenen AkteurInnen des Rationalisierungsgeschehens kommunizier- und verhandelbar machen und im wahrsten Sinne des Wortes Leit-Bilder dazu zur Verfügung stellen, wie diese aussehen könnte, und zwar ohne, daß es für die eine oder andere branchen- und betriebsspezifische Variante bereits Begriffe, Regelsysteme, formelle oder informelle Praxen gäbe. Diese werden vielmehr im Zuge des Rationalisierungs- und Aushandlungsprozesses mit herausgebildet.

Die Geschlechtsspezifik dieses Prozesses interessiert mich nun anhand dreier Fragen. Welche empirisch gewonnenen Modifikationen vertikaler und horizontaler Arbeitsteilung repräsentieren die Leitbilder? Welchen Typus von Arbeitskraft denken sie dabei mit? Und welche Definitionsmacht haben sie bei der Reorganisation des Geschlechterverhältnisses?

Zur ersten Frage läßt sich feststellen, daß Lean Production eine Form reduzierter Gruppenarbeit repräsentiert. Ihre arbeitsorganisatorischen Innovationen, Teamarbeit, Kontinuierlicher Verbesserungsprozeß und just-in-time-Prinzip, zielen auf erhöhte Effizienz in der Produktion hochwertiger, vielfältiger Produkte unter Berücksichtigung kundenspezifischer Anforderungen zu niedrigen Preisen bei kurzfristiger Lieferfähig-keit (vgl. Womack u.a. 1991, 25ff.). Neben der radikalen Externalisierung von Kosten durch just-in-time-Prinzip handelt es sich um Modifikationen im Umgang mit dem Produzentenwissen bei gleichzeitiger Beibehaltung der tayloristisch-fordistischen

Auslegung von Technik und Arbeitsorganisation. Teamarbeit und kontinuierlicher Verbesserungsprozeß beziehen sich auf Prozeßabschnitte, in denen flexibler Arbeitseinsatz auf der Grundlage standardisierter Arbeitsaufgaben, -abläufe und -mittel unter Erhöhung der Arbeitsintensität erfolgt, wobei Belastbarkeit zugleich zu einem informellen Selektionskriterium wird. Teamarbeit und Kontinuierlicher Verbesserungsprozeß sind in eine dichte formelle und informelle Vorgesetztenhierarchie eingebunden und Kommunikation und Kooperation bewegen sich in den Bahnen neotayloristischer Rationalisierung. (vgl. Altmann 1992, 24ff.; Jürgens 1992, 28ff.) Auf dieser und der Grundlage internalisierten Rationalisierungsdenkens wird das Produzentenwissen - durch den Kontinuierlichen Verbesserungsprozeß institutionalisiert, leistungspolitisch reguliert und sozialtechnologisch gestützt - im Unterschied zu tayloristisch-fordistischer Rationalisierung nicht mehr nur informell, sondern formell als Produktivitätspotential einbezogen. Die vertikale und horizontale Arbeitsteilung bleiben dabei jedoch unangetastet. Hinsichtlich der Wissensenteignung und -objektivierung durchlaufen die, angesichts der Restriktionen meist arbeitsplatz- und weniger prozeßbezogenen, „Verbesserungsvorschläge" eine Selektion durch Vorgesetzte und Spezialisten und können sie wie auch weitere Innovationen den Beschäftigten letztlich als technisch-organisatorische „Verbesserungen" wieder begegnen. (vgl. auch Wood 1989, 446ff.)

Demgegenüber geht es bei qualifizierter Gruppenarbeit und gruppentechnologischen Prinzipien in technologischer Hinsicht darum, starre Verkettungen durch flexible Automatisierung aufzulösen und auf zentralisierte Entscheidungs- und Kontrollstrukturen zugunsten menschlicher Eingriffsmöglichkeiten zu verzichten. Flexibler Arbeitseinsatz wird mit Arbeitserweiterung und -bereicherung verbunden. Die vertikale Arbeitsteilung wird weitreichend zurückgenommen, indem indirekt produktive Tätigkeiten, nämlich Produktionsplanung, -steuerung, Qualitätskontrolle, Umrüstung, Wartung und Instandhaltung, in die Gruppe integriert werden, die horizontal arbeitsteilig aus Spezialisten mit übergreifenden prozeßorientierten Qualifikationen zusammengesetzt ist. (vgl. Benz-Overhage 1993, 177ff., Lehner/Schmid 1992, 22ff.) Bezüglich des Arbeitseinsatzes, der Beteiligung an technisch-organisatorischer Innovation und der Festlegung der Produktionsziele geht es bei der Nutzung menschlicher Ressourcen nicht nur um die Mobilisierung arbeitsplatz- und prozeßbezogener, berufsfachlicher Qualifikationen, sondern auch um die Nutzung weiterer Ressourcen, wie Kommunikations- und Kooperationsfähigkeit oder sozio-kultureller Werthaltungen. Gruppenarbeit ist zwar eingebunden in die Rücknahme tayloristisch-fordistischer Arbeitsteilung, dadurch aber nicht unbedingt als antitayloristisch zu denken. Zusätzlich zur Kontrolle von außen bilden sich durch internalisiertes Rationalisierungsdenken und gruppendynamische Prozesse als Kehrseite der Beteiligungs- wie Selbstregulierungsmöglichkeiten Mechanismen der (Selbst-)Selektion, Hierarchisierung, Stigmatisierung, Ausgrenzung sowie informelle Arbeitsteilungen und Handlungsroutinen heraus. (vgl. Eichener 1993, 66ff.)

Zur zweiten Frage, welchen Typus von Arbeitskraft beide Leitbilder denken, ist zunächst festzuhalten, daß beide paradigmatischen Wege der Produktionsflexibilisierung von ihrer empirischen Genese her einen male bias haben. Bei Lean Production sind es die männlichen Stammbelegschaften in der japanischen Automobilindustrie mit lebenslanger Beschäftigungsgarantie, wobei es sich um betriebsspezifisch Angelernte mit hoher schulischer Allgemeinbildung handelt. (vgl. Altmann 1992, 24ff.) Bezüglich der Freistellung männlicher Arbeitskraft für die durch Lean Production repräsentierte arbeits- und belastungsintensive Produktion und bezüglich der Verlagerung der Folgekosten auf andere gesellschaftliche Bereiche können die Betriebe dabei bis dato auf ein Familienmodell zurückgreifen, das auf einer noch extremeren geschlechtshierarchischen Arbeitsteilung und einem noch stärker segmentierten Arbeitsmarkt hinsichtlich der Beschäftigungschancen-, -bedingungen und -standards beruht, als die tayloristisch-fordistische „Normalfamilie" hiesiger Prägung (vgl. Mari 1992, 411ff.). Qualifizierte Gruppenarbeit und gruppentechnologische Prinzipien haben ihren empirischen Ausgangspunkt ebenfalls in der Automobilindustrie, aber auch im Maschinenbau und umfassen deren männliche Stammbelegschaften, wobei es sich im Unterschied zur Lean Production um Facharbeiter und evtl. qualifiziert Angelernte handelt. Bezüglich der persönlich-fachlichen Voraussetzungen ist dies derzeit, in der Phase der Modellversuche, mit einer „Bestenauslese" verbunden, die zu Verdrängungseffekten nach oben (Meister, Arbeitsvorbereiter, Instandhalter etc.) und nach unten (zwischen Facharbeitern und Un- und Angelernten, die eben nicht zu den „Erwählten" gehören) führt (vgl. Eichener 1993, 68ff.). Berufsbezogen scheint es sich bei den „Besten" um Martin Baethges (1991, 260ff.) neue Generation von Industriearbeitern zu handeln, für die die Identifikation mit der Arbeit bedeutsamer wird. Ob Erwerbsarbeit damit an Stellenwert im gesamten Lebenszusammenhang gewinnt, muß empirisch zunächst ebenso offen bleiben wie Art und Ausmaß reproduktiver Leistungen, die dieser Arbeitszuschnitt voraussetzt.

Angesichts der Produktionsstrukturen, die flexibilisiert werden sollen, der Methoden, mit denen dies geschieht, und des Typus von Arbeitskraft, den die in den Leitbildern repräsentierten Wege erfordern, ist nun meine These, die mich zur Frage nach der Definitionsmacht von Leitbildern führt, daß unter Effizienzgesichtspunkten, Formen reduzierter Gruppenarbeit eher die Perspektive von Frauen- und Formen qualifizierter Gruppenarbeit eher die Perspektive von Männerbeschäftigung in dem zu verhandelnden Spektrum darstellen, wobei die soziale Kategorie Geschlecht im Streit um die Leitbilder redefiniert wird. Von den produktionsstrukturellen Voraussetzungen her sind beide Pole des Spektrums von Gruppenarbeit identisch mit Anfang und Ende des geschlechtshierarchischen Gefälles in der Industrielandschaft zwischen high-tech- und low-tech-Bereichen, zwischen weitgehend noch ungebrochener tayloristisch-fordistischer Ausrichtung von Arbeitsabläufen und -mitteln und deren Erosion, zwischen direkt und indirekt produktiven Tätigkeiten. Wenn der Übergang von standardisierter Massenproduktion zu flexibler Fertigung und letztere selbst, nach dem

Grundprinzip der Rationalisierung erfolgen, die Effizienz zu steigern und den Aufwand zu senken, dann sind Männer angesichts der Geschlechtertrennung- und ungleichheit in Ausbildung, Studium und Beruf bei qualifizierter Gruppenarbeit die effizienteren Arbeitskräfte bzw. würden sich bei der Integration von Frauen- und Männerbeschäftigung Qualifizierungsaufwände erhöhen und den ohnehin schon aufwendigen Umstellungsprozeß noch aufwendiger machen (vgl. Rothe 1993, 71ff.) - von weiteren Risiken für den „Betriebsfrieden" ganz zu schweigen, wenn Frauen mit Männern um deren zukunftsträchtige Beschäftigungsbereiche konkurrieren, und das auch noch illegitimerweise angesichts ungleicher Voraussetzungen bei formal gleichen Leistungskriterien. Andererseits vollziehen sich aber Redefinitionsprozesse im Geschlechterverhältnis, wenn beispielsweise in arbeitspolitischer Sicht darüber nachgedacht wird, wie die Nutzung des Flexibilitätspotentials lebendiger Arbeit durch Beratung und Qualifizierung in der Arbeitszeit institutionalisiert, Beteiligungschancen durch arbeitsplatznahe Interessenvertretung gesichert oder Selektionsprozesse zwischen Leistungsstärkeren und -schwächeren durch Quotierung von Arbeitsplätzen vermieden werden können (vgl. z.B. Eichener 1993, 66ff.; Birke 1992, 115ff.). Was seit den siebziger Jahren zur Sicherung ihrer Beschäftigungsperspektiven von Frauen immer wieder gefordert wurde (vgl. z.B. Frerichs/Morschhäuser/Steinrücke 1989), hat heute die mainstream-Debatten erreicht, allerdings bezogen auf die Segmente der Männerbeschäftigung.

Demgegenüber repräsentiert Lean Production einen paradigmatischen Weg zur Beibehaltung und Flexibilisierung tayloristisch-fordistischer Produktionsstrukturen verbunden mit flexiblem Arbeitskrafteinsatz, der sich im Rahmen bisheriger vertikaler und horizontaler Arbeitsteilung bewegt, und somit einen Weg, bei dem Aufwand und Effizienz, in low-tech-Bereichen und bei vergleichsweise niedrigen Kosten des Faktors Arbeit, was die Umstellungs- und Qualifizierungsaufwände angeht, wieder im „richtigen" Verhältnis stehen. Auf hiesige Verhältnisse projiziert, ist dies in Bereichen der Frauen- und Männerbeschäftigung der Fall, durchgängig jedoch bei Frauenbeschäftigung. Auch dies ist ein Beispiel dafür, wie die soziale Kategorie Geschlecht unter der Hand redefiniert wird. Zugespitzt formuliert repräsentiert Lean Production einen Weg zur Produktionsflexibilisierung, der die bisherige tayloristisch-fordistische Nutzung vor allem weiblicher Arbeitkraft, den Rückgriff auf hohe schulische Allgemeinbildung, fachfremde Qualifikationen und soziale Kompetenzen (vgl. Bednarz-Braun 1983), in veränderter Form weiterführt.

Dies bedeutet nun nicht, daß nicht auch Versuche unternommen werden, Frauenarbeit neu zu gestalten und zu bewerten (vgl. Monika Goldmann in diesem Band), oder sich Männer nur auf der Gewinnerseite befänden. Es sind Aushandlungsprozesse, und ihr Ausgang läßt sich ebensowenig wie die tatsächliche Schwerkraft gewachsener Strukturen aus der Logik der Rationalisierung vorhersagen. Rationalisierungsprozesse wie auch Redefinitionen der sozialen Kategorie Geschlecht sind nicht friktionslos. So ist beispielsweise auch die tayloristisch-fordistische Vergesellschaftung der Geschlechter im „Privaten" brüchig geworden, gefolgt von rechtlichen Normierungen, die die formale Gleich-, aber immer noch faktische Ungleichstellung der Geschlechter vorsehen. Angelika Diezinger (1991, 18ff.) hat bereits gezeigt, daß dieser Prozeß zwar mit neuen Geschlechterungleichheiten einhergeht, da Frauen den Weg aus alten Familien- und Beziehungsabhängigkeiten mit neuen Risiken im Ressourcenzugang bezahlen; aber die Familie als selbstverständliche Norm und verbreitete Institution ist für Frauen als Ausstiegsmöglichkeit aus belastungsintensiver Erwerbsarbeit und für Männer als Versorgungs- und Freistellungsinstanz bei der Etablierung neuer Arbeitsformen auch im betrieblichen Effizienzdenken nicht mehr ungebrochen kalkulierbar.

Leitbilder sprechen nach Meinolf Dierkes, Ute Hoffmann und Lutz Marz (1992) offensichtliche Probleme an, machen diese kommunizierbar, synchronisieren Kommunikations- und Kooperationsprozesse und geben verschiedenen individuellen und kollektiven Bewertungen eine gemeinsame Richtung. Diese Bedeutung von Leitbildern liegt bereits neben der Frage nach den Vorstellungen, die sie transportieren, ist aber mit jener wiederum verbunden. Die orientierende, synchronisierende und richtungsweisende Bedeutung von Rationalisierungsleitbildern würde ich darin ausmachen, daß sie mit der Definition des offensichtlichen Problems, das es zu lösen gilt, rationalisierungskonform den Gegenstand der Auseinandersetzung bestimmen. Dieser ist am Beispiel Gruppenarbeit der ökonomisch effiziente Übergang von standardisierter Massenproduktion zu flexibler Fertigung, aber nicht das Geschlechterverhältnis, das diesen Prozessen und den Leitbildern immanent ist. Es ist für den rationalisierungspolitischen und auch den wissenschaftlichen mainstream oder die „Wissens-Kulturen" im Streit um die Leitbilder kein Thema. Indem Rationalisierungsleitbilder kontroversen Debatten eine gemeinsame Richtung geben, wird auch definiert, was als politikfähig gilt. Hinsichtlich des Geschlechterverhältnisses als Politikum synchronisieren Rationalisierungsleitbilder Aushandlungsprozesse auf Ausblendung, da dessen Reorganisation aus Gründen ökonomischer Effizienz, die untrennbar mit der Sicherung männlicher Suprematie in Produktion und Reproduktion verbunden ist, rationalisierungskonform mitgedacht wird. Zwar rückt die im Zuge der Rationalisierung herausgebildete „besondere" Situation von Frauen im Vergleich zum implizit männlichen „Normalmodell" hin und wieder ins Blickfeld der Debatte, nicht jedoch das Geschlechterverhältnis als konstitutives Element industrieller Rationalisierung, ihrer Logik, ihres Prinzips, ihrer Methoden, ihrer Leitbilder und des androzentrischen Streits um jene. Feministische Decodierungen bewegen sich, angesichts geschlechtshierarchischer Arbeitsteilungen nicht nur im Betrieb, sondern auch in weiteren „Wissens-Kulturen", seien es Gewerkschaften, Verbände oder Wissenschaft, außerhalb der *richtungsweisenden* Debatten und inwiefern sie von dort aus richtungsändernd wirken können, ist, wenn Leitbilder ihre Wirkungsmacht erst durch ihre aktive Rezeption im Rationalisierungsgeschehen entfalten, fraglich.

4 Rationalisierungsleitbilder als Legitimation selektiver technischer Entwicklung im Geschlechterverhältnis: Hypothetische Überlegungen

Die tayloristisch-fordistische Vergesellschaftung der Geschlechter wirkte nicht nur hinsichtlich der gesellschaftlichen Positionierung von Männern und Frauen, sondern damit verbunden auch hinsichtlich der eingeschlagenen technischen Entwicklungspfade selektiv. Die Ergebnisse dieses Selektionsprozesses treten uns heute vergegenständlicht in Technologien gegenüber. Auch in der Vergangenheit haben dabei Rationalisierungsleitbilder über Jahre hinweg nicht nur kontroverse Debatten, sondern auch technisches Handeln geprägt. So war das Leitbild der „mannlosen Fabrik", sozusagen der Vorgänger von Lean Production, Ausdruck von Rationalisierungsmethoden, die auf die Unabhängigkeit des Produktionsprozesses vom Produzentenwissen, aber auch vom Störpotential lebendiger Arbeit zielten, und hat die Suche nach Möglichkeiten zur Objektivierung menschlichen Wissens in Technologien forciert. Die Debatten der siebziger und achtziger Jahre um computerintegrierte Fertigung (CIM) sind ein Beispiel dafür, die CIM-Ruinen in den Betrieben dokumentieren die Grenzen dieses Unterfangens und die nicht-intendierte Mediatisierung von Produktionsarbeit (vgl. Wittke 1990, 23ff.), der Bedeutungszuwachs indirekt produktiver Tätigkeiten bis hin zur Entstehung neuer wissenschaftlich-technischer Dienstleistungen, die die störanfälligen Produktionsabläufe erst ermöglichen, sind heute Anlaß zur Suche nach neuen Formen der Produktionsflexibilisierung. Diese Suche erfolgt auf der Grundlage der in Technologien und sozio-technischen Strukturen vergegenständlichten und im Denken und Handeln von Menschen verkörperten gesellschaftlichen Erfahrung der vergangenen Rationalisierungsepoche. (vgl. Brödner 1985)

Das geschlechtshierarchische Gefälle der Industrielandschaft zwischen high-tech- und low-tech-Branchen ist auch Ergebnis des Abwägens von Effizienz und Aufwand bei der Suche nach unterschiedlichen technischen Lösungen und eingebunden in eher kapital- oder eher arbeitsintensive Formen industrieller Produktion. Insofern ist dieses Gefälle Entscheidungen über die einzuschlagenden technischen Entwicklungspfade vorausgesetzt und bringt diese wiederum mit hervor. Je nachdem, ob es sich um männliche, vergleichsweise interessenvertretungsstarke und teure oder weibliche, vergleichsweise interessenvertretungsschwache und billige Arbeitskräfte handelt, prägt dies auch die Auswahl und die Gestalt der jeweiligen technischen Entwicklungspfade. So haben Leitbilder der „mannlosen Fabrik", ausgehend von den Hochtechnologiebereichen der Männerbeschäftigung, zwar auch auf Frauenbetriebe und -branchen ausgestrahlt, aber vergleichsweise wenig aufwendige, vielfach arbeitsplatz- und arbeitsgangbezogene Technisierungsstrategien haben gegenüber aufwendigen arbeitsplatz- und prozeßbezogenen technischen Lösungen konform zur tayloristisch-fordistischen Vergesellschaftung der Geschlechter die Oberhand behalten.

Technische Entwicklung, das hat Judy Wajcman (1991, 21) gezeigt, ist weniger durch Brüche als durch die beständige Modifikation und Kombination existierender Technologien, die im Geschlechterverhältnis geprägt sind, gekennzeichnet. In diesem Prozeß werden die bisherigen sozio-technischen Strukturen, rechtliche und politische Normierungen, technische Standards, aber auch das in den jeweiligen „Wissens-Kulturen" konservierte Wissen, die gewachsenen Produktionsstrukturen, Formen des Arbeitskrafteinsatzes, seine arbeitspolitische Regulierung und das formelle wie informelle ProduzentInnenwissen zum „Rohmaterial" (vgl. Fleck 1992, 8), aus dem neue sozio-technische Lösungen geformt werden. In diesem Rohmaterial hat die (nicht nur tayloristisch-fordistische) Vergesellschaftung der Geschlechter ihre Spuren in Artefakten, Regelsystemen, technischem Wissen, der gesellschaftlichen Konzeption von Technik überhaupt und den Menschen hinterlassen. Ihre Ergebnisse fließen in neue sozio-technische Lösungen und neue technische Entwicklungspfade in modifizierter Form ein und prägen auch diese wiederum im Geschlechterverhältnis.

Hierbei, so meine erste hypothetische Überlegung, haben Rationalisierungs-leitbilder richtungsweisende und auch verschiedene Bewertungen synchronisieren-de Bedeutung, indem sie genau jenes im bisherigen Prozeß der Rationalisierung hervorgebrachte „Rohmaterial" in paradigmatischer Weise und nach Kriterien ökonomischer Effizienz sortiert in Vorstellungen zu neuen technischen Entwicklungs-pfaden zusammenführen. Sie sind, da sie neben der Logik der Rationalisierung und ihrem Grundprinzip auch die gesellschaftliche Erfahrung im Rationalisierungs-prozeß und mit ihm im Geschlechterverhältnis transportieren, Machbarkeits-projektionen. Hiervon grundlegend abweichende, nicht rationalisierungskonforme Vorstellungen werden vor diesem Hintergrund zu „irrationalen" Wunschbildern und sind in Aushandlungsprozessen aufgrund ihrer „Ineffizienz" und ihrer Inpraktikabilität im Vergleich zum alltäglich als machbar Erfahrenen schwer legitimierbar. In diesem Zusammenhang, so meine zweite hypothetische Überlegung, delegitimieren Rationalisierungsleitbilder feministische Vorstellungen zu alternativen technischen Entwicklungpfaden, die bisherige Rationalisierungsmethoden, die vertikale und horizontale Arbeitsteilung, die Trennung direkt und indirekt produktiver Tätigkeiten und damit den Zugang zu technologischem Know-how hinsichtlich der mit ihnen einhergehenden geschlechtshierarchischen und -spezifischen Zuweisungen, aber auch die Gleichsetzung von gesellschaftlichem Fortschritt und Männlichkeit infragestellen, als ineffizient und „versachlichen" zugleich die Debatte. Denn zwar hat die im Prinzip der Rationalisierung angelegte Effizienz die Vorrangstellung von Männern in allen gesellschaftlichen Bereichen zur Grundlage, verbirgt diese jedoch zugleich, so daß der „Sachzwang", effiziente, weil damit als machbar erfahrene Wege zu wählen, in individuellen wie kollektiven Prozessen der Auseinandersetzung zugleich legitimiert, warum diese in der Regel nicht im Interesse von Frauen verlaufen können.

Literatur

Altmann, Norbert (1992): Japanische Arbeitspolitik - eine Herausforderung, in: HBS/IGM (Hg.): Lean Production. Kern einer neuen Unternehmenskultur und einer innovativen und sozialen Arbeitsorganisation?, Baden-Baden, 24-34

Aulenbacher, Brigitte (1994): Das Geschlechterverhältnis als Gegenstand von Ungleichheitsforschung, in: Christoph Görg (Hg.): Gesellschaft im Übergang, Perspektiven kritischer Soziologie, Darmstadt, 141-157

Aulenbacher, Brigitte (1995): Die Fabrik der Zukunft und ihre geschlechtsspezifischen Konturen. Anmerkungen zur Arbeitskultur bei Lean Production und qualifizierter Gruppenarbeit, in: Ilse Dröge-Modelmog, Edit Kirsch-Auwärter (Hg.): Beharrliche Ermächtigungen. Kultur in Bewegung, Freiburg

Aulenbacher, Brigitte, Tilla Siegel (1993): Industrielle Entwicklung, soziale Differenzierung, Reorganisation des Geschlechterverhältnisses, in: Petra Frerichs, Margareta Steinrücke (Hg.): Soziale Ungleichheit und Geschlechterverhältnisse, Opladen, 65-98

Baethge, Martin (1991): Arbeit, Vergesellschaftung, Identität - Zur zunehmenden normativen Subjektivierung der Arbeit, in: Wolfgang Zapf (Hg.): Die Modernisierung moderner Gesellschaften, Verhandlungen des 25. Deutschen Soziologentages in Frankfurt a. M. 1990, Frankfurt/New York

Bednarz-Braun, Iris (1983): Arbeiterinnen in der Elektroindustrie. Zu den Bedingungen von Anlernung und Arbeit an gewerblich-technischen Arbeitsplätzen für Frauen, München

Beer, Ursula (1990): Geschlecht, Struktur, Geschichte. Soziale Konstituierung des Geschlechterverhältnisses, Frankfurt/New York

Benz-Overhage, Karin (1992): Lean Production und Gruppenarbeit, in: Peter Binkelmann, Hans-Joachim Braczyk, Rüdiger Seltz (Hg.): Entwicklung der Gruppenarbeit in Deutschland, Stand und Perspektiven, Frankfurt/New York, 172-185

Berger, Peter (1991): Gestaltete Technik. Die Genese der Informationstechnik als Basis einer politischen Gestaltungsstrategie, Frankfurt/New York

Birke, Martin (1992): Der produktions- und arbeitspolitische Umbruch als sozialwissenschaftlicher Forschungsgegenstand und gewerkschaftliches Handlungsdilemma, in: Franz Lehner, Josef Schmid (Hg.): Technik, Arbeit, Betrieb, Gesellschaft. Beiträge der Industriesoziologie und Organisationsforschung, Opladen, 109-123

Brödner, Peter (1985): Fabrik 2000. Alternative Entwicklungspfade in die Zukunft der Fabrik, Berlin

Cockburn, Cynthia (1988): Die Herrschaftsmaschine. Geschlechterverhältnisse und technisches Know-How, Berlin/Hamburg

Demes, Helmut (1992): The Japanese Production Mode as Model for the 21st Century, in: Shigeyoshi Tokunaga, Norbert Altmann, Helmut Demes (Eds.): New Impacts on Industrial Relations, Internationalization and Changing Production Strategies, München, 469-488

Dierkes, Meinolf, Ute Hoffmann, Lutz Marz (1992): Leitbild und Technik, Zur Entstehung und Steuerung technischer Innovationen, Berlin

Diezinger, Angelika (1991): Frauen: Arbeit und Individualisierung. Chancen und Risiken. Eine empirische Untersuchung anhand von Fallgeschichten, Opladen

Eichener, Volker (1993): Chancen und Risiken anthropozentrischer Produktionssysteme als Herausforderung an ihre Gestaltung, in: von Bandemer u.a. (Hg.): Anthropozentrische Produkionssysteme, Die Neuorganisation der Fabrik zwischen „Lean Production" und „Sozialverträglichkeit", Opladen, 49-84

Fleck, James (1992): Innovation during Implementation: Configuration and CAPM, PICT Working Paper, No. 37, Edinburgh

Frerichs, Petra, Martina Morschhäuser, Margareta Steinrücke (1989): Fraueninteressen im Betrieb.

Arbeitssituation und Interessenvertretung im Zeichen neuer Technologien, Opladen

Hinrichs, Peter (1981): Um die Seele des Arbeiters, Arbeitspsychologie, Industrie- und Betriebssoziologie in Deutschland, Köln

IAT/IGM/IAO/HBS (Hg.) (1992): Lean Production Schlanke Produktion, Neues Produktionskonzept humanerer Arbeit?, Düsseldorf

Jürgens, Ulrich (1992): Lean Production in Japan: Mythos und Realität, in: IAT/IGM/IAO/HBS (Hg.): Lean Production Schlanke Produktion, Neues Produktionskonzept humanerer Arbeit?, Düsseldorf, 25-34

Kreckel, Reinhard (1992): Politische Soziologie der sozialen Ungleichheit, Frankfurt/New York

Lehner, Franz, Josef Schmid (1992): Industrielle Wettbewerbsfähigkeit und flexible Produktionssysteme - Zukunftschancen der Fabrik, in: Franz Lehner, Josef Schmid (Hg.), Technik, Arbeit, Betrieb, Gesellschaft. Beiträge der Industriesoziologie und Organisationsforschung, Opladen, 13-28

Mari, Ósawa (1992): Women and Japanese Society Today, Political Measures with Respect to Marginalized Labour Force, in: Shigegoshi Tokunaga, Norbert Altmann, Helmut Demes (Hg.), New Impacts on Industrial Relations, Internationalization and Chonging Production Strategie, München

Roloff, Christine (1993): Weiblichkeit und Männlichkeit im Feld der Technik, Zum Erwerb technischer Kompetenz, in: Brigitte Aulenbacher, Monika Goldmann (Hg.), Transformationen im Geschlechterverhältnis, Beiträge zur industriellen und gesellschaftlichen Entwicklung, Frankfurt/New York, 47-70

Rothe, Isabel (1993): Arbeitsgestaltung als Perspektive auch für Frauen? Einführung von Gruppenarbeit im CIM-Umfeld, in: Brigitte Aulenbacher, Monika Goldmann (Hg.), Transformationen im Geschlechterverhältnis, Beiträge zur industriellen und gesellschaftlichen Entwicklung, Frankfurt/New York, 71-93

Seitz, Dieter (1993): Gruppenarbeit in der Produktion. Ein Beitrag zur Systematisierung von Entwicklungsstand und -perspektiven, in: Peter Binkelmann, Hans-Joachim Braczyk, Rüdiger Seltz (Hg.), Entwicklung der Gruppenarbeit in Deutschland, Stand und Perspektiven, Frankfurt/New York, 32-73

Siegel, Tilla (1993): Das ist nur rational. Ein Essay zur Logik der sozialen Rationalisierung, in: Dagmar Reese u.a. (Hg.), Rationale Beziehungen? Geschlechterverhältnisse im Rationalisierungsprozeß, Frankfurt/M., 363-396

Wajcman, Judy (1991): Feminism Confronts Technology, Cambrigde

Wittke, Volker (1990): Systemische Rationalisierung - zur Analyse aktueller Umbruchprozesse in der industriellen Produktion, in: Jörg Bergstermann, Ruth Brandherm-Böhmker (Hg.): Systemische Rationalisierung als sozialer Prozeß, Bonn, 23-41

Womack, James, Daniel T. Jones, Daniel Roos (1991): Die zweite Revolution in der Autoindustrie, Konsequenzen aus der weltweiten Studie des Massachusetts Institute of Technology, Frankfurt/New York

Wood, Stephan (1989): The Japanese Management Model, Tacit Skills in Shopfloor Participation, in: Work and Occupations, Vol. 16, No. 4, Nov. 1989, 446-460

Magdalene Deters

Vertrauen und Rationalität: berufliche Chancen für Frauen?
Dimensionen sozialer Rationalisierung in modernen Unternehmen

Einleitung

Die Forderung nach Vertrauen ist heute in Politik und Wirtschaft in Mode gekommen. Der 'inflationäre' Gebrauch läßt ein eher diffuses Verständnis von Vertrauen vermuten, weist aber auch daraufhin, daß man mit Vertrauen offenbar Funktionen verbindet, durch die sich Situationen in einer spezifischen Weise gestalten lassen. Die Untersuchung dieser Funktionen ist das Anliegen der folgenden Ausführungen, die ich jedoch auf einen weniger weit gesteckten Rahmen, und zwar auf Arbeitsorganisationen, fokussieren werde.

Der Bedeutung von Vertrauen für die Organisation von Arbeitsprozessen wurde in der Vergangenheit in industrie- und organisationssoziologischen Forschungen relativ wenig Aufmerksamkeit geschenkt. Auch in den eigenen Untersuchungen über Veränderungen des Konstruktionshandelns durch Einsatz von Computer-Aided-Design (CAD) in Entwicklungs- und Konstruktionsabteilungen von Unternehmen,[1] die die folgenden Überlegungen angeregt haben, stand Vertrauen nicht im Mittelpunkt der Forschungsfragen. Vielmehr wurde Vertrauen im Verlauf der Untersuchung als eine relevante Größe des Arbeitshandelns und von Arbeitsprozessen 'entdeckt'. Dies trifft insbesondere für jene Arbeitsgebiete zu, die Kreativität und Handlungsspielräume sowie flexible Arbeitsabläufe voraussetzen, wie sie typisch für Forschungs-, Entwicklungs- und Konstruktionsabteilungen sind.

---

1   Die folgenden Überlegungen resultieren aus Forschungsarbeiten im Rahmen des Forschungsprojekts „Soziale Dimensionen des Konstruktionshandelns" (Leiter: Prof. Dr. R. Mackensen). Das von der DFG geförderte Projekt war als Teilprojekt der Forschergruppe „Koonstruktionshandeln" am Institut für Soziologie an der Technischen Universität Berlin angesiedelt. Die Untersuchung beschäftigte sich mit Fragen des CAD-Einsatzes (Computer-Aided-Design) und wurde mit qualitativen Methoden in Entwicklungs- und Konstruktionsabteilungen von fünf Großunternehmen verschiedener Branchen durchgeführt. Das hier zitierte Material stammt aus einer Fallstudie über ein Unternehmen mit einer normativ orientierten Organisationskonzeption (Corporate-Identity-Konzept).

Die Erkenntnis ist indessen so neu nicht, sondern schon in Unternehmenskonzepten wie dem Werksgemeinschschaftmodell[2] für strategische Zwecke fruchtbar gemacht worden. Auch in Corporate-Identity-Konzepten moderner Unternehmen, sogenannten Vertrauensorganisationen (Bleicher), spielt Vertrauen als Organisationsprinzip eine entscheidende Rolle.[3]

Vertrauen erscheint als implizites und explizites Steuerungsmedium sozialer Prozesse in Organisationen, oder als These formuliert: Vertrauen ist ein Element *sozialer Rationalisierung.* Es ist davon auszugehen, daß der Aufbau von Vertrauensbeziehungen spezifischer sozialer und struktureller Voraussetzungen bedarf, Vertrauen also mit selektiven Wirkungen korrespondiert. Vertrauen in Arbeitsprozessen impliziert, so meine Annahme, die Herstellung homogener kultureller Handlungsbedingungen und damit den Ausschluß 'fremder' Kulturen. Deshalb ist zu vermuten, daß Frauen infolge ihrer Stereotypisierung als 'fremde Kultur' insbesondere auss qualifizierten Arbeitsgebieten und entscheidungsberechtigten Positionen ausgegrenzt werden, in denen vertrauensvolle Beziehungen für das Arbeitshandeln relevant sind. Grundlegend für den Ausschluß ist die Konstruktion sozialer Realität auf der Basis tradierter geschlechterbezogener Leitbilder, die Wahrnehmungen, unabhängig von tatsächlichen Verhaltensmustern, in sozialen Prozessen steuern.

Die Verbindung von Vertrauen und sozialer Selektion bedeutet, daß Vertrauen als ein Aspekt sozialer Rationalisierung in einem zweifachen Sinn zu verstehen ist: Zum einen sollen Vertrauensbeziehungen generell Arbeitsprozesse vereinfachen und beschleunigen und zum anderen werden Vertrauensbeziehungen gefördert, indem soziale und kulturelle Homogenisierungen durch den Ausschluß von Frauen abgesichert werden.

Die Vermutungen werfen also Fragen nach beruflichen Chancen von Frauen in jenen Tätigkeitsbereichen oder Organisationen auf, die auf Vertrauen als Steuerungsinstrument zurückgreifen oder angewiesen sind. Die öffentliche Diskussion der letzten Jahre über die berufliche Situation hochqualifizierter Frauen hat deutlich gemacht, daß Frauen, unabhängig von ihrem Qualifikationsniveau, zu qualifizierten und entscheidungsrelevanten Positionen noch immer keinen oder kaum Zugang haben. Auch Erkenntnisse moderner Industrieunternehmen über die Nützlichkeit sogenannter weiblicher Fähigkeiten für Aufgaben der Personalführung oder die Einführung von Frauenförderinstrumenten erhöhten bis jetzt nicht den Anteil von Frauen in Führungspositionen. Insofern ist zu überlegen, ob Vertrauen als Organisationsprinzip Schließungsmechanismen gegenüber hochqualifizierten Frauen noch verstärkt.

Soziologische Analysen von Organisationen richten ihren Fokus schwerpunktmäßig auf die Kategorie Macht als sozialstrukturierende Dimension sozialer Pro-

2   vgl. dazu die Analyse der Werksgemeinschaftsidee von Krell (1989)
3   Vertrauen wird vorwiegend in der Bedeutung von personalem Vertrauen behandelt. Die Berücksichtigung anderer Aspekte von Vertrauen wie Systemvertrauen, das für organisationales Handeln gleichfalls zentral ist, ist in diesem Kontext nicht möglich.

zesse von Unternehmen und als Erklärungsansatz für die geringen beruflichen Chancen hochqualifizierter Frauen (vgl. dazu Witz/Savage 1992). Mit den vorliegenden Überlegungen über Vertrauen als Strukturmoment verbinde ich das Anliegen, diesen kategorialen Rahmen für die Analyse geschlechterbezogener Strukturierungsprozesse in Organisationen zu erweitern.

Ausgangspunkt der Ausführungen ist die theoretische und empirische Bedeutung von Vertrauen für individuelles und organisationales Handeln, die sich zum einen mit der Frage nach Konstitutionsbedingungen von Vertrauen verbindet und zum anderen den Zusammenhang von Vertrauen und sozialer Rationalisierung aufzeigt. Anhand einer Fallstudie über eine „Vertrauensorganisation" gehe ich auf die Frage ein, ob Frauen in solchen Organisationen bessere berufliche Chancen haben. Anschließend begründe ich anhand des Diskurses über Vertrauen und über Rationalität den selektiven Charakter von Vertrauen in Arbeitsorganisationen.

Vertrauen als Handlungsroutine in Arbeitsprozessen

Vertrauen bedeutet in der allgemeinen Definition eine generalisierte Erwartung, sich auf jemanden verlassen zu können. Vertrauen ist, so Giddens (1988), Basis von „Seinsgewißheit", „daß Natur und Sozialwelt so sind, wie sie erscheinen ..." (ebd.,431). Der Autor betrachtet Vertrauen als Element individueller Regeln und Handlungsressourcen, die sich in Handlungsroutinen widerspiegeln und das alltägliche Handeln in Organisationen bestimmen. Die Bedeutung von Vertrauen als ein Aspekt des routinisierten Handelns liegt in der Vereinfachung von Situationen, die wiederum zur Herstellung von individueller Sicherheit beiträgt.

Giddens geht von einer Wechselbeziehung zwischen individuellen und organisationalen Regeln und Ressourcen bzw. von einer Wechselwirkung zwischen Handlung und Struktur aus. Über diese Wechselbeziehung sind Akteure an der Reproduktion organisierter sozialer Systeme und an ihren Ausprägungen beteiligt, so daß auch Vertrauen als ein Aspekt des individuellen, routinisierten Handelns organisationales Handeln mitbestimmt; Vertrauen entwickelt sich als Ergebnis sozialer „Praktiken" und ist insofern ein Element bzw. ein Strukturmoment organisationaler Handlungsbedingungen.

Vertrauen ist also ein individuelles und organisationales Steuerungsinstrument für die Regulierung unberechenbarer, weil nicht überschaubarer Situationen. Gondek und Heisig (1991, Heisig 1989) heben in ihren Ausführungen über Vertrauen in Arbeitsprozessen, ähnlich wie Giddens, die Entwicklung von Vertrauen über eine gemeinsame Praxis hervor. Danach erscheint Vertrauen weder diskursfähig noch als Ergebnis strategischen bzw. intentionalen Handelns, sondern setzt die Freiheit des Handelns voraus.

Dieser Gedanke knüpft an den philosophischen Diskurs an, in dem Freiheit als wesentliche Konstitutionsbedingung von Vertrauen gesetzt wird. Ohne Freiheit ist nach Schottländer (1957) kein Vertrauen möglich; aber Freiheit bedeute gleichzeitig Unsicherheit, die über Vertrauen reduziert werden könne. Vertrauen vermittelt demnach zwischen Freiheit und Unsicherheit und erleichtert die Herstellung von Sicherheit.

Diese Dimension von Vertrauen heben vor allem moderne Unternehmen bzw. 'Vertrauensorganisationen' hervor, wie das folgendes Zitat aus einer Broschüre erkennen läßt:

> „Vertrauen heißt auch Sicherheit geben, Unternehmenssicherheit durch Gewinn, durch Vertrauen in die Führung, durch Sorge um die Mitarbeiter, durch vertrauensvolle Zusammenarbeit, durch Zuversicht in die Zukunft."

Neben Sicherheit erfüllt Vertrauen die Funktion, die Komplexität sozialer Handlungen und sozialer Systeme zu reduzieren bzw. Situation zu vereinfachen, wie Luhmann (1973) in seiner Studie über Vertrauen betont. Der Autor charakterisiert Vertrauen als zentralen Kommunikationsmodus in Arbeitsorganisationen und begründet dies mit der reduzierten Fähigkeit von Individuen, komplexes Wissen und komplexe Informationen verarbeiten zu können. Um die eigene Handlungsfähigkeit zu erhalten, müsse der Mensch, so Luhmann, auf die Vermittlung richtiger Informationen vertrauen. In dem Zusammenhang erscheint nicht nur Freiheit, sondern auch Reziprozität für die Entwicklung von Vertrauen und für die damit erhoffte Herstellung von Sicherheit konstitutiv.

Dies gilt besonders für jene Arbeitsgebiete wie Forschungs-, Entwicklungs- und Konstruktionsarbeiten, die sich als wissens- und informationsverarbeitende Prozesse charakterisieren lassen. Wesentliche Grundlage des Arbeitshandelns ist Kommunikationsarbeit, d.h. die Einbindung in soziale Netzwerke. Sozialen Netzwerken unterliegt die Eigenschaft, Verständigung unkompliziert und schnell herstellen zu können (Deters/Helten 1989), setzt aber wechselseitig akzeptierte Reziprozitätsprinzipien voraus (vgl. Gouldner 1984). Es wird sowohl auf die Richtigkeit von Informationen als auch auf ihren äquivalenten Austausch vertraut. Arbeitsbezogene Netzwerke sowie Umstrukturierungen von Arbeitsprozessen durch Gruppen-, Team- und Projektarbeit bedürfen zudem der Sicherheit einer gemeinsamen Verständigungsbasis.

Die Arbeitsformen fördern die Informalisierung von Strukturen und den Aufbau sozialer Netzwerke, wodurch sich nicht nur formale Kontakte vereinfachen, sondern sich für das Unternehmen auch informelle, freundschaftliche Kontakte als Ressource für den Arbeitsprozeß erschließen. Die Kooperationsformen 'erzwingen' vertrauensvolle Arbeitsbeziehungen, zumal Ingenieure z.B. auf die schnelle Vermittlung der für ihre Arbeit erforderlichen Informationen angewiesen sind. Insofern steht die Entwicklung kooperativer Arbeitsformen in einem engen Zusammenhang mit der Institutionalisierung von Vertrauen als Strukturmoment.

Die Bedeutung von Interaktion, Kommunikation und Kooperation im Arbeitsprozeß sowie die der Qualität des Beziehungsgeflechtes arbeitsbezogener Netzwerke
wird insbesondere im Rahmen der Diskussion über soziale Rationalisierung betont.
Als eine Grundlage für erfolgreiches unternehmerisches Handeln gilt die „Optimierung" sozialer Prozesse durch eine „geschickte" Verbindung subjektiver und unter-
nehmerischer Bedürfnisse bzw. durch die „Anpassung des Menschen an den Mitmen-
schen" (Mayer 1951, 18).

Diese Dimension sozialer Rationalisierung gewinnt in der gegenwärtigen
industriesoziologischen Diskussion wieder an Aktualität. Rock et.al. (1990) verweisen auf die Bedeutung der „gegenseitigen Anerkennung von Personen als mündige,
zum vernünftigen Reden fähige Subjekte". Die Autoren sprechen nicht nur von
„kommunikativen Rationalisierungsmustern", sondern fordern auch die Realisierung
„diskursiver Problemlösungen" (ebd., 64). Ihre Empfehlungen zur Effektivierung
organisationalen Handelns basieren also im Prinzip auf der besseren Ausschöpfung
von Humanressourcen, eine Intention, die sich in den erwähnten Überlegungen zur
sozialen Rationalisierung aus den 50er Jahren schon ausdrückt und in modernen
Unternehmen, die Vertrauen als Organisationsprinzip nutzen, bereits umgesetzt
worden ist.

Kontrolliertes Vertrauen als Organisationsprinzip

Luhmann differenziert Vertrauen in „Vertrauengewähren" und „Vertrauensseligkeit".
„Vertrauengewähren" definiert er als selbstreflexive und kontrollierte Handlung,
„Vertrauensseligkeit" dagegen als unkontrollierte, einseitig gerichtete und nicht auf
Einhaltung von Reziprozitätsnormen bedachte Handlung. Auf Grund dessen er-
scheint „Vertrauensseligkeit" gleichbedeutend mit Naivität oder, zugespitzt formu-
liert, mit Dummheit. Vertrauen in Arbeitsprozessen ist nach Luhmann daher im Sinne
von „Vertrauengewähren" zu verstehen und impliziert Kontrolle auch bezüglich der
Einhaltung von Reziprozitätsregeln. Dieser Aspekt, d.h. Kontrolle als Basis von
Vertrauen in Organisationen, wird mit dem folgenden Zitat aus der Untersuchung
bestätigt:

> „Wenn wir von unserer Unternehmenskultur sprechen, sagen wir, da ist eine ethische
> Grundlage dahinter, die heißt Vertrauen. Wenn Sie Vertrauen geben wollen, dann müssen
> Sie Respekt, Sie müssen die Würde des Mitarbeiters anerkennen, da müssen Sie absolut
> offen sein, Sie müssen partnerschaftlich mit dem zusammenarbeiten...". „Das heißt
> andererseits auch „hart" sein gegen „Schmarotzer"", denn: „wir sagen: wir arbeiten
> vertrauensvoll zusammen und wir wollen, daß ihr Freiräume habt. Aber derjenige, der das
> mißbraucht, gegen den muß man einfach hart sein".

Bestätigt das Zitat Vertrauen als ein Ergebnis gemeinsamen Handelns, so belegt es
darüber hinaus den Aspekt der Intentionalität, der beabsichtigten Herstellung vertrau-

ensvoller Arbeitsbeziehungen, verknüpft mit Kontrolle über die Erfüllung von Pflichten und Erwartungen. In der idealen Konstruktion vertrauensvoller Beziehungen ist die Einhaltung von Regeln und Reziprozitätsnormen zwar grundsätzlich freigestellt, angesichts zu erwartender negativer Sanktionen, wenn den Erwartungen nicht entsprochen wird, erscheint die Freiheit jedoch nur als eine relative. Die Entwicklung von Vertrauen durch alltägliche Interaktionen und Kooperationen kann in „Vertrauensorganisationen", anders als Gondek und Heisig dies interpretieren, also mit strategischem und intentionalem Handeln verknüpft sein. Vertrauen als Strukturmoment und Organisationsprinzip erhält hier den Sinngehalt von „Vertrauengewähren" und ist als kontrolliertes (eingeschränktes) Vertrauen zu verstehen.

„Vertrauensorganisationen" zeichnen sich durch die Flexibilisierung formaler und arbeitsbezogener Strukturen aus. Neben Projektorganisation und Informalisierung formaler Strukturen bezieht sich die Flexibilisierung auf die Abflachung der Hierarchiepyramide (lean management) sowie auf die Gewährung relativ großer Entscheidungs- und Handlungsspielräume in kreativen Arbeitsprozessen. Interaktions- und Kooperationsbeziehungen sind zwar formal geregelt, stützen sich jedoch wegen der Vielfalt zu verarbeitender Informationen und regelmäßig auftretender Zeitzwänge vor allem auf personales Vertrauen. Zudem werden fachliche, soziale und kommunikative Kompetenzen gefördert und intrinsische (arbeitsbezogene) Motivationen stimuliert. Auf technische Kontrollformen kann wegen des personalpolitischen, auf sozialpsychologischen Erkenntnissen basierenden Instrumentariums weitgehend verzichtet werden. So wird in den Veröffentlichungen des Unternehmens die geringe Nutzung technischer Kontrollen bzw. der Verzicht auf Stechuhren als Beweis für das Vertrauen des Unternehmens in seine Beschäftigten werbewirksam dargestellt. Mitarbeiter selbst erkennen die Maßnahme durchaus als betriebsklimatische Verbesserung an, ohne damit verbundene ökonomische Vorteile für das Unternehmen zu vergessen wie die von Mitarbeitern nicht berechneten Überstunden. Ersetzt werden technische Kontrollmaßnahmen durch das Prinzip des Selbstaufschreibens und durch soziale Kontrollformen. Zu den letzteren gehören ideologisch orientierte Einbindungsstrategien wie ein unternehmensspezifisches Normen- und Wertesystem, „gegenseitiges Vertrauen" und `sich selbst organisierende' Anwesenheits- und Arbeitskontrollen in räumlich übersichtlich gestalteten Großraumbüros.

Kritisch interpretiert, bedeutet dies, daß das ohnehin existierende Abhängigkeitsverhältnis zusätzlich auf der affektiven Ebene verankert wird, und die Beschäftigten doppelt eingebunden werden. Es handelt sich - zugespitzt formuliert - um ein Modell des ganzheitlichen Zugriffs bzw. der betriebswirtschaftlichen Rundumnutzung der Beschäftigten (vgl. Krell 1989) im Sinne der genannten sozialen Rationalisierungsprinzipien, Rationalisierungserfolge durch die Optimierung des „Subjekt-Subjekt Verhältnisses" zu erreichen.

Werden damit einerseits Arbeitsprozesse effektiviert, so gewinnt Vertrauen als Medium zur Herstellung von Sicherheit andererseits auch deshalb einen zentralen

Stellenwert, weil die allgemein „turbulente" Marktsituation innovativer Unternehmen interne flexible Strukturen erfordert. Diese doppelte Flexibilisierung schafft, im Vergleich zu bürokratisierten Strukturen, ein höheres Maß an Unsicherheiten, so daß der Aufbau von Vertrauensbeziehungen sich als Eingrenzungs- und Kontrollmodell von Unsicherheiten und als Organisationsprinzip`anbietet'. Unter diesem Aspekt kann man von einem ökonomisch „erzwungenen Vertrauen" sprechen. Denn Vertrauensbeziehungen erscheinen als „ein Muß", um marktbedingten Flexibilitätsanforderungen gerecht werden zu können (Deters/Helten 1992, 83).

Personales Vertrauen erleichtert in seiner Regulierungs- und Steuerungsfunktion sozialer Prozesse somit die Herstellung von Sicherheit in flexibel organisierten Arbeitsabläufen und auch ihre Effektivierung. Die Wirkungen beruhen nicht zuletzt auf der Förderung intrinsischer Motivationen, die sich in produktbezogenen Qualitätssteigerungen und geringeren Personalkosten durch Senkung der Fluktuationsrate des Personals niederschlagen.

Insofern sind normativ orientierte Unternehmen ein Beispiel für den (erfolgreichen) Versuch, Vertrauen über strategisches Handeln zu generieren und zugleich strategisch einzusetzen, weil, wie Deutschmann (1989) am Beispiel des japanischen „Clan-Modells" zeigt, sich über Vertrauen das Ziel einer „produktiven Effizienz" realisieren läßt.

Berufliche Chancen von Frauen in Vertrauensorganisationen?

In der Frauenforschung wurden in der Vergangenheit mit 'Vertrauensorganisationen' vielfach Hoffnungen auf erweiterte berufliche Chancen für Frauen verbunden, zumal Unternehmen auch generelle soziale Gleichstellungen postulieren. Gleichfalls ließen Verlautbarungen über neue Arbeitsanforderungen an Führungskräfte eine Aufwertung von als typisch weiblich charakterisierten Fähigkeiten und damit eine Förderung des beruflichen Zugangs und Aufstiegs von Frauen erwarten (Brumlop 1992). Unternehmen betonten insbesondere soziale und kommunikative Kompetenzen als Voraussetzung nicht nur für Führungspositionen, sondern ebenso für hochqualifizierte und -bezahlte Tätigkeitsgebiete; von Frauen wurden und werden diese Kompetenzen gemeinhin als extrafunktionale Qualifikationen ohne finanzielle Gratifikationen verlangt. Auch in dem untersuchten Unternehmen äußerten sich Interviewpartner entsprechend über zukünftige Anforderungen an den Führungsstil:

> „Neben Fachwissen sind Integrationskraft, Motivationskraft, Gefühl - auch im Sinne des ganzheitlichen Denkens - gefordert. Dabei sind diese Fähigkeiten weiblichen Führungskräften von Natur aus eher eigen". „... wir brauchen nicht nur den Fachmann, den Team-Player, sondern denjenigen, der Teams führen kann und das ist eben eine Frauenrolle".

Die praktische Umsetzung der in dem Zitat geäußerten Anforderungen möchte ich anhand einiger Daten zur beruflichen Situation in dem Unternehmen eingestellter Frauen veranschaulichen.

Nach Angaben des Unternehmens geht der Anteil weiblicher Beschäftiger mit Aufgaben der „Mitarbeiterführung" über die durchschnittliche drei Prozent Grenze hinaus; der Anteil bleibt aber auf Gruppen- und Abteilungsleitungen begrenzt, die noch nicht dem klassischen Management zuzurechnen sind. Die unternehmenseigene Statistik weist dagegen keine weiblichen Mitglieder auf den höheren Managementebenen auf.

Um berufliche Chancen einschätzen zu können, sind außer der prozentualen Verteilung in Managementpositionen auch Daten über die geschlechterbezogene Zusammensetzungen in den Sachbearbeitungspositionen mit Ingenieuraufgaben relevant. Diese Tätigkeitsgebiete bilden in dem Unternehmen die Basis für berufliche Karrieren. Hier beträgt der Anteil von Frauen 9%, der im Vergleich zu anderen Unternehmen relativ hoch ist. Die Angaben sind jedoch nicht nach Berufen und Tätigkeitsgebieten aufgeschlüsselt, und es bleibt unklar, ob Mitarbeiterinnen mit anderen Qualifikationen z. B. für die Technische Zeichnung und/oder für das Sekretariat in den Angaben eingeschlossen sind. Es ist eher von einem geringeren Anteil von Ingenieurinnen in den Sachbearbeitungspositionen auszugehen. Das gleiche Problem stellt sich hinsichtlich der Angaben über den Anteil von beschäftigten Frauen in der Verwaltung des Unternehmens; er beträgt 47%. In der Statistik fehlt eine differenzierte Darstellung über von Frauen besetzte Positionen, und es ist anzunehmen, daß sie überwiegend im Bereich von Zuarbeiten angesiedelt sind.

Der geringe Prozentsatz an weiblichen Führungskräften erklärt sich nach Angaben von Interviewpartnern mit dem hohen Bedarf an Ingenieurqualifikationen, die in den Sachbearbeitungspositionen und auf allen Managementebenen dominieren. Frauen, so die Aussage, verfügen - mit Ausnahme der Informatik - kaum über entsprechende Qualifikationen. Der Bedarf an „weiblichen Führungsfähigkeiten" läßt sich außerdem, wie das Weiterbildungsprogramm des Unternehmens zeigt, in Zukunft von männlichen Beschäftigen abdecken, die sich die Fähigkeiten über entsprechende angebotene Trainings aneignen können. (vgl. dazu Deters/Weigandt 1987, Brumlop 1992, Weber 1992).

Das Unternehmen bietet nach eigenen Angaben Maßnahmen zur Förderung von Frauen an, die es jedoch bewußt nicht schriftlich fixieren will. Das bedeutet zugleich, daß Mitarbeiterinnen keine rechtlichen Ansprüche daraus ableiten können. Bei genauerer Analyse sind diese Maßnahmen wie Flexibilisierung von Arbeitszeiten, Einrichtung von Zeitkonten, die z.B. für Weiterbildungen in Anspruch genommen werden können, keine speziell für Frauen entwickelten Instrumente, sondern stehen allen Beschäftigten zur Verfügung. Die Arbeitszeitregelung von wöchentlich 40 Stunden verbunden mit der Einrichtung von Zeitkonten für regelmäßig anfallende Überstunden führte man sogar gegen die Interessen von Frauen mit Kindern ein, die mit der generellen Einführung der 37,5 Stunden Woche eine tägliche Verkürzung der Arbeitszeit befürwortet hätten.

Unabhängig von den Plänen zur Frauenförderung, können Prinzipien wie Mitverantwortung der Beschäftigten für Arbeitsprozesse und Eigenverantwortung für die persönliche berufliche Entwicklung sowie beabsichtigte Modernisierungsmaßnahmen wie die Reduzierung der mittleren Hierarchieebenen die Realisierung von Aufstiegschancen für Frauen konterkarieren. Das Modell der Selbstverantwortung eignet sich als Legitimation für die im allgemeinen beruflich geringe Positionierung der weiblichen Beschäftigten - frei nach dem Sprichwort: „Jeder/Jede ist seines/ihres Glükkes Schmied". Die Reduzierung von Hierarchieebenen verschärft die Konkurrenz um die verbliebenen Leitungspositionen, die sich noch durch die Erweiterung von Leitungsspannen, d.h. der Anzahl von Mitarbeiterinnen und Mitarbeitern, und der damit verknüpften Erhöhung von Machtpotentialen verstärkt. Der größere Konkurrenzdruck und die Verfügung über höhere Machtpotentiale in den reduzierten Leitungspositionen senkt die ohnehin schon geringen beruflichen Aufstiegschancen von Frauen.

Die berufliche Situation qualifizierter Frauen stellt sich in dem zitierten Unternehmen also kaum anders dar als in „normalen" nicht als „Vertrauensorganisationen" etikettierten Unternehmen. Die beschriebenen Handlungsprinzipien in Verbindung mit geplanten strukturellen Maßnahmen lassen zudem vermuten, daß die Aufstiegschancen von Frauen nicht größer, sondern eher geringer werden.

Ob die Reproduktion gleicher Strukturen intendiert ist und man Frauen bewußt ausgeschließt, oder inwieweit es sich hier um eine 'routinisierte', dem Bewußtsein nur bedingt zugängliche Reproduktion tradierter Strukturen handelt, ist kaum zu beantworten. Gleichwohl fragt sich, ob eine Heterogenisierung qualifizierter Positionen beispielweise durch die erfolgreiche Anwendung von Frauenförderinstrumenten nicht gegenteilige Wirkungen hätte. Denn es ist anzunehmen, daß eine Steigerung des Anteils qualifizierter Frauen die kulturellen Bedingungen von Arbeits- und Vertrauensbeziehungen verändert, weil Frauen als 'fremde Kultur' das für Vertrauensbeziehungen typische Muster homogener Strukturen stören würden. Heterokulturelle Milieus in Tätigkeitsbereichen, die Vertrauen als Kommunikationsmodus voraussetzen, scheinen eher den Bedingungen für die Wirksamkeit der Rationalität des Vertrauens, d.h. der Effektivierung des Arbeitshandeln, zu widersprechen. Unter diesem Blickwinkel entspricht die Ausgrenzung hochqualifizierter Frauen aus Vertrauensbeziehungen und somit die Reproduktion 'monokultureller' Milieus der Organisationslogik, weil soziale Schließungsprozesse die mit sozialen Rationalisierungsmaßnahmen intendierte „Optimierung des Subjekt-Subjekt-Verhältnisses" unterstützen.

Diese Aussagen will ich im folgenden mit der Analyse der sozialen Struktur von Vertrauensverhältnissen und den Implikationen der ihnen zugrundeliegenden Begriffen „Treue" und „Rationalität" erläutern.

Treue, Vertrauen, Rationalität: ein männliches Kommunikationsmodell?

Vertrauen als Organisationsprinzip und Instrument sozialer Rationalisierung ist, wie ich vorne schon angedeutet habe, kein neues, sondern ein wieder entdecktes arbeitsorganisatorisches Konzept. Schon in der Vergangenheit verknüpffte man mit Vertrauen effizienzsteigernde Wirkungen des Arbeitshandelns, ging aber von spezifischen sozialen Strukturmustern von Vertrauensbeziehungen aus. Die Muster lassen sich beschreiben als geschlechtshomogene bzw. 'monokulturelle' soziale Beziehungen mit komplementären, aber hierarchisch geordneten Strukturen, die zudem Rationalität als personale Eigenschaft voraussetzen.

Ansatzpunkt der Charakterisierung ist die frühe Darstellung arbeitsbezogener Vertrauensbeziehungen als Treue-Vertrauensverhältnisse, die eine Verbindung zwischen Vertrauenskonzepten und Herrschaftskonzepten nahelegen. Auch der von Luhmann genannte Begriff „Vertrauengewähren" und der damit verbundene Zusammenhang von Vertrauen und Kontrolle ist in diesem Sinne interpretierbar. Geht man von einer Tradierung von Deutungsmustern aus, liegt das Treue-Vertrauensverhältnis auch gegenwärtigen Vertrauensbeziehungen in Arbeitszusammenhängen zugrunde, zumal Loyalitätsverpflichtungen der Beschäftigten gesetzlich verankert sind.

Schon Machiavelli (1513, 1978) beschäftigt sich mit der Frage, wie Vertrauen in Arbeitsbeziehungen aufgebaut und das Subjekt-Subjekt-Verhältnis optimiert werden kann, wobei seine Überlegungen von herrschaftsabsichernden Gesichtspunkten getragen sind. Machiavellis Ideen über - sozialverträgliche - Maßnahmen, die die Treue „des Mitarbeiters" zum Wohle „des Herrschers" garantieren sollen, weisen dabei bemerkenswerte Parallelen zu vorne genannten modernen Managementinstrumenten auf. So schlägt er ein Kontroll- und Anreizsystem vor, welches über materielle Bindungen und Förderung intrinsischer Motivationen einerseits Abhängigkeiten verstärkt und andererseits Treueleistungen von Mitarbeitern gewährleistet. Treue betrachtet er als freiwillige Leistung, die aber zugleich Voraussetzung für das Gewähren von Vertrauen seitens des „Herrschers" ist, auch wenn dieser Treue mit materiellen und ideellen Mitteln stimulieren muß. Treue und Vertrauen bedingen sich also, wobei das Verhältnis hierarchisch geordnet ist.

Nach Wundt (1886) steht die „sittliche Verpflichtung" abhängig Beschäftigter zur Treue zwar außer Frage, aber der „disziplinierende Mechanismus vorgeschriebener Arbeiten", Zeitmangel und geringe Beschäftigungsalternativen (ebd.,515) scheinen Treueleistungen eher förderlich.

Noch in der jüngeren Zeit wird eine hierarchische Ordnung in Vertrauensbeziehungen vorausgesetzt, wie die Beschreibung, die im übrigen den Gedanken des nationalsozialistischen Führer-Gefolgschaftsprinzip aufnimmt, im Handbuch für Soziologie von 1956 deutlich macht:

„...die sich anvertrauende Hingabe jeder Gefolgschaft an ihre Führer...(bietet) in einer hierarchischen Ordnung für jeden Gefolgsmann eine Lebensergänzung und Lebenserhöhung" (ebd.,828f).

Der Begriff „anvertrauen" weist aufgrund des gemeinsamen Wortstamms von „trauen" und „Treue" auf Treueleistungen als Strukturmuster des Führer-Gefolgschaftsverhältnisses hin. Der Ausdruck „anvertrauende Hingabe" selbst impliziert paradoxerweise, daß freiwillige Treue prinzipiell nur als unter Männern möglich gedacht wird; auf dieser Voraussetzung basieren wohl auch die Ideen von Machiavelli, wenn man die strukturellen Ausprägungen gesellschaftlicher und geschlechterbezogener Beziehungen seiner Zeit berücksichtigt.

Grundlegend für die Annahme ist der dem Treuebegriff verbundene Subtext, d.h. nicht verbalisierte oder verbalisierungsfähige aber selbstverständliche und als verbindlich geltende Eigenschaftsanforderungen an jene, von denen Treue erwartet wird. Zwar wecken „Treue" ebenso wie „anvertrauende Hingabe" im Alltagsverständis Assoziationen mit sogenannten weiblichen Attributen, so daß meine These über die Unvereinbarkeit von Treue und weiblichen Treueleistungen auf Unverständnis stoßen dürfte.

Die Unvereinbarkeit leitet sich ab aus den Unterschieden von Eigenschaften, die einerseits für die Erfüllung von Treue erforderlich sind und andererseits aus den Eigenschaften, die Frauen und Männern aufgrund der geschlechterbezogenen Leitbilder zugeschrieben sind. Treue setzt nach religionsphilosophischen Beschreibungen Beständigkeit, Stetiigkeit und Beharrlichkeit der Hingabe voraus. Treue, so die Ausführungen, verlange Willen, Selbstbeherrschung, Opfer und Verzicht und bewähre sich erst in der Erprobung. Als Gegensatz zu Treue wird Leidenschaft und Unbeständigkeit genannt. (Evangelisches Kirchenlexikon 1958/59, Lexikon zur Bibel 1960)

Leidenschaft (Hoffmeister 1955) differenziert sich in verschiedene Dimensionen wie Leidenschaft im Beruf oder spontane und unbeständige Affekte. Während Leidenschaft im Beruf als männliches Syndrom anerkannt ist und eine gewisse Beständigkeit verrät, gelten spontane und unbeständige Affekte, also Treueanforderungen gegensätzliche Eigenschaften, als typisch weibliche Verhaltensweisen. Die Zuschreibungen beruhen weitgehend auf der Ontologisierung geschlechtsspezifischer Eigenschaften im Verlauf des Rationalitäts- und Wissenschaftsdiskurs des 19. Jahrhunderts (Hausen 1978). Typisch männliche Eigenschaften sind danach: Aktivität, Instrumentalität, Rationalität, Durchsetzungsfähigkeit sowie distanziert-abstraktes Denken. Als typisch weiblich erscheinen dagegen Passivität, Expressivität, Emotionalität, Sicherheitsbedürftigkeit und konkret-sinnliche Orientierungen. Ausdruck der überwiegend negativen weiblichen Charakterbeschreibung sind überdies die Metaphern von der Frau als Schlange bzw. als Eva, d.h. die Frau ist falsch, verführerisch, unberechenbar und unzuverlässig. (Aristoteles, Riehl, Freud, Weininger)

Danach weist die soziale Konstruktion des weiblichen Geschlechtscharakters die Frau als nicht treuefähig aus. Dies verband sich in der Geschichte mit praktischen Auswirkungen auf ihren gesellschaftlichen Status und ihre Lebenssituation. Sie war nicht nur aus den für die Erbringung freiwilliger Treueleistungen konstitutiven öffentlich-wirtschaftlichen Räumen ausgeschlossen, sondern Treue wurde ihr auch gesetzlich vorgeschrieben und ihr Treuebruch wurde rechtlich sanktioniert. Besonders deutlich werden Einschränkungen in dem bis 1918 gültigen Eheverbot für Beamtinnen, eine Vorschrift, die für Männer keine Geltung hatte. Das Eheverbot läßt sich daher in zweifacher Weise interpretieren: Zum einen wurde von Frauen freiwillige Treueleistungen nicht erwartet, die deshalb gesetzlich erzwungen werden sollten. Zum anderen verlangt Treue die „Hingabe" an nur einen „Herrn" - eine Forderung, die berufstätige verheiratete Frauen nicht erfüllen konnten und können. Denn sie unterstanden (bis in die 1970er Jahre) als Ehefrauen vorrangig der gesetzlich sanktionierten Autorität des Ehemannes und verfügten nicht über die Eigenständigkeit, berufliche oder finanzielle Entscheidungen ohne seine Zustimmung treffen. Die an Treueleistungen gebundenen Eigenschaften widersprechen den gesellschaftlich festgeschriebenen Rollenerwartungen und den tradierten ideologischen Vorstellungen über den Geschlechtscharakter der Frau. Freiwillige Treue wurde und wird Frauen nicht `zugetraut'.

Ausschlaggebend für die Kategorisierungen der Geschlechter ist nach Horkheimer und Adorno (1955) die Polarisierung in rational und emotional handelnde im Verlauf des Rationalitätsdiskurses im 19. Jahrhundert. Diesen deuten die Autoren als gesellschaftlichen Rationalisierungsprozeß, in dessen Kontext die Basis für eine „funktionsgerechte Zuschneidung" des Menschen für zukünftige Anforderungen der wirtschaftlichen Entwicklung gelegt worden ist. Denn die Bestimmung von (männlicher) Rationalität und (weiblicher) Emotionalität entspreche weitgehend dem Rationalisierungsprozessen inhärenten Moment der Dekonstruktion von Handlungsprozessen und ihrer funktional gerechten Rekonstruktion. Die Autoren betrachten die Rekonstruktion jedoch als mißglückt, weil eine solche grundsätzlich nur defizitär sein könne und nach und nach durch Ergänzungen und Anlagerungen wieder ausgeglichen werden müsse.

Gleichwohl hat sich nach Horkheimer und Adorno Rationalität als generalisiertes Handlungsmuster und eine daran angepaßte generelle Umwertung gesellschaftlicher Werte durchgesetzt, wobei sie den Wertewandel als Konstitutionsbedingung für das gesellschaftliche Über- und Unterordnungsverhältnis zwischen den Geschlechtern interpretieren. Die Aussage begründen sie mit der Stigmatisierung der Frau als „das Andere" und der sich in der Ideologisierung der Gefühle ausdrückenden Verachtung der Frau, denn in der „Formalisierung der Vernunft" sei das „Verdikt über die Gefühle" eingeschlossen (ebd.,112).

Die soziale Konstruktion des weiblichen Charakters läßt sich daher als Versuch interpretieren, die Frau in ihrer Unberechenbarkeit berechenbar zu machen, wie generell die Systematisierung der Geschlechter und die Zuweisung gesellschaftlicher Räume einer Effektivierung des sozialen und wirtschaftlichen Handelns gleichkommt (vgl. Aulenbacher/Siegel 1993, Reese u.a. 1993). Darüber hinaus unterstellt die prinzipielle Verbannung der Frau in den privaten Raum und ihre Konstruktion als ein von Gefühlen beherrschtes Naturwesen ihre Unfähigkeit zur Erbringung freiwilliger Treueleistungen, was zugleich die Herrschaft des Mannes über die Frau rechtfertigte. Denn diese scheinen nicht nur im Kontext öffentlicher Räume möglich, sie erfordern auch rational orientierte, also nicht weibliche, Eigenschaften (Selbstbeherrschung, Wille). Die Zuordnung von Rationalität als ein männliches Handlungsmodell impliziert insofern die Bindung des arbeitsbezogenen Treue-Vertrauens-Verhältnisses an Rationalitätskriterien, die aufgrund der sozialen Konstruktion theoretisch nur von Männern erbracht werden können.

Es stellt sich nun die Frage nach der Bedeutung des Leitbildes für die Integration von Frauen in Arbeitsorganisationen, in denen sowohl das Rationalitätsmodell wie auch entsprechende Treue/Loyalitätsleistungen die Handlungsbedingungen bestimmen. Der Rationalitätsanspruch setzt sich unabhängig von der in Organisationen tatsächlich vorherrschenden Vielfalt von Handlungsmodellen durch, die zwar die Frage berechtigt erscheinen lassen, ob Rationalität überhaupt eine handlungsleitende Bedeutung hat und die Systematisierung bzw. Rationalisierung des Menschen jemals erfolgreich war. Dennoch fungiert Rationalität als Kommunikationscode (Luhmann) und als Legitimationsmuster für individuelles und organisationales Handeln (Türk 1989), auch wenn eine objektive Definition von Rationalität nicht möglich ist, wie der von Simon (1947) entwickelte Ansatz der „bounded rationality", der begrenzten Rationalität, deutlich macht. Rationales Handeln bestimmt sich nach Simon vielmehr als eines, das auf individuell verarbeitbaren Informationen aufbaut, weil, worauf auch Luhmann hinweist, die individuelle Informations- und Wahrnehmungskapazität begrenzt ist. Hinzu kommt die Verarbeitung von Informationen vor dem Hintergrund individuell geprägter Orientierungsmuster, so daß Divergenzen in der Interpretation von Informationen auftreten. Unter diesem Blickwinkel sind Rationalitätskriterien relativ diffus, was sich im beruflichen Alltag darin ausdrückt, daß gleichartiges Handeln beider Geschlechter als einerseits rationales Handeln seitens des Mannes bewertet und andererseits als emotionales Handeln seitens der Frau abgewertet wird. Hier spielen die sozial konstruierten, geschlechterbezogenen Bewertungsmaßstäbe eine wichtige Rolle, so daß Frauen in ihrem Verhalten den (eher fiktiven) Rationalitätskriterien kaum jemals gerecht werden können.[4]

Die Entwicklung von Rationalität als primäres gesellschaftlich legitimiertes Handlungmuster bedeutet jedoch auch, daß die Charakterisierung des Treue-Vertrauens-Verhältnisses um den Aspekt der Rationalität zu erweitern ist. Rationalität als

---

4   Betonen möchte ich hier, daß Selbstbilder von Frauen z.B. in leitenden Positionen den gesellschaftlichen Leitbildern und auch Fremdbildern häufig widersprechen. Vgl. dazu Deters/Weigandt 1987

eine Voraussetzung für ein derartiges Verhältnis begründet, über die schon genannten Aspekte hinaus, seine Konstruktion als eine für Männer gedachte Beziehung.

Vertrauen und die Selektion von Unberechenbarkeit

Die Herstellung von Zuverlässigkeit (Treue) und Berechenbarkeit einer Person ist eine wichtige Dimension für arbeitsbezogene Vertrauensbeziehungen und setzt gemeinsame Regeln oder Kenntnis der Regeln voraus. Frauen repräsentieren *scheinbar* eine andere Kultur mit anderen Regeln und symbolisieren infolgedessen Unberechenbarkeit. Das Fremdbild, verbunden mit der gesellschaftlich generierten Geschlechterhierarchie, dominiert Orientierungsmuster in Organisationen und reproduziert sich stetig über organisationales Handeln. Unternehmen stabilisieren also gesellschaftliche Traditionen und Strukturen,[5] ein Vorgang, der mit Giddens (1988) als routinisiertes Handeln interpretierbar ist. Probleme des routinisierten Handelns liegen in der geringen Reflexionsfähigkeit dessen, was man tut, so daß die identische Reproduktionen von Strukturen Veränderungen geschlechterbezogener sozialer Ungleichheiten erschweren.

Die Aufrechterhaltung dieser sozialen Ungleichheiten beschreibt Ferguson (1985) als „homosexuelle Reproduktion" von Verhaltensmustern. Sie charakterisiert mit dem Begriff die Normierung von Interaktions- und Kommunikationsmustern in Arbeitsverhältnissen, die die Berechenbarkeit und Reduktion organisationeller Unsicherheiten erleichtert und sich als vertrauenbildende Maßnahme deuten läßt. Die Normierung bietet indessen kaum Chancen zur Veränderung der geschlechterbezogenen Leitbilder (vgl. Teubner 1992, Gildemeister/Wetterer 1993 im Hinblick auf Professionalisierungsprozesse). Eine wichtige Funktion übernimmt dabei die Zuschreibung von Rationalität als typisches männliches Handlungsmuster, und die Annahme, daß Rationalität nur *männlichen* Milieus als Kommunikationscode unterlegt ist. Sicherheit stellt sich aufgrund vermeintlicher - und vielleicht auch tatsächlich vorhandener - gleichartiger und somit berechenbarer Orientierungs- und Handlungsmuster in monokulturellen Milieus leichter her. Angesichts zunehmender externer und interner Unsicherheiten und zeitbezogener Zwänge liegt die Schlußfolgerung nahe, daß die Legitimation gerade für Arbeitsprozesse gilt, die aufgrund ihrer offenen Struktur auf Vertrauen und Kommunikation als Medien zur Herstellung von Sicherheit und Beschleunigung von Arbeitsabläufen angewiesen sind.

Anders ausgedrückt: Die im Rahmen sozialer Rationalisierungsmaßnahmen angestrebte Optimierung des Subjekt-Subjekt-Verhältnisses scheint unter sozialstrukturell homogenen Bedingungen einfacher lösbar, weil die kulturellen Grundlagen für die Herstellung verständigungsorientierten Handelns weniger heterogen sind. Unabhän-

---

5   vgl. auch die Studie von Kreisky (1992) über Männerbundtheorien.

gig davon, ob die Zuschreibungen stimmig sind und real erfahren werden, eignen sie sich für die 'rationale' Legitimation der Ausgrenzung von Frauen als Vertreterinnen fremder Kulturen. Vertrauen ist daher konstitutiv für die geschlechterbezogene Homogenität der Personalstruktur in den industriellen Kernbereichen, beispielsweise in Forschungs- und Entwicklungsabteilungen und in Entscheidungszentren.

stützt, das Parallelen hinsichtlich der Bedeutung von Vertrauen mit normativen Unternehmenskonzeptionen hat. Ouchi beschreibt das japanische Modell nicht nur als sexistisch, man neige dort auch zur Furcht vor Fremden und vermeide jede Unvereinbarkeit, so daß Frauen strikt ausgeschlossen seien (zit. nach Weber 1992, 166). Nach der Einschätzung Webers (1992) bestimmen Intimität und Vertrauen als Kommunikations- und Kooperationsformen die geschlechterbezogene Personalstruktur, weil sie kulturelle Homogenität voraussetze.

Geht man von einer zunehmenden Bedeutung von Vertrauen für Arbeitsprozesse aus, fürchtet Weber eine zukünftige „Bereinigung" der Führungsetagen moderner Unternehmen von weiblichen Mitgliedern überhaupt. Bürokratische Organisationen könnten sich hingegen - wegen der Einschränkung von Konkurrenz infolge des Senioritätsprinzips - für Frauen als günstiger erweisen. Aus diesem Sachverhalt ergibt sich das Paradox, daß sich berufliche Chancen von Frauen nicht in jenen Unternehmen entwickeln, die prinzipiell größere Entfaltungsmöglichkeiten bieten, sondern sich möglicherweise in jenen erhöhen, die Handlungsspielräume bürokratisch begrenzen. Hinzuzufügen bleibt, daß auch hier für Frauen gegenwärtig nur geringe Zugangs- und Aufstiegschancen bestehen.

Resümee

Personales Vertrauen ist ein institutionalisiertes bzw. routinisiertes Handlungsprinzip, das, als Handlungsressource genutzt, zu einem Strukturmoment von Arbeitsprozessen und Arbeitsorganisationen wird. Als Einbindungs- und Kontrollinstrument zur Reduktion von Komplexität und Herstellung von Sicherheit ist Vertrauen ein wichtiges Element sozialer Rationalisierungskonzepte in modernen Unternehmen.

Arbeitsbezogene Vertrauensbeziehungen implizieren ein Treue-Vertrauens-Modell mit prinzipiell komplementären, aber hierarchisch organisierten Beziehungen. Aus der Bedeutung des Treuebegriffs läßt sich schließen, daß die Beziehung nur eine unter „Gleichen" sein kann und ein monokulturelles Milieu voraussetzt. Denn die mit Treue verbundenen Eigenschaftsanforderungen, kontrastiert mit den sozial konstruierten geschlechterbezogenen Leitbildern, legen die Schlußfolgerung nahe, daß Frauen prinzipiell als nicht treuefähig und als `Ungleiche' bzw. Andere gelten. Dabei spielt die

Durchsetzung von Rationalität als (Männern zugeschriebener) Kommunikationscode eine zentrale Rolle. Damit ergeben sich vier Aspekte, die für arbeitsbezogene Treue- und Vertrauensbeziehungen konstitutiv sind: 1. Freiwilligkeit, 2. hierarchische Strukturierung, 3. monokulturelle Organisation und 4. Ausschluß von Frauen als Vertreterinnen einer fremden Kultur.

Vertrauen als Strukturmoment von Arbeitsprozessen und Element sozialer Rationalisierung fördert daher die geschlechtsspezifische Homogenität in qualifizierten Arbeitsbereichen. Diese kann im Sinne der Optimierung des Subjekt-Subjekt-Verhältnisses wiederum als ein Instrument sozialer Rationalisierung interpretiert werden, weil ähnliche sozialisationsbedingte Erfahrungen die Berechenbarkeit von Orientierungs- und Verhaltensweisen und eine schnelle Verständigung in Arbeitsprozessen fördern. Mit Vertrauen verbinden sich daher Rationalisierungserfolge, die auf die Homogenisierung von Orientierungs- und Handlungsmustern und auf soziale Schließungsprozesse gegenüber fremden Kulturen zurückzuführen sind.

Diese Überlegungen über einen möglichen Zusammenhang von Vertrauen als Steuerungsmechanismus und -instrument der sozialen Rationalisierung fokussieren auf das Wechselverhältnis von gesellschaftlich generierten Stereotypisierungen und sozialer Realität. Über die Berücksichtigung der Wirkungen gesellschaftlicher Leitbilder und damit von Geschlecht als sozialer Strukturkategorie stellen sich die Handlungspotentiale spezifischer sozialer Gruppen in modernen Unternehmen, insbesondere die von Frauen, differenzierter dar, als in jenen organisationssoziologischen Ansätzen (und Untersuchungen), die Geschlecht als Strukturkategorie nicht berücksichtigen.

Literatur

Aulenbacher, B., Siegel, T. (1993): Industrielle Entwicklung, soziale Differenzierung, Reorganisation des Geschlechterverhältnisses. In: Frerichs, P., Steinrücke, M. (Hrsg.): Soziale Ungleichheit und Geschlechterverhältnisse, Opladen

Brumlop, E. (1992): Frauen im Management: Innovationspotential der Zukunft. In: Die Neue Gesellschaft/ Frankfurter Heft Januar 1992

Deters, M., Helten, F. (1989): CAD-Einsatz und soziale Netzwerke in Konstruktionsabteilungen, IS der TUB, Berlin

dies: (1992): Rationalisierung, Kommunikation und Ingenieurshandeln. In: Littek, W., Heisig, U., Gondek, H.-D. (Hg.): Organisation von Dienstleistungsarbeit. Berlin, S. 81-98

Deters, M., Weigandt, S. (1987): Selbstbestimmt - Fremdbestimmt? Deutsch-deutsche Karrieremuster von Frauen, Berlin

Deutschmann, Chr. (1989): Der „Clan" als Unternehmensmodell der Zukunft. In: Leviathan, Jg.17, H.1, S. 85-107

Evangelisches Kirchenlexikon 1958/59, Hg. v. H. Brunotte, O. Weber, Göttingen

Ferguson, K.E. (1985): Bürokratie und öffentliches Leben. In: Diamond, Farr: Bürokratie als Schicksal, Leviathan 6/85

Giddens, A. (1988): Die Konstitution der Gesellschaft. Frankfurt/M, New York

Gildemeister, R., Wetterer, A. (1992): Wie Geschlechter gemacht werden. Die soziale Konstruktion der Zweigeschlechtlichkeit und ihre Reifizierung in der Frauenforschung. In: Knnapp, G.-A., Wetterer, A. (1992) (Hg.): Traditionen Brüche. Entwicklungen feministischer Theorien, Freiburg, S.201-254

Gondek, H.-D., Heisig, U. (1991): Kulturelle Bewertungsmuster im Konflikt (am Beispiel von Ingenieurtätigkeiten). In: Littek, W., Heisig, U., Gondek, H.-D. (Hg.) (1991): Dienstleistungsarbeit. Strukturveränderungen, Beschäftigungsbedingungen und Interessenlagen. Berlin

Gouldner, A. W. (1984): Die Norm der Reziprozität. Eine vorläufige Formulierung. In: ders.: Reziprozität und Autonomie, Frankfurt/M, S. 79-117

Handbuch der Soziologie (1956), Hg. v. W. Ziegenfuss, Stuttgart

Hausen, K. (1978): Zur Polarisierung der „Geschlechtscharaktere"- Eine Spiegelung der Dissoziation von Erwerbs- und Familienleben. In: Rosenbaum, H. (Hrsg.): Seminar: Familie und Gesellschaftsstruktur, Frankfurt/M.

Heisig, U. (1989): Verantwortung und Vertrauen im Großbetrieb, Konstanz

Hoffmeister, J. (1955): Wörterbuch der Philosophischen Begriffe, S. 375-376, Hamburg

Horkheimer, M., Adorno, Th.W. (1955): Juliette oder Aufklärung und Moral. In: dies.: Dialektik der Aufklärung, Amsterdam (Nachdruck), 1955 S. 100-143.

Kreisky, E. (1992): Der Staat als „Männerbund". In: Biester, E. u.a. (1992) (Hg.): Staat aus feministischer Sicht, FU Berlin, S. 53-62

Krell, G. (1989): Personal, Betriebsgemeinschaft, Organisationskultur. Eine arbeitspolitische Analyse zur sozialen Kontrolle in Organisationen. Habilitationsschrift, Oldenburg

Lexikon zur Bibel (1960). Hrsg. v. F. Rienecker, Wuppertal

Luhmann, N. (1973²): Vertrauen. Ein Mechanismus zur Reduktion sozialer Komplexität. Stuttgart

Machiavelli, N. (1978,⁶): Der Fürst. Stuttgart

Mayer, A. (1951): Die soziale Rationalisierung des Industriebetriebes. Verlag F. Bruckmann München

Reese, D., Rosenhaft, E., Sachse, C., Siegel, T. (Hg.) (1993): Rationale Beziehungen? Geschlechterverhältnisse im Rationalisierungsprozeß. Frankfurt/M.

Rock, R., Ulrich, P., Witt, F. (1990): Dienstleistungsrationalisierung im Umbruch. Wege in die Kommunikationswirtschaft. Opladen

Schottländer, R. (1957): Theorie des Vertrauens. Berlin

Simon, H. A. (1947): Administrative Behaviour, New York

Teubner, U. (1992): Geschlecht und Hierarchie. In: Wetterer, A. (1992): Profession und Geschlecht. Über die Marginalität von Frauen in hochqualifizierten Berufen. Frankfurt/New York, S. 41-46

Türk, K. (1989): Neuere Entwicklungen in der Organisationsforschung. Stuttgart

Weber, C. (1992): Die Zukunft des Clans. In: Krell, G., Osterloh, M. (1992) (Hg.): Personalpolitik aus der Sicht von Frauen - Frauen aus der Sicht der Personalpolitik. Sonderband 1992 der Zeitschrift für Personalforschung. S. 148-172

Witz, A., Savage, M. (1992): The Gender of organization. In: Gender and bureaucracy, Cornwall, England, S. 3-64

Wundt, W. (1886): Ethik. Stuttgart

Gisela Dörr

Neue Haushaltstechnik - alte Arbeitsteilung

Die Rationalisierung der Haushaltsproduktion

Es gehört zu den Selbstverständlichkeiten unseres heutigen Alltags, daß Hausarbeit ohne Bezahlung in privaten Haushalten mit selbstangeschafften Maschinen geleistet wird, und daß es überwiegend Frauen sind, die für die Hausarbeit zuständig sind. So wie sich Hausarbeit zur privaten Arbeit von Frauen entwickelt hat, werden auch Probleme, die mit der Organisation von Hausarbeit zusammenhängen, nur noch als private Schwierigkeiten von (Haus-)Frauen wahrgenommen.[1] Frauen, die sich nicht zwischen Beruf und Familie entscheiden, sondern beides verwirklichen wollen, zahlen dafür in der Regel den hohen Preis der Doppel- und Dreifachbelastung durch Erwerbs-, Haus- und Familienarbeit, denn nach wie vor liegt die Verantwortung für Hausarbeit und Kindererziehung größtenteils bei den Frauen.[2] Doch Frauen tragen nicht nur die Arbeitslast in der Erwerbs- und Familiensphäre; als „Grenzgängerinnen" zwischen diesen Bereichen wird von ihnen erwartet, daß sie Spannungen, die sich aus der strukturellen Unvereinbarkeit von Familie und Beruf in unserer Gesellschaft ergeben, individuell ausgleichen. Da es keine institutionalisierten Formen der Vereinbarkeit von Erwerbs- und Privatsphäre gibt, versuchen Frauen, gleichsam in einem Balanceakt, gesellschaftliche Widersprüche durch individuelle und situative Arrangements auszugleichen.[3]

1 Ganz aktuell läßt sich dieser Prozeß in den fünf neuen Bundesländern beobachten: Im Zuge der Wiedervereinigung wurden viele der bis dahin als selbstverständlich erachteten familienergänzenden bzw. familienunterstützenden Angebote des Staates aufgehoben. Die Frauen erleben heute z.T. sehr existentiell, was es bedeutet, wenn Familie und Haushalt plötzlich zur „Privatsache der Frau" erklärt werden.

2 Eine repräsentative Studien des BMFJ aus dem Jahr 1992 zum Thema „Gleichberechtigung von Frauen und Männern" kam zu dem Ergebnis, daß die traditionellen Muster der Aufgabenverteilung im Westen wie im Osten fortbestehen: 77% der Frauen im Westen und 70% der Frauen im Osten übernehmen das Putzen der gemeinsamen Wohnung. 78% bzw. 74% der Frauen sind fürs Kochen zuständig. Nur beim Einkaufen erhalten Frauen bereits größere Hilfe: Nur noch 50% bzw. 43% der Frauen sind ausschließlich für den Einkauf zuständig (BMFJ 1992, 25f.)

3 Eine repräsentative Umfrage des BMFJ zum Thema „Wege zur Vereinbarkeit von Beruf und Familie" zeigt, daß die Vereinbarkeit von Beruf und Familie immer noch als Angelegenheit der Frau betrachtet wird. Die überwiegend praktizierte Form der Vereinbarkeit liegt im Modell der Vollzeiterwerbstätigkeit des Mannes und seiner Zuarbeit in der Familie einerseits und der Teilzeiterwerbstätigkeit der Frau und ihrer Allein- oder Hauptverantwortlichkeit für die Familienarbeit. Obwohl die doppelten Belastungen primär von Frauen getragen werden, antworteten 73% der Frauen, daß sie Beruf und Familie unbedingt miteinander verbinden wollen. Die ungleiche Verteilung der Lasten spiegelt sich in der empfundenen Belastung der Frauen und Männer durch Hausarbeit wider: 31% der berufstätigen Frauen, die mit einem Partner zusammenleben, fühlen sich durch Berufs- und Hausarbeit stark belastet, dagegen nur 5% der Männer (BMFJ 1992, 30).

Die gesellschaftliche Relevanz der Organisation von Hausarbeit wird öffentlich kaum noch thematisiert und Hausarbeit zur „Privatsache der Frau" erklärt. Hinter diesen scheinbar privaten und persönlichen Problemen verstecken sich m.E. jedoch gesellschaftliche Konflikte, die als solche wahrgenommen und gelöst werden müssen. Aus diesem Widerspruch heraus entwickelte sich die Thematik meines Beitrags. Mich interessierten die Ursachen für diesen Bedeutungswandel in der öffentlichen Wahrnehmung von Hausarbeit: Wie kam es zu dieser weitgehenden Privatisierung und Individualisierung der Hausarbeit?

Eine Analyse des Strukturwandels von Haushaltsproduktion[4] zeigt, daß diese Entwicklung nicht zwangsläufig erfolgte. Vielmehr wurden seit Beginn der Industrialisierung immer wieder Vorschläge formuliert, wie die Arbeitsorganisation der Haushaltsproduktion unter sozialen bzw. technischen Gesichtspunkten zu verändern sei. Auch wenn diese Reformierungsvorschläge sich letztendlich nicht durchsetzen konnten, wird in der gesellschaftlichen Auseinandersetzung um diese Modellversuche deutlich, daß unterschiedliche Vorstellungen über Haushalt und Familie existierten und die Auseinandersetzung über die Organisation von Hausarbeit eingebunden war in eine gesellschaftliche Kontroverse über Familienleitbilder. Der Strukturwandel der Haushaltsproduktion spiegelt somit die sozialpolitische Diskussion der letzten 150 Jahre über den gesellschaftlichen Stellenwert der Familie wider.

Durchgesetzt haben sich Rationalisierungsbestrebungen, die sich am bürgerlichen Familienideal orientierten und die Institution der Klein- bzw. Kernfamilie in den Mittelpunkt ihrer Betrachtungen stellten. Hausarbeit wurde mit Familienarbeit gleichgesetzt. Ein schichtübergreifendes Leitbild der Hausfrau wurde geschaffen, das den Frauen, unabhängig von ihrer Einbindung in die Erwerbssphäre, die Hauptlast der Haus- und Familienarbeit übertrug. Der Prozeß der Rationalisierung und Technisierung, der den Strukturwandel der Haushaltsproduktion maßgeblich beeinflußte, hat dazu beigetragen, dieses Leitbild der bürgerlichen Familie auf breite Bevölkerungsschichten zu übertragen.

---

4 Haushaltsproduktion bezeichnet die Leistungen der Haushalte im Prozeß der gesamtgesellschaftlichen Wohlfahrtsproduktion. Damit ist die in der Regel unentgeltliche Bereitstellung von Gütern, Diensten und immateriellen Wohlfahrtserträgen durch die Haushaltsangehörigen gemeint. Der Begriff der Haushaltsproduktion umfaßt sowohl Leistungen für die Angehörigen des eigenen Haushaltes („Eigenarbeit") als auch Leistungen, die für Angehörige anderer Haushalte im informellen sozialen Netzwerk erbracht werden („Netzwerkhilfe"). Er bezieht sich einerseits auf die Prozesse, in denen diese Leistungen erbracht werden und andererseits auf die Ergebnisse dieser Prozesse (vgl. Glatzer 1986). Zur Verdeutlichung des gesellschaftlichen Kontext, sowie der gesellschaftstheoretischen Implikationen von Haushaltsproduktion, wird dieser Begriff eingebunden in die sozialwissenschaftliche Diskussion der Frauenforschung zum Thema Hausarbeit und bezieht sich auf die wesentlichen Ergebnisse dieser Hausarbeitsdebatte.

Reformbestrebungen

Die Frühsozialisten Robert Owen und Charles Fourier entwickelten bereits in der ersten Hälfte des 19. Jahrhunderts Konzepte zur wirtschaftlichen und sozialen Umstrukturierung des Produktions- und Reproduktionsbereichs. Sie realisierten ihre Ideen in experimentellen Siedlungsprojekten in England, Frankreich und den USA (Bollerey/ Hartmann 1973). Inspiriert durch diese Versuche, entwarfen Ende des 19. Jahrhunderts in den USA die „utopischen Feministinnen" Melusina Fay Pierce, Marie Stevens Howland, Alice Constance Austin und Charlotte Perkins Gilman Konzepte für kooperative Hauswirtschaftsprojekte (Hayden 1985). Anfang des 20. Jahrhunderts erlebte die Reformbewegung in Europa mit der Kontroverse um das Einküchenhaus ihren Höhepunkt (Uhlig 1979).[5]

Die Reformer/innen verfolgten das Ziel, Hausarbeit analog zur Erwerbsarbeit durch den Zusammenschluß von mehreren Privathaushalten zu zentralisieren und genossenschaftlich zu organisieren. Da im Zuge der Industrialisierung bereits eine Vielzahl von produktiven Tätigkeiten aus den Haushalten in den öffentlichen Bereich ausgelagert wurden, erschien es ihnen sinnvoll, auch den Rest der Hausarbeiten zu kommerzialisieren bzw. zu professionalisieren. Ihr Ziel war die Befreiung der Frau von der „Sklaverei der Hausarbeit", denn sie waren der Meinung, daß die geschlechtsspezifische Arbeitsteilung, die den Frauen die Hausarbeit zuweist, die Hauptursache für die gesellschaftliche Unterdrückung der Frauen sei. Um es Frauen zu ermöglichen, als wirklich gleichberechtigte Mitglieder in der Gesellschaft zu leben, konzipierten sie Modelle für eine gemeinschaftliche Haushaltsführung und Kinderbetreuung. Sie forderten Lohn für Hausarbeit, sowie eine radikale Veränderung der häuslichen Lebensverhältnisse:

> „Die kooperative Organisation der Hauswirtschaft hätte die Isolation am „eigenen Herde" aufgehoben, die Arbeit würde entlohnt, damit ein Anreiz auch für Männer, den Frauen eröffnete sich die Möglichkeit, in diesem oder jenem Wirtschaftsbereich berufstätig zu sein" (Dörhöfer 1990, 16).

Für die Reformer/innen war die gesellschaftliche Relevanz der Hausarbeit als produktive Tätigkeit unbestritten, und es wurde allgemein anerkannt, daß der Bereich der Haushaltsproduktion einen wichtigen und notwendigen Bestandteil des Wirtschaftssystems darstellt. Infolgedessen wurde die Frage nach der Organisation von Hausarbeit auch als gesellschaftliches Problem aufgefaßt. Insbesondere die Diskussion um das Einküchenhaus zu Beginn des 20. Jahrhunderts zeigt, daß es zu diesem Zeitpunkt noch nicht selbstverständlich war, Hausarbeit nur im Rahmen der eigenen Familie zu verrichten. Die Gleichsetzung von Haus- und Familienarbeit, wie sie heute üblich ist, war zu dieser Zeit für große Teile der Bevölkerung weitgehend unbekannt.[6]

---

5   Eine ausführliche Darstellung der einzelnen Konzeptionen findet sich in Dörr 1994.
6   In bürgerlichen Haushalten waren Dienstboten für die Hausarbeit zuständig; Waschfrauen und andere Störarbeiter und -arbeiterinnen arbeiteten in den Haushalten ihrer Auftraggeber/-innen; Arbeiterfrauen vermieteten an Schlafgänger und übernahmen die Hausarbeit für diese Mieter.

Dies verdeutlicht, daß es bei der Diskussion über die gesellschaftliche Organisation von Hausarbeit auch um die gesellschaftliche Bedeutung der Familie ging.[7]

Die Rationalisierungsdebatte in den zwanziger Jahren

Nach dem Ersten Weltkrieg verloren die Reformansätze in der öffentlichen Debatte zum Thema Hausarbeit immer mehr an Bedeutung und wurden schließlich vergessen. In den zwanziger Jahren konzentrierte sich die Bewegung zur Rationalisierung der Hausarbeit bereits ausschließlich auf Privathaushalte und beendete damit die gesellschaftliche Debatte um Reformierungsmöglichkeiten der Reproduktionsarbeit, im Sinne von Zentralisierung der Hausarbeit. Sie verfolgte neben der Effektivierung der materiellen Hausarbeit auch das Ziel der Aufwertung und Anerkennung des volkswirtschaftlichen Wertes von Hausarbeit; gleichzeitig bewirkte sie jedoch, daß diese Arbeit in den alleinigen Verantwortungsbereich der Frauen überging, „privatisiert" wurde und damit langfristig das Bewußtsein über den gesellschaftlichen Wert der Hausarbeit verloren ging.

Das Leitmotiv der Haushaltsrationalisierungsbewegung war es, die Prinzipien der wissenschaftlichen Betriebsführung auf die Hausarbeit zu übertragen, um es jeder Frau zu ermöglichen „ihre Haushaltspflichten auf zweckmäßige Weise, mit geringster Anstrengung und größtem Erfolg durchzuführen" (Frederick 1922, 13). Tayloristische Arbeitsmethoden sollten auch der Hausfrau das Arbeiten in Küche und Haushalt erleichtern. „Die Küche - Die Fabrik des Hauses" wurde zum Gegenstand von Arbeitsplatzanalysen, Zeit- und Bewegungsstudien. Getragen und unterstützt wurde diese Bewegung von vielen Seiten: Architekten/innen, Designer/innen, an Normierung interessierte Hersteller von Gebrauchsgütern, Sozialpolitiker/innen, Teile der Frauenbewegung, Hauswirtschaftslehrerinnen und Haushaltswissenschaftlerinnen, sie alle hofften, die von Taylor und Gilbreth erarbeiteten Methoden zur Verbesserung der Arbeitsorganisation für sich und ihre Interessen nutzen zu können. Rationalisierung war für sie gleichbedeutend mit der Hoffnung auf Fortschritt, Arbeitserleichterung und Verbesserung der Lebensqualität (Methfessel 1992, 33).

Die Rationalisierungsdebatte führte dazu, daß in Deutschland zum ersten Mal in breiterem Umfang die Frage diskutiert wurde, wie einzelne hauswirtschaftliche Arbeiten nach rationellen, effizienzsteigernden Gesichtspunkten umgestaltet werden können, welche Arbeitsgeräte zweckmäßig sind und wie eine funktionale Wohnung auszusehen hat (Orland 1983, 221). Die Hausfrau sollte sich in eine Managerin

---

7 So befürchteten die Kritiker der Einküchenhausbewegung, daß die Zentralisierung der Hauswirtschaft zu einer Auflösung des Familienlebens führen könnte. Sie bezeichneten z. B. das Berliner Einküchenhausprojekt als „Zukunftskarnickelstall, wo sich das Familienleben auf das Schlafzimmer beschränkt" (Uhlig 1979, 159).

des Alltags mit Kontrolle über ihre Arbeitsplanung und Arbeitstechniken verwandeln. Die entscheidenden Elemente der neuen Haushaltsführung waren die klare Trennung von Arbeitsvorbereitung und Arbeitsausführung, eine zweckmäßige Arbeitsgestaltung und das sogenannte „normale Arbeitsverfahren", d.h. das Arbeiten nach dem einen besten (= kraft- und zeitsparendsten) Weg (Krell 1984, 41). Rationalisierung im Haushalt zielte darauf ab, mit einem minimalen Einsatz von Material, Zeit, Kraft und Geld größtmögliche Arbeitsergebnisse zu erzielen.

Die Haushaltsrationalisierungsbewegung der zwanziger Jahre verfolgte das Ziel, die materiellen Tätigkeiten der Hausarbeit effizienter zu organisieren, um in diesem Bereich der Hausarbeit Zeiteinsparungen zu ermöglichen: Den Hausfrauen sollte mehr Zeit für die Beziehungsarbeit zur Verfügung stehen. Die emotionalen Anforderungen an die Hausfrau stiegen: von ihr wurden nun sehr schwer zu fassende Leistungen verlangt, wie Einfühlsamkeit, emotionale Ausdrucksfähigkeit, Zurückstellung eigener Bedürfnisse, Sensibilisierung für Konflikte, die Fähigkeit, Konflikte zu managen und zu lösen (Berrisch 1984, 392). Dieser Teil der Hausarbeit entzieht sich natürlich weitestgehend einer Rationalisierung im Sinne von Effektivierung und Automation. Die Rationalisierungsexperten gingen dabei von der Annahme aus, daß der materielle Bereich der Hausarbeit von der Beziehungsarbeit zu trennen sei (Scheid 1985, 310). Die Aufspaltung von Hausarbeit in mechanische Tätigkeiten (Arbeit mit Dingen) und in psychische Versorgungsleistungen (Arbeit mit Menschen) ist jedoch nur ein theoretisches Konstrukt. Zwar lassen sich unterschiedliche Arbeitsformen im Umgang mit Dingen und Menschen beobachten, in der Praxis sind jedoch beide Aspekte untrennbar miteinander verwoben:

„Das menschliche Arbeitsvermögen existiert nur in lebendigen Menschen, deren Bedürfnis nach materieller Existenz unlösbar verknüpft ist mit dem Bedürfnis nach menschlichen Beziehungen. Die Hausarbeit der Frau, die den Produktions- und Reproduktionsprozeß der Arbeitskraft vorbereitet, organisiert und in Gang hält, hat demnach beide Aspekte zu realisieren. Sie muß verstanden werden als Einheit vom materiellen und psychischen Versorgungsleistungen" (Kontos/Walser 1979, 394).

Dieser Doppelcharakter von Hausarbeit als Einheit von „Arbeit mit Dingen und Arbeit mit Menschen" verhindert eine vollständige Rationalisierung und läßt auch eine exakte räumliche und zeitliche Arbeitszerlegung in einzelne Arbeitsschritte, analog zur Entwicklung in der Fließbandproduktion, nicht zu. Hausarbeit ist ganzheitlich strukturiert: ihr Zweck liegt nicht in der bloßen Produktion von Gütern und Leistungen, es geht vielmehr darum, diese Arbeiten individuell auf die Haushaltsmitglieder auszurichten und flexibel auf die Bedürfnisse der einzelnen Personen einzugehen.

„In einem völlig nach Effizienzkriterien organisierten Haushalt wären spontan geäußerte Bedürfnisse der Familienmitglieder nichts weiter als unerwünschte Störungen im Arbeitsablauf. Ein krankes Kind schon wirft die ganze Planung und Organisation durcheinander" (Krell 1984, 49).

Die erforderliche Flexibilität hat zur Folge, daß Hausarbeit insgesamt nur schwer zu rhythmisieren ist. Während der Einsatz von Technik in der industriellen Produktion auch den Arbeitstakt und die Arbeitskoordination bestimmt (Maschinenlaufzeiten), wird die zeitliche Organisation der Hausarbeit im wesentlichen von externen Faktoren wie Erwerbsarbeitszeiten, Kindergarten- und Schulöffnungszeiten bestimmt.

Zusammenfassend ist zu konstatieren, daß gerade die Rationalisierungsbewegung mit ihren Versuchen, die materiell-stofflichen Tätigkeiten der Hausarbeit zu rationalisieren, wesentlich zum Bewußtwerden des emotionalen Kerns der Hausarbeit, der keiner Technisierung und Taylorisierung unterworfen werden kann, beigetragen hat (Kramer 1981). So sieht denn auch die sozialwissenschaftliche Forschung den eigentlichen Erfolg dieser Bewegung in den erzieherischen Maßnahmen, die dazu beitrugen, ein schichtübergreifendes Leitbild der Hausfrau zu entwickeln. Für die Frauen der Arbeiterklasse wurde, unabhängig davon, ob sie erwerbstätig waren oder nicht, die Haus- und Familienarbeit ebenso zu ihrer wesentlichen Pflicht und Aufgabe erklärt wie für die Frauen der Oberschicht, die bisher die Hausarbeit traditionellerweise an Dienstboten delegiert hatten und nun aufgrund des Dienstbotenmangels begannen, diese Arbeiten eigenhändig zu übernehmen (Hungerbühler 1988, 64).

Eine umfassende hauswirtschaftliche Erziehung der Arbeiterfrauen und -töchter sollte dazu beitragen, die Lebensbedingungen der Arbeiterklasse zu verbessern und die hohe Kindersterblichkeit zu reduzieren. Dies wurde als Beitrag zur Lösung der „sozialen Frage" verstanden (Tornieporth 1977). Diese Erziehungsmaßnahmen verliefen auf zwei Ebenen: Einerseits nahmen staatliche Fürsorgerinnen im Rahmen der öffentlichen Wohlfahrtspflege direkten Einfluß auf die Haushaltsführung in den Arbeiterfamilien, andererseits wurde an den Volksschulen der hauswirtschaftliche Unterricht als Pflichtfach für Mädchen eingeführt. Auch im Bereich der betrieblichen Sozialpolitik gewann die hauswirtschaftliche Unterweisung von Arbeiterfrauen an Bedeutung. Nachdem der Produktionsprozeß in den Industriebetrieben durch Maßnahmen wie Normierung und Vereinheitlichung der Produkte, Zerlegung komplexer Arbeitsvorgänge und Arbeitsteilung, Reorganisation der Arbeitsprozesse und Betriebsabläufe rationalisiert und technisch optimiert worden war, ging es in einem zweiten Schritt um die Anpassung der Menschen - ihrer beruflichen Qualifikation, ihrer physischen und psychischen Konstitution sowie ihrer sozialen Verhaltensweisen - an die rationalisierten Arbeitsprozesse. Durch die Schaffung eines neuen, den rationalisierten Produktionsprozessen angepaßten „Arbeitnehmers" sollte das Zusammenwirken von Mensch und Maschine und der Wirkungsgrad der menschlichen Arbeitskraft optimiert werden (Sachse 1990, 27). Die Unternehmer erkannten, daß die Arbeitsmotivation und -produktivität ihrer Mitarbeiter sehr stark von deren privaten Lebensverhältnissen beeinflußt wird. Die Familie sollte als kompensatorischer „Lebensraum" dienen: es wurde erwartet, daß die Lebens- und Familienverhältnisse der Beschäftigten so gestaltet sind, daß sich die Arbeitskraft des Mannes regenerieren kann.[8]

Die Technisierung der Haushaltsproduktion

Viele der Standards zur Haushaltsführung, die im Zuge der Rationalisierungsbewegung entwickelt wurden, konnten sich erst ab den sechziger Jahren mit dem Prozeß der Haushaltstechnisierung bei der Mehrheit der Bevölkerung durchsetzen und damit ähnliche Arbeitsbedingungen für die Hausfrauen aller Schichten entstehen lassen. Die Rationalisierungsbewegung der zwanziger Jahre hat die Technisierung der privaten Haushalte vorbereitet und wurde durch sie faktisch vollendet: „Rationalisierung kann immer nur Programm sein, Technisierung aber wird Realität" (Orland 1991, 129).

Moderne Haushaltsproduktion ist ohne Technik nicht mehr denkbar: Die privaten Haushalte sind eingebunden in große technische Ver- und Entsorgungssysteme und besitzen eine umfangreiche Ausstattung an technischen Geräten. Der Bestand an Sachkapital in den Haushalten stellt inzwischen je Haushaltsmitglied Investitionswerte dar, die mit den durchschnittlichen Investitionskosten für industrielle Arbeitsplätze vergleichbar sind (Joerges 1985, 35).[9] Überraschend ist jedoch, daß die nachhaltige Verbreitung technischer Geräte in privaten Haushalten in der Bundesrepublik erst in den siebziger Jahren erfolgte (Tabelle 1). Betrachtet man die Entwicklung seit 1962, so gehörten damals nur Staubsauger und Kühlschrank zur Standardausstattung privater Haushalte (d.h. mehr als 50% der Haushalte besaßen diese Geräte). Fünf Jahre später kam der Fernseher dazu und erst 1973 das Auto, die Waschmaschine und das Telefon. 1983 gehörten bereits acht technische Geräte zur „Grundausstattung" (Staubsauger, Kühlschrank, Fernseher, Auto, Waschmaschine, Telefon, Gefriergerät und elektrische Nähmaschine). Analog zu der Rationalisierungsbewegung in den zwanziger Jahren, die ihr Ziel in der effizienten Gestaltung der

---

8   Henry Ford war der erste Unternehmer, der diesen Zusammenhang von Leistungsfähigkeit der männlichen Arbeitskraft und häuslichen Lebensbedingungen erkannte und in seine Unternehmenspolitik integrierte: Die für die damalige Zeit sehr hohen Löhne, die er den Arbeitern in seiner Autofabrik in Detroit bezahlte, setzten sich zusammen aus Grundlohn und einer Gewinnbeteiligung. Diese Prämie war jedoch keine Leistungszulage, die für besonders gute Leistungen bezahlt wurde, sondern eine Art „Lebensführungsprämie" (Ford 1923).

9   Nach den laufenden Wirtschaftsrechnungen geben die privaten Haushalte rund ein Viertel ihres privaten Verbrauchs - das sind ca. 15% ihres Bruttoeinkommens - im Zusammenhang mit technischen Anschlüssen und Geräten aus. Über die Hälfte dieser „Technikausgaben" werden in einem durchschnittlichen Vierpersonenhaushalt vom Auto geschluckt, ein Viertel muß für Strom, Gas und Heizung aufgewendet werden und der Rest entfällt zu etwa gleichen Teilen auf Haushaltsgeräte, Unterhaltungselektronik und Telefon. Der Wert der technischen Ausstattung der privaten Haushalte erreichte 1984 mit rund 400 Mrd. DM fast die Hälfte der gesamten Ausrüstungen der Wirtschaftsunternehmen (Mollenkopf 1992, 144).

Tabelle 1: Verbreitungsgrad langlebiger Gebrauchsgüter in den privaten Haushalten seit 1962

	1962/63 in %	1973 in %	1983 in %	1988 in %	1993 in %
Staubsauger	65	91	96	-	-
Kühlschrank	52	93	79	78	74
Fernsehgerät	34	87	94	95	95
PKW	27	55	65	68	73
Waschmaschine	9	59	83	86	88
Telefon	14	51	89	93	-
Gefriergerät, Kühl- und Gefrierkombination	3	28	69	70	80
Elektrische Nähmaschine	10	37	52	53	61
Geschirrspüler	0,2	7	24	29	38
Bügelmaschine	1	10	15	14	12
Wäschetrockner	-	-	10	17	24
Stereoanlage	-	-	·	42	74
Videorecorder	-	-	·	26	48
Mikrowellenherd	-	-	·	12	41
CD					39
PC					22
Videokamera					11

Quelle: Stat. Bundesamt Wiesbaden, Fachserien 15: Wirtschaftsrechnungen, Einkommens- und Verbrauchsstichproben 1962/63, 1973, 1983, 1988, 1993. Jeweils Heft 1: Ausstattung privater Haushalte mit ausgewählten langlebigen Gebrauchsgütern.

Einzelhaushalte sah, konzentrierten sich die Hersteller der Haushaltstechnik auf die Einzelhaushalte als Käufer für ihre Maschinen. Alternativen zum Kleingerät in Privatbesitz wurden, soweit sie vorhanden waren (z.B. Gemeinschaftswaschanlagen), nicht weiterentwickelt oder gar nicht erst gesucht (Orland 1986).

Die Haushaltstechnisierung hat dazu beigetragen, die traditionelle geschlechtsspezifische Arbeitsteilung in den Haushalten trotz veränderter gesellschaftlicher Rahmenbedingungen, wie z.B. die zunehmende Erwerbstätigkeit verheirateter Frauen, zu „konservieren" (Dörr 1991). Eine umfangreiche technische Ausstattung soll es Frauen ermöglichen, trotz erheblich angestiegener Reinlichkeits- und Hygienestandards, die doppelte Belastung von Erwerbsarbeit und Hausarbeit zu bewältigen und dabei dennoch die Normen „richtiger" Haushaltsführung und emotionaler Zuwendung zu erfüllen (Schwartz Cowan 1983, 209).

Der Prozeß der Haushaltstechnisierung hat die Arbeitsstrukturen in den Haushalten nachhaltig verändert. Schwere körperliche Arbeiten, wie z.B. das Wäschewaschen, konnten durch den Einsatz von Technik wesentlich vereinfacht werden. Trotz des massiven Einsatzes von zeit- und arbeitssparenden Geräten, hat sich die Hausarbeitszeit kaum reduziert (Vanek 1974; Kettschau 1980; Meyer/Schulze 1994).[10] Zeitersparnisse, die sich aus der Technisierung einzelner Arbeitsschritte ergaben, wurden durch die gleichzeitige Erhöhung des Anspruchsniveaus aufgezehrt. Der Zeitaufwand für Hausarbeit scheint in erster Linie vom Grad der Adaption des gesellschaftlich vermittelten Anspruchsniveaus abzuhängen (Kettschau 1980, 133). Der durch die Technisierung möglich gewordene höhere Anspruch wird bald zur Selbstverständlichkeit und kann dann erweitert und auf andere Bereiche übertragen werden (z.B. täglich frische Handtücher; warme Mahlzeit für jeden Heimkehrer zu beliebigen Zeitpunkten mit Hilfe der Mikrowelle).[11] So wird z.B. die Zeit, die durch die Anschaffung eines neuen Gerätes freigesetzt wird, von den Frauen anfänglich durchaus bewußt wahrgenommen. Dieser bewußte Zeitgewinn verliert sich aber allmählich. Entweder weil die Tätigkeit, die mit der Technik schneller und einfacher erledigt werden kann, sich vervielfältigt hat, oder andere Tätigkeiten und Aktivitäten in diese gewonnene Zeit so sehr hineinwachsen, daß eine Identifikation als „freie Zeit" nur noch schwer möglich ist (Hampel u.a. 1991, 166).

---

10 Eine Frau mit zwei Kindern ist durchschnittlich bis zu 11 Stunden am Tag mit Hausarbeit und Kinderbetreuung beschäftigt (Rapin 1990, 89). Im Durchschnitt werden heute für einen 4-Personen-Haushalt bis zu 50 Stunden wöchentlich für Reinigungsarbeiten, Nahrungszubereitung, Wäschepflege, Einkaufen, Transport und sonstige Organisationsarbeiten aufgewendet (Meyer/ Schulze 1994, 43). Schätzungen gehen davon aus, daß jährlich 53 Mrd. Stunden Arbeit in den Haushalten und 43 Mrd. Erwerbsarbeitsstunden erbracht werden (AG Hauswirtschaft e. V. 1990, 134).

11 So hat sich das Niveau der häuslichen Reinlichkeitsstandards in den letzten Jahren stark erhöht. Wachsender Wäschebestand und häufigerer Wäschewechsel haben dazu geführt, daß zunehmend mehr Wäsche pro Person gewaschen wird: 1968 wechselten 5% der Männer und 59% der Frauen täglich ihre Unterhosen, 1988 waren es bereits 45% bzw. 70%. 21% der Haushalte wechselten 1968 täglich bzw. jeden zweiten Tag die Handtücher, 1988 hatte sich der Anteil bereits auf 57% erhöht. Der Verbrauch von Wasch- und Reinigungsmitteln hat sich in den letzten 15 Jahren in Deutschland fast verdoppelt auf 26 kg pro Kopf und Jahr (Braun 1988, 93f.).

Manche Hausarbeiten, wie z.B. das Wäschewaschen, wurden früher schwerpunkt-mäßig, d.h. zusammenhängend erledigt: es gab den Waschtag, den Hausputztag, den Bügeltag usw. Heute können dagegen mehrere Arbeitsgänge zeitgleich ablaufen: es wird „schnell-mal-eben-zwischendurch" gewaschen, gekocht und gesaugt, mit all den dazugehörigen Vor- und Nacharbeiten. Die ehemals ganzheitlichen Arbeitsprozesse werden in kurzzeitige Arbeitsschritte aufgeteilt, die dann über mehrere Tage verteilt erledigt werden können. Das Nebeneinander von Arbeiten wird verstärkt, die Mehrfach-tätigkeit im Haushalt entwickelt sich zum Teil von einer Ganzheitlichkeit zu einer Gleichzeitigkeit einzelner, voneinander getrennter Arbeitsgänge, deren Mehrdimen-sionalität eine neue Qualität bekommt (Methfessel 1987, 222).

Diese veränderte Arbeitsstruktur, die von der Zeitdauer und der Wahl des Zeitpunkts viel Flexibilität erlaubt, schafft erwerbstätigen Frauen mehr Möglichkei-ten, Hausarbeit in der verbleibenden Zeit vor oder nach der Erwerbsarbeit zu erledigen. Die Verknüpfung von Arbeiten verlangt auf der einen Seite mehr Konzentrationsleistung, erlaubt aber auf der anderen Seite eine kurzfristig planbare, schnellere bzw. parallele Bewältigung der Aufgabe (Methfessel 1992, 174). Der Einsatz von Technik bei der Hausarbeit und das sich daraus ergebende Nebeneinander verschiedener Tätigkeiten führt oftmals dazu, daß die einzelnen Arbeitsschritte für die Frauen kaum noch genau abzugrenzen und aufzuzählen sind. Bei Zeitschätzungen wird die benötigte oder verbrauchte Arbeitszeit von den Frauen häufig unterschätzt. Die Hausarbeit wird doppelt unsichtbar: für die Frauen, die sie tun und für die Familienmitglieder, die sich in der Vorstellung einrichten, die Arbeit wird „von der Maschine" getan.

Früher notwendige Formen der Kooperation innerhalb und außerhalb des Haus-halts entfielen weitgehend, die Arbeit wurde individualisiert und isoliert. Orland spricht in diesem Zusammenhang auch von einer doppelten (Re-) Individualisierung der Hausarbeit:

- Zwischenzeitlich ausgelagerte, d.h. an Gewerbebetriebe (Wäschere-en, Reinigungen) abgegebene oder in speziellen Einrichtungen (wie z.B. Gemeinschaftswaschanlagen) erledigte Tätigkeiten wurden wie-der zur privaten Hausarbeit.

- Zuvor gemeinsam (mit Familie, Nachbarschaft, gewerblicher Wä-scherin oder Dienstmädchen) erledigte Arbeiten, können nun mit Hilfe eines umfangreichen Geräteparks von einer Frau allein bewältigt werden (Orland 1986, 133).

Mit dem Zwang zur Zusammenarbeit entfiel auch die auf die Arbeit bezogene und durch die Arbeit vermittelte Kommunikation, die vormals eine große Bedeutung für den Zusammenhalt von Nachbarschaft und Familien hatte. Während früher die Menschen gerade bei Tätigkeiten wie Kochen, Spülen und Abtrocknen miteinander reden konnten und somit Kommunikation mit Arbeit verquickten, ist heute zu beobachten, daß sich diese Verflechtung immer mehr auflöst und durch die Gleichzeitigkeit von Medienkonsum (Fernsehen, Video schauen) und Gespräch ersetzt wird (Meyer/Schulze 1993, 30). Die moderne Haushaltsproduktion beinhaltet auch immer weniger Möglichkeiten, Kinder in die technisierten Arbeitsvollzüge zu integrieren. Während früher die Kinderbetreuung eng mit der Durchführung der Hausarbeit verknüpft war, ist heute ein weitgehendes Auseinanderfallen von Hausarbeit und Kinderbetreuung typisch. Von einem bestimmten Alter an, können Kinder zwar die Geräte selbst handhaben, die Erfahrung eines gemeinsamen Arbeitsprozesses läßt sich dadurch aber nicht vermitteln (Methfessel 1989, 64).

Der Vereinfachung der materiellen Hausarbeit infolge der Technisierung steht eine Zunahme der psychischen Versorgungsleistungen (Beziehungsarbeit) für die Mitglieder der Familie gegenüber. Die Schwerpunkte der Hausarbeit haben sich verlagert von der materiellen Hausarbeit der Großmütter zur psychischen Reproduktionsarbeit heute (Ochel 1989, 79).

> „Die personelle Verkleinerung der Familie und die Rationalisierung und Technisierung der Hauswirtschaft (in der Bundesrepublik schichtübergreifend seit den sechziger Jahren) entziehen der Familie die Basis materieller Kooperation und lassen die Kommunikation immer mehr zur unmittelbaren „Beziehungsarbeit" werden" (Eckart 1989, 29).

Aus der zunehmenden Technisierung privater Haushalte ergeben sich auch neue Tätigkeitsfelder: Die Aneignung technischer Geräte (Kauf, Vertrautmachen, Erlernen der Bedienungsfunktionen) erfordert ebenso Zeit und technischen Know how, wie die Wartung des häuslichen Maschinenparks. Qualifikation im Umgang mit Technik sowie Technikkompetenz entwickelten sich immer mehr zu einer wichtigen Ressource für die modernen Haushaltsproduktion. Zwar verfügen heute jüngere Frauen über deutlich höhere Fähigkeiten im Umgang mit Technik als ältere Frauen, insgesamt ist aber zu beobachten, daß Technikkompetenz[12] nach wie vor ausschließlich Männern zugeschrieben wird (Dörr 1993). Dies trägt wesentlich dazu bei, die geschlechtsspezifische Arbeitsteilung weiter zu verfestigen.

Ausblick

Die Technisierung der privaten Haushalte ist heute in eine qualitativ neue Phase eingetreten. Die neuen Informations- und Kommunikationstechnologien dringen auch in das Alltagsleben der Menschen ein. Die Integration verschiedener Geräte in einen Systemzusammenhang scheint die neue Entwicklungsrichtung anzudeuten. Kennzeichen dieser neuen Entwicklung sind die Vernetzung von Geräten sowie ihre

---

12 Technikkompetenz beinhaltet neben der Fähigkeit, technische Gegenstände sachgemäß bedienen zu können, auch die Fähigkeit, die Funktion und den Aufbau technischer Geräte zu durchschauen, bei deren Anschaffung eine begründete Auswahl treffen zu können und in Wartungs- und Reparaturfällen nicht vollständig auf fremden Sachverstand angewiesen zu sein (Ropohl 85, 135).

intelligente Steuerung. In der Verlängerung dieser Entwicklungslinie steht als Zukunfts-
bild der Haushaltstechnisierung das „Intelligent Home": Ein intelligentes Computer-
netz erfüllt die Aufgabe der Kommunikation zwischen bisher unabhängigen technischen Geräten zur Integration, Kontrolle und Steuerung der durch das Gerät erbrachten Funktionen. Dazu ist eine die Kommunikation steuernde Mikroelektronik notwendig, die entweder in einer Zentraleinheit oder dezentral, also in den Einzelgeräten
angelegt sein kann. Für das intelligente Netz wird eine softwaregesteuerte Program-
mierung benötigt, die dem Benutzer eine seinen Bedürfnissen entsprechende Ein-
griffsmöglichkeit erlaubt, darüber hinaus aber auch so konzipiert ist, daß die Steuerung „lernfähig" ist. Dieser intelligenten Vernetzung kommt zunächst die Aufgabe zu,
im hausinternen Bereich vorhandene Geräte (wie z.B. Waschmaschine, Herd, Fernseher) und Systeme (wie z.B. Heizung, Stromsystem, Warmwassersystem) miteinander
zu koppeln. Ein weiterer Aspekt der Vernetzung stellt die Verbindung des hausinternen Netzes an hausexterne Netze (z.B. Telefon, ISDN) oder mit Energieversorgungs-
unternehmen (z.B. für lastabhängige Tarifierung) dar (Heimer 1993, 79f.).

Welche Vorstellungen verbergen sich nun hinter diesem Konzept des Intelligent
Home'? Die Haushaltsgerätehersteller, die zur Zeit an seiner Entwicklung arbeiten,
beschreiben es folgendermaßen:

> „Bei Sonnenaufgang gleiten die Vorhänge im Haus zur Seite. Behutsam weckt zarte Musik
> die Hausfrau. Die Raumtemperatur ist auf angenehme 24 Grad gestiegen. Ein paar Minuten
> widmet die Hausfrau der Morgenzeitung, die der Telekopierer pünktlich an ihr Bett geliefert
> hat, wobei sie ein Täßchen Kaffee aus der Kaffeemaschine genießt. Dann erhebt sie sich,
> um in der Küche das Frühstück zu richten, und überwacht dabei via Monitor ihre Kinder
> beim Waschen und Anziehen, die sie dann über das TV-Kabel zum Frühstück ruft. (...)
> Morgens um 5.30 schaltet sich die Kaffeemaschine automatisch an. Der Teledienst
> überträgt die aktuelle Wettervorhersage für den Tag. Das Badewasser läuft ein. Der
> Küchencomputer ruft den Speiseplan für diesen Tag ab, vergleicht die benötigten Zutaten
> mit den Lebensmittelvorräten und druckt dann eine Einkaufsliste aus. Der Bestellschein
> wird zum Supermarkt gefaxt, das nötige Geld zum Bezahlen wird automatisch bei der Bank
> abgerufen und die Waren werden zuhause angeliefert" (o.V. 1989, 45).

Diese Beschreibung des Intelligent Home verdeutlicht, daß der Schwerpunkt der
aktuellen „Technisierungsoffensive" eindeutig im Bereich der dispositiven und infor-
mativen Tätigkeiten liegt und damit die traditionellen weiblichen Arbeitsbereiche im
Haushalt nur am Rande tangiert. Für eine Erleichterung von zeitaufwendigen und
lästigen Routinearbeiten, wie z.B. putzen, kochen und bügeln, liegen dagegen keine
neuen technischen Problemlösungsvorschläge vor. Dabei wünschen sich Frauen
gerade die Entwicklung von neuen technischen Geräten und Einrichtungen, die die
Hausarbeit erleichtern. In unserer Untersuchung haben sie dazu eine Reihe neu zu
entwickelnder Geräte genannt (Dörr 1993).

> „The different appliances and the integration of them do not affect women's traditional work
> in house. The smart home technology is not made to substitute or ease that work....There
> is even a possibility that it will create new tasks and more work" (Berg 1991, 86).

168

Obwohl Frauen die Hauptnutzerinnen von Haushaltstechnik sind, ist ihr Einfluß auf die Entwicklung und Konstruktion von Haushaltstechnik eher gering, denn nur wenige Frauen arbeiten in den Forschungs- und Entwicklungsabteilungen der Haushaltsgerätehersteller.[13] Darüber hinaus ist festzustellen, daß die Hersteller sehr wenig über die Bedürfnisse und Wünsche der potentiellen Nutzer/innen von Haushaltstechnik wissen. Es gibt kaum Untersuchungen, die sich konkret mit den Lebensverhältnissen der Konsumenten/innen beschäftigen (Haddon 1995, 97).

Hier spiegelt sich auch ein grundlegender Konflikt der Technikgenese wider: Die Anstöße für die Entwicklung von Haushaltstechnik ergeben sich in der Regel nicht aus den Bedürfnissen derjenigen, die im Haushalt arbeiten, sondern orientieren sich an Basisinnovationen der Technikentwicklung und den daraus resultierenden Einsatzmöglichkeiten für den Haushalt (Böttger/Mettler-Meibom 1990, 149). Produktideen für die Haushaltstechnik werden ganz überwiegend in den Forschungs- und Entwicklungsabteilungen der Gerätehersteller 'geboren'. Auch im Falle der Intelligent Home-Technologie zeigt sich deutlich, daß es den Herstellern hier in erster Linie um die Schaffung neuer Absatzmärkte für bereits entwickelte Technologien geht (Miles 1991, 70).

Die Vorstellungen der (überwiegend männlichen) Technikentwickler sind geprägt von ihren Vorlieben, ihren familiären Lebensverhältnissen und somit auch von ihren eigenen lebensgeschichtlichen Erfahrungen mit geschlechtsspezifischer Arbeitsteilung im Haushalt (Haddon 1995, 97). Viele der Anwendungsvorschläge für die Intelligent Home-Technologie zielen deshalb auch eher auf die Bedürfnissen berufstätiger Männer mit ausgeprägtem technischem Interesse (Böttger/Mettler-Meibom 1990, 202). Insofern ist es kaum verwunderlich, daß diese neue Haushaltstechnologie die alten geschlechtsspezifischen Arbeitsteilungsmuster in den Familien kaum antastet.

> „By looking at past and present visions of the technological home of the future, we can see that they have at least two features in common. They express a strong belief in technology as an agent of change. But the change does not include the gender relations or the sexual division of labour in the home. In this respect the home remains the same, in spite of new technology" (Berg 1991, 86).

Es wäre daher sehr interessant zu untersuchen, wie der Haushalt der Zukunft aussehen würde, wenn Frauen die Technikentwicklung im Haushaltsbereich aktiv mitgestalten könnten.

---

13 Da der Anteil der Frauen in den sogenannten „harten" Ingenieurswissenschaften seit Jahren konstant bei 2% liegt (Janshen 1986, 279), liegt die Vermutung nahe, daß nur sehr wenig Frauen in den Forschungs- und Entwicklungsabteilungen der Haushaltsgerätehersteller arbeiten.

Literatur

Arbeitsgemeinschaft Hauswirtschaft e.V. (Hg.) (1990): Haushaltsträume. Ein Jahrhundert Technisierung und Rationalisierung im Haushalt. Königstein im Taunus

Berg, Anne-Jorunn (1991): He, She, an I.T.: Designing the Technological Home of the Future; in: NAVF (ed.): Technology and Everydays Life: Trajecories and Transformations. Oslo, 75-87

Berrisch, Lisa (1984): Rationalisierung und Hausarbeit in der Zwischenkriegszeit; in: Schweizerische Zeitschrift für Geschichte 34, 385-397

Bollerey, Franziska/ Hartmann, Kristiana (1973): Kollektives Wohnen. Theorien und Experimente der utopischen Sozialisten Robert Owen (1771-1858) und Charles Fourier (1772-1837); in: archithese 8, 15-26

Böttger, Barbara/ Mettler-Meibom, Barbara (1990): Das Private und die Technik. Frauen zu den neuen Informations- und Kommunikationstechniken. Opladen

Braun, Ingo (1988): Stoff-Wechsel-Technik. Zur Soziologie und Ökologie der Waschmaschine. Berlin

Bundesministerium für Frauen und Jugend (Hg.) (1992): Gleichberechtigung von Frauen und Männern. Wirklichkeit und Einstellungen in der Bevölkerung. Schriftenreihe des Bundesministers für Frauen und Jugend, Band 7. Bonn

Bundesministerium für Frauen und Jugend (Hg.) (1993): Frauen in der Bundesrepublik Deutschland. Bonn

Dörhöfer, Kerstin (1990): Feministische Ansätze gegen patriarchalische Strukturen in Architektur und Planung; in: FOPA (Hg.): Platz nehmen oder Raum greifen. Standorte und Perspektiven feministischer Planung. Kassel, 10-28

Dörr, Gisela (1991): Haushaltstechnisierung und geschlechtsspezifische Arbeitsteilung im Haushalt; in: Glatzer, Wolfgang/ Dörr, Gisela/ Hübinger, Werner/ Prinz, Karin/ Bös, Mathias/ Neumann, Udo: Haushaltstechnisierung und gesellschaftliche Arbeitsteilung. Frankfurt am Main/ New York, 233-296

Dörr, Gisela (1992): Von der „Frankfurter Küche" zum „Intelligent Home". Der Einfluß der Frauen auf die Genese der Haushaltstechnik; in: Wolfgang Glatzer (Hg.): Haushaltstechnisierung und gesellschaftliche Arbeitsteilung. Projektbericht an die DFG

Dörr, Gisela (1993): Frauen, Technik und Haushaltsproduktion. Zur weiblichen Aneignung der Haushaltstechnik; in: Sybille Meyer/ Eva Schulze (Hg.): Technisiertes Familienleben. Blick zurück und nach vorn. Berlin, 159-176

Dörr, Gisela (1994): Strukturwandel der Haushaltsproduktion im Spannungsfeld von Rationalisierung und Reformierung. Dissertation am Fachbereich Gesellschaftswissenschaften der J.W. Goethe-Universität Frankfurt am Main

Eckart, Christel (1989): Soziale Implikationen der Rationalisierung und Technisierung alltäglicher Lebensführung; in: Verbund sozialwissenschaftliche Technikforschung (Hg.): Mitteilungen 1/1987: Konzepte sozialwissenschaftlicher Technikforschung. Verhandlungen des Workshops 1987. Frankfurt am Main, 2. Auflage, 9-38

Ford, Henry (1923): Mein Leben und Werk. Unter Mitwirkung von Samuel Crowther. Leipzig, 30. Auflage

Frederick, Christine (1922): Die rationelle Haushaltsführung. Betriebswirtschaftliche Studien. Berlin

Glatzer, Wolfgang (1986): Haushaltsproduktion, wirtschaftliche Stagnation und sozialer Wandel; in: Wolfgang Glatzer/ Regina Berger-Schmitt (Hg.): Haushaltsproduktion und Netzwerkhilfe. Die alltäglichen Leistungen der Familien und Haushalte. Frankfurt am Main/ New York, 9-51

Haddon, Leslie (1995): The Home of the Future Today: The Social Origins of Intelligent Home; in: Josef Esser/ Gerd Fleischmann/ Thomas Heimer (Hg.): Soziale und ökonomische Konflikte in Standardisierungsprozessen. Frankfurt/ New York (im Druck)

Hampel, Jürgen/ Mollenkopf, Heidrun/ Weber, Ursula/ Zapf, Wolfgang (1991): Alltagsmaschinen. Die Folgen der Technik in Haushalt und Familie. Berlin

Hayden, Dolores (1985): The Grand Domestic Revolution. A History of Feminist Designs for American Homes, Neighborhoods and Cities. Cambridge (Mass.), Third Printing

Heimer, Thomas (1993): Zur Ökonomik der Entstehung von Technologien: Eine theoretische und empirische Erörterung am Beispiel des Intelligent Home. Marburg

Hungerbühler, Ruth (1988): Unsichtbar-unschätzbar. Haus und Familienarbeit am Beispiel der Schweiz. Basel

Joerges, Bernward (1985): Eigenarbeit unter industriellen Bedingungen; in: Rudolf Brun (Hg.): Erwerb und Eigenarbeit. Dualwirtschaft in der Diskussion. Frankfurt am Main, 29-45

Kettschau, Irmhild (1980): Wieviel Arbeit macht ein Familienhaushalt? Eine Analyse von Inhalt, Umfang und Verteilung der Hausarbeit heute. Dortmund (Diss.)

170

Kettschau, Irmhild (1990): Gewonnene Zeit - Zerronnene Zeit. Grenzen der Technisierung der Hausarbeit; in: Arbeitsgemeinschaft Hauswirtschaft e.V.: Haushaltsträume. Ein Jahrhundert Technisierung und Rationalisierung im Haushalt. Königstein im Taunus, 161-172

Kontos, Silvia/Walser, Karin (1979): ... weil nur zählt, was Geld einbringt. Probleme der Hausfrauenarbeit. Gelnhausen/Berlin

Kramer, Helgard (1981): Hausarbeit und taylorisierte Arbeit; in: Leviathan 4, 136-151

Krell, Gertraude (1984): Das Bild der Frau in der Arbeitswissenschaft. Frankfurt am Main/New York

Methfessel, Barbara (1987): Rationalisierung und Technisierung - ein Mittel zur Befreiung der Hausarbeit?; in: Arbeitsgemeinschaft Hauswirtschaft e.V. (Hg.): Technisierung und Rationalisierung - überholte Zielsetzungen für den privaten Haushalt? Bonn, 212-234

Methfessel, Barbara (1989): ... entscheidend bleibt die Arbeitskraft der Frau. Zu den Grenzen der Rationalisierbarkeit und Technisierbarkeit der Hausarbeit; in: Gerda Tornieporth (Hg.): Arbeitsplatz Haushalt. Zur Theorie und Ökologie von Hausarbeit. Berlin, 55-85, 2. Auflage

Methfessel, Barbara (1992): Hausarbeit zwischen individueller Lebensgestaltung, Norm und Notwendigkeit. Baltmannsweiler

Meyer, Erna (1929): Der neue Haushalt. Ein Wegweiser zu wirtschaftlicher Haushaltsführung. Stuttgart, 37. Auflage

Meyer, Sibylle/Schulze, Eva (1993): Technisiertes Familienleben. Ergebnisse einer Längsschnittuntersuchung 1950-1990; in: Sibylle Meyer/Eva Schulze (Hg.): Technisiertes Familienleben. Blick zurück und nach vorn. Berlin, 19-40

Meyer, Sibylle/Schulze, Eva (1994): Alles Automatisch. Technikfolgen für Familien. Längsschnittanalysen und zukünftige Entwicklungen. Berlin

Miles, Ian (1991): A Smart House is not a Home? in: NAVF (ed.): Technology and Everydays Life: Trajecories and Transformations. Oslo, 61-74

Mollenkopf, Heidrun (1992): Der Haushalt - ein Maschinenpark; in: Michael Andritzky (Hg.): Oikos. Von der Feuerstelle zur Mikrowelle. Haushalt und Wohnen im Wandel. Gießen, 144-149

Ochel, Anke (1989): Hausfrauenarbeit. Eine qualitative Studie über Alltagsbelastungen und Bewältigungsstrategien von Hausfrauen. München

Orland, Barbara (1983): Effizienz im Heim. Die Rationalisierungsdebatte zur Reform der Hausarbeit in der Weimarer Republik; in: Kultur und Technik 7, 4, 221-227

Orland, Barbara (1986): Haushaltstechnisierung und Kleinfamilie. Ein unbedeutendes Kapitel des „technischen Fortschritts"; in: Eckart Hildebrand/Eberhard Schmidt/Hans-Joachim Sperling (Hg.): High-Tech-Down. Kritisches Gewerkschaftsbuch. Berlin, 127-135

Orland, Barbara (1991): Verschmelzung der Gegensätze. Hausarbeit und Rationalisierung als Frauenpolitik in der Weimarer Republik; in: Irmhild Kettschau/Barbara Methfessel (Hg.): Hausarbeit gesellschaftlich oder privat? Entgrenzungen, Wandlungen, alte Verhältnisse. Hohengehren, 122-140

o.V. 1989: Das intelligente Haus; in: Funkschau, 3, 45-46

Rapin, Hildegard (1990): Der private Haushalt - Daten und Fakten. Frankfurt am Main/New York

Ropohl, Günter (1985): Die unvollkommene Technik. Frankfurt am Main

Sachse, Carola (1990): Siemens, der Nationalsozialismus und die moderne Familie. Eine Untersuchung zur sozialen Rationalisierung im 20. Jahrhundert. Hamburg

Scheid, Eva (1985): Die Küche - Die Fabrik der Hausfrau. Marburg (Diss.)

Schwartz Cowan, Ruth (1983): More Work for Mother. The Ironies of Household Technology. From the open Hearth to the Microweave. New York

Statistisches Bundesamt (Hg.) (1962/63 bis 1993): Fachserie 15: Wirtschaftsrechnungen, Einkommens- und Verbrauchsstichprobe, Heft 1. Wiesbaden/Mainz

Tornieporth, Gerda (1977): Studien zur Frauenbildung. Ein Beitrag zur historischen Analyse lebensweltorientierter Bildungskonzeptionen. Weinheim/Basel

Uhlig, Günther (1979): Zur Geschichte des Einküchenhauses; in: Lutz Niethammer (Hg.): Wohnen im Wandel. Beiträge zur Geschichte des Alltags in der bürgerlichen Gesellschaft. Wuppertal, 151-170

Vanek, Joan (1974): Time spent in Housework; in: Scientific American, 231, 116-120

Teil 3

Industrielle Rationalisierung im Umbruch

Tilla Siegel

Schlank und flexibel in die Zukunft?
Überlegungen zum Verhältnis von industrieller
Rationalisierung und gesellschaftlichem Umbruch

Es hatte sich lange angekündigt, und dann begann es vor mehr als zehn Jahren zum großen Thema der sozialwissenschaftlichen Debatte zu werden: das Ende einer, „unserer", Epoche. Die industriellen Gesellschaften mutierten - jedenfalls namentlich - zu post-industriellen. Wir befinden uns, so wurde konstatiert, am Ende der Arbeitsgesellschaft, vor der zweiten industriellen Wegscheide und am Ende der Massenproduktion, an den Schranken der industriell-marktwirtschaftlichen Landnahme, am Ende des Fordismus, im Umbruch zwischen einfacher und reflexiver Modernisierung et cetera (so beispielsweise das Thema des Soziologentags 1982 und die Autoren Piore/Sable 1985, Lutz 1984, Hirsch/Roth 1986, Beck 1986).

Zwar werden in dieser Debatte unterschiedliche Begründungszusammenhänge angeführt und sind die Konturen der Epoche zeitlich und räumlich unterschiedlich weit gesteckt. Doch gibt es auch Gemeinsamkeiten. Der Wandel in der (Waren)Produktion materieller und immaterieller Güter bleibt, ob als ein aus sich heraus die eigenen Schranken produzierender oder als ein durch von außen gesetzte Schranken zum Umbruch gezwungener Bereich, ein wesentliches Erklärungsmoment in der Aussage, daß wir das Ende einer gesellschaftlichen Epoche erleben. Gemeinsam ist auch der Versuch, dieses Ende aus einer Analyse des Vergangenen zu erklären. Gesellschaftliche Institutionen, Regulationsformen, Arrangements und Denkmuster, die lange Zeit als Selbstverständlichkeiten angesehen worden waren, werden historisiert und damit als vergängliche, vergehende behandelt. So wird die Situation des Umbruchs als eine der Ungewißheit beschrieben. Denn zwar lassen sich einzelne Entwicklungslinien ausmachen. Doch welche von ihnen sich in der Zukunft durchsetzen werden, läßt sich nicht mehr unter Zuhilfenahme der ceteris paribus Klausel beziehungsweise der Annahme, alles andere entwickele sich auf derselben Grundlage, bestimmen.

Nun sind größere Veränderungen, weitreichende gesellschaftspolitische Konflikte, ja selbst Krisen etwas normales in der auf ständigem Wandel beruhenden kapitalistischen Gesellschaft. Sie allein müssen noch kein Anzeichen für das Ende einer Epoche in dieser Gesellschaft sein - solange sie nämlich auf der Grundlage der diese Epoche kennzeichnenden und, weil als selbstverständlich geltenden, kaum noch diskutierten Denkmuster geschehen. Von einem Umbruch wird gesprochen, wenn diese Denkmuster selber erodieren und, als nicht mehr so selbstverständliche, zum Gegenstand gesellschaftspolitischer Entscheidungen werden.

Einige der Denkmuster, die seit Beginn unseres Jahrhunderts in der Epoche des „Fordismus" das Handeln der Menschen zwar nicht bruchlos, aber doch signifikant prägten (prägen?), sind mit dem Rationalisierungsgedanken verbunden. Sie beruhen auf dem Glauben an eine als Methode verstandene Wissenschaft; dem Glauben, daß nur das Berechenbare rational sei und das Unberechenbare berechenbar gemacht oder als irrational ausgeschlossen werden müsse; daß man nur wissenschaftlich-rechenhaft und unverdrossen die Mittel-Zweck-Relation auf *jeden* Zweck hin optimieren müsse, um Wohlstand und Glück für alle zu produzieren; daß das Expertenwissen dem Erfahrungswissen überlegen sei; daß es nur gerecht sei, die Menschen nach dem Leistungsprinzip zu sortieren; daß gesellschaftliche Widersprüche bereinigt werden könnten, wenn Einzelne und Gruppen - geleitet vom Rat der Experten - sich und ihre Beziehungen (formal) rational organisieren.

Wie insbesondere die Beiträge von Sylvie Schweitzer und Yvonne Hirdman in diesem Band zeigen, reichte die Wirkung dieser Glaubenssätze weit über den Bereich der Produktion materieller und immaterieller Güter hinaus (vgl. auch Reese u.a. 1993). Doch die Rationalisierung dieser Produktion, hier kurz industrielle Rationalisierung genannt, war der zentrale Ort, an dem diese Glaubenssätze in Form gegossen wurden und ihre Gültigkeit erweisen mußten. Angesichts der These vom Ende der Epoche des Fordismus stellt sich die Frage, ob in den neuen Formen der industriellen Rationalisierung alte Denkmuster oder gar die Glaubensätze, auf denen sie beruhen, untergraben werden, und, wenn ja, welche gesellschaftlichen Folgen dies haben mag.

Fast zeitgleich mit der Debatte über den Umbruch „im Großen", in der Gesellschaft, entwickelte sich in der Industriesoziologie eine Debatte über den Umbruch „im Kleinen", in der Form der industriellen Rationalisierung - in Deutschland zentriert um die Begriffe „neue Produktionskonzepte" und „neuer Rationalisierungstyp" beziehungsweise „systemische Rationalisierung" (Kern/Schumann 1984; Altmann/Deiß/Döhl/Sauer 1986). Der Blick richtet sich in diesen Ansätzen nach vorn. Kurze Skizzen der alten, der „tayloristischen" Rationalisierungsmuster dienen lediglich dazu, das Neue zu illustrieren. Als Ursachen für den Umbruch gelten neue Marktbedingungen, die höhere Flexibilität und eine systemische, über die Produktion und den Betrieb hinausreichende Rationalisierungsperspektive erfordern, und neue Technologien, die eine systemische Perspektive und höhere Flexibilität ermöglichen. Diese Ursachen werden eher als von außen gesetzte und weniger als von der Rationalisierung selber produzierte verstanden. Umstritten war lange Zeit, ob in den neuen Rationalisierungsmustern auf das Flexibilitätspotential der Technik gesetzt werde, Stichwort „systemische Rationalisierung", oder aber auf das Flexibilitätspotential der Arbeitskraft, Stichwort „neue Produktionskonzepte", und welches jeweils die gesellschaftlichen Folgen sein könnten (Bechtle/

Lutz 1989, S. 16f). Dieser Streit ist mittlerweile in der Erkenntnis beigelegt, daß in den neuen Rationalisierungsmustern beide Formen in jeweils branchen- und unternehmensspezifischen Kombinationen enthalten sind (Sauer 1994; Schumann u.a. 1994).

Die Elemente der neuen Rationalisierungsmuster und Managementkonzepte, die in dieser Debatte von Industriesoziologen identifiziert und in ihrer Dynamik weiter untersucht und diskutiert worden sind, finden sich, mit Ergänzungen, in der nunmehr aktuellen Debatte wieder, in der die Umorientierungen und neuen Methoden der industriellen Rationalisierung auf den Begriff „schlanke Produktion" fokussiert sind. Allerdings signalisierte der neue Begriff zunächst eine weitere Verengung der Perspektive. Zwar ist bereits mit den Begriffen „neue Produktionskonzepte" und „systemische Rationalisierung" die gesellschaftliche Perspektive gegen eine einzelkapitalistische ausgetauscht worden, doch hat dies kritische Reflexionen über gesellschaftliche Ursachen und Wirkungen nicht ausgeschlossen. Die Wissenschaftler vom Massechusetts Institute of Technology (MIT) hingegen, die unter dem Begriff „schlanke Produktion" Elemente neuer, angeblich urjapanischer Rationalisierungs- und Managementkonzepte für den westlichen Bedarf zusammengestrickt haben, nehmen den Standpunkt des Managements ein und lehnen eine soziologisch distanzierte Interpretation und Einbindung in gesellschaftliche Zusammenhänge geradezu ab. Andere Länder, so heißt es, bräuchten die Merkmale der japanischen Gesellschaft nicht zu kopieren, wenn sie die schlanke Produktion übernehmen. Gezeigt werden soll „daß die fundamentalen Ideen der schlanken Produktion universal sind - überall von jedem anwendbar", und beschrieben werden soll nicht, „was an Japan oder der übrigen Welt falsch ist, sondern was an der schlanken Produktion richtig ist" (Womack/Jones/Roos 1991, S. 15).

Folgt man dieser Argumentation, so scheint der Umbruch in der industriellen Rationalisierung weder etwas mit der vorangegangenen Rationalisierung zu tun zu haben, noch scheint es erforderlich, näher auf die gesellschaftlichen Folgen einzugehen. Die „schlanke Produktion" kommt aus dem („japanischen") heiteren Himmel und wird, weil effizienter, die alte tayloristisch/fordistische „Massenproduktion und die noch verbliebenen Vertreter der handwerklichen Fertigung in allen Bereichen industrieller Betätigung ersetzen, um das weltweite Standardproduktionssystem des einundzwanzigsten Jahrhunderts zu werden. Diese Welt wird völlig anders und sehr viel besser sein." (Womack u.a. 1991, S. 292)[1]

In dem Maße, wie die Debatte um die „schlanke Produktion" wieder soziologisch angereichert worden ist, wurde deutlich, daß der japanische Himmel so heiter und die

---

1 Im übrigen ist eine solche kuriose Mischung von ökonomischem Kalkül und Heilslehre ein Charakteristikum der Managementliteratur und bringt letztlich zum Ausdruck, daß das Management keineswegs betriebsblind, oder besser, gesellschaftsblind ist und sehr wohl weiß, daß die industrielle Rationalisierung ohne Ansehen der Gesellschaft, ohne gesellschaftliche Akzeptanz nicht funktionieren kann. Bereits Taylor betonte in seinem Buch *Die Grundsätze wissenschaftlicher Betriebsführung* seine „tiefe und ehrliche Überzeugung", daß die Prinzipien seines Systems „in der ganzen zivilisierten Welt früher oder später in praktische Anwendung kommen werden. Je früher, desto besser für die Menschheit." (Taylor 1977 (1913), S. 30)

„schlanke Produktion" so ausschließlich japanisch und so unproblematisch nicht ist (vgl. Altmann 1992; Jürgens 1992; Weber 1992). In einem Punkt scheinen ihre Namengeber jedoch mehr als recht zu behalten: „Schlank" ist zur Devise nicht nur der industriellen Rationalisierung geworden, sondern auch der Reorganisation der öffentlichen und privaten Verwaltung und Dienstleistungsunternehmen. Das uralte Argument der Effizienz scheint - sogar den Ministern der Grünen - zu genügen, um die alten Rationalisierungsmuster und Organisationsformen für gescheitert zu erklären und die neuen schlanken zu legitimieren. Daß die neuen das zerstören, was mit den alten hergestellt wurde - und das gilt nicht nur für die herkömmliche Organisation der industriellen Produktion und Verwaltung, sondern auch für etablierte gesellschaftliche Institutionen, Regulationsformen, Arrangements und Denkmuster - wird umstandslos als Fortschritt begriffen. Mit dem Formwandel der Rationalisierung scheint die Phase der Ungewißheit überwunden. Die Frage nach der gesellschaftlichen Bedeutung der im Attribut „schlank" enthaltenen neuen Denkmuster und auch danach, ob sich mit den neuen Rationalisierungsmustern alte Glaubenssätze und mithin alte Probleme fortsetzen, wird verdrängt. Wenn man die neuen Methoden richtig umsetzt, sind sie auch richtig...

...bis sie wieder späteren Verbesserungen Platz machen müssen

Ob richtig rationalisiert wird, zeigt sich am Effekt, und der wird in dem Buch, das der aktuellen Debatte um die industrielle Rationalisierung ihren Namen gegeben hat, auch gebührend betont. Eines der beliebtesten Zitate aus der MIT-Studie ist, daß die schlanke Produktion „schlank" sei, weil sie von allem weniger einsetze als die Massenfertigung - „die Hälfte des Personals in der Fabrik, die Hälfte der Produktionsfläche, die Hälfte der Investitionen in Werkzeuge, die Hälfte der Zeit für die Entwicklung eines neuen Produktes. Sie erfordert auch weit weniger als die Hälfte des notwendigen Lagerbestands, führt zu viel weniger Fehlern und produziert eine größere und noch wachsende Vielfalt von Produkten." (Womack u.a. 1991, S. 19) „Von allem die Hälfte" war eine Übertreibung, die nur deshalb statistisch belegt werden konnte, weil die MIT-Autoren eben nicht alles in die Kalkulation einbezogen (Jürgens 1992). Dennoch ist diese Art der Argumentation auf zweierlei Weise bezeichnend.

Von allem weniger (nur nicht vom Ertrag), ist in der Tat *das* Prinzip der Rationalisierung - alt wie neu. Nicht in dem *wie*, sondern in dem *wieviel*, das im Vergleich zu vorher eingespart wird, erweist sich, ob ein Rationalisierungsmuster „richtig" ist. Bereits Taylor, aus dessen „Grundsätzen" der oben als Zwischenüberschrift zitierte Halbsatz stammt, machte deutlich, daß dieses Prinzip nicht durch einen absoluten Endpunkt, sondern durch den unendlichen Komparativ, mit weniger mehr, definiert ist: Die „beste Methode wird zur Norm und bleibt Norm, bis sie ihrerseits wieder von einer schnelleren und besseren Serie von Bewegungen verdrängt wird" (Taylor 1977, S. 124 und 126). Solange rationalisiert wird, ist jede Rationalisierungsmaßnahme irgendwann zum „Scheitern" verurteilt. In jedem Aufwand kann noch ein Quentchen Vergeudung entdeckt werden, und deshalb macht die Rationalisierung auch vor dem nicht halt, was Rationalisierung vorher geschaffen hat.

In dem, von Formen und Sachen abstrahierenden Komparativ ist die Dynamik der Rationalisierung begründet, die auch eine rationalisierende Auseinandersetzung mit der Umwelt, den Menschen und den Märkten, möglich und notwendig macht. Mit anderen Worten, weil die Ursachen für Vergeudung nicht nur im Betrieb, sondern auch außer ihm gegeben sind, ist dem Rationalisierungsgedanken die systemische Perspektive inhärent. Nur: Es geht nicht um „alles", um den Gesamtaufwand oder um jede Vergeudung. Was zählt ist allein der Aufwand gemessen in den Kosten, die für den rationalisierenden Bereich, für das betreffende Unternehmen anfallen, nicht aber die Kosten, die auf andere abgewälzt werden - es sei denn, sie wirken wieder in den rationalisierenden Bereich zurück.

Die neuen, unter dem Kürzel „schlank" summierten Rationalisierungsmuster haben Gesamtstrategien im Visier, in denen Organisation und Technik, Personal und Produkt, Marktbeziehungen und Herrschaftsbedingungen gleichermaßen als Mittel wie als Rahmenbedingungen fungieren (Wittke 1990). Das gilt im (Rationalisierungs)*Prinzip* auch für die alten. In der *Sache* aber wird diese Strategie heute radikal anders umgesetzt, nämlich indem die Entwicklung von Produkten und Produktionsmitteln sowie Produktionsplanung, Produktionsorganisation und Vertriebssystem nach dem Grundsatz der Flexibilität reorganisiert werden, indem die gesamte Ablauforganisation systemisch nach dem just-in-time Prinzip restrukturiert wird und indem unterschiedliche Tätigkeiten, Verantwortung und Kontrolle in den Kern des Arbeitsprozesses reintegriert werden, etwa in Form der Gruppenarbeit.

Um die Bedeutung der neuen Rationalisierungsmuster entschlüsseln zu können, müssen sie auch als Ergebnis der alten verstanden werden. Denn grundsätzlich ist Rationalisierung nach innen wie nach außen ein Lernprozeß, in dem alte Rationalisierungsmuster scheitern müssen und zugleich die neuen Rationalisierungsmuster auf den Erfahrungen mit den alten beruhen. Dabei handelt es sich nicht allein um kontinuierliche Lernprozesse in einem Unternehmen, in einem Land, sondern auch und vor allem um solche, die überbetrieblich und international verlaufen. Toyota beispielsweise mußte nicht erst alles genauso wie Ford machen, um die Erfahrungen aus der tayloristisch/ fordistischen Massenproduktion nun unter national und historisch spezifischen Bedingungen in einem neuen „schlanken" Konzept umzusetzen. So ist die größere Produktvielfalt, eines der viel gelobten Charakteristika der „schlanken Produktion", nur aufgrund jahrzehntelanger Entwicklungen vorstellbar, in denen die Produkte und ihre Komponenten standardisiert und zu einer Paßgenauigkeit gebracht wurden, der gegenüber Fords „Model T" wirkt, als wäre es handwerklich gefertigt. Und so wie wir es im Vergleich zur vorfordistischen Autoproduktion heute mit einer ganz anderen Art von Produktvielfalt zu tun haben, ist auch die Vielfalt in der Gruppenarbeit der „schlanken Produktion" eine ganz andere als die Vielfalt, Sorgfalt und Kooperationsformen in einer handwerklichen Produktion. In der Gruppenarbeit sind Tätigkeiten, die mit „tayloristischem" Blick auseinandergenommen und analysiert wurden, wieder synthetisch zusammengesetzt. In der Gruppenarbeit - und dem sie umgebenden Schilderwald von Sparappellen, Qualitätsappellen und Leistungsvergleichen mit anderen Gruppen - wird zudem die Erfahrung im Taylorismus sichtbar, daß Leistung nicht allein durch genaueste Anweisungen zur Arbeitsausführung und durch äußere Kontrolle garantiert werden kann, daß es vielmehr zusätzlicher Motivationsformen bedarf, damit die Arbeitenden ihre „tacit skills" und Einsatzbereitschaft mobilisieren.

Dennoch sind die neuen Rationalisierungsmuster nicht einfach als eine Fortsetzung der alten zu verstehen. Das Schlüsselwort heißt heute Flexibilität, und weil dabei nicht lediglich im Sinne von „auch flexibel", sondern im Sinne von „vor allem flexibel" gedacht wird, läßt sich daraus ein ganzer Rattenschwanz an gesellschaftlichen Konsequenzen ablesen. Im alten Rationalisierungsmuster war beispielsweise die systemische Perspektive mit dem Leitbild verbunden, alles *unter einem Unternehmensdach* in den Griff zu bekommen, etwa bei Henry Ford vom Bergwerk über die Produktion bis zum Vertrieb (Ford 1923, 10. Kap.). Im Leitbild der „systemischen Rationalisierung" hingegen, das ja auch in der „schlanken Produktion" einen zentralen Stellenwert hat, dienen die neuen Informations- und Kommunikationstechnologien dazu, die Verbesserung der Kontrolle über den Gesamtprozeß mit einer Flexibilisierung der Unternehmensökonomie zu verbinden, indem die Einheit von Unternehmensverband und Gesamtprozeß gelockert, dezentralisiert wird und so Flexibilitätskosten und -risiken auf andere Bereiche, beispielsweise die Zulieferer - und ihre Beschäftigten - abgewälzt werden.

Die alten Rationalisierungsexperten haben wiederum, gerade weil auch sie systemisch dachten und die Rationalisierung in ihrem Unternehmen durch die überbetriebliche Normierung, Standardisierung und Typenreduktion wie auch durch das Aufstellen einheitlicher Lieferbedingungen, Prüfverfahren, Warenbezeichnungen et cetera absicherten, erst die Grundlage dafür geschaffen, daß die neuen Rationalisierungsexperten das nutzen können, was Karl Marx bereits im *Kapital* in Wertkategorien beschrieb, nämlich die Bedeutung der Umschlagzeit des Kapitals für die Profitrate. Betriebswirtschaftlich vereinfacht ausgedrückt, ergibt sich die Profitrate aus dem Verhältnis zwischen dem Gewinn, der mit einem bestimmten Umsatz erzielt wird, und dem Kapital, das in der "Produktion" dieses Umsatzes gebunden ist. Nicht nur wenn der Zähler - der Gewinn - größer wird, sondern auch wenn der Nenner - der Kapitaleinsatz - kleiner wird, steigt die Profitrate eines Unternehmens. Der Einsatz an (Eigen)Kapital kann auf verschiedene Weise verringert werden, etwa indem die Produktionskosten gesenkt werden, indem in kürzeren Zyklen die Waren verkauft werden und indem man andere für sich produzieren läßt.

In den neuen Begriffen „just in time", „lagerlose Fertigung", „geringere Fertigungstiefe" oder „outsourcing" verbirgt sich also mehr als das, was man gemeinhin unter Rationalisierung versteht, nämlich den Aufwand an Zeit, Material und Kraft zu reduzieren, der in die Produktion einer Ware eingeht. Dahinter verbirgt sich auch die Strategie, in der Produktion einer Ware oder eines bestimmten Umsatzes den Einsatz an *eigenem* Kapital zu verringern. Damit einher geht die Strategie, neue Technologien und Abhängigkeitsverhältnisse zu entwickeln, mit denen die anderen gebunden werden und gleichzeitig die Eigenbindung gelockert wird. Letzteres betrifft den Kapitaleinsatz ebenso wie die sozialen Bindungen, die sich in der Epoche des Fordismus hergestellt hatten - beispielsweise sozialstaatliche Regulierungen, Tarifverträge oder auch unternehmensinterne personal- und sozialpolitische Regelungen.

Es verändern sich die Formen der Arbeitspolitik. Anzumerken ist zunächst, daß die mit den „neuen Produktionskonzepten" entdeckten vielseitig qualifizierten, einsatzfreudigen und im kooperativen Stil geführten Produktionsfacharbeiter beziehungsweise „Systemregulierer" in den „betriebswichtigen" Beschäftigten ihre Vorgänger haben, die früher eine nach den Kerngedanken der Taylorschen wissenschaftlichen Betriebsführung organisierte standardisierte Massenproduktion funktionsfähig und flexibel machen sollten. (Sachse 1987; Siegel/von Freyberg 1991). In den alten Rationalisierungsmustern war man keineswegs, wie heute gern unterstellt, blind gegenüber der Eigenschaft der menschlichen Arbeitskraft als Produktivitäts- und Flexibilitätspotential, ebenso wie man in den neuen Rationalisierungsmustern nicht blind gegenüber ihrer Eigenschaft als Störpotential ist. Durch Selektion und Hierarchisierung richtet sich Rationalisierung gestern wie heute auf beide Eigenschaften (ausführlicher dazu vgl. Aulenbacher/Siegel 1993).

Weil man aber im alten Rationalisierungsmuster bestrebt war, kostenträchtige Friktionen in den Arbeitsbeziehungen dadurch zu vermeiden, daß man nicht nur die Material- und Güterströme, sondern auch die „Menschenströme" unter einem Unternehmensdach planend kontrollierte, wird dort das Prinzip der Selektion besonders deutlich (vgl. Sachse 1986). Personaleinsatzpolitik, Personalführung und betriebliche Sozialpolitik waren zwar einem rationalisierenden Gesamtkonzept verpflichtet, doch dieses Konzept war ein hierarchisierendes und wirkte in durchaus unterschiedlichen Kombinationen von Motivation und Kontrolle, Qualifikation und Dequalifikation, Identifikationsangeboten und materiellen Anreizen auf die verschiedenen Beschäftigtengruppen.

Das Prinzip der Selektion und Hierarchisierung ist auch in den neuen Rationalisierungsmustern enthalten. Nur kann man es nicht mehr so leicht erkennen, insbesondere dann nicht, wenn man nur auf die Kernbereiche der Kernindustrien in Deutschland oder gar nur auf die „olympiareifen Belegschaften" in den neuen „schlanken" Montagewerken etwa von Opel und Mercedes Benz in Eisenach beziehungsweise Rastatt blickt. Auch in der „schlanken" Arbeitspolitik geht es darum, kostenträchtige Friktionen in den Arbeitsbeziehungen zu vermeiden. Das Mittel ist nun aber, sich sozialen Bindungen so weit wie möglich zu entziehen und die Mechanismen von Selektion und Hierarchisierung zumindest partiell zu externalisieren (vgl. Altmann 1992; Sauer u.a. 1994). Indem nicht nur die Kantinenbewirtschaftung, Gebäudereinigung, Reparatur- und Instandhaltungsdienste neudeutsch „outgesourct", also aus dem Betrieb ausgegliedert werden, sondern auch Teile der Produktion an Zulieferer abgegeben oder, wie etwa die durchaus tayloristisch organisierte Polsternäherei von Opel und Mercedes Benz, in Produktionsstätten im Ausland (Spanien resp. Ungarn) verlagert werden, können die Lohn(neben)kosten allein dadurch reduziert werden, daß die Arbeitsbedingungen der betroffenen Beschäftigten nun den lohn-, arbeits- und sozialpolitischen Regelungen eines anderen Betriebs, einer anderen Branche oder eines anderen Landes unterliegen.

Wenngleich „Gesamtstrategie" nicht gleichbedeutend mit „einheitlicher Arbeitspolitik" ist und wenngleich die Argumentation um die neue Arbeitspolitik sich heute in der Regel auf einen Ausschnitt des Gesamtbildes industrieller Entwicklung bezieht, dessen Konturen sich ständig verändern, kann für den „Ausschnitt" Deutschland festgestellt werden, daß mit der Verbreitung der neuen Rationalisierungsmuster den eingespielten Arrangements in den industriellen Beziehungen der Boden entzogen wird. Und dies nicht nur wegen der oben geschilderten Entwicklung, also dem „outsourcing" sozialer Bindungen. Vielmehr gerät mit den herkömmlichen Entlohnungsformen ein Denkmuster ins Wanken, auf das sich die Parteien des Arbeitsverhältnisses über Jahrzehnte hinweg wie selbstverständlich bezogen haben. Gemeint ist hier eine spezifische Vorstellung vom gerechten Lohn.[2]

Abschied vom gerechten Lohn? Die Erosion der herkömmlichen Entlohnungsformen in der deutschen Industrie

In der Epoche des Fordismus war der „gerechte Lohn" einer der Schlüsselbegriffe im Diskurs über Arbeitsbeziehungen. Und er konnte es auch sein, weil damit weniger die gerechte Verteilung des Volkseinkommens gemeint war als vielmehr der Lohn der einen Arbeitskraft im Verhältnis zu dem der anderen Arbeitskräfte. In ihrem Beitrag zur *Encyclopedia of Management* von 1982 brachten die beiden Experten für Entlohnungs-

---

2   Ich beziehe mich im folgenden auf eine Studie, die am Institut für Sozialforschung in Frankfurt am Main durchgeführt wird. Als Edwin Schudlich diese Studie vor einiger Zeit konzipierte, spielte sich die Erosion der Entlohnungsformen noch hinter den Kulissen ab und wurde in der industriesoziologischen Diskussion kaum beachtet - ist dann aber sehr bald zum Tagesthema jedenfalls auch in den Betrieben sowie in und zwischen den Verbänden geworden. (Ausführlicher dazu vgl. Siegel/Schudlich 1993. Hinsichtlich weiterer Entwicklungen in der „analytischen Leistungsbewertung" beziehe ich mich auf Gerd Benders aktuellere Untersuchungen im Rahmen dieser Studie.)

formen, Samuel L.H. Burke und Eugene J. Benge dies mit der amerikanisch-pragmatischen Feststellung zum Ausdruck: „Experience has shown that employees are usually more concerned with equitable comparison of their individual *job rates* with those of fellow workers than they are with the absolute amounts of their salaries or wages." (S. 510)

Wenn in dieser doch recht nüchternen Begründung gerechter Eingruppierungen die Brisanz des Begriffs „gerechter Lohn" unterbelichtet bleibt, so mag das auch daran liegen, daß die englische Sprache es erlaubt, mit zwei Wörtern, equity und justice, deutlich zwischen formaler Gerechtigkeit und Gerechtigkeit schlechthin zu unterscheiden. In den deutschen Entlohnungsformen, die für einen „gerechten Lohn" standen, handelte es sich wie in den amerikanischen um eine nur formale Gerechtigkeit, aber es schien als ginge es um Gerechtigkeit schlechthin. Bemerkenswert ist, daß die national-sozialistische Lohnpolitik einen nicht unbeträchtlichen Anteil an der Entwicklung zu dieser eindeutigen Zweideutigkeit hatte - eine Entwicklung, die sich allerdings in der Bundesrepublik fortsetzte (Schmiede/Schudlich 1976; Siegel 1989). Als Denkmuster verkörperte dann der „gerechte Lohn" geradezu exemplarisch die am Anfang des vorliegenden Beitrages genannten Glaubenssätze, auf denen der Rationalisierungs-gedanke beruht: den Glauben an Wissenschaftlichkeit (als Methode), an die Berechen-barkeit, an die Experten, an das Leistungsprinzip, an eine (formal) rationale Organisation sozialer Beziehungen.

In dieser Konstruktion ist es in Deutschland wie wohl in kaum einem anderen Land gelungen, den Leistungslohn betriebspolitisch zu neutralisieren (Lutz 1975). Über Jahrzehnte hinweg hatte sich ein relativ stabiles leistungs- und lohnpolitisches Arrangement in den industriellen Beziehungen eingespielt: „Politisch" wurden auf der Ebene der Verbände das Lohnniveau und die Regeln für die betriebliche Lohn- und Leistungs-politik ausgehandelt. Zwar wurden diese Regeln auf betrieblicher Ebene keineswegs immer eingehalten, doch schienen sie dort Interessenkonflikte um den Lohn für beide Seiten kontrollierbar zu machen, indem sie gleichsam als Kalkulationsvorschriften eine sachliche „unpolitische" Grundlage für Auseinandersetzungen darüber lieferten, welche Leistungsanforderungen legitim sind, wie Leistung zu messen ist, und welches das richtige Verhältnis zwischen Leistung und Lohn ist.

Ebenso wie die Massenproduktion in der metallverarbeitenden Industrie das Vorbild für die tayloristischen Rationalisierungsmuster lieferte, war die dort entwickelte Leistungsentlohnung, nämlich der Refa-Zeitstudienakkord verbunden mit einer Grundlohndifferenzierung mittels der Arbeitsbewertung, gleichsam die tayloristische Idealform, die in der Bundesrepublik das Leitbild auch für die anderen Industrie-branchen abgab. Dieser „tayloristische" Leistungslohn ist an meßbaren Größen orien-tiert. Die Grundlage des Refa-Zeitstudienakkords ist die „Normalleistung" oder „Bezugs-leistung" und bezieht sich auf Mengen oder Tätigkeiten, die, dem Anspruch nach, unter normalen, über das ganze Arbeitsleben erträglichen Bedingungen in einer bestimmten Zeit hergestellt oder ausgeführt werden sollen. Die Arbeitsbewertung, insbesondere die analytische Arbeitsbewertung, beruht auf dem Anspruch, die Schwierigkeit und damit der „Wert" einer bestimmten Arbeit beziehungsweise Tätigkeit könne gemessen und so auch die Einordnung der Arbeitskräfte in die Lohngruppenhierarchie rein technisch-rechnerisch bestimmt werden.

Die Orientierung an meßbaren Größen wiederum ermöglichte es, Kontrolle, Motivation und Legitimation in dieser Entlohnungsform eng miteinander zu verkoppeln. Sowohl der Zeitstudienakkord als auch die Arbeitsbewertung setzen eine Analyse der Arbeitsplätze voraus, durch die bestimmt werden kann, was, wie und wieviel in einer bestimmten Zeit hergestellt oder getan werden soll. Im Zeitstudienakkord ist diese Kontrolle der Leistung mit der Motivation unmittelbar über das Geld verbunden, dadurch nämlich, daß die individuellen Verdienste proportional mit den individuellen Leistungen schwanken. Nicht ganz so deutlich, aber durchaus beabsichtigt, ist Motivation auch in der Arbeitsbewertung enthalten. Dadurch, daß gegenüber früheren Formen der Grundlohndifferenzierung „der Arbeitsplatz" und nicht mehr „der Arbeiter" bewertet und die Anzahl der Lohngruppen erheblich erhöht wurde, kann Leistung leichter durch die Beförderung in die nächst höhere Lohngruppe honoriert werden. Und schließlich werden Zeitstudienakkord und Arbeitsbewertung mit dem Argument als gerecht legitimiert, daß ja mehr verdiene, wer mehr leiste, und daß die Anforderungen, die mit der jeweiligen Tätigkeit verbunden sind, im „Wert" der Arbeit nachgerechnet werden könnten.

Allerdings stecken in den Kalkulationsregeln gesellschaftliche und keineswegs immer gerechte Wertungen, etwa darüber, was als erträgliche „Normalleistung" gilt. Auch die Gewichtung der Arbeitsanforderungen, beispielsweise die Entscheidung, ob eine verantwortungsreiche Tätigkeit einen höheren „Wert" haben soll als eine monotone oder umgekehrt, ist eine Frage von Konventionen. Gleichsam als Selbstverständlichkeit sind in diese Bewertungen gesellschaftliche Hierarchisierungen von Männer- und Frauenarbeit eingegangen. Und schließlich ist das zugrundeliegende Lohnniveau nicht objektiv, sondern vom Kräfteverhältnis zwischen Kapital und Arbeit - und zwischen Männern und Frauen - auf dem Arbeitsmarkt bestimmt. Indem all dies konsequent verdrängt wird, ist es möglich, die formale Gerechtigkeit des „tayloristischen" Leistungslohns zur Gerechtigkeit schlechthin zu erklären und so den Lohn betriebspolitisch zu neutralisieren. Im Betrieb scheint die Bestimmung der einzelnen Arbeitsverdienste nur noch ein Problem der richtigen Kalkulation und nicht mehr Gegenstand gesellschaftspolitischer Entscheidungen zu sein.

Zwar wirkte der Zeitstudienakkord in Verbindung mit der Arbeitsbewertung in der deutschen Industrie über mehrere Jahrzehnte als Leitbild für die Leistungsentlohnung, doch bestanden hinsichtlich der konkreten Umsetzung durchaus Unterschiede zwischen den Branchen. Aufgrund der stofflichen Eigenschaft ihrer Produktion hatten sich beispielsweise weite Bereiche der chemischen Industrie immer schwer getan mit der Akkordierung von Tätigkeiten. Des weiteren gab es, wie beispielsweise mit dem bis 1955 tariflich und rechtlich abgesegneten „Frauenabschlag" und den danach für Frauen

eingerichteten „Leichtlohngruppen", eine Vielzahl von diskriminierenden Sonderrege-
lungen. Und schließlich führte die Frage, ob die Vorgabezeit im Akkord und/oder der
„Wert" einer Arbeit richtig berechnet seien, immer wieder zu Auseinandersetzungen
zwischen Betriebsräten und Betriebsleitungen.

Doch als Verkörperung der im Rationalisierungsgedanken enthaltenen Glaubenssätze lieferte dieser „tayloristische" Leistungslohn die Orientierung für das, was als gut
und richtig galt, und er hat insofern funktioniert, als beide Parteien des Arbeitsverhältnisses daran glauben wollten, daß er wissenschaftlich und mithin objektiv und gerecht
sei. Und das mit gutem Grund: Er ermöglichte den Konsens, daß Auseinandersetzungen
um den Lohn allenfalls in Tarifverhandlungen interessenpolitische, im Betrieb aber
unpolitische, weil berechenbare seien; und er setzte diesen Konsens gleichzeitig
voraus. Im Betrieb stritten sich Experten um das richtige Verhältnis von Lohn und
Leistung und beriefen sich dabei nicht auf gegensätzliche Interessen, sondern auf
dieselben kalkulatorischen Regeln. Weil er Konflikte um eine gerechte Lohnfindung
entschärfte und Lohn- und Leistungspolitik für beide Seiten kontrollierbarer machte,
wurde dieser Konsens bis in die achtziger Jahre hinein nicht nur von den Akteuren im
Betrieb, sondern auch von denen auf Verbandsebene gegen alle Kritik energisch
verteidigt. Bereits Mitte der siebziger Jahre, und verstärkt seit den achtziger Jahren steht
jedoch der „tayloristische" Leistungslohn einer den neuen Rationalisierungsmustern
entsprechenden betrieblichen Arbeitsorganisation im Wege, wie umgekehrt diese
Rationalisierungsmuster der gewerkschaftlichen Leistungs(gegen)kontrolle den Boden zu entziehen drohen.

Auf der Basis der weiteren Verwissenschaftlichung des Produktions- und Arbeitsprozesses werden die verschiedenen Betriebs- und Unternehmensbereiche zunehmend
technisch und zeitökonomisch vernetzt und integriert. Mit dieser Entwicklung ist die
Tendenz zu mediatisierten Produktionsabläufen festzustellen, in denen die Arbeit am
Werkstück und an der Maschine durch die Arbeit der Überwachung und Steuerung
prozessualer Produktion abgelöst wird. Wenn aber die Einzelleistung vom System
vorgegeben und ins System eingebunden ist, wird ein Lohnanreiz unsinnig, ja sogar
störend, mit dem die einzelne Arbeitskraft zu - mengenmäßig - überdurchschnittlichen
Leistungen motiviert wird. Bei mediatisierten Produktionsabläufen soll die Arbeitskraft
beobachten, überwachen, antizipierend handeln und wird nur bei Störungen „aktiv". In
Zusammenhang mit den strategischen Zielen hohe Flexibilität und geringere Kapital-
bindung durch just-in-time Produktion werden ferner ehemals vor- und nachgelagerte
Funktionen der Kontrolle - etwa über die Qualität, den wirtschaftlichen Umgang mit
Material, den Nutzungsgrad der Maschinen - wieder in den Kern des Arbeitsprozesses
zurückverlagert. Aus all diesen Gründen haben sich also die Leistungsanforderungen
von der physischen auf die mentale Ebene verlagert, und die Leistungskriterien werden
immateriell und unspezifisch, denn Leistung kann kaum noch allein in Mengen, in der
Häufigkeit von zweckentsprechenden Bewegungen gemessen werden.

Des weiteren ist eine Abkehr von starr definierten, „tayloristischen" Einzweckarbeitsplätzen und eine Hinwendung zum flexiblen Einsatz der Arbeitskräfte, also zu Arbeitsplätzen festzustellen, in denen mehrere Tätigkeiten zusammengefaßt werden, etwa in der Gruppenarbeit. Dem stehen aber die am Einzelarbeitsplatz orientierte Grundlohndifferenzierung wie auch der Einzelakkord im Wege. Wie die betriebliche Praxis gezeigt hat, führt hier ein Festhalten an der „tayloristischen" Entlohnungsform nicht nur zu hohen Kalkulationskosten, sondern in aller Regel auch zu erheblichen innerbetrieblichen Konflikten um den Lohn, untergräbt also die ursprünglich intendierte betriebspolitische Neutralisierung des Leistungslohns.

Bei allen Unterschieden in den branchen- und unternehmensspezifischen Ausprägungen führen die neuen Rationalisierungsmuster grundsätzlich zu derselben Tendenz: Die Möglichkeiten betrieblicher Leistungskontrolle und -intensivierung werden verbessert und gleichzeitig wird der „tayloristische" Leistungslohn, der an meßbaren Größen und Quantitäten orientiert ist, in weiten Bereichen der Produktion dysfunktional. Nahezu alle Aspekte der Formen, Verfahren und Funktionen der traditionellen Leistungsentlohnung unterliegen einem zunehmenden Anpassungsdruck und es wird seit geraumer Zeit mit neuen Entlohnungsformen wie überhaupt neuen Formen der Leistungspolitik experimentiert. Bezüglich der Eingruppierung beispielsweise gibt es so unterschiedliche Entwicklungen wie die Zusammenfassung von Arbeitsplätzen in Arbeitssystemen bei der Volkswagen A.G. (Brumlop 1986) und die Definition von Lohngruppen nach der Qualifikation der Arbeitskräfte bei dem Maschinenbauunternehmen Vögele A.G. (Knuth/Howaldt 1991). Mit einem für Angestellte und ArbeiterInnen gemeinsam geltenden Entgelttarifvertrag, der erstmals in der chemischen Industrie abgeschlossen wurde und auch in anderen Branchen angestrebt wird, soll dem Umstand Rechnung getragen werden, daß sich die herkömmlichen Grenzlinien zwischen beiden Gruppierungen verwischen, und kommt es zu einer Neuorganisation und Neuhierarchisierung der Belegschaften (Kädtler 1991, Tondorf 1994).

Gleichsam ins Mark des „tayloristischen" Leistungslohns trifft jedoch die zunehmende Verbreitung einer leistungspolitischen Methode, die so viele Varianten der betrieblichen Umsetzung wie Namen hat, beispielsweise „analytische Leistungsbewertung", „analytische Leistungsbeurteilung" oder „Personalbeurteilung". Der Einfachheit halber werden im folgenden die Elemente dieser Methode unter dem Namen „analytische Leistungsbewertung" im Vergleich zum Zeitstudienakkord erläutert. Betont werden muß zuvor, daß es sie schon seit längerer Zeit gibt - im Angestelltenbereich und, wie beispielsweise in der chemischen Industrie, auch im gewerblichen Bereich. Von Bedeutung ist hier ihre rapide Verbreitung während der letzten Jahre in beiden Bereichen vieler Branchen und zunehmend auch im öffentlichen Dienst. Damit kommen zwei gegenläufige Tendenzen zum Ausdruck, die zu einer Annäherung der Leistungsbedingungen von ArbeiterInnen und Angestellten geführt haben. Während im gewerblichen Bereich die Flexibilisierungsanforderungen, der systemische Leistungsbezug und die Immaterialisierung der Leistungskriterien die Abkehr von der traditionellen

Leistungsentlohnung beschleunigen, wird im Angestelltenbereich die - zunehmend auch quantitative - Leistungsermittlung, -vorgabe und -kontrolle verstärkt. Mit den neuen Formen der analytischen Leistungsbewertung entwickeln sich in beiden Bereichen neue Kombinationen von technischer oder verregelter Kontrolle und Motivation mit direkter persönlicher Kontrolle und Motivation. Auf dem Prüfstand steht nun die alte Legitimation, das in der Rechenhaftigkeit begründete alte Denkmuster vom (leistungs)gerechten Lohn.

Wie weiter oben gesagt, ist die Bestimmung der „Normalleistung" beim Zeitstudienakkord zumindest insofern „objektiv", als die Leistung und ihr Verhältnis zum Lohn nach vorgegebenen Regeln gemessen werden. Beide Parteien im Arbeitsverhältnis können sich im Konfliktfall auf tarifrechtlich abgesicherte und damit gleichsam externe Regeln berufen. So haben auch die Betriebsräte die Möglichkeit und - über die Mitbestimmung - das Recht, die abgeforderte Leistung zu kontrollieren. Auch mit dem Begriff „analytische Leistungswertung" wird suggeriert, daß „objektive" und somit „externe", in ihrer Interpretation personenunabhängige Regeln vorgegeben seien, mit denen die Leistungsverausgabung der einzelnen Arbeitskraft gemessen werden könne. Tatsächlich aber wird hier die Leistung nicht „objektiv" am Effekt gemessen. Vielmehr wird die Persönlichkeit weitgehend „subjektiv" beurteilt nach Kriterien wie Qualität der Arbeitsausführung, Quantität der Arbeitsausführung und wirtschaftliches Verhalten, Selbständigkeit und Vielseitigkeit, sowie Einsatzbereitschaft und soziales Verhalten.

Sind an der Ermittlung der Vorgabezeit im Akkord eine Reihe von Instanzen beteiligt (AkkordarbeiterInnen, KalkulatorInnen, Betriebsleitung und Betriebsrat), so wird die analytische Leistungsbewertung allein durch den Vorgesetzten vorgenommen. Er verteilt einen vom Management vorgegebenen Prämienfonds nach einem bestimmten Schlüssel, in der Regel der Gauß'schen Normalverteilung, auf die Abteilung, was heißt, daß die „Normalleistung" als externe Bezugsgröße für die Leistung durch eine interne Verteilungsgröße, die Durchschnittsleistung der betreffenden Abteilung ersetzt wird. Eine allgemeine Leistungssteigerung der Gruppe/Abteilung, also eine gleichmäßige Anhebung der Arbeitsintensität führt daher zu keiner Erhöhung des für diese Abteilung vorgesehenen Prämienfonds. Die einzelne Arbeitskraft kann ihren Rang innerhalb der Leistungs- und Verdiensthierarchie nur auf Kosten der anderen verbessern.

Es verändern sich also die Kontrollmöglichkeiten im Arbeitsverhältnis. Kann die einzelne Arbeitskraft im Zeitstudienakkord unmittelbar an ihrem Verdienst ablesen, wieviel mehr an Leistung - gegenüber der basierend auf der Normalleistung ausgehandelten Vorgabezeit - sie erbrachte, so kann sie bei der analytischen Leistungsbewertung allenfalls feststellen, ob sie im Vergleich zu den anderen Arbeitskräften der Abteilung besser beurteilt wurde. Auch haben die Arbeitskräfte in der Regel kein verbrieftes Recht auf die Höhe der Zulage. Vielmehr wird diese als freiwillige betriebliche Leistung zur finanziellen Manövriermasse des Managements im Konjunkturverlauf. Können sich die Betriebsräte beim Zeitstudienakkord auf vereinbarte Regeln und auf ein gesetzlich verankertes Mitbestimmungsrecht berufen, um die Leistungsanforderungen und das betriebliche Verhältnis von Lohn und Leistung zu kontrollieren, so ist ihnen bei der analytischen Leistungsbewertung technisch und - soweit nicht durch Sondervereinbarungen vorgesehen - rechtlich diese Kontrollmöglichkeit genommen. Das Management hingegen verfügt weiterhin über die alten und inzwischen verbesserten Methoden, die Leistungsverausgabung vorzugeben, nämlich die Analyse der Arbeitsplätze und -abläufe. Hinzu kommt nun die Kontrolle durch regelmäßige Beurteilungsgespräche, die häufig durch Zielvereinbarungen abgestützt wird.

Nun könnte diese Darstellung der veränderten Kontrollmöglichkeiten zu der Vermutung Anlaß geben, daß es auf Seiten der Gewerkschaften und betrieblichen Interessenvertretungen einen heftigen Widerstand gegen die Einführung von Formen der analytischen Leistungsbewertung gäbe. Dem ist aber nicht so. Zwar wird zunehmend das Interesse des Managements offensichtlich, den über den Grundlöhnen liegenden Entgeltbestandteil nicht nur hinsichtlich der individuellen Leistungen, sondern auch hinsichtlich der jeweiligen wirtschaftlichen Lage des Unternehmens flexibel gestalten zu können. Doch zeigt die Vorgabe von oft recht ausgefeilten Leistungsbewertungsregeln in Betriebsvereinbarungen, wo sich Interessen des Managements mit denen der Betriebsräte (und Beschäftigten) treffen, nämlich in der Objektivierung der Beurteilungen.

Um im gewerblichen Bereich ihr traditionell starkes Handlungsfeld in der Leistungslohnpolitik abzusichern - und es im Angestelltenbereich überhaupt erst zu etablieren -, versuchen Gewerkschaften und betriebliche Interessenvertretungen, in Betriebsvereinbarung eine Formalisierung der Beurteilungsverfahren durchzusetzen und so die weichen Leistungskriterien in harte, also in wieder kalkulierbare zu verwandeln. Sie haben dabei aber das Problem, daß sich Leistung in vielen Fällen nicht mehr stellvertretend messen läßt. Die Experten im Betriebsrat sind zunehmend auf das Expertenwissen der Beschäftigten selber angewiesen, wie überhaupt darauf, das, was als Leistung gelten soll, neu zu definieren. Eine effektive (Gegen)Kontrolle über die abgefragten LLeistungen würde Strukturen erfordern, in denen einzelnen Beschäftigten oder Beschäftigtengruppen selbst unmittelbare Beteiligungs- und Einspruchsrechte zugebilligt werden. Das wiederum würde ein Umdenken bei den Beschäftigten erfordern und bedeutete eine Modifikation des gewerkschaftlichen Anspruches auf Interessen*vertretung* mit Rückwirkungen nicht nur auf das Selbstverständnis der Betriebsräte und die Aushandlungsprozesse im Betrieb, sondern auch auf die herkömmliche gewerkschaftliche Organisationsform.

Wie die Reaktion von Gesamtmetall auf den Entwurf der IG Metall zu einer „Tarifreform 2000" zeigt, stößt gerade die Forderung nach unmittelbaren Beteiligungs- und Einspruchsrechten auf entschiedenen Widerstand bei den Arbeitgebern.[3] Soweit

---

3 Im Begleitschreiben zu seiner Broschüre „IGM Tarifreform 2000' - Vorsicht Falle" warnte im Juni 1992 der Arbeitgeberverband Gesamtmetall seine Mitglieder, die Verwirklichung der Vorschläge der IG Metall in Betriebsvereinbarungen werde die Handlungsfähigkeit der Unternehmen erheblich einschränken, die Entscheidungskompetenz in wichtigen Fragen auf paritätische Kommissionen und Entscheidungsstellen verlagern und die Kosten erhöhen.

aber an die herkömmlichen Verhandlungsformen angeknüpft werden kann, scheinen Arbeitgeber beziehungsweise Betriebsleitungen durchaus nicht abgeneigt, die Beurteilungsverfahren in Betriebsvereinbarungen zu verregeln und den Betriebsräten ein gewisses Mitspracherecht einzuräumen. „Nasenprämien" könnten ja auch die Wirksamkeit der analytischen Leistungsbewertung als Instrument der Motivation und Arbeitskräftelenkung und auch den für den Erfolg der neuen Rationalisierungsmuster so wichtigen Betriebsfrieden untergraben. Ob jedoch mit diesen Verregelungen der in der Rechenhaftigkeit der alten Entlohnungsformen begründete Anspruch auf Objektivität und Gerechtigkeit wieder hergestellt werden kann, ist fraglich.

In den jahrzehntelangen Bemühungen, die zur Dominanz des „tayloristischen" Leistungslohns in Deutschland geführt hatten, war es ja gerade darum gegangen, jeden Hauch persönlicher Kontrolle aus dem Verhältnis von Lohn und Leistung zu eliminieren. Die Legitimation der alten Entlohnungsform als „gerechter Lohn" lag in eben der „Sachlichkeit" eines Lohn-Leistungs-Mechanismus, in dem Verdienstdifferenzierungen und Verdienstschwankungen ausschließlich von den Leistungen der Arbeitskräfte abzuhängen schienen. Hingegen ist in der analytischen Leistungsbewertung der materielle Leistungsanreiz mit einer - wie auch immer verregelten - persönlichen Kontrolle und Motivation in den Beurteilungsgesprächen verknüpft. Hinzu kommt das Problem, daß mit den Anforderungen der neuen Rationalisierungsmuster Leistungskriterien an Bedeutung gewinnen, die früher, weil nicht meßbar, als „tacit skills" unberücksichtigt im Sinne von unbezahlt blieben. Mit der Neudefinition von Leistung drohen nun auch alte Ungerechtigkeiten wieder zum Gegenstand betrieblicher Auseinandersetzungen zu werden, die in der formalen Gerechtigkeit des „tayloristischen" Leistungslohns enthalten sind und nicht als „ungerecht", sondern als „normal" vorausgesetzt wurden: beispielsweise daß mit einem Zertifikat versehene Qualifikationen höher eingestuft werden als durch Arbeitspraxis erworbene, oder daß körperliche Belastung bei Männerarbeitsplätzen hoch bewertet wird, bei Frauenarbeitsplätzen aber wenig gilt - wie überhaupt in den Eingruppierungskriterien die gesellschaftliche Minderbewertung von „frauensprezifischen" Tätigkeiten und Fertigkeiten deutlich zum Ausdruck kam (kommt).

Die Versuche, das betriebliche Verhältnis von Leistung und Lohn neu zu regeln, können bislang nur als ein recht widersprüchlicher Suchprozeß beschrieben werden. Zu einem Zeitpunkt, an dem das, was Leistung ist, neu definiert und ausgehandelt werden muß, haben Forderungen nach einer (leistungs)gerechten Gestaltung der Verdienste und der Karriereleitern Konjunktur, so als wäre Leistung umstandslos und objektiv zu bestimmen. Mit anderen Worten: Obwohl das alte Konstrukt, daß Gerechtigkeit allein an formalen, berechenbaren oder berechenbar gemachten Größen gemessen werden könne, kaum noch legitimierbar ist, verharren beide Seiten des Arbeitsverhältnisses in dem alten Denkmuster, daß formale Gerechtigkeit mit Gerechtigkeit schlechthin gleichzusetzen sei.

In dieser Widersprüchlichkeit zeigt sich, daß der Boden für die betriebspolitische Neutralisierung des Leistungslohns schwankend geworden ist. Darauf deutet auch der Bedeutungszuwachs einer Leistungspolitik hin, die mit anderen Mitteln auf Motivation und Legitimation gerichtet ist. Gemeint sind damit zum einen Maßnahmen wie die Restrukturierung der Arbeitsorganisation in Gruppenarbeit, die Bildung von Qualitätszirkeln, die fachliche und soziale Qualifizierung von Beschäftigten oder die Neuorganisation von Unternehmen in „Profit Centers", die miteinander konkurrieren. Dazu gehören aber auch die Bemühungen, eine leistungsstarke „Unternehmenskultur" herzustellen, so beispielsweise die Reaktivierung des betrieblichen Vorschlagswesens, die Förderung eines kommunikativen Führungsstils (zu dem ja auch die regelmäßigen Beurteilungsgespräche gehören) oder die je nach Statusgruppe sehr unterschiedlich gestalteten Formen eines materiellen und immateriellen Anreizes, mit denen bestimmte Verhaltensweisen und vor allem die Identifikation mit den Unternehmenszielen gefördert werden sollen.

In dem Maße also, wie der tayloristische Leistungslohn dysfunktional beziehungsweise abgeschafft wird und der alten Form der Legitimation betrieblicher Lohn- und Leistungspolitik die Grundlage entzogen wird, tritt betriebliche Leistungs(lohn)politik und überhaupt die Definition von Leistung wieder als das in Erscheinung, was sie ist: Politik. Zusammen mit der weiter oben beschriebenen Externalisierung von Selektions- und Hierarchisierungsmechanismen, also dem „outsourcing" kostenträchtiger sozialer Bindungen, hat dies weitreichenden Konsequenzen nicht nur für die Betriebe und ihre Beschäftigten, sondern auch für das System der industriellen Beziehungen.

Ob für die Zukunft eine Deregulierung des Tarifwesens und damit auch der betrieblichen Auseinandersetzungen um Leistung und Lohn ansteht, oder aber ob es zu einer „post-tayloristischen" Neuregulierung à la „Tarifreform 2000" kommen wird, ist fraglich. Denn so gut wie nichts kann als gegeben vorausgesetzt werden. Das gilt sogar für die beiden Verbände selber. Sowohl der Gewerkschaft als auch dem Arbeitgeberverband laufen die Mitglieder weg, und beide Verbände stehen vor dem Problem, daß sie über die wachsende Zahl von Betriebsvereinbarungen einerseits auf je eigene Art ihre Vorstellungen umsetzen, andererseits aber auch die Kontrolle über die Gesamtentwicklung verlieren können.

Noch ungewisser stellt sich die Zukunft dar, wenn man über die Grenzen nur einer Branche hinausblickt. Im Branchenvergleich wird deutlich, daß in der weiteren Entwicklung vielfältige, einander bedingende ökonomische, soziale und politische Faktoren eine entscheidende Rolle spielen werden, wie etwa die jeweilige stoffliche Eigenschaft der Produktion, die jeweilige ökonomische Situation der Branche, die Betriebsgrößen, die Eigenschaften der jeweils „branchentypischen Arbeitskraft" und nicht zuletzt die jeweils eingespielten Formen der Interessenvertretung.

Gänzlich ungewiß wird die Entwicklung, wenn der Blick über den Bereich der alten Bundesrepublik hinausgeht, wobei die Wiedervereinigung und der Zusammenschluß Europas in je unterschiedlicher Art von Bedeutung sind. Hinsichtlich der Wiedervereinigung ist die Anpassungsleistung zwar zunächst nur von der einen, nämlich der östlichen Seite erbracht worden, doch scheint der „Osten" von Seiten beider Tarifparteien auch als Testfeld für Vorstöße zu neuen (De)Regulierungen gesehen zu werden. Mit dem Zusammenschluß Europas hingegen kommt es zu einer Konfrontation national unterschiedlicher Arrangements industrieller Beziehungen, und das zu einer Zeit, in der diesen, wie dargestellt, durch die neuen Rationalisierungsmuster der Boden entzogen wird. Wenngleich es in dieser Situation außerordentlich ungewiß ist, wie die neuen arbeits- und sozialpolitischen Regulierungen aussehen werden, ist eines relativ gewiß, daß nämlich die neuen Differenzierungslinien eher quer durch die Nationen als zwischen den Nationen verlaufen werden. All diese Faktoren zusammengenommen, ist eine „Amerikanisierung" der industriellen Beziehungen in dem Sinne am wahrscheinlichsten, daß wir anstelle der herkömmlichen flächendeckenden Vereinbarungen in Zukunft mit einer Kombination von kleineren regulierten Bereichen und größeren unregulierten Bereichen auch in Deutschland rechnen müssen.

Analyse ohne ceteris paribus Klausel. Ein - ungewisses - Fazit

In seinen Grundsätzen wissenschaftlicher Betriebsführung versäumte Taylor nicht, gelegentlich darauf hinzuweisen, daß vor allem die Unternehmen prosperieren würden, die *zuerst* sein System einführten. Er sah in ihnen und in der belebenden Wirkung der Konkurrenz den Motor zur allgemeinen Prosperität. Und zwar *nur* in ihnen. Eine flankierende betriebliche und gesellschaftliche Sozialpolitik hielt er für einen Witz, die Gewerkschaften waren für ihn, wie auch für Henry Ford und die meisten amerikanischen Arbeitgeber seinerzeit, des Teufels.

Die Geschichte des Fordismus als einer gesellschaftlichen Epoche ist jedoch eine, in der nicht nur die Rationalisierungsexperten in der Industrie lernten, ihre Methoden zu verfeinern und sozialpsychologische Faktoren zu berücksichtigen, sondern in der auch neue gesellschaftliche Institutionen, Regulationsformen und Arrangements entstanden und entstehen mußten. Gemeint sind damit die von der Regulationsschule angesprochenen Veränderungen im ökonomischen und politischen Bereich, einschließlich der industriellen Beziehungen, aber auch die Veränderungen im Privaten, die Herausbildung neuer Verhaltensnormen und -muster.

Diese Entwicklung war zu Zeiten außerordentlich konfliktreich und krisenhaft und wurde von sehr unterschiedlichen politischen Systemen vorangetrieben - nach der Weltwirtschaftskrise in Deutschland unter dem nationalsozialistischen Regime, in den USA unter dem New Deal; nach dem Zweiten Weltkrieg unter der US-amerikanischen Hegemonie mit beträchtlichen Modifikationen in den einzelnen Ländern. Aber die grundsätzliche Richtung schien, jedenfalls nach dem Zweiten Weltkrieg, so stabil, daß die Sozialwissenschaften die Formen und Folgen industrieller Rationalisierung zumindest mittelfristig unter Zuhilfenahme der ceteris paribus Klausel interpretieren konnten. Ob die Forscher und Forscherinnen nun das Betriebsklima, die Automation, die industriellen Beziehungen, die Krise des Leistungslohns, die Teilzeitarbeit, die Frauen(erwerbs)arbeit etc. untersuchten, ob sie nun unkritisch, ein bißchen kritisch oder sehr kritisch der Gesellschaft, in der sie forschten, gegenüberstanden, ob sie nun Veränderungen in den von ihnen untersuchten Bereichen konstatierten oder nicht, sie konnten doch alle mit einiger Berechtigung ihre Befunde unter der Voraussetzung interpretieren, daß in der näheren Zukunft alles andere - grundsätzlich - gleich bleibt.

Aber so wie die industrielle Rationalisierung in dem Sinne nie stabil war, als sie auch vor den Rationalisierungsmustern nicht halt macht, die sie selber geschaffen hat, so waren auch die fordistischen Institutionen, Regulationsformen und Arrangements ständigen Veränderungen und letztlich der Erosion ausgesetzt. Nicht nur, aber ganz bestimmt auch durch den Prozeß der industriellen Rationalisierung befinden sich heute beispielsweise das fordistische „Normalarbeitsverhältnis" und die fordistische „Normalfamilie", die sich wechselseitig bedingten, in Auflösung, sind die fordistischen Aushandlungsformen in den industriellen Beziehungen unter Beschuß, werden sozial- und arbeitspolitische Regulierungen, die ehemals als Errungenschaften des Fordismus gefeiert wurden, wieder zur Diskussion gestellt.

Was den neuen schlanken Rationalisierungsmustern eine besondere soziale Sprengkraft verleiht und mit einiger Berechtigung vom Ende der Epoche des Fordismus sprechen läßt, sind jedoch nicht allein diese Entwicklungen. Vielmehr denken die heutigen Rationalisierungsexperten zwar im Rationalisierungs*prinzip*, mit weniger mehr, noch genauso wie ihre fordistischen Väter, doch in der *Sache*, in der Umsetzung denken sie anders. Das Leitbild der fordistischen Väter - insbesondere der in Deutschland - war es, daß man alles, aber auch alles, rationalierend in den Griff bekommen und verregeln müsse. Nur so meinten sie kostenträchtige Friktionen und Konflikte ausschalten zu können. Ihre Söhne hingegen haben gelernt, daß Regeln wieder Kosten verursachen können. Unter dem Stichwort Flexibilisierung lösen sie das auf, was den alten Rationalisierungsmustern einstmals Stabilität verleihen sollte - die Verbindung von Kapitalkontrolle und technisch-organisatorischer Kontrolle und auch soziale Bindungen.

Das gilt für die Strukturierung der innerbetrieblichen, innerindustriellen, binnenwirtschaftlichen und internationalen Arbeitsteilung ebenso wie für die auf die Menschen und ihre Lebenszusammenhänge ausgerichtete soziale Rationalisierung. So wußten und wissen Väter wie Söhne zwar ziemlich genau, welche Arbeitskraft mit welchen beruflichen und sozialen Qualifikationen sie auf welchem Arbeitsplatz wollen. In diesem Sinne war Rationalisierung immer auch ein Prozeß der Inklusion und Exklusion. Während die Väter jedoch, und das nicht nur in Deutschland, in ihrem Schrifttum recht genaue Vorstellungen davon äußerten, welcher Einstellungen und Lebensführung sich ihre Beschäftigten zu befleißigen hatten und wie diese durch Eingriffe in deren Privatleben herbeizuführen seien (vgl. Brandes 1976 für die USA und Sachse 1987 für

Deutschland), bleiben die Söhne in dieser Hinsicht bemerkenswert vage. Die Väter hielten es für erforderlich beziehungsweise waren gezwungen, ihre Rationalisierungsmaßnahmen durch die „Erziehung der Massen" abzusichern und durch eine Verregelung sozialer Beziehungen zu legitimieren. Auf der Suche nach Spitzenleistungen konzentrieren sich hingegen die Söhne in der Absicherung ihrer neuen schlanken Rationalisierungsmuster darauf, eine leistungsstarke, exklusive und durch rechtliche und tarifliche Regelungen möglichst wenig behinderte Unternehmenskultur herzustellen. Dabei gehen sie, anders als vormals die Väter, äußerst sparsam mit dem Argument um, auf die hohe Arbeitslosigkeit (durch Rationalisierung) werde à la longue eine Vollbeschäftigung (durch Rationalisierung) folgen. In der Legitimation ihrer Rationalisierungsmaßnahmen scheinen sie sich darauf verlassen zu können, daß die Menschen das Leistungsprinzip internalisiert haben, und in der Selektion ihrer Arbeitskräfte darauf, daß diese sich selber rationalisieren. Fraglich ist aber, wie lange sie sich darauf verlassen können.

Die Bedingungen der fordistischen Prosperitätskonstellation nach dem Zweiten Weltkrieg sind schon lange nicht mehr gegeben (vgl. auch Lutz 1992). Wenn aber in industriesoziologischen Interpretationen heute kaum noch mit der ceteris paribus Klausel operiert werden kann, dann liegt das nicht allein daran, daß die Märkte und die gesellschaftlichen Institutionen, Regulationsformen und Arrangements sich verändern. Denn diese unterlagen auch in der Epoche des Fordismus einer beständigen Veränderung. Die Richtung der Veränderungen konnte jedoch so lange als relativ stabil vorausgesetzt werden, wie das Denkmuster, das die Formen der Umsetzung des Rationalisierungsprinzips dominiert, grundsätzlich dasselbe blieb. Als Ergebnis des Lernprozesses im Fordismus haben wir es heute unter dem Namen „schlanke Produktion" jedoch mit einem neuen Denkmuster zu tun. Wenngleich nunmehr die Konturen der neuen industriellen Rationalisierung recht deutlich erkennbar sind, sind die Konturen der neuen Gesellschaft noch keineswegs deutlich.

Der Fordismus als gesellschaftliche Epoche mag zu Ende sein. Wenn wir uns aber die in den neuen Rationalisierungsmustern sichtbare Umorientierung ansehen und uns in Erinnerung rufen, wie lang und konfliktreich der Weg zur Etablierung des Fordismus als Epoche war, dann läßt sich hinsichtlich der uns nun bevorstehenden neuen Epoche bislang nur eines mit Gewißheit sagen, daß nämlich die Ungewißheit sich zunächst noch verstärken und in weitaus heftigeren sozialen und politischen Konflikten ihren Ausdruck finden wird, als wir sie heute schon erleben. Und dies umsomehr, als die Glaubenssätze, auf denen der Rationalisierungsgedanke beruht, nicht mehr in dem Maße wie im Fordismus die gesellschaftlichen Vorstellungen von dem dominieren, was Fortschritt, Emanzipation, „rationale" Beziehungen und „rationales" Handeln ausmacht. Auch dies ist ein Resultat der Erfahrungen im Fordismus, daß nämlich von Individuen und gesellschaftlichen Gruppierungen verschiedenster Couleur heute die Frage gestellt wird, ob der Rationalisierungsgedanke denn wirklich so rational ist, und nach neuen Orientierungen des Handelns gesucht wird. Für Rationalisierungsexperten liegt die Devise „schlank und flexibel" als Überlebensstrategie nahe - wollen sie Rationalisierungsexperten bleiben. Die andauernde sozialwissenschaftliche Debatte über die Umbrüche „im Großen", in der Gesellschaft und, mehr noch, die gesellschaftlichen Konflikte und Krisen weisen aber darauf hin, daß noch keineswegs ausgemacht ist, ob aus der mit dem Ende des Fordismus verbundenen Ungewißheit eine Phase der Rationalisierung „mit besseren Mitteln" oder aber gesellschaftliche Entwicklungen folgen werden, die zu einem Ende der Epoche der Rationalisierung schlechthin führen.

Literatur

Altmann, Norbert, Manfred Deiß, Volker Döhl, Dieter Sauer (1986): Ein 'Neuer Rationalisierungstyp' - neue Anforderungen an die Industriesoziologie, in: Soziale Welt 37, 2/3, S.191-207
Altmann, Norbert (1992): Japanische Arbeitspolitik - eine Herausforderung?, in: Hans-Böckler-Stiftung (Hg.), Lean Production, Baden-Baden
Aulenbacher, Brigitte, Tilla Siegel (1993): Industrielle Entwicklung. soziale Differenzierung, Reorganisation des Geschlechterverhältnisses, in: Petra Frerichs, Margareta Steinrücke (Hg.), Soziale Ungleichheit und Geschlechterverhältnisse, Opladen, 65-98
Bechtle, Günter, Burkart Lutz (1989): Die Unbestimmtheit post-tayloristischer Rationalisierungsstrategie und die ungewisse Zukunft industrieller Arbeit. Überlegungen zur Begründung eines Forschungszusammenhangs; in: Klaus Düll, Burkart Lutz (Hg.): Technikentwicklung und Arbeitsteilung im internationalen Vergleich, Frankfurt/München, S. 9-91
Bieber, Daniel, Dieter Sauer (1991): „Kontrolle ist gut! Vertrauen ist besser?" „Autonomie" und „Beherrschung" in Abnehmer-Zulieferbeziehungen, in: H.-G. Mendius, U. Wendeling-Schröder (Hg.), Zulieferer im Netz, Köln, 228-254
Brandes, Stuart D. (1976): American Welfare Capitalism 1880 - 1940, Chicago / London
Beck, Ulrich (1986): Risikogesellschaft. Auf dem Weg in eine andere Moderne, Frankfurt am Main
Brumlop, Eva (1986): Arbeitsbewertung bei flexiblem Personaleinsatz. Das Beispiel der Volkswagen A. G., Frankfurt am Main / New York
The Encyclopedia of Management (1982): hg. v. Carl Heyel, 7. Aufl., New York
Ford, Henry (1923): Mein Leben und mein Werk, Leipzig
Hirsch, Joachim, Roland Roth (1986): Das Neue Gesicht des Kapitalismus. Vom Fordismus zum Postfordismus, Hamburg
Jürgens, Ulrich (1992): Lean Production in Japan. Mythos und Realität, in: IAT, IG Metall, IAO, HBS (Hg.): Lean Production - Schlanke Produktion, Düsseldorf, 25-33
Kern, Horst, Michael Schumann (1984): Das Ende der Arbeitsteilung? Rationalisierung in der industriellen Produktion, München
Kädtler, Jürgen (1991): Der Bundesentgelttarifvertrag für die chemische Industrie - Leitbild für eine neue Tarifpolitik?, Berliner Arbeitshefte und Berichte zur sozialwissenschaftlichen Forschung Nr. 43, Berlin
Knuth, Matthias, Jürgen Howaldt (1991): Von der anforderungsbezogenen zur qualifikationsbezogenen Entgeltdifferenzierung: Der Entgelttarifvertrag zwischen der Industriegewerkschaft Metall und der Joseph Vögele AG, IAT-PapierAM 2, Gelsenkirchen
Lutz, Burkart (1975): Krise des Lohnanreizes. Ein empirisch-historischer Beitrag zum Wandel der Formen betrieblicher Herrschaft am Beispiel der deutschen Stahlindustrie, Frankfurt am Main
Lutz, Burkart (1984): Der kurze Traum immerwährender Prosperität, Frankfurt am Main / New York
Lutz, Burkart (1992): Die Singularität der europäischen Prosperität nach dem Zweiten Weltkrieg, in: Hartmut Kaelble (Hg.), Der Boom 1948-1973. Gesellschaftliche und wirtschaftliche Folgen in der Bundesrepublik Deutschland und in Europa, Opladen, 35-59
Piore, Michael J., Charles F. Sabel (1985): Das Ende der Massenproduktion, Berlin
Reese, Dagmar, Eve Rosenhaft, Carola Sachse, Tilla Siegel (Hg.) (1993): Rationale Beziehungen? Geschlechterverhältnisse im Rationalisierungsprozeß, Frankfurt am Main

Sachse, Carola (1986): Von „Güterströmen" und „Menschenströmen"... Betriebliche Familienpolitik bei Siemens 1918-1945, in: Christian Eifert, Susanne Rouette (Hg.), Unter allen Umständen. Frauengeschichte(n) in Berlin, Berlin, 218-241

Sachse, Carola (1987): Betriebliche Sozialpolitik als Familienpolitik in der Weimarer Republik und im Nationalsozialismus. Mit einer Fallstudie über die Firma Siemens (Berlin), Hamburg

Sauer, Dieter (1992): Entwicklungstrends industrieller Rationalisierung, in: Jahrbuch sozialwissenschaftliche Technikberichterstattung. Schwerpunkt: Produktionsarbeit, hg.v. IfS-Frankfurt a.M., INIFES-Stadtbergen, ISF-München, SOFI-Göttingen, München/Berlin, 13-26

Sauer, Dieter, Volker Döhl, Manfred Deiß, Daniel Bieber, Norbert Altmann (1994): Arbeit an der Kette. Systemische Rationalisierung unternehmensübergreifender Produktion, in: Soziale Welt, Sonderband 9

Schmiede, Rudi, Edwin Schudlich (1976): Die Entwicklung der Leistungsentlohnung in Deutschland, Frankfurt am Main / New York

Schumann, Michael, Volker Baethge-Kinsky, Martin Kuhlmann, Constanze Kurz, Uwe Neumann (1994): Der Wandel der Produktionsarbeit im Zugriff neuer Produktionskonzepte, in: Soziale Welt, Sonderband 9, 11-43

Siegel, Tilla (1989): Leistung und Lohn in der nationalsozialistischen „Ordnung der Arbeit", Opladen

Siegel, Tilla, Thomas von Freyberg (1991): Industrielle Rationalisierung unter dem Nationalsozialismus, Frankfurt am Main / New York

Siegel, Tilla, Edwin Schudlich (1993): Hinter den Kulissen Ungewißheit. Betriebliche und gewerkschaftliche Lohnpolitik im Wandel, in: Mitteilungen des Instituts für Sozialforschung Frankfurt, H.2, 45-62

Taylor, Frederik W. (1977): Die Grundsätze wissenschaftlicher Betriebsführung. Neu herausgegeben und eingeleitet von Walter Volpert und Richard Vahrenkamp, Weinheim und Basel

Tondorf, Karin (1994): Modernisierung der industriellen Entlohnung. Neue Modelle der Entgeltgestaltung und Perspektiven gewerkschaftlicher Tarifreform, Berlin

Weber, Claudia (1992): Die Zukunft des Clans. Überlegungen zum japanischen Organisationstyp und Managementstil, in: Gertraude Krell, Margit Osterloh (Hg.), Personalpolitik aus der Sicht von Frauen. Sonderband der Zeitschrift für Personalforschung, München

Wittke, Volker (1990): Systemische Rationalisierung - zur Analyse aktueller Umbruchprozesse in der industriellen Produktion, in: J. Bergstermann, R. Brandherm-Böhmker (Hg.), Systemische Rationalisierung als sozialer Prozeß, Bonn, 23-39

Womack, James P., Daniel T. Jones, Daniel Roos (1991): Die zweite Revolution in der Autoindustrie. Konsequenzen aus der weltweiten Studie aus dem Massachusetts Institute of Technology, Frankfurt am Main / New York

Rudi Schmidt

Rationalisierung und soziale Differenzierung in ostdeutschen Industriebetrieben

I. Interessenegalisierung und soziale Kohäsion

In der staatssozialistischen Planwirtschaft wurde dem Betrieb eine zentrale Funktion im gesellschaftlichen Reproduktionsprozeß zugewiesen: „Das ökonomische System des Sozialismus wird letztlich in der Tätigkeit der sozialistischen Betriebe verwirklicht" (Politische Ökonomie 1969, S. 683). Gleichwohl wurde ihnen für diese grundlegende Tätigkeit nur ein begrenzter Handlungs- und Entscheidungsspielraum gewährt. Sie entschieden „nicht autonom, sondern als organischer Bestandteil der gesamten sozialistischen Planwirtschaft" (Zitat W. Ulbricht a.a.O.). Sie besaßen zwar keine Autonomie, aber die „Eigenverantwortlichkeit als Warenproduzenten" (ebd.). In den Betrieben herrschte die Arbeiterklasse, „die führende Klasse der Gesellschaft", aber nur unter „Führung der marxistisch-leninistischen Partei" (a.a.O., 684). Die durch diese Hierarchie konstituierte Differenz wurde durch die behauptete Egalität der Interessen legitimiert. Gemäß sozialistischem Gesellschaftsverständnis gab es keine programmatische Differenz von Ökonomie und Politik, von Staat und Gesellschaft, Partei und Volk, nur eine der Funktion; ansonsten wurde immer wieder - die erst herzustellende - Einheit aller Sphären, Gruppen und Interessen postuliert.

Dieser Anspruch, eine einheitliche „sozialistische Menschengemeinschaft" (a.a.O., S. 709) zu gestalten, stand unter dem Druck einer doppelten (nämlich einer organisatorischen und einer legitimatorischen) Spannung: Zum einen war er nur durch eine weitgehende Zentralisierung durchzusetzen - und dies überforderte die Steuerungs- und Integrationsleistung der Zentralinstanzen, was zu einer informellen Dezentralisierung (und entsprechender Des-integration/Dissoziation) führte -, zum anderen produzierte dieser Anspruch ein ständiges Legitimations- und Erklärungsdefizit gegenüber der sich dem nicht fügenden Wirklichkeit. Dabei wurden die Differenzen zwischen Anpruch und Realität gewohnt marxistisch aus den Widersprüchen des kapitalistischen Erbes erklärt.

Wenn die Menschen von dem Einheitspostulat abweichende Interessen ausbilden, hat es stets große argumentative Mühe bereitet, diese als noch in der Generalperspektive liegend zu interpretieren. Typisch dafür sind die Erklärungen im Wörterbuch der marxistisch-leninistischen Soziologie zum Begriff 'Interesse'. (Wörterbuch 1978, S. 316 f). Darin werden neben den 'allgemeinen' noch 'besondere' und 'persönliche' Interessen unterschieden. Über die Differenz und die gesellschaftlich verpflichtende Einheit der Interessen:

> „Die Erkenntnis und bewußte Realisierung der Interessen ist unabdingbar geknüpft an die wissenschaftlich begründete Politik der Partei der Arbeiterklasse und des sozialistischen Staates zum Wohle der sozialistischen Gesellschaft und jedes einzelnen Bürgers. Die konsequente Verwirklichung der Hauptaufgabe, das materielle und kulturelle Lebensniveau auf der Grundlage eines hohen Entwicklungstempos der sozialistischen Produktion, der Steigerung der Effektivität, des wissenschaftlich-technischen Fortschritts und des Wachstums der Arbeitsproduktivität weiter zu erhöhen, befindet sich in voller Übereinstimmung mit den Interessen der Werktätigen. Sie ist darauf gerichtet, solche Bedingungen zu schaffen, daß die individuellen und kollektiven Interessen stets von neuem mit den aus den herangereiften Erfordernissen der gesellschaftlichen Entwicklung erwachsenen gesamtgesellschaftlichen Interessen in Übereinstimmung gebracht und die soziale Annäherung der Klassen, Schichten und sozialen Gruppen, sowie die gesellschaftliche Entwicklung gefördert wird".

Insofern die besonderen Interessen aber (noch) nicht oder ungenügend kohärent mit den allgemeinen waren, wurde die Thematisierung und Überwindung dieser Inkongruenz der Interessen zur Daueraufgabe sowohl der wegweisenden Parteitags- wie auch der Alltagspolitik. Nur ein argumentativer Notbehelf mochte darin gesehen werden, die gewünschte Übereinstimmung der Interessen als Resultat der weiteren Entwicklung darzustellen. In den achtziger Jahren hat sich daraus dann im Zuge einer etwas realistischeren, soziologischen Betrachtungsweise bekanntlich eine umfangreichere Literatur und Forschung entwickelt (z. B. zur sich ausdifferenzierenden 'Lebensweise' etc., politisch eingeholt und katalogisiert unter dem Rubrum 'Sozialpolitik').

Ähnlich wie nach den sozialistischen Prinzipien der Gesellschaftsgestaltung die Wirtschaft kein eigenes, den Privatsubjekten überlassenes Subsystem ist, sondern als eine staatsgelenkte Basissphäre mit spezifischer Subsistenzfunktion und mit -gesamtgesellschaftlich gesehen - integrationistischem Charakter bezeichnet werden kann, bestand auch in der Struktur der Wirtschaftorganisation keine prinzipielle Differenz zu der in den übrigen gesellschaftlichen Sphären. Mit der Übernahme der Distributions- und Steuerungsfunktion des Marktes überträgt der Staat zwangsläufig seine Verwaltungs- und Organisationsprinzipien auf die von ihm gelenkte Wirtschaft. Sie ist daher ebenso strikt hierarchisch-zentralistisch gegliedert und hatte ebenso ein duales Leitungssystem (staatliche und parteiliche Leiter) wie sonstige staatliche Behörden; ergänzt lediglich im Bereich von Sozial- und Arbeitsorganisation durch eine beschränkte Mitsprache der Gewerkschaftsvertreter.

Die Integration der Kombinate und einzelnen Betriebe in die Gesamtgesellschaft erfolgte einerseits ökonomisch durch den Plan („den zentralen Platz im System der Leitung, Planung und ökonomischen Stimulierung nimmt der Volkswirtschaftsplan ein" - aus dem Programm der SED von 1976, zitiert nach Haase 1990, S. 225) und andererseits durch eine Fülle von Kontrollinstanzen vom ZK der SED und den Fachministerien der Regierung bis hin zur Kreisparteileitung. Durch die Parteigebundenheit der betrieblichen Führungsmannschaft wurde versucht, eine politische Identifikation der staatlichen Leiter mit den Plan- und Parteivorgaben zu erreichen und darüber eine doppelte - oder in einer anderen Perspektive - unmittelbare Verantwortung zu etablieren.

Alle diese vielfältigen Fäden, an denen das betriebliche Management hing und gesteuert wurde, waren letztlich am begrifflichen Schnürboden des 'sozialistischen Volkseigentums' aufgehängt: Niemand produzierte für sich selbst, sondern jeder für alle. Weil aber niemandem etwas gehörte, sondern alles nur allen, konnte bzw. sollte es auch keine gegen die allgemeinen Interessen gerichteten besonderen Interessen geben.

Diese programmatische Identität von Individuum und Gesellschaft als sozialistische Grundüberzeugung durfte nicht in Zweifel gezogen oder gar aufgegeben werden. Da sie aber gleichwohl permanent und empirisch unübersehbar von den Individuen tätig bestritten wurde, mußten Integrationsmodi für die 'besonderen' und 'persönlichen' Interessen entwickelt werden, welche die Interessendivergenzen (zwischen Bedürfnissen und ihrer Befriedigung) aufzuheben oder durch Uminterpretation zu entschärfen gestattete. Dies geschah bestenfalls durch temporäre Befriedigung der artikulierten Bedürfnisse, konnte aber auch durch diverse Bedürfnisverschiebungen, z. B. von materiellen in soziale, von kurz- in langfristige usw. geschehen. Wo dies nicht gelang, wurde der nichtbefriedigte Anspruch, sofern er zu Protest ging, sozial zwangsintegriert bzw. politisch sanktioniert.

Die beanspruchte Identität von Individuum und Gesellschaft wurde über den programmatischen Begriff der 'sozialistischen Demokratie' konstituiert: „Die sozialistische Demokratie ist identisch mit der Entwicklung des gesellschaftlichen Schöpfertums der Menschen" (Arbeitsrecht 1970, S. 113). Das Gesetzbuch der Arbeit legte fest: „Die Arbeit und die Entwicklung der Fähigkeiten zum gesellschaftlichen und eigenen Nutzen, sowie die schöpferische Mitwirkung an der Ausarbeitung und Erfüllung der Pläne und an der Leitung der Betriebe und der Wirtschaft sind moralische Pflichten jeden arbeitsfähigen Bürgers" (GBA § 2, Abs. 2).

Mit dieser quasi zum Staatsziel erklärten Zentralität der Arbeit und damit der zentralen Rolle, die 'der arbeitsfähge Bürger' darin spielen sollte, werden die Arbeit und die organisatorische Einheit in der sie verrichtet wurde, der Betrieb, zum „Vergesellschaftungskern" wie Martin Kohli (1994, S. 83 f.) es genannt hat. Damit war das politische Objekt von Staat und Partei, der werktätige Bürger, zum ökonomischen Subjekt der Gesellschaft erklärt und somit eine latente, aber unauflösbare Spannung in die basalen Arbeitsbeziehungen gebracht worden.

Die Gestaltung der zentralen Handlungsvoraussetzung der Betriebe, d.h. die Umsetzung des jeweiligen Volkswirtschaftsplans in den Kombinaten zur konkretisierten 'Planaufgabe' setzte eine intensive 'Plandiskussion' in den 'Betriebskollektiven' voraus (vgl. Fritze, o.J., S. 22). In der mit dieser 'Plandiskussion' bezweckten betrieblichen Rückkopplung staatlicher Direktiven ging es nicht nur um die realitätshaltige Konkretisierung pauschaler Anforderungen, sondern vor allem auch um die Beteiligung aller Werktätigen in den Betrieben an dieser gemeinsamen Aufgabe und um deren Selbstverpflichtung darauf. Von der Diskussion der Rahmenvorgaben im Plan, bis hin zur einzelnen Arbeitsaufgabe war das Konzept der 'Sozialistischen Demokratie' an einer permanenten appellativ-moralisch beschworenen Mitwirkung aller Beschäftigten ausgerichtet. Neben der intendierten Verpflichtungs- und Erziehungaufgabe („gleichzeitig dient die sachkundige Mitwirkung der Werktätigen ihrer Selbsterziehung." Arbeitsrecht 1970, S. 115) war mit dieser Forderung aber auch ein Anspruch der Betroffenen verbunden, - wie auch immer beschränkt - tatsächlich an den Geschicken des Betriebs oder doch zumindest an den Bedingungen und Resultaten der eigenen Arbeit mitwirken zu können.

Das kollektive Interesse jeder Struktureinheit im Betrieb und Kombinat war es (in aufsteigender Linie: Brigade, Abteilung, Bereich, Betrieb, Kombinat), der jeweils nächst höheren gegenüber möglichst niedrige Ressourcen und Kapazitäten auszuweisen, um bei der Realisierung der Planaufgabe möglichst günstig abzuschneiden. „Das Ganze könnte man als eine Art 'Negativ-Poker' bezeichnen - ein Spiel, bei dem nicht der gewinnt, der die besten, sondern der die schlechtesten Karten vortäuscht" (Fritze, o.J., S. 23). Diese unterschiedlichen Einzelinteressen bündelten sich im Gesamtinteresse des Betriebskollektivs, mit der Planerfüllung oder Übererfüllung die von allen gemeinsam begehrte 'Jahresendprämie' ungeschmälert zu erhalten.[1]

Die mit der Plandiskussion und -gestaltung im Betrieb beabsichtigte Weckung des materiellen und sozialen Interesses der 'Werktätigen' hatte aber nicht notwendig die angestrebte interaktive Planrealisierung zur Folge, sondern half eher dabei, eine sich planwidrig auswirkende Gemeinschaftlichkeit in der Interessenwahrnehmung zu konstituieren. Der Deal auf der Shop-floor-Ebene zwischen Arbeitsbrigaden und Meister, z.B. das Aufgeben der verschleierten Arbeitsverzögerung gegen eine besser bezahlte Zusatzschicht zu erkaufen, von Voßkamp/Wittke (1990) mit dem vielzitierten Begriff des „Planerfüllungspakts" bezeichnet, illustriert die von Deppe/Hoß (1989, S. 149) beobachtete „passive Vetomacht" der Belegschaften. Man könnte hier vielleicht von einer relativen Aushandlungsautonomie prinzipiell gleicher Arbeitsbürger sprechen.

Im Gegensatz zum kapitalistischen Arbeitsvertrag, mit dem sich der 'Arbeitnehmer' zur Anerkennung des weitreichenden (nur gesetzlich beschränkten) Direktionsrechts

---

1 Über die Handhabung dieser Prämienzahlung in den Kombinaten liegen mir z.T. widersprüchliche Informationen vor. Es scheint zumindest in den 80er Jahren nicht mehr zum völligen Wegfall einer Jahresendprämie gekommen zu sein. Mit Kürzungen mußte aber bei eklatanter Planuntererfüllung durchaus gerechnet werden, wobei der Arbeiter die geringsten und die obersten Leiter die stärksten Kürzungen erfuhren.

des Eigentümers und seines beauftragten Managements verpflichtet, ist der 'Werktätige' nicht nur abstrakter Miteigentümer seines Betriebs und hat daher nicht nur ein Recht auf Arbeit, sondern auch auch eine Arbeitspflicht, insofern für ihn aus diesem Status heraus die Erhaltung und Mehrung des kollektiven Eigentums obligat ist. Weil aber dieser Eigentümerstatus des 'Werktätigen' allzu abstrakt blieb, wurde die daraus erhoffte Bindungsverpflichtung vor allem über die sozialistische Moral reklamiert, d.h. sie blieb schwach.

Wenn also die programmatisch angezielte Koinzidenz von 'allgemeinem' und 'besonderen' Interesse des 'sozialistischen Eigentümers' kein konstitutives Element des individuellen Interesses bildete und im Alltagshandeln kaum sichtbar wurde, so entwickelte sich doch eine gewissermaßen 'sekundäre Vergemeinschaftung', 'sekundär', weil aus der Konfrontation dieses individuellen mit dem als abstrakt und restriktiv empfundenen allgemeinen bzw. kollektiven Interesses des sozialistischen Systems hervorgehend.

Begünstigt wurde diese 'sekundäre Vergemeinschaftung' durch die gering entwickelten interessendifferenzierenden Elemente in den Lohn- und Leistungsstrukturen. Man konnte zwar durch Beteiligung an der Neuererbewegung und im 'sozialistischen Wettbewerb' und bei einer Fülle anderer Gelegenheiten in gewissen Abständen und bei Berücksichtigung auch anderer Mitglieder der Kollektive - was die leistungsstimulierende Auszeichnung wieder relativierte - zwar immer wieder einmal auch zusätzliche Prämien erlangen, sie fielen aber gegenüber der nivellierten Grundlohngestaltung erst in den späteren Jahren der DDR stärker ins Gewicht. Die Leistungslohnelemente mußten beschränkt bleiben, weil die Kombinate und Betriebe nicht autonom über ihre Lohnfonds verfügen konnten, sondern auch hier an Planvorgaben gebunden waren, zum anderen weil planwirtschaftliche Honorierung von mehr Leistung nur in einem umständlichen und langwierigen Prozeß gestaltet werden konnte.

Auch die Differenzierung zwischen Angestellten und Arbeitern, an der merkwürdigerweise auch Jahrzehnte nach der Etablierung einer sozialistischen Gesellschaftsordnung in der DDR noch festgehalten wurde, spielte - ganz im Unterschied zu Westdeutschland - im Alltagsleben keine Rolle. Das lag zum einen daran, daß die versicherungs- und arbeitsrechtliche Bevorzugung der Angestellten, die ihnen in Deutschland traditionell gewährt wurde, in der DDR ebenso abgeschafft worden war, wie die finanzielle Besserstellung bei vergleichbarer Tätigkeit und Ausbildung. Die Attraktivität der Büroarbeit wurde zudem dadurch gemindert, daß die Angestellten sogar finanziell benachteiligt waren, womit man wahrscheinlich ideologische Illusionen einer sich etwas besseres dünkenden administrativen Schicht vorbeugen wollte. Sie hatten eine höhere Lohnsteuer zu zahlen (20 statt sonst 6,5 %) und besaßen faktisch kaum Chancen, an Leistungsprämien oder zuschlagsträchtige Sonderschichten zu gelangen. Die angenehmere Arbeit im Büro, der 'weiße Kragen' (die besseren Aufstiegschancen waren meist unattraktiv), die üblicherweise zum höheren Prestige des Angestelltenstatus beitragen, konnten diese finanzielle Benachteiligung nur unzureichend kompensieren, zumal die permanenten Unzulänglichkeiten der Produktion von den Arbeitern nicht nur den Zentralinstanzen von Partei und Staat, sondern zu einem Gutteil auch den aufgeblähten Verwaltungsapparaten der Betriebe zugeschrieben wurde. Deren radikaler Abbau nach der Kombinatsauflösung stieß denn auch auf wenig Widerstand bei der übrigen Belegschaft.

Der über die egalisierten Arbeits- und Entlohnungsbedingungen gestiftete kollektive Zusammenhang in der Belegschaft wurde auch durch die betrieblichen Herrschaftsstrukturen, die Vorgesetztenhierarchie nicht nennenswert tangiert. Da die disziplinarischen Mittel der Vorgesetzten gering waren (faktische Unkündbarkeit, Lohngarantie etc.) und wegen der im sozialistischen Betrieb mit einer Leitungsaufgabe verbundenen 'Erziehungspflicht' mußte das Versagen eines Untergebenen immer auch zugleich als das der Vorgesetzten erscheinen. Der dominante Interaktionsmodus und die vorherrschende Weise der Interessenregulierung zwischen Belegschaft und Vorgesetzten war daher im Kombinatsbetrieb nicht der explizite Konflikt, sondern die Absprache, das implizite oder explizite Arrangement. Dazu trug wesentlich bei, daß der betrieblichen Sphäre individuellen Interessenhandelns teils durch Zentralisierung, teils durch Egalisierung wesentliche Konfliktfelder entzogen waren. Das schloß Konflikte in der Alltagspraxis nicht aus, sie blieben aber in der Regel auf arbeitsprozeßbezogene Divergenzen beschränkt.

Die vielfältigen Interventionsinstanzen und die ebenso vielfältigen externen Legitimationsverpflichtungen, die Verschränkung von Politik und Ökonomie bewirkten im sozialistischen Kombinatsbetrieb - wie Lutz Marz (1993) es formuliert - eine „Entdifferenzierung" und „Entfunktionalisierung", die letztlich eine „Entökonomisierung" nach sich zog. Mit der „Verfilzung" des ganzen betrieblichen Handlungsraums vermischten sich trotz - (auf dem Papier) klarer Anordnungsbefugnisse und Leitungsdirektiven - die Verantwortungsstrukturen: 'man sei für nichts richtig zuständig und dennoch für alles verantwortlich gewesen'.

Je geringer aber die faktisch ausgeübte Entscheidungsgewalt der Vorgesetzten und je irregulärer die Handlungsabläufe waren, um so größer mußte der Handlungsspielraum der Akteure auf der operativen Ebene, der 'Werktätigen', sein.

Der faktisch geringen Durchsetzungsmacht der unteren und mittleren Leitungskader gegenüber der Belegschaft korrespondierte eine nur wenig höhere Entlohnung. Dafür mußten sie aber häufig die unangenehme Erfahrung der Pufferfunktion zwischen dem Ärger der Belegschaft über stockende Materialzufuhr, Maschinenausfälle und sonstige Friktionen einerseits und dem Planerfüllungsdruck der oberen Instanzen (Betriebs- und Kombinatsleitung) aushalten. Im allgemeinen waren daher diese Funktionen wenig begehrt. Es kam schon vor, daß die Kaderabteilung (entspricht etwa der heutigen Personalabteilung) den einen oder die andere in die betriebliche Pflicht nahm und mit mehr oder weniger sanften Zwang auf einen solchen vakanten Posten schob.

Um den Konfliktlagen aus der beschriebenen Pufferfunktion zu entgehen, war die Bereitschaft der mittleren und unteren Leitungskader entsprechend gering, sich bei kontroversen Problemlagen zu engagieren, Verantwortung zu übernehmen und Entscheidungen ohne Absicherung von oben zu fällen. Am stärksten wirkte sich dieses Problem bei den Meistern aus, denen heute noch in vielen ostdeutschen Betrieben von den Unternehmensleitungen eine zu große Belegschaftsnähe vorgehalten wird. Ihr „kumpelhaftes Verhalten" (Stieler 1990) erschwere die Durchsetzung arbeitsorganisatorischer Veränderung und insbesondere neuer Leistungsnormen.

II. Die Folgen kapitalistischer Rationalisierung für die betrieblichen Sozialverhältnisse

Mit dem Wandel von einer staatlich gelenkten Zu- und Verteilungswirtschaft zu einer konkurrentiellen Beschaffungs- und Verkaufswirtschaft unter Marktbedingungen, waren erhebliche Umstellungsprozesse verbunden, die in einer inzwischen recht umfangreichen Forschungsliteratur beschrieben worden sind. Hervorzuheben sind hier vor allem die Studien, die im Rahmen der 'Kommission zur Erforschung des sozialen und politischen Wandels in den neuen Bundesländern' durchgeführt wurden. Daneben sei auf die Arbeiten in den beiden DFG-Schwerpunkten verwiesen: 'Industrielle Beziehungen in Ostdeutschland' und 'Probleme gesellschaftlicher Transformation in Ostdeutschland'.

Bereits mit dem Wechsel der normativen und institutionellen Grundlagen der Wirtschaftstätigkeit waren grundlegende Rationalisierungseffekte verbunden. Die Auflösung der Interessenidentität und die Wiederherstellung der Eigentumsprärogative reetablierte wieder die formelle Machtasymmetrie im Industriebetrieb. Das neue (alte) Arbeits- und Vertragsrecht erleichterte Entlassungen, die aus der Konkurrenzschwäche gegenüber den hocheffizienten Westbetrieben ökonomisch notwendig wurden. Mit Brussig u.a. (1992) und Rössel/Krüger (1993) kann von einer Zweiteilung im Rationalisierungsprozeß der ostdeutschen Industrie gesprochen werden.

In einer ersten Phase, etwa 1990 bis 1991, werden die grundlegenden Anpassungsmaßnahmen der Betriebe an die neuen ökonomischen Bedingungen durchgeführt. In dieser Phase der 'Grundsanierung' wird die Entflechtung der Kombinatsbetriebe aus dem Verbund, der innerbetriebliche Umbau, die Ausgliederung der überdimensionierten indirekten Bereiche (Bauabteilung, Rationalisierungsmittelbau usw.), die Verringerung der Fertigungstiefe betrieben und der rigorose Abbau des großen Verwaltungsapparats und der nicht mehr benötigten Teile in der Produktionsbelegschaft vorgenommen. In der zweiten Phase der 'Feinsanierung' ging man dann daran, die notwendige Produktinnovation, die Erneuerung des Fertigungsapparats, der Führungsstuktur und allmählich auch der Arbeitsorganisation vorzunehmen. Dieser Prozeß ist in den einzelnen Branchen und Betrieben je nach ökonomischen, technischen, regionalen und betrieblichen Bedingungen unterschiedlich intensiv durchgeführt worden und hält gegenwärtig noch an.

Gemeinsame Effekte dieser Rationalisierungspolitik sind klarere Hierarchien und Verantwortungsstrukturen, ausdifferenzierte Funktions- und Aufgabenbestimmungen und die Etablierung des Leistungsprinzips im Betrieb. Damit wird das Verhältnis zwischen Vorgesetzten und Untergebenen formalisierter und erzeugt durch die neuen von der Hierarchie durchgesetzten und durchzusetzenden Maßnahmen mehr soziale Distanz.

Diese Bedingungen sind in den ostdeutschen Industriebetrieben sehr unterschiedlich realisiert. Zum einen liegt es an den verschiedenen betrieblichen Bedingungen, zum anderen an den Menschen die sie umzusetzen haben. Insbesondere den Älteren fällt es schwer, sich an das neue, kühlere Sozialklima im Betrieb zu gewöhnen und die neuen Bedingungen sich in Form aktiv verfolgter Interessenstrategien bewußt anzueignen. Personalleiter und andere westdeutsche Führungskräfte, die in den ostdeutschen Betrieben Vergleichserfahrungen haben sammeln können, beobachten im Osten eine vielfach passivere, attentistische Haltung in den Belegschaften.

In den Betrieben markieren zwei Strukturvariablen die Hauptdifferenzen im Verhältnis der Belegschaften zu den Rationalisierungsmaßnahmen. Die eine Differenzlinie verläuft entlang der Dimension Betriebskontinuität. Es bedeutet einen wesentlichen Unterschied, ob ein Betrieb auf der 'grünen Wiese' völlig neu errichtet worden ist, mit neuen Produktionsanlagen, neuer Arbeitsorganisation, Lohn- und Leistungssystemen und einer individuell ausgelesenen, völlig neu zusammengesetzten Belegschaft oder ob der Betrieb am gleichen Standort und mit der alten Belegschaft (wenn auch stark vermindert) weiterexistiert. Die zweite Differenzlinie verläuft entlang der Kontinuität des Führungspersonals. Neue Prinzipien sind am überzeugendsten, bzw. am effizientesten von neuen Leuten durchsetzbar. Treuhandbetriebe hatten mit ihren Reorganisationsbemühungen nicht nur deshalb größere Mühe, weil die Treuhandanstalt ihnen keine bzw. nicht ausreichende Mittel zur Sanierung resp. Modernisierung zur Verfügung stellte, sondern auch, weil das alte Management häufig selbst Probleme mit der Umstellung auf diese neuen Prinzipien hatte und vor dem Hintergrund der aus der Kombinatszeit überkommenen hohen sozialen Kohäsion im Betrieb nur zögernd von den neuen Machtpotentialen zur Durchsetzung der betrieblichen Effizienz Gebrauch machte.

Nur in Betrieben, deren Branchenumfeld eine insgesamt günstige Entwicklungsperspektive bescheinigt werden kann, wie die Bauindustrie, stellen allgemein günstigere Handlungsvoraussetzungen bereit, auf die die Beschäftigten im allgemeinen auch mit größerer Identifikation und Akzeptanz der neuen Arbeits- und Leistungsbedingungen reagieren. Dies ist insbesondere bei jener Gruppe zu konstatieren, die von den neuen Entlohnungs- und Beschäftigungsbedingungen profitiert hat, den Angestellten. In einer 1993/94 am Institut für Soziologie in Jena durchgeführten Untersuchung (Schmidt/ Stöhr 1994) ist dieser Zusammenhang genauer untersucht worden.

Mit der Entflechtung der ehemaligen Baukombinate, ihrer Privatisierung und Reorganisation hatten sich die neu entstandenen Betriebe auf die marktwirtschaftlichen Konkurrenzbedingungen einzustellen. Statt eine Zuteilungsproduktion zu verwalten, kam es jetzt darauf an, Flexibilität, Termintreue und Qualität zu überlebens-, aber auch konkurrenzfähigen Preisen zu gewährleisten. Dazu mußten die Betriebsstrukturen und die Arbeitsorganisation grundlegend verändert werden. Oberste Prinzipien waren dabei, die Arbeitsabläufe zu enthierarchisieren und zu dezentralisieren und zu einer stärkeren Funktionstrennung und klareren Aufgabengestaltung zu kommen. Dafür mußten eindeutige Kriterien für die Zuständigkeit, Verantwortung und Dispositions-befugnis geschaffen werden. Dies geschah im Rahmen einer Aufgabenerweiterung, einer Übertragung von mehr Verantwortung und Selbständigkeit und bei Vorgesetzten durch Verleihung wirksamer Disziplinargewalt und eindeutiger Sanktionsbefugnisse.

Die Reorganisation der Verwaltungsabläufe ist also durch eine doppelte, scheinbar gegenläufige Veränderung bestimmt: Auf der einen Seite kommt es zu einer Stärkung der Mitarbeiterbefugnisse und damit auch zu einer Enthierarchisierung, auf der anderen Seite werden die Anordnungs- und Kontrollbefugnisse der Vorgesetzten in den verbleibenden Planungs-, Koordinierungs- und Aufsichtsfunktionen gestärkt. Im Endeffekt führt diese Reorganisation der Arbeitsabläufe und der Betriebsstruktur zusammen mit der Verpflichtung auf die zu erfüllenden Marktanforderungen inzwischen zu Leistungssteigerungen und - in der vergleichsweise kurzen Frist - auch schon zu einer erkennbaren Verinnerlichung des Effizienzdenkens bei den Angestellten.

Mit der Übertragung des westdeutschen Tarif- und Arbeitsrechts haben sich auch Veränderungen in den Rahmenbedingungen für Arbeit, Leistung und Einkommen ergeben, die sich auf die Interessenorientierung der Angestellten erkennbar auswirken. War die Entlohnungsstruktur der DDR auf eine weitgehende Egalisierung der unter-schiedlichen Gruppen von 'Werktätigen' ausgerichtet, mit einer gewissen Privilegierung der Arbeiter, so führt die Übertragung des westdeutschen Arbeits- und Tarifrechts zu einer Redifferenzierung der Arbeitnehmergruppen. Das westliche Tarifsystem sieht bei etwa gleicher Berufsqualifikation eine relativ höhere Einstufung für Angestellten-tätigkeiten vor, die zudem mit einer größeren Aufspreizung der Gehaltsgruppen verbunden ist und damit gewisse Aufstiegschancen und entsprechende Orientierun-gen eröffnet. Wenn inzwischen auch einige der überkommenen Statusprivilegien im Arbeits- und Sozialrecht von Angestellten nivelliert worden sind (z.B. Angleichung des Kündigungsrechts), so gibt es doch immer noch einige Besonderheiten, wie z.B. eine eigene und wegen der 'besseren Risiken' günstigere Rentenversicherung, die es den Angestellten nahelegt, sich gegenüber den Arbeitern, wenn schon nicht für etwas besonderes, so doch wenigsten für eine andere Arbeitnehmergruppe mit eigenen Interessen zu halten.

Die von uns durchgeführte empirische Erhebung von 1993 wollte nun überprüfen, inwieweit diese prinzipiell erwartbaren Angleichungsprozesse an westliche Differenzierungsphänomene unter ostdeutschen Angestellten auch tatsächlich stattgefunden haben. Dazu eignete sich die ostdeutsche Bauindustrie insbesondere deshalb gut, weil sie einen der wenigen Wirtschaftszweige repräsentiert, in dem mit einem anhaltend günstigen Auftrags- und Beschäftigtenstandard gerechnet werden kann. Dies müßte sich, so die Annahme, stabilisierend auf die Betriebsbindung und Arbeitsorientierung auswirken, so daß von daher keine verzerrenden Einflüsse auf die Ausbildung eines konstanten Arbeits- und Leistungsverhältnisses zu erwarten waren. Wer ständig akute Angst um seinen Arbeitsplatz hat, kann kein dauerhaftes, in sich schlüssiges Verhältnis zu Arbeit und Leistung entwickeln.

Die Ergebnisse der Befragung weisen darauf hin, daß die beschriebenen Veränderungen in der Arbeitsorganisation im allgemeinen eine überwiegend positive Resonanz bei den Angestellten gefunden haben. Die erweiterte, mit mehr Verantwortung verknüpfte Aufgabenzuschneidung, die klareren Funktionen und Verantwortlichkeiten werden als befriedigend und leistungsmotivierend empfunden, was erklärtermaßen auch zu einer höheren Leistungsbereitschaft beiträgt. Nicht zu übersehen ist freilich, daß in den Erwartungen von Angestellten in Betrieben, die nicht westdeutschen Baukonzernen angeschlossen sind, sondern sich als MBO-Ausgliederungen (Management-buy-out) in der Konkurrenz behaupten müssen, die Sorge mitschwingt, ob der Betrieb sich auch langfristig gegen die harte Konkurrenz, insbesondere aus dem Westen, wird behaupten können. Dies führt nicht nur zu einer hohen Identifikation mit dem Betrieb, sondern verstärkt auch die Leistungsbereitschaft in Richtung eines 'Überlebenspakts'. Im Unterschied zu vielen anderen Betrieben in der Metallindustrie, wo ähnliche Phänomene zu beobachten sind, hat diese Hoffnung in der Bauindustrie eine gesicherte Grundlage, weil hier der Markt überschaubar, überwiegend regional organisiert und daher leichter zugänglich ist und schließlich die Konjunkturerwartungen mittelfristig weiterhin als günstig gelten dürfen.

Die Ergebnisse der Befragung in 16 Baubetrieben von Thüringen, Brandenburg und Ostberlin zeigen, daß die Angestellten sich den Betriebszweck zu eigen machen, also alles daran setzen, um gemeinsam erfolgreich am Markt bestehen zu können. Sie tun dies so konsequent, daß sie diesen Leistungsanspruch nicht nur gegen sich selbst, sondern auch gegen tatsächlich oder vermeintlich schwache Leistungsträger innerhalb anderer Teilgruppen der Belegschaft wenden. Zu solcher Kritik sehen sich viele Angestellte auch durch ihren eigenen erhöhten Leistungseinsatz - intensivierte Arbeit, Hinnahme regelmäßiger unbezahlter Überstunden etc. - berechtigt. Es kommt dann immer wieder vor, daß sich Angestellte (insbesondere die mit Leitungsfunktionen: Poliere, kaufmännische Leiter, Bauleiter) kritisch über die Leistungen im gewerblichen Bereich äußern, also dort, wo die Qualität und Termintreue von den am Bauprodukt unmittelbar Tätigen zu vertreten sind.

Arbeiter verhielten sich distanzierter zur Arbeit und identifizieren sich weniger mit dem Betrieb, heißt es etwa. Einerlei, ob solche Schuldzuschreibungen tatsächlich von diesen zu vertreten oder die kritisierten Mängel auf Planungs- oder Koordinierungsmängel bei den vorgesetzten Angestellten zurückzuführen sind, allein die Tatsache solcher Verantwortungszuschreibung, aus der durchaus Folgen für die Eingruppierung und damit Bezahlung oder gar für den Arbeitsplatz selbst resultieren können, beweist, wie weit die Dissoziation innerhalb der Belegschaft inzwischen gediehen ist. Noch bremst zwar die alte Vertrautheit aus dem kollektiven Brigadekontext oftmals die harsche Zurechtweisung und die strikt sanktionierte Einhaltung von Leistungsstandards, aber es ist unübersehbar, daß nicht nur bei Angestellten in Leitungsfunktionen im Zuge der Funktionalisierung und Effektivierung betrieblicher Arbeitsabläufe und Leistungsstrukturen eine zunehmende Distanz gegenüber den Arbeitern eingetreten ist. Dabei wird von den Angestellten prinzipiell anerkannt, daß das Überleben der Firma ganz wesentlich vom Einsatz und der Leistung der gewerblichen Kollegen abhängt und sie sich ihnen gegenüber prinzipiell als nicht Besseres erachten.

Diese aus Kombinatszeiten überkommene, aber auch funktional begründete Gleichwertigkeit der Tätigkeit von Arbeitern und Angestellten, die sich häufig noch in einer fortdauernden „Duz-Kultur" ausdrückt, und der aus dem aktuellen „Überlebenspakt" herrührende Schulterschluß bremst die aus den beschriebenen objektiven Veränderungen herrührenden neuen Leistungs- und Verhaltensmuster. Dennoch ist der Belegschaftszusammenhalt unter dem Druck von Terminenge, Qualitätsanforderungen und Kosteneinsparungen brüchiger geworden. Langfristig dürfte dies auch für jene kontinuitätsverpflichteten Betriebe gelten, in denen aufgrund der bis heute schwierigen ökonomischen Bedingungen ein nachwirkender 'Überlebenspakt' die überkommene enge soziale Kohäsion verstetigt hat.

Daneben ist in Ostdeutschland noch ein anderer Typus von Betrieben zu beobachten, wirtschaftlich häufig schon erfolgreicher operierend, in denen die dort verfolgte partizipative Strategie in den Sozialbeziehungen und in der Interessenregulierung bewußt an die alte, stark ausgeprägte Belegschaftskohäsion der Kombinatszeit anknüpft. Auch hier müssen die Beschäftigten oft noch auf die in westdeutschen Betrieben üblichen Sozial- und Einkommensstandards und z.T. auch auf tariflich garantierte Zulagen verzichten. Die hohe Kommunikationsdichte und Transparenz der Abläufe bindet sie aber stärker an das Unternehmen und reduziert trotz temporärer Verzichtsbereitschaft die Leistungsmotivation nicht. Ob mit dem langfristigen Markterfolg dann auch die betriebliche Diffusion von Konkurrenz und Leistungsdifferenzierung zunimmt und damit die ausgeprägt kohäsiven Elemente der Sozialbeziehungen erodieren, -wofür einiges spricht - muß einstweilen offen bleiben.

Literatur

Arbeitsrecht der DDR (1970). Berlin
Autorenkollektiv (1972): Sozialpolitik, Betrieb, Gewerkschaften. Hrsg. im Auftrag der Gewerkschaftshochschule 'Fritz Heckert' beim Bundesvorstand des FDGB Berlin
Bahro, Rudolf (1977): Die Alternative. Zur Kritik des real existierenden Sozialismus. Köln/Frankfurt

Brussig,M., K. Lohr, G. Rössel, E. Schmidt (1992): Regionaler und innerbetrieblicher Wandel industrieller Strukturen am Beispiel Berlins, Kurzstudie der KSPW Nr.124, Berlin/Halle

Deppe, Rainer, Dietrich Hoß (1989): Arbeitspolitik im Staatssozialismus, Frankfurt/New York

Fritze, Lothar (o.J.): Organisations- und Machtstrukturen ehemaliger DDR-Kombinate - Zerfallsprozesse der zentralgesteuerten Wirtschaftseinheiten als Hemmschuhe oder Katalysatoren des Übergangs zur Marktwirtschaft. Manuskr.

Gesetzbuch der Arbeit (1968). Berlin

Haase, H.E. (1990): Das Wirtschaftssystem der DDR, 2.überarb. Auflage, Berlin

Marz, Lutz (1993): System-Zeit und Entökonomisierung. Zu Zeit/Macht-Dispositiven und mentalen Dispositionen in realsozialistischen Wirtschaften, in: R. Schmidt (Hrsg.): Zwischenbilanz. Analysen zum Transformationsprozeß der ostdeutschen Industrie. Berlin

Politische Ökonomie (1969): [Autorenkollektiv]: Politische Ökonomie des Sozialismus und ihre Anwendung in der DDR. Berlin

Rössel, Gottfried, K. Krüger (1993): Probleme der Grundsanierung und Feinprofilierung ostdeutscher Unternehmen. Vervielf. Manuskr.

Schmidt, Rudi, (Hg.) (1993): Zwischenbilanz. Analysen zum Transformationsprozeß der ostdeutschen Industrie. Berlin

Schmidt, Rudi, Burkart Lutz (Hg.) (1995): Chancen und Risiken der industriellen Restrukturierung in Ostdeutschland. Berlin

Schmidt, Rudi, Paul Stöhr (1994): Verwestlichung betrieblicher Interessenvertretungsstrukturen? Eine Anlayse der Arbeits- und Berufssituation, der Interessenorientierung und des Organisationsverhaltens von Angestellten in der ostdeutschen Bauindustrie. (Forschungsbericht) Vervielf. Manuskr., Frankfurt/M.

Schmidt, Rudi, Paul Stöhr (1995): Interessenhandeln von Angestellten in der ostdeutschen Bauindustrie zwischen Betriebsbindung und Individualisierung. In: Schmidt/Lutz (1995) S. 299-334

Stieler, Brigitte (1990): Entwicklung der Arbeitsinhalte und des Leistungsverhaltens von Produktionsarbeitern in der DDR - Auswirkungen auf ihre Sozialisation. In: Zeitschrift für Sozialisationsforschung und Erziehungssoziologie. 1. Beiheft

Stollberg, Rudhard (1978): Arbeitssoziologie. Berlin

Voskamp, Ulrich, Volker Wittke (1990): Aus Modernisierungsblokaden werden Abwärtsspiralen. Zur Reorganisation von Betrieben und Kombinaten der ehemaligen DDR, in: SOFI-Mitteilungen 18/90

Wörterbuch der marxistisch-leninistischen Soziologie (1978), hrsg. von G. Assmann u.a. Opladen

Monika Goldmann

Industrielle Rationalisierung als Geschlechterpolitik

Neue Perspektiven für Frauen durch Organisationsentwicklung und
Arbeitsgestaltung im Betrieb

1 Einleitung

Die Diskussion um neue Produktions-, Arbeits- und Managementkonzepte, die von
Wirtschaft, Wissenschaft und Politik vehement geführt wird, läßt Anzeichen für einen
grundlegenden Wandel betrieblicher Rationalisierungsstrategien in der deutschen
Industrie, aber auch in Dienstleistungs- und Verwaltungsbereichen erkennen. In der
seit mehreren Jahren unvermindert anhaltenden Auseinandersetzung um „lean
production" und „lean management" drückt sich nicht zuletzt ein großer Handlungs-
druck aus, dem betriebliche Rationalisierungspolitik, aber auch gewerkschaftliche und
staatliche AkteurInnen angesichts weltweiter Krisen auf den Absatzmärkten, verstärk-
tem Konkurrenzdruck und allenthalben kritisiertem wenig innovativen Management-
verhalten ausgesetzt sind.

Die zunächst im Automobilsektor geführte Diskussion hat sich mittlerweile auf
viele Industriebranchen ausgeweitet und beeinflußt inzwischen auch die Diskussion
um die Reform der öffentlichen Verwaltung ebenso wie um die Reorganisationsprozesse im Dienstleistungssektor. Wesentliche Elemente neuer Produktionskonzepte lassen sich ungeachtet der sich ausdifferenzierenden Begriffe und Anwen-
dungsbereiche knapp charakterisieren: In erster Linie geht es um die Erhöhung der
Flexibilität innerhalb der Unternehmen, verbunden mit der Dezentralisierung von
Aufgaben und der Delegation von Entscheidung und Verantwortung auf untere
Ebenen. Durch den Abbau von Hierarchieebenen, kooperativen Führungsstil und
teamförmige Arbeitsorganisation sollen Arbeitsmethoden ebenso wie die Qualität
der Produkte kontinuierlich verbessert werden (total quality management). Eine
sogenannte „Verschlankung" der Unternehmen soll durch „Outsourcing" (Auslage-

rung von Produktionsteilen und Dienstleistungen) erreicht und weitere Rationalisierungseffekte durch eine intensive elektronische Vernetzung mit Zulieferern und Auftraggebern erzeugt werden. Ein wichtiges Element auf dem Weg zu einem flexibleren Arbeitseinsatz ist die Integration von Teiltätigkeiten zu komplexeren Arbeitsaufgaben. Durch eine effizientere Arbeitsorganisation sollen die kreativen und produktiven Potentiale der Beschäftigten besser genutzt werden. Damit gewinnen arbeitsorganisatorische Konzepte wie Team- und Gruppenarbeit an Bedeutung. Solche Konzepte sind durchaus nicht neu, sondern wurden bereits in den 70er Jahren in der BRD im Rahmen von Humanisierungsprojekten für viele Produktionszweige entwickelt (vgl. Ulich 1992). Neu jedoch ist, daß sie heute auf breiter Basis als kostensparende und effektivitätssteigernde Reorganisationsmaßnahmen eingeführt und auch für produktionsferne Bereiche in Verwaltungen und Dienstleistungsbetrieben diskutiert und erprobt bzw. implementiert werden.

Auf der Suche nach neuen Rationalisierungspotentialen werden technikzentrierte Rationalisierungsstrategien zurückgedrängt und der Zusammenhang von Arbeits- und Unternehmensorganisation rückt in den Vordergrund. Auch wenn bisher noch große Uneinigkeit über Bedeutung und Reichweite neuer Produktionskonzepte besteht, ist Dieter Seitz zuzustimmen, wenn er betont: „Wie immer man die ansonsten mit ihr verbundenen Vorstellungen, höchst problematischen Verallgemeinerungen und Konsequenzen bewertet, stellt lean production den Versuch dar, die Organisation, das Personal und die Marktbeziehungen des Unternehmens umfassende Gestaltungsstrategien zu organisieren" (Seitz 1993 a, 33). Mit der Mobilisierung von Innovationspotentialen auf allen Ebenen eines Unternehmens wird die Bedeutung technischer Rationalisierung in den Hintergrund gedrängt und ein größeres Augenmerk auf soziale Rationalisierungsprozesse gelenkt. Der Fokus verschiebt sich, indem technische Prozesse nicht mehr zum Ausgangspunkt der Arbeitsgestaltung gemacht werden, wobei diese nur noch als abhängige Variable der eingesetzten Technik erscheint. Organisatorische und personalpolitische Veränderungen sowie die Veränderung der sozialen Beziehungen im Betrieb gewinnen stark an Bedeutung, und die technischen Systeme werden damit (zumindest teilweise) sozialen Gestaltungsprämissen unterworfen.

In der Diskussion um neue Produktions- und Managementkonzepte und die damit verbundenen Gestaltungspotentiale wird die Geschlechterfrage kaum aufgenommen. Auch industrie- und arbeitssoziologische Studien gehen, von wenigen Ausnahmen abgesehen, von der Geschlechtsneutralität von Organisationsentwicklung und Arbeitsgestaltung aus. Organisatorische Logik erscheint den betrieblichen Akteuren ebenso wie den Sozialwissenschaftlern als geschlechtsneutral, was durch geschlechtsneutrale Bürokratie- und Organisationstheorien bestätigt wird (Vgl. auch Jüngling 1992, Goldmann u.a. 1993).

Erst die arbeitsweltbezogene Frauenforschung hat den Zusammenhang von Geschlecht und Organisation in den letzten Jahren zunehmend in empirischen und theoretischen Arbeiten thematisiert und den Blick auf die Bedeutung der Vergeschlecht-lichungsprozesse von Organisationen für das Geschlechterverhältnis gelenkt.[1] „Die Struktur des Arbeitsmarktes, Beziehungen am Arbeitsplatz, die Kontrolle des Arbeitsprozesses und die zugrundeliegenden Einkommensrelationen werden immer von den Symbolen des Geschlechts, Prozessen der Geschlechtsidentität und von materiellen Ungleichheiten zwischen Frauen und Männern beeinflußt." (Acker 1991, 167; eigene Übersetzung)

Vergeschlechtlichungsprozesse kennzeichnen die spezifischen Geschlechterdifferenzierungen und Formen der Arbeitsteilung zwischen Männern und Frauen in Unternehmen ebenso wie in der Privatsphäre. Auch eine Organisation läßt sich demnach analysieren „als ein Prozeß, der Geschlechtsidentitäten, Männlichkeit und Weiblichkeit, hervorbringt, was bedeutet, daß Vorteile und Nachteile, Ausbeutung und Kontrolle, Handlung und Gefühl, Bedeutung und Identität mittels und durch eine Unterscheidung zwischen männlich und weiblich, maskulin und feminin, geformt werden (Acker 1990, 146 nach Billing 1994, 183; eigene Übersetzung).

Die Organisations- und Gestaltungsprozesse, die mit neuen Produktions- und Managementkonzepten einhergehen, verlangen dringend nach Aufarbeitung aus einer Geschlechterperspektive. Denn es liegt auf der Hand, daß diese Prozesse einen prägenden Einfluß auf das Geschlechterverhältnis haben werden, ebenso wie dieses umgekehrt auf die aktuellen Organisations- und Gestaltungsprozesse einwirkt. Zweifellos werden sich im Prozeß der umfassenden Restrukturierung ganzer Produktions- und Dienstleistungsbereiche neue Segregationen und Hierarchiesierungen zwischen den Geschlechtern herausbilden. Hier gibt es z.T. äußerst pessimistische Erwartungen in bezug auf die Auswirkungen, die diese Prozesse für Frauen haben werden (vgl. z.B. Möller 1993).

Demgegenüber wird hier die - handlungsorientierte - These vertreten, daß die Gestaltungsoffenheit neuer Rationalisierungsstrategien auch Ansatzpunkte zu einer Verringerung geschlechtsspezifischer und -hierarchischer Arbeitsteilung in Betrieben und Verwaltungen bietet. Dahinter steht die Vermutung, daß in einer Phase umfassender betriebsorganisatorischer Umwälzungen, die tief in die sozialen Beziehungen innerhalb von Unternehmen reichen, auch die Grundlagen etablierter Geschlechterbeziehungen infrage gestellt werden.

Für die These der Abmilderung geschlechtsbezogener Arbeitsteilung durch Reorganisationsprozesse gibt es einige empirische Indizien, die im folgenden skizziert werden. Am Beispiel der Einführung von Gruppenarbeit in der Produktion sowie für aktuelle Prozesse der Dezentralisierung im Einzelhandel - als einer der großen Dienstleistungsbranchen - werden Entwicklungstendenzen dargestellt, die für die Veränderung von Geschlechterbeziehungen in den Unternehmen in Zukunft bedeutsam werden können.

---

1 vgl. z.B. Aulenbacher 1991,1992, Jüngling 1992, Kaldewey u.a. 1993 und für die angelsächsische Diskussion Savage/Witz 1992

2   Gruppenarbeit in der Produktion

Traditionelle Felder weiblicher Erwerbstätigkeit in der industriellen Produktion, so scheint es, werden von aktuellen Innovationsprozessen kaum erfaßt. Darauf deutet hin, daß bisher kaum unternehmensinterne innovative Reorganisationsmaßnahmen für Bereiche und Abteilungen bekannt wurden, in denen eine relevante Anzahl oder gar mehrheitlich Frauen beschäftigt sind. Äußerst selten sind diese Bereiche Gegenstand von öffentlich geförderten Gestaltungsprojekten, und sie werden im Gegenteil auch bei ganzheitlich konzipierten Gestaltungsmaßnahmen in solchen Projekten eher ausgeklammert. Mögliche positive arbeitspolitische Effekte neuer Formen der Produktions- und Arbeitsorganisation wie z.B. Gruppenarbeitsformen, die sowohl hinsichtlich ihrer Arbeitsinhalte als auch hinsichtlich der Mitentscheidungsmöglichkeiten Verbesserungen gegenüber traditionellen tayloristischen Formen der Arbeitsorganisation darstellen, entstehen damit überwiegend für männliche Arbeitskräfte - Angelernte und Facharbeiter - und verstärken oder zementieren geschlechtsspezifische Barrieren und Hierarchien in den Arbeitsbereichen der industriellen Fertigung.[2]

Die Tatsache, daß Frauen in vielen Produktionsbereichen als angelernte Arbeiterinnen auf Arbeitsplätzen tätig sind, die durch immer wiederkehrende kurzzyklische Arbeitstakte mit restriktiven Aufgabenzuschnitten, geringen Qualifikationsforderungen, Monotonie und durch das weitgehende Fehlen aufgabenbezogener Kooperations- und Kommunikationsstrukturen gekennzeichnet sind ebenso wie ihre überwiegende Eingruppierung in unteren Lohngruppen, trägt offenbar dazu bei, daß eine arbeitspolitisch qualifizierte Um- und Neugestaltung traditioneller Frauenarbeitsplätze selten erfolgt. Allerdings ist zu bezweifeln, daß das Fehlen wissenschaftlicher Veröffentlichungen zu innovativen Organisations- und Gestaltungsansätzen in Branchen oder Betriebsabteilungen mit angelernten Arbeiterinnen in der Flut von Publikationen zu diesem Thema bedeutet, daß es solche Ansätze in der Realität nicht gibt. Möglicherweise kommt hier auch ein auf männliche Domänen konzentrierter Bias industriesoziologischer und arbeitswissenschaftlicher Forschung zum Tragen, der Frauenarbeitsbereiche in der Produktion ohnehin unerheblich erscheinen läßt.[3]

2   Isabel Rothe hat dies am Beispiel der Einführung von CIM-Bausteinen nach gruppentechnologischen Prinzipien in einem Unternehmen eindrucksvoll geschildert. In einem betrieblichen Gestaltungsprojekt werden Optionen, die eine horizontale Integration von Frauen- und Männerarbeit ebenso wie die Einbeziehung von Frauen in Gruppenarbeit in der Fertigung zwar erwogen, im Prozeßverlauf allerdings aus vermeintlichen Sachzwängen wieder fallengelassen, was im Ergebnis - nicht in der Intention - die Segmentation zwischen qualifizierten Männern - und unqualifizierten Frauenarbeitsplätzen vergrößert hat (Rothe 1993).

3   Empirische Untersuchungen zur Einführung von Gruppenarbeit in der Automobilproduktion differenzieren auch da, wo sie Auswirkungen auf die Arbeitskräfte untersuchen, nie nach Geschlecht. Legitimiert wird dies häufig mit dem Argument, daß un- und angelernte Frauen ohnehin in Randbereichen der Produktion tätig sind und ihre Nichteinbeziehung in betriebliche Reorganisationsmaßnahmen ein strukturelles Problem ist, das auf geschlechtsspezifischen Segmentierungen der Vergangenheit beruht und deshalb nicht durch Gestaltungsprozesse gelöst werden kann.Untersuchungen von Frauen haben hier eine Öffnung gebracht, werden jedoch wenig rezipiert und haben vor allem noch kaum Eingang in die Gestaltungsdiskussion gefunden.

Eine Ausnahme macht hier Moldaschl (1992), der sich als einer der ersten mit Fragen der Auswirkungen von neuen Produktionskonzepten auf Frauenarbeitsplätze in der Elektroindustrie auseinandergesetzt hat. Er argumentiert, daß zentrale Merkmale neuer Produktionssysteme wie Aufgabenintegration, Gruppenarbeit, Total Quality Management und kontinuierlicher Verbesserungsprozeß sowie systematische Personalentwicklung eine Neubewertung menschlicher Arbeit versprechen, was auch die Neubewertung von Frauenarbeit impliziert, ja gar als „Paradigmenwechsel in der Nutzung vor allem der weiblichen Arbeitskraft betrachtet werden kann". In der Realität der Umsetzung neuer Produktionskonzepte konnte er in den von ihm durchgeführten Untersuchungen allerdings eher wenig ermutigende Resultate für die Verbesserung der Arbeitsbedingungen un- und angelernter Arbeiterinnen entdecken.

Betriebsrecherchen, die Ende 1993 an der Sozialforschungsstelle Dortmund (sfs) durchgeführt wurden, zeigen, daß es sowohl in der Elektro- und Elektronikindustrie als auch bei Automobilzulieferern interessante Fälle von umfassenden Restrukturierungsmaßnahmen gibt, die mehrheitlich Frauenarbeitsplätze im Angelerntenbereich betreffen. Dazu zählen z.B. Gruppenarbeit an der Montagelinie bei Siemens oder die neue Arbeitsorganisation für ausländische Frauen bei Alcatel.[4] Selbst in der Automobilindustrie, in der Frauenarbeitsplätze - überwiegend in den Randbereichen, wie z.B. Kabelstrangfertigung oder Näherei angesiedelt - vor allem durch Auslagerungsprozesse überdurchschnittlich abgebaut wurden und weiterhin in ihrem Bestand äußerst gefährdet sind, gibt es Gestaltungsbeispiele, die auch Arbeiterinnen an positiven Auswirkungen neuer Organisationsformen partizipieren lassen. Hierbei ist die Einführung von Gruppenarbeit als Kern von Reorganisationsmaßnahmen bei neuen Produktionskonzepten von besonderer Bedeutung.

Gruppenarbeit gilt immer mehr Betrieben als effektivitätssteigernde und kostensparende Arbeitsform, die auf die Mobilisierung von Potentialen von Arbeitskräften abzielt, die bei einer tayloristischen stark arbeitsteilig strukturierten Produktion weitgehend brachliegen. D. Seitz nennt vier Dimensionen, die als konstitutiv für qualifizierte Gruppenarbeit gelten können und zur Bewertung von Arbeitsgestaltung und Organisationsentwicklung herangezogen werden sollten: Funktions- und Aufgabenintegration, Selbststeuerung und Selbstkontrolle, Kooperation und Kommunikation sowie qualifikatorische Integration (Seitz 1993, 34). Angesicht ihrer auf integrative Aufgabenbewältigung, Qualifizierung und Beteiligung gerichteten Intention, ist qualifizierte Gruppenarbeit bei der Prüfung der Hypothese, ob im Zuge von Reorganisationsprozessen geschlechtshierarchische Arbeitsteilung abgebaut werden kann, von besonderem Interesse.

---

4   Das „Baugruppenprojekt" bei Alcatel STR ist eine der wenigen dokumentierten Arbeitsstrukturierungsmaßnahmen an Frauenarbeitsplätzen. Frei zeigt am Beispiel dieser Schweizer Firma, „wie auf partizipativer Ebene mit ungelernten ausländischen Frauen eine neue Arbeitsorganisation geschaffen werden kann, die gleichermaßen wirtschaftlich lohnend und für die Beschäftigten qualifizierend ist". (Frei 1993, 69)

Im folgenden werden einige empirischen Befunde der genannten Recherche der sfs in Produktionsbetrieben, in denen Frauen in Reorganisationsmaßnahmen einbezogen waren, vorgestellt. Hier wurden in fünf Betrieben unterschiedliche Schwerpunkte der Reorganisation analysiert und nach geschlechtsspezifischen Prozessen bei der Einführung bzw. bei der Praktizierung von Gruppenarbeit gefragt. Es ging nicht um eine Gesamtbewertung der jeweiligen Rationalisierungs- und Gestaltungsmaßnahmen, sondern die Recherche beschränkte sich auf die Frage, welche positiven Effekte, aber auch welche konkreten Probleme die Integration von Frauen in Gruppenarbeit bringt. In der Studie wurde ein breiter Begriff von Gruppenarbeit zugrundegelegt und Gruppenarbeitsformen einbezogen, die viele Potentiale menschengerechter Organisation, die mit den o.g. Bewertungskriterien angesprochen sind, ungenutzt lassen. In erster Linie ging es darum, geschlechtsspezifische Differenzierungen innerhalb der Gruppen aufzuspüren und positive Effekte ebenso wie konkrete Probleme bei der Integration von Frauen in Gruppenarbeit zu identifizieren.

Die Ergebnisse der Recherche zeigen, daß es mit der Einführung von Gruppenarbeit in allen Betrieben zu einer Abmilderung von Geschlechterhierarchien gekommen ist. Dies bezieht sich auf die Bezahlung, die Aufgabenqualität und die Qualifizierung der in Gruppen tätigen Arbeiterinnen.

(1) Verringerung der innerbetrieblichen Lohndiskriminierung von Frauen

Die Lohnstruktur verändert sich dadurch, daß unterschiedliche Aufgaben - sowohl vorher nur von Frauen als auch nur von Männern ausgeübte Tätigkeiten - zusammengefaßt werden. Da die Eingruppierung nun von Umfang bzw. Qualität der ausgeübten Tätigkeiten abhängt und alle Gruppenmitglieder ein möglichst breites Spektrum der Aufgaben beherrschen müssen, damit die erwarteten Flexibilitätsgewinne eintreten, werden die unteren (Frauen-)Lohngruppen hinfällig. Sowohl bei Vorformen von Gruppenarbeit, bei denen lediglich eine Rotation an einfach qualifizierten Arbeitsplätzen herbeigeführt wird und erst recht bei Formen, die mit einer Integration von Aufgaben und einer Arbeitsanreicherung verbunden sind, wird der verbreiteten Praxis einer niedrigeren Bezahlung von angelernten Arbeiterinnen die Basis entzogen.

In entwickelten Gruppenarbeitsformen bieten sich Frauen darüber hinaus erstmals zusätzliche Qualifizierungschancen, die sie auch höhere Lohngruppen, die früher Facharbeitern vorbehalten waren, erreichen lassen, da nicht mehr die Facharbeiterqualifikation qua Ausbildung, sondern Qualität bzw. Umfang der ausgeübten Tätigkeit über die Eingruppierung entscheiden. Solche Fälle bilden in den Recherchebetrieben jedoch noch die Ausnahme. Es gibt Hinweise, daß hier sowohl gruppeninterne Ausschlußprozesse wirksam werden, die Frauen den Zugang zu Qualifizierungsmaßnahmen erschweren, als auch strukturelle Barrieren existieren, wodurch innerhalb von Gruppen hierarchische Grenzen zwischen Facharbeitern und durch interne Qualifizierungsmaßnahmen geschulte angelernten ArbeiterInnen bestehen bleiben.

Mit der Angleichung der Löhne in den Gruppen wird die Unterbewertung von Frauenarbeit - d.h. daß Tätigkeiten, die Frauen ausüben, in einer betrieblichen Werteskala ganz unten angesiedelt sind - noch nicht aufgehoben. Sie wird allerdings relativiert, indem nun auch Männer vorher nur von Frauen ausgeführte Tätigkeiten übernehmen müssen und Frauen umgekehrt „Männerarbeit" machen. Ein Effekt davon ist, daß die geschlechtsspezifische Zuordnung von Tätigkeiten jedenfalls teilweise entfällt. Damit findet noch keine Neubewertung von Tätigkeiten statt, jedoch wird die bezahlungsrelevante Unterbewertung von Frauenarbeit in den Gruppen außer Kraft gesetzt.

Somit gerät die innerbetriebliche Lohndiskriminierung von Frauen bei Gruppenarbeit zumindest ins Wanken. Damit ist noch nichts zur generellen Lohndiskriminierung von Frauen ausgesagt, die sich u.a. darin äußert, daß für Mitarbeiterinnen in typischen Frauenarbeitsbereichen deutlich niedrigere Tarife gelten als in männlich dominierten Produktionszweigen (vgl. dazu Weiler 1992). Auch ist noch völlig offen, inwieweit neu entstehende Lohnsysteme, an die u.a. aufgrund veränderter Leistungsbestimmung bei Gruppenarbeit ganz neue Anforderungen gestellt werden, Lohndiskriminierung von Frauen grundsätzlich abbauen können.

(2) Erweiterung von Tätigkeitsbereichen bei Aufgabenintegration und -rotation in Gruppen

Die Aufgabenintegration bei den Gruppenarbeitsformen der Untersuchungsunternehmen ist von unterschiedlicher Qualität. Während in einigen Betrieben lediglich gleichwertige Aufgaben auf horizontaler Ebene zusammengefaßt werden, beinhalten die Konzepte anderer Betriebe eine erweiterte Aufgabenintegration, bei der planende, prozeßvorbereitende und -sichernde sowie kontrollierende Funktionen in das Aufgabenspektrum der Gruppen einbezogen werden. In allen untersuchten Fällen profitieren Frauen (wie Männer) von den positiven Effekten der neuen Organisation, was bei konventionellen Reorganisationslösungen keineswegs die Regel ist.

Bei einfachen Formen der Rotation an hochbelasteten Arbeitsplätzen kann es zu einem Belastungsausgleich kommen, wobei keine Aussage zu neuentstehenden Belastungen - etwa Streßzunahme durch erhöhte Flexibilitätsanforderungen - möglich ist. Wenn bei Gruppenarbeit Tätigkeiten unterschiedlicher Qualifizierungsniveaus zusammengefaßt werden, können angelernte Frauen in qualifizierte Aufgabenbereiche hineinwachsen. Außerdem erhalten sie mit der Abflachung von Hierarchieebenen erstmals Zugang zu einfachen Führungsaufgaben, wie etwa Gruppensprecherinnen, da die Hürden, solche Positionen zu erreichen, niedriger sind als bei den alten Hierarchieebenen, die zudem formale gewerblich-technische Berufsausbildungsabschlüsse und

Meisterprüfungen voraussetzen. Allerding gibt es auch gegenteilige Fälle, in denen Frauen aus bereits erreichten unteren Führungsaufgaben verdrängt werden, da die nächst höhere Ebene - meist Männer - diese Aufgaben miterledigen.

Mit und neben Gruppenarbeit gewinnen Qualitätsmanagement und Maßnahmen zur kontinuierlichen Verbesserung des Produktionsprozesses (KVP) in vielen Betrieben eine zunehmende Bedeutung. Inwieweit Frauen an den KVP-Workshops oder an Qualitätszirkeln beteiligt werden[5] und ob ihre Beteiligung an Vorschlägen Auswirkungen auf auf ihre Arbeitsbedingungen und Beschäftigungsperspektiven hat, ist bisher unbekannt.

Trotz der o.g. positiven Effekte von Gruppenarbeit wird der geschlechtsspezifischen bzw. -hierarchischen Arbeitsteilung innerhalb von Gruppen damit keineswegs vollständig der Boden entzogen. Vielmehr kommt es immer wieder zur Zuweisung unterschiedlicher Aufgaben nicht aufgrund sachbezogener oder qualifikatorischer Voraussetzungen, sondern entlang einer geschlechtsbezogenen Trennungslinie. Dies geschieht z.T. gegen die Intention des Gruppenmodells quasi „unter der Hand", z.T. ist es nicht hinterfragtes Resultat des Gestaltungsprozesses selbst, wobei beide Momente in einer konkreten Gruppe zusammenwirken können. Dies soll mit einem Betriebsbeispiel illustriert werden:

Im Elektrobetrieb E - Teil eines Großunternehmens, das u. a. Telekommunikationseinrichtungen produziert - wurde die Produktionslinie völlig umstrukturiert, was mit der Integration aller Tätigkeiten in Arbeitsgruppen verbunden war. Weibliche wie männliche Gruppenmitglieder konnten sich nach und nach für fast alle Aufgaben in der Gruppe qualifizieren. Für die Elektroarbeiterinnen bedeutete dies, daß sie nicht mehr typische zergliederte Frauenarbeit an Montagearbeitsplätzen verrichteten, sondern ihr Aufgabenfeld weitaus vielschichtiger und interessanter wurde. In einigen Gruppen wurden Frauen zu Gruppensprecherinnen gewählt und die Zufriedenheit der weiblichen Belegschaft stieg insgesamt an, was nicht zuletzt der besseren Bezahlung geschuldet war.

Also ein Beispiel für eine gelungene Aufhebung geschlechtshierarchischer Arbeitsteilung in der Elektromontage? Einige Inkonsequenzen in der Umsetzung des weitreichenden Gruppenarbeitskonzeptes lassen diesen Schluß allerdings nicht zu. Die ehemaligen Maschinenbetreuer setzten ihrer Integration in die Gruppenarbeit massiven Widerstand entgegen, da sie ihre herausgehobene betriebliche Stellung nicht verlieren wollten. So wurde ein Kompromiß gefunden, nach dem die Maschinenbetreuer zwar in die Gruppe integriert wurden, sie ihre Aufgabe als Maschinenbetreuer jedoch exklusiv behielten. So blieb die in vielen Betrieben typische geschlechtshierarchische Arbeitsteilung zwischen Frauen als Maschinenbedienerinnen und Männern als Maschinenbetreuer erhalten - trotz eines neuen auf Ingration ausgerichteten Arbeitssystems.

---

5   Uns ist ein Fall eines Automobilzulieferes bekanntgeworden, der 1.500 Frauen in der Produktion beschäftigt und ein umfassendes neues Qualitätsmanagement einführt. Hierzu werden für alle Beschäftigte fünftägige sog. KAIZEN-Seminare durchgeführt, bei denen es vor allem um Kommunikationstraining als Basis für kontinuierliche Verbesserungsvorschläge geht. Für die Arbeiterinnen dieses Betriebes ist dies ein wichtiger Schritt zur Reflexion ihrer eigenen Arbeitsbedingungen.

Bemerkenswert ist, daß die Beharrungstendenzen geschlechtshierarchischer Arbeitsteilung in einem Betrieb die gleichberechtigte Integration von Frauen in Arbeitsgruppen verhindern, während sie in anderen Betrieben oder u.U. in einer anderen Abteilung des gleichen Unternehmens so nicht auftreten. Es bleibt eine offene Forschungsfrage, welche Mechanismen bewirken, daß z.B. die klassische geschlechtshierarchische Arbeitsteilung zwischen Bedienerinnen und Einrichtern - möglicherweise gegen die Intention des Gruppenkonzepts - beibehalten wird, wohingegen in einem anderen Betrieb Maschinenbedienerinnen ihre Interessen nach Qualifizierung gegen den Willen von Vorgesetzten durchsetzen, die Einrichtungsarbeiten selbst übernehmen und die Einrichter in andere Bereiche versetzt werden. (Kutzner 1995)

Auch über interne Gruppenprozesse bei der Etablierung teilautonomer Arbeitsgruppen und deren Bedeutung für das Geschlechterverhältnis ist bisher wenig bekannt. Es finden sich sowohl positive Beispiele, bei denen Frauen problemlos in die Gruppen integriert werden und als gleichberechtigte Arbeitskräfte mitarbeiten, als auch Fälle, in denen in Gruppen eine geschlechtshierarchische Arbeitsteilung auf neuem Niveau praktiziert wird. Selbst dort, wo an der Oberfläche ein kollegiales Verhältnis zwischen Frauen und Männern besteht, tauchen geschlechtsspezifische Trennungslinien trotz einer relativ gleichberechtigten Arbeitssituation immer wieder auf. Deshalb ist zu fragen, inwiefern die heute allgemein vertretende These, daß bei Einführung von Gruppenarbeit auf gewachsene Strukturen Rücksicht zu nehmen sei und diese für die Einführung von neuen Arbeitsformen fruchtbar gemacht werden müssen, tatsächlich so allgemein gültig ist. Zum Abbau geschlechtshierarchischer Arbeitsteilung kann es u.U. gerade nötig werden, nicht auf gewachsenen Strukturen aufzubauen, sondern neue Gesichtspunkte zu entwickeln, unter denen Gruppen zusammengesetzt werden können und unter denen neue Arbeitsinhalte gefunden werden. Ob und wie ein solcher Prozeß strukturiert werden kann, wäre ebenfalls erst von zukünftiger empirischer Forschung zu beantworten. Jedenfalls erhält die Veränderung von Kommunikationsstrukturen bei Arbeitsstrukturierungsprozessen mit der Aufnahme der Geschlechterperspektive eine neue Dimension.

(3) Erhöhung des Qualifikationsniveaus für un- und angelernte Arbeiterinnen

Die für die Einführung von Gruppenarbeit erforderlichen erweiterten Qualifikationen beziehen sich nicht nur auf berufsfachliche Inhalte, sondern verlangen u.a. auch sozialkommunikative Kompetenzen und die Fähigkeit zu selbständigem Handeln innerhalb einer Gruppe. Zweifellos geht es in qualifizierten Gruppenarbeitsmodellen nicht um die flächendeckende Einführung von Facharbeit, jedoch steigen die Qualifikationsanforderungen für un- und angelernte ArbeiterInnen. Meist werden Trainings-on-the job, also Maßnahmen, die am Arbeitsplatz selbst stattfinden, durchgeführt. Jedoch ist die (geplante) Einführung von Gruppenarbeit häufig auch mit systematischen Weiterbildungsmaßnahmen auf gehobenem Anlernniveau für die Gruppenmitglieder verknüpft, an denen sich auch Frauen beteiligen. Vereinzelt wird die Möglichkeit zum Erreichen des FacharbeiterInnenabschlusses angeboten bzw. soll demnächst speziell für qualifizierte angelernte Arbeiterinnen angeboten werden.

Bei der Planung von Qualifizierung und insbesondere bei der Auswahl von Zielgruppen für qualifizierende Maßnahmen stößt man jedoch immer wieder auf die weitverbreitete Annahme, Frauen aus der Produktion seien weder qualifizierungsbereit noch für Qualifizierung motivierbar. Zwar wurde in vielen Untersuchungen immer wieder darauf hingewiesen, daß die Weiterbildungsmotivation von Frauen in der Produktion durchaus vorhanden ist und daß sog. un- und angelernte Produktionsarbeiterinnen eine Chance, sich zu qualifizieren, sofort ergreifen (vgl. z.B. Bednarz-Braun 1987, Frei 1993). Diese Erkenntnisse haben die Betriebe jedoch bisher meist nicht erreicht, weshalb die o.g. vorurteilsgeladenen Einschätzungen einer fehlenden Qualifizierungsbereitschaft dominieren. Allerdings zeichnen sich auch hier Veränderungen ab. In mehreren Recherchebetrieben erhalten angelernte Frauen erstmals die Möglichkeit, an Weiterbildungsmaßnahmen teilzunehmen. Wie sich zeigt, ist ihre Nachfrage nach technischen Qualifizierungsangeboten trotz anfänglicher Zurückhaltung häufig überraschend hoch.

Sofern im Zusammenhang mit Reorganisationsmaßnahmen Chancen für Frauen verbessert und berufliche Perspektiven entwickelt werden, können gerade aus sog. un- und angelernten Arbeiterinnen aus der Produktion aktive Mitarbeiterinnen am Innovationsprozeß werden. Diese Rolle ist allerdings prekär und wird u.U. nicht durchgehalten, wenn gesteckte Ziele im Reorganisations- und Qualifizierungsprozeß nicht konsequent verfolgt und umgesetzt werden. Auch unsere Recherchen bestätigen, daß die Perspektiven für Frauen relativ klar definiert und Umsetzungsschritte formuliert und eingehalten werden müssen. Vor dem Hintergrund z.T. massiver negativer Erfahrungen aus der Vergangenheit sind konkrete Perspektiven für Frauen besonders wichtig, wenn sich ihr Potential in Reorganisationsprozessen entfalten soll.

3 „Lean Management" in Dienstleistung und Verwaltung

Die Diskussion um Reorganisations- und Gestaltungsprozesse bei neuen Produktions- und Managementkonzepten hat sich bisher auf die großbetriebliche industrielle Produktion konzentriert. Erst neuerdings wird auch der Dienstleistungs- und Verwaltungsbereich in diese Diskussion einbezogen (Bullinger 1995). So bleibt die Einführung von Gruppenarbeit nicht auf die Produktion beschränkt, sondern vergleichbare Reorganisationsprozesse finden sich bsw. auch in Industrieverwaltungen, bei Banken und Versicherungen, im Einzelhandel sowie in der öffentlichen Verwaltung.[6] Auch hier werden die in den 80er Jahren entwickelten Rationalisierungskonzepte mittlerweile in vielen Unternehmen in Frage gestellt und neue Formen der Arbeitsorganisation und der Personalentwicklung erprobt.

„Dienstleistungen zeichnen sich aufgrund der besonderen Form ihrer Leistungserstellungsprozesse in hohem Maße durch Individualität und/oder Kundenorientierung aus," (Bullinger 1995, S.4). Als wesentliches Merkmal von Unternehmen, die zukünftig in der Lage sein werden, auf in vielen Bereichen zunehmend globaler werdenden Märkten erfolgreich zu operieren, sieht Bullinger die Entwicklung „intelligenter Produkte" und Kreativität. „Kreative Unternehmen zeichnen sich dadurch aus, daß sie in der Lage sind, neue und ungewohnte Beziehungsmuster herzustellen und danach zu handeln. Unternehmen zu Beginn des nächsten Jahrtausend werden dann erfolgreich sein, wenn sie gelernt haben, mit Kreativität umzugehen, entsprechend zu führen und zu organisieren."(ebda., 5) Geht man davon aus, daß diese Charakterisierung zukünftiger Dienstleistungsunternehmen für weite Teile der Dienstleistungserbringung zutrifft, so liegt die Schlußfolgerung nahe, daß die neuen hohen Anforderungen nur in „lernenden Unternehmen" erfolgreich umgesetzt werden können, was eine ganzheitliche Gestaltung der Arbeit impliziert.

Der zunehmende Einsatz von Informations- und Kommunikationstechnologien hat im Banken- und Versicherungsbereich bereits in den 80er Jahren Konzepte zur integrierten Sachbearbeitung hervorgebracht, bei der isolierte Teiltätigkeiten zu Gesamtaufgaben zusammengefaßt wurden. Das führte in diesen Branchen zur „Beratung aus einer Hand", bei der im Hinblick auf Kundenbedürfnisse nur noch ein/e BeraterIn für einen Kunden für die unterschiedlichsten Finanz- bzw. Versicherungsdienstleistungen des Unternehmens zuständig wurde.[7] Die informationstechnisch gestützte Integration von Aufgaben bietet die Voraussetzung für eine Dezentralisierung von Aufgaben und Verantwortung bis hin zur Einführung von Team- und Gruppenarbeitskonzepten im Rahmen neuer Arbeitsgestaltungsmodelle in diesen Branchen.[8]

Für den Bereich der sog. Büroarbeit gibt es mittlerweile gut dokumentierte Gestaltungsbeispiele, die etwa die Integration von Schreibkräften in Sachbearbeitungsaufgaben oder die Einführung von Gruppensekretariaten für BüroassistentInnen betreffen.[9] Frühe BMFT-geförderte Studien zur Humanisierung in der Verwaltung[10]

---

6 Angesichts der zunehmenden Komplexität des Dienstleistungssektors gelten diese Aussagen zunächst nur für die genannten Branchen. Nicht berücksichtigt bleiben hier die großen Bereiche des Sozial-, Pflege- und Gesundheitswesens und viele neuentstehende kleinbetriebliche Dienstleistungsunternehmen, die in unterschiedlichen Feldern Dienstleistungsprodukte und Add-on Dienstleistungen anbieten (vorg. Bullinger 1995).

7 Im Programm Arbeit und Technik wurden einige Projekte dieser Art gefördert. Vgl. Z.B. Müller u.a. 1990

8 Zur Einführung von Gruppenarbeit in Dienstleistung und Verwaltung vgl. Ganter 1993, Büchler/Brater 1993, Goldmann u.a. 1994.

9 Goldmann et al. 1993, Bullinger/Klein 1994

10 vgl. z.B. Weltz/Jacobi/Lulllies 1980, INTERSOFO 1981 Band. 16 zur Humanisierungsforschung

haben ebenso wie neuere Projekte, die innerhalb des Programms zur sozialverträglichen Technikgestaltung NRW (SoTech) durchgeführt wurden, dazu beigetragen, daß Frauenarbeitsbereiche auch in Gestaltungsprozesse einbezogen wurden.[11]

Veränderungen, die sich durch neue Managementkonzepte im Dienstleistungsbereich einstellen können, werden im folgenden nur für den Einzelhandel skizziert, ein Arbeitsbereich, der einen besonders hohen Frauenanteil und häufig sehr belastende Arbeitsbedingungen hat. Die aufgezeigten Trends sind weder für den gesamten Einzelhandel noch für den gesamten Verwaltungs- und Dienstleistungsbereich gültig. Gesundheitswesen, Banken und Versicherungen oder neu entstehende produktionsnahe Dienstleistungsbereiche ebenso wie öffentliche Verwaltungen haben ihre jeweils eigene Entwicklungsdynamik. Aber in vielen Feldern sind trotzdem ähnliche Entwicklungen zu beobachten.

Im Einzelhandel lassen die zu beobachtenden Rationalisierungstendenzen Parallelen zur Entwicklung neuer Produktionskonzepte erkennen, ja, hier scheinen bestimmte Aspekte des lean management realisiert worden zu sein, lange ehe die Diskussion in der Industrie begann.[12] Hervorzuheben ist insbesondere die im Handel z. T. als selbstverständlich betrachtete extensive Flexibilisierung des Personaleinsatzes durch Teilzeitbeschäftigung in allen denkbaren Varianten. Was in anderen Branchen erst in jüngster Zeit und begleitet von einer prinzipielle Fragen berührenden politischen Diskussion verhandlungsfähig geworden ist - „Arbeitszeitverkürzung ohne Lohnausgleich" - ist im Einzelhandel seit langem eines der wichtigsten Instrumente zur Anpassung der Unternehmen an wechselnde Marktsituationen. Daß diese Personaleinsatzpolitik keine öffentliche Aufmerksamkeit erhielt, dürfte zum großen Teil darauf zurückzuführen sein, daß die betreffenden Beschäftigten fast ausschließlich Frauen sind und damit deren gesellschaftliche Verwiesenheit auf die Arbeit in der Familie immer schon implizit oder explizit als individuelles Motiv für Teilzeitarbeit mitgedacht wird. Hier treffen sich scheinbar betriebliche Flexibilisierungsinteressen mit den teils vermuteten, teils realen individuellen Interessen der Beschäftigten. Ein weiteres wichtiges Flexibilisierungsinstrument ist die Regulierung der Lage der täglichen und wöchentlichen Arbeitszeiten entsprechend der erwarteten Kundenfrequenz. Die Entkopplung von Arbeits- und Betriebs-(Ladenöffnungs-)zeiten ist im Handel schon weiter entwickelt als in vielen anderen Branchen, wenn auch die heute praktizierten Arbeitszeitregimes vielfach noch keineswegs optimal sind. Auch die Auslagerung von Unternehmensbereichen (Outsourcing) ist im Handel schon weit vorangekommen. Beispiele sind hier „shop in the shop"-Modelle, Regalbewirtschaftung in den Betrieben durch Hersteller und Flächenvermietungen an Dritte. Ebenso gibt es auch eine beachtliche informationstechnische Vernetzung mit Dritten, etwa mit Finanzdienstleistern und Herstellern.

---

11 vgl. dazu eine Auswertung aller SoTechProjekte, die ausdrücklich die Situation von Frauen untersuchten, Kaldewey u.a. 1993
12 Den folgenden Ausführungen zugrunde liegt eine Untersuchung der sfs im Auftrag des Projektträgers Arbeit und Technik zur Humanisierung der Arbeit im Einzelhandel (vgl. Goldmann/ Jacobsen 1994).

Will man also heute im Einzelhandel bereits von lean management sprechen, so bezieht sich dies in erster Linie auf die Seite der Kostensenkung, jedoch noch kaum auf Formen der Qualitätsentwicklung, bei denen das Einbeziehen der MitarbeiterInnen in Qualitätsmanagementprozesse in den Vordergrund gerückt ist. Gerade Strategien, die durch eine stärkere Arbeitskräftezentrierung die Qualität der Dienstleistungen erhöhen könnten, stehen noch ganz am Anfang. Hierzu zählen die Intensivierung der betrieblichen Personalpolitik, verstärkte Weiterbildungsanstrengungen, aber auch Qualitätszirkel, die vereinzelt organisiert werden, jedoch meist nur Führungskräften offenstehen. Zentralistische Entscheidungsstrukturen verknüpft mit zentral gesteuerten elektronisch gestützten Warenwirtschaftssystemen machen dezentrale Organisationslösungen und damit neue Formen der Arbeitsorganisation im Verkauf in vielen Vertriebstypen sehr schwierig.

In einem Teil der Handelsunternehmen sind mittlerweile jedoch auch Ansätze zur Dezentralisierung und teamförmigen Arbeitsorganisation vorhanden. Diese Betriebe kommen einer systemischen Rationalisierung insofern näher, als sie die Qualität der Beziehungen zwischen Filiale und Zentrale, die Handlungsspielräume in den Verkaufsstätten und den Zuschnitt der Arbeitsplätze im Verkauf in den Blick nehmen. Der im Handel so oft betonten Bedeutung der Arbeit vor Ort - in den Verkaufsstätten - für den Unternehmenserfolg wird in diesen Fällen ansatzweise durch innovative arbeitsorganisatorische Lösungen Rechnung zu tragen versucht.

Ein wesentliches Element derartiger Konzepte ist die Veränderung der hierarchisch strukturierten Kooperation in den Läden durch die Einführung von Team- und Gruppenarbeitsformen. Diese bringen zuallererst eine Neudefinition der Vorgesetztenposition mit sich. Markt- bzw. AbteilungsleiterInnen behalten zwar die Gesamtverantwortung, haben jedoch eine weniger herausgehobene Position als in einer traditionellen Ladenorganisation und werden eng in die Teams bzw. teilautonomen Arbeitsgruppen eingebunden. Die Aufgaben der VerkaufsmitarbeiterInnen werden neu zugeschnitten, wobei ihnen z.T. Aufgaben der Leitungskräfte übertragen und ihre Verantwortungsbereiche ausgebaut werden. Dabei nehmen Spielräume zur Organisation der eigenen Arbeit vielfach zu, verknüpft mit größeren Verantwortungsbereichen und höheren qualifikatorischen Anforderungen. Eine Tendenz zur Professionalisierung der Verkaufsarbeit vor Ort ist eine Konsequenz dieser Entwicklung, auch wenn einige gegenläufige Trends ein uneinheitliches Bild abgeben. Die Gewichte werden jedenfalls neu verteilt, da die Einführung von Teamarbeit die Organisation der Betriebe insgesamt verändert.

Beim Vergleich von Team- bzw. Gruppenarbeit im Einzelhandel mit Gruppenarbeit als Element von neuen Produktionskonzepten in der Industrie zeigen sich neben wichtigen Unterschieden auch große Ähnlichkeiten, die hier nur kurz angedeutet werden können: Ein wichtiger Unterschied ist z.B., daß im Verkauf aufgrund der nicht direkt von der Gruppe beeinflußbaren Kundenfrequenz die Arbeitsaufgaben weniger planbar und dadurch die Anforderungen an die Selbstregulation der Gruppe höher sind. Eine wichtige Gemeinsamkeit der Erfahrungen mit Gruppenarbeit in Industrie und

Handel besteht darin, daß auch im Verkauf die Aufgabenintegration in Gruppenarbeitskonzepten am ehesten dann Effizienz und Flexibilitätsgewinne ermöglicht, wenn die Gruppenmitglieder planerische und gestalterische Spielräume erhalten. Dezentrale Organisationsstrukturen und flache Hierarchien sind erforderlich, um Entscheidungsbefugnisse und Verantwortung nach unten delegieren zu können. Außerdem setzt Gruppenarbeit im Verkauf ebenso wie in der Produktion durchdachte Personalentwicklungs- und Qualifizierungskonzepte voraus. Neben fachlicher Qualifikation steht vor allem die Entwicklung methodischer und sozialer Kompetenzen bei den Beschäftigten und den Führungskräften im Vordergrund, wenn kooperative Arbeitsformen praktiziert werden sollen. Parallelen zwischen Handel und Produktion zeigen sich schließlich auch beim Prozeß der Einführung von Gruppenarbeit. Hier wie dort beruht ein erheblicher Teil des Implementationserfolges auf einer Kombination von Partizipation bzw. Beteiligung der Beschäftigten einerseits und entsprechenden Bemühungen um kooperative und teamförmige Arbeitsstrukturen auch auf der Ebene der Unternehmensleitung und der zentralen Verwaltung andererseits. Gruppenarbeitskonzepte, die weitgehend isoliert vom übrigen betrieblichen Geschehen umgesetzt werden sollen, stoßen auf große Schwierigkeiten.

Eine entscheidende Besonderheit des Einzelhandels liegt darin, daß in dieser Branche vorwiegend Frauen beschäftigt werden. Kann schon die bevorzugte Beschäftigung von Frauen geradezu als konstitutiv für die tradierten Formen von Personalpolitik und Arbeitsorganisation im Handel gelten, so fragt sich jetzt, welche neuen Akzente in diesem jahrzehntelang eingespielten Verhältnis zwischen betrieblichen und (vermuteten) individuellen Beschäftigteninteressen durch Ansätze zur Demokratisierung der Arbeit im Verkauf gesetzt werden. Es liegt auf der Hand, daß die durch Aufgabenintegration erweiterten Arbeitsplatzzuschnitte den Verkäuferinnen tendenziell einen qualifizierteren Arbeitseinsatz ermöglichen und so ihre beruflichen Entwicklungschancen auf horizontaler Ebene verbessern können. Zugleich kann die Integration und sukzessive Übernahme auch planender und dispositiver Aufgaben den Weg zu einer Leitungsposition erleichtern und so die Aufstiegsmöglichkeiten von Frauen verbessern. Beide Aspekte tragen dazu bei, den beruflichen Ansprüchen der im Handel beschäftigten Frauen besser Rechnung zu tragen als dies in den überkommenen hierarchischen und streng arbeitsteilig gegliederten Arbeitseinsatzkonzepten überwiegend der Fall ist. Allerdings ist es sehr fraglich, ob sich im Laufe des Prozesses der Modernisierung des Einzelhandels Ansätze zur Verbesserung der beruflichen Entwicklungsmöglichkeiten von Frauen in einzelnen Vertriebstypen verbreitern und als tragfähig erweisen.

4 Fazit

Abschließend werden Thesen formuliert, die frauenpolitische Ansatzpunkte in betrieblichen Rationalisierungs- und Gestaltungsprozessen aufzeigen sollen.

(1) Neue Produktions und Managementkonzepte bieten Gestaltungsoffenheiten und damit auch die Chance zur Neubestimmung der Arbeitsteilung zwischen den Geschlechtern. Auch wenn Moldaschls These vom „Paradigmenwechsel" in der Produktion bei der zukünftigen Nutzung von weiblicher Arbeitskraft und deren Bewertung einiges für sich hat, so ist sie doch bisher empirisch weder zu bestätigen noch zu widerlegen.

Ohne diese Konzepte und damit verknüpfte Reorganisationsmaßnahmen in ihrer Fähigkeit zur Überwindung tradierter Geschlechterarrangements zu überschätzen, geben sie gleichwohl Anlaß zu gedämpften Optimismus (vgl. auch Brenssell 1993). Einiges spricht dafür, daß bei der Anerkennung der Logik „moderner Rationalisierung" das Festhalten an geschlechtshierarchischer Arbeitsteilung im Betrieb im hohen Maße „irrational" und zunehmend dysfunktional wird. Je stärker Organisations- und Personalentwicklung darauf abzielen, alle Bereiche eines Unternehmens an der Innovationsbewältigung zu beteiligen und integrierte Gestaltungskonzepte zu entwickeln, desto stärker wird eine primär auf Geschlecht beruhende Arbeitsteilung innerhalb eines Aufgabenbereichs infrage gestellt. Auch wird eine Unterscheidung nach Männer- und Frauenarbeitsbereichen bei der Umsetzung integrierter Konzepte immer schwieriger.

In der industriellen Fertigung geraten mit der Integration planender, arbeitsvorbereitender, ausführender und kontrollierender Funktionen in Arbeitsgruppen auch Tätigkeitsbereiche mit einem hohen Anteil angelernter Arbeiterinnen in den Blick, auch wenn es heute noch vielen Betrieben am einfachsten scheint, es hier bei konventionellen Lösungen zu belassen. Die wirtschaftliche Entwicklung und dabei insbesondere die kommunikationstechnisch gestützte Vernetzung der Strategien von Industrieunternehmen, Zulieferern und Handel verstärken den Druck auf Betriebe nach innovativen, organisatorischen und personalpolitischen Lösungen zu suchen, die die Beschäftigten in die Lage versetzen, die neuen Anforderungen, die sich aus Flexibilisierung und Vernetzung entwickeln, aktiv zu bewältigen.

Während dies in Industriebetrieben mit einem geringen Frauenanteil in der Produktion verbunden mit starren geschlechtshierarchischen Trennungslinien beim Arbeitseinsatz vielfach zur Verdrängung von Frauen aus der Produktion führt, müssen Unternehmen mit hohem Frauenanteil (z.B. in der Bekleidungs- und Elektroindustrie) innovative Lösungen zumindest teilweise mit dem vorhandenen Personalstamm realisieren. Zwar gibt es auch hier Bestrebungen, angelernte Arbeiterinnen durch extern rekrutierte Facharbeiter zu ersetzen, jedoch ist dies aufgrund der Struktur regionaler und lokaler Arbeitsmärkte nur bedingt möglich. Außerdem kann letzteres nur als kurzsichtige betriebliche Strategie angesehen werden, da das in jahrelanger Tätigkeit erworbene

Erfahrungswissen der Industriearbeiterinnen gerade in Umstrukturierungsprozessen nicht hoch genug veranschlagt werden kann und dieses Wissen Facharbeitern gerade für die spezifischen Anforderungen in Frauenbranchen fehlt.[13] Einschränkend bleibt anzumerken, daß für die mögliche Lockerung geschlechtsspezifischer und -hierarchischer Arbeitsteilung in Produktionsunternehmen bisher nur wenige empirische Indizien vorliegen, was nicht zuletzt der völligen Vernachlässigung einer Geschlechterperspektive in empirischen Studien zur Arbeitsgestaltung bei neuen Produktionskonzepten geschuldet ist.

Im Dienstleistungs- und Verwaltungsbereich, wo Frauen auf unterschiedlichen Ebenen betrieblicher Hierarchien bis ins mittlere Management mittlerweile gut vertreten sind, ist die Situation komplexer. Die insbesondere in kundennahen Dienstleistungsbereichen geforderte Flexibilität erfordert gerade von den Beschäftigten der unteren Positionen, auf denen sich Frauen konzentrieren, eine erweiterte berufliche Kompetenz, die sich sowohl fachlich als auch in neuen Kooperationsstrukturen bewähren muß. Wenn die unteren Positionen nicht ganz aufgelöst werden, kommt es zu einer Neuverteilung von Anforderungen, von der vor allem die weiblichen Beschäftigten auf diesen Positionen profitieren können.

In gemischt-geschlechtlichen Arbeitsbereichen, in denen gleich qualifizierte Männer und Frauen in komplexen Arbeitsprozessen zusammenarbeiten, wird eine geschlechtsspezifische Aufgabenzuweisung kaum aufrecht zu erhalten sein. Einerseits läßt das gehobene Ausbildungsniveau von Frauen den bisherigen Umgang mit ihrer Arbeitskraft besonders unwirtschaftlich werden. Andererseits sind Konzepte weitgehend integrierter Vorgangsbearbeitung nicht ohne eine gleichberechtigte Kooperation von Männern und Frauen realisierbar.

In vielen Dienstleistungsunternehmen aber auch in immer mehr Produktionsbetrieben gehen neue Organisationsformen mit in bestimmten Grenzen selbst organisierten flexiblen Arbeitszeiten einher. Die Berücksichtigung persönlicher Zeitinteressen der Beschäftigten und die Integration von Personen mit zeitweise reduzierten Arbeitszeiten wird etwa bei der Verlagerung der Arbeitszeitgestaltung in den Aufgabenbereich einer Arbeitsgruppe mit qualifiziertem Tätigkeitsspektrum viel eher möglich als bei einer zentral organisierten Arbeitsplanung. Mit dem Zurückdrängen der starren Normalarbeitszeiten, kann sich das Problem der Vereinbarkeit von Beruf und Familie zumindest in solchen Betrieben entschärfen, in denen optionale Arbeitszeitformen für Frauen und Männer angeboten werden.

(2) Die praktische Umsetzung neuer Produktions- und Managementkonzepte in Betriebs- und Arbeitsorganisation hält mit der Dynamik der Anforderungen an betrieb-

---

13 Zu einer ähnlichen Schlußfolgerung kommen Carter/Rhodes (1994) in ihrer Analyse der Veränderungen in der Textil- und Bekleidungsindustrie. Ihrer Ansicht nach legt der Prozeß der Vernetzung von Strategien der Textil- und Bekleidungsindustrie sowie des Handels, der zu äußerster Flexibilität bei kleinen Stückzahlen und hohen Qualitätsstandards führt, es unbedingt nahe, das Erfahrungswissen der beschäftigten Arbeiterinnen zu nutzen und sie zusätzlich sowohl technisch als auch für Managementpositionen zu qualifizieren.

lichen Wandel nicht Schritt. Tradierte Organisations- und Personalstrukturen erweisen sich z.T. als äußerst widerständig gegenüber umfassenden Problemlösungen und lassen damit sowohl technologische Gestaltungspotentiale als auch betriebliche Gestaltungsressourcen ungenutzt. Widerstreitende Tendenzen zwischen Strukturkonservativismus und innovativen Unternehmenskonzepten, die technische, organisatorische und personelle Aspekte integrieren wollen, beeinflussen den gesamten Verlauf ganzheitlich angelegter Organisations- und Gestaltungsprozesse. Auch die Beharrungstendenzen geschlechtsspezifischer und geschlechtshierarchischer Arbeitsteilung wirken den immanenten Anforderungen nach funktionaler, hierarchischer und fachlicher Integration systemischer Rationalisierung entgegen. Dies alles bewirkt, daß organisatorische Veränderungen in sich widersprüchlich und zum Teil konträr verlaufen.

Selbst dort, wo sich innovative Organisationslösungen durchsetzen, wird damit keineswegs der geschlechtlichen Fundierung von Organisationen der Boden entzogen. Jedoch läßt sich zeigen, daß organisatorische und personalpolitische Elemente von Vergeschlechtlichungsprozessen in Organisationen, die für tayloristisch organisierte Betriebe, aber auch generell für bürokratische Organisationsformen typisch sind, erodieren. Die vielfach in der Frauenforschung vertretene Position, daß geschlechtsspezifische Segretationslinien in jedem Fall erhalten bleiben oder sich bestenfalls auf neuem Niveau etablieren, versperrt den Blick für die Widersprüche in der Entwicklung organisatorischer Veränderungen. Yvonne Due Billig hat herausgearbeitet, daß erst in neuerer Zeit begonnene (meist angelächsische) Untersuchungen zu Geschlecht und Organisation eine starke Tendenz zur Generalisierung von Organisationen in bezug auf deren Reproduktion des bestehenden Geschlechterverhältnisses haben. Sie betont, daß Begriffe wie Heterogenität und Vielfalt, die normalerweise bei der Untersuchung von Organisationen eine große Rolle spielen, bei der Untersuchung von Geschlecht und Organisation weitgehend irrelevant zu werden scheinen (Billing 1994, 179). Dies führt dazu, daß Differenzierungen auch von Geschlechterbeziehungen aufgrund von Organisationskulturen, von verschiedenartigen Auswirkungen arbeitsorganisatorischer und technischer Gestaltungsansätze oder von Beteiligungsverfahren ausgeblendet bleiben.

In den betrieblichen Auseinandersetzungen um innovative Unternehmensorganisation sind Frauen jedoch nicht nur Opfer von frauendiskriminierenden Praktiken, sondern sie treten ebenso als Beteiligte und Akteurinnen in diesen Prozessen auf. Dies spricht dafür, bei der Untersuchung der widersprüchlichen und in sich widerstreitenden Tendenzen in betrieblichen Organisationsprozessen auch die Widersprüche bei der sozialen Konstruktion von Geschlecht in diesen Prozessen herauszuarbeiten. Denn trotz zweifellos vorhandener 'backlashes' und Beharrungstendenzen bei der betrieblichen Diskriminierung von Frauen, bieten die beschriebenen Anzeichen dafür, daß Frauen von Reorganisationsprozessen profitieren können, Ansatzpunkte für frauenpolitisches Handeln.

(3) Ganzheitliche Rationalisierungsprozesse haben einen hohen politischen Gehalt, da im Verlauf unterschiedliche Ziele formuliert und Optionen entwickelt, aber auch wieder verworfen werden, die keineswegs primär von ökonomischen Zielen oder technologischen Voraussetzungen, sondern wesentlich auch von Macht- und Interessenkonstellationen bestimmt werden. Mikropolitische Analysen betrieblicher Prozesse, die die spezifischen 'Handlungskonstellationen, Strategien, Machtpotentiale und Spiele betrieblicher Akteure' (Ortmann 1988) unter einer Geschlechtsperspektive analysieren, stehen noch weitgehend aus. Sie sind jedoch als Ergänzung zu strukturellen Analysen unumgänglich, da sich trotz gleicher struktureller Merkmale von Unternehmen oder auch von Unternehmensabteilungen ganz unterschiedliche Organisationsformen und Kooperationsweisen herausbilden können, in denen Geschlechterbeziehungen stark differieren. Denn die Vergeschlechtlichung von Organisationen hat nicht nur eine strukturelle Seite, die sich in festgefügten Formen geschlechtsspezifischer- und -hierarchischer Arbeitsteilung sowie im Ausschluß von Frauen aus Machtpositionen ausdrückt. Vielmehr vollziehen sich Vergeschlechtlichungsprozesse in organisatorischen Prozessen, die sich in der alltäglichen Bewältigung von Arbeit konkretisieren (Witz/Savage, 26).

Erst eine genaue Kenntnis dieser mikropolitischen Prozesse ermöglicht es, Beharrungstendenzen verfestigter Geschlechterstrukturen zu erkennen, aber auch Ansätze zur Auflösung traditioneller frauenbenachteiligender Geschlechterarrangements zu beobachten. Dies ist eine Voraussetzung dafür, daß frauenpolitische Interventionen in organisationalen Prozessen überhaupt sinnvoll entwickelt werden können.

Noch nicht absehbar ist, inwieweit hierarchisch strukturierte Macht in Unternehmen auf hohen Ebenen betrieblicher Hierarchien von gegenwärtigen Rationalisierungsstrategien berührt wird. In bezug auf die Veränderung geschlechtshierarchischer Arbeitsteilung ist hier äußerste Skepsis angebracht. Bei einem Abbau von Führungsebenen im Zuge von Enthierarchisierung konzentriert sich Macht noch stärker als bisher bei wenigen Positionen an der Spitze der Organisation. Der Zugang von Frauen zu diesen Positionen wird durch neue Organisationskonzepte nicht erleichtert. Hier ist auf längere Sicht eher mit einer noch größeren Abschottung gegenüber potentiellen weiblichen Macht- und Verantwortungsträgern zu rechnen als in der Vergangenheit.

(4) Betriebliche Reorganisationsprozesse waren in der Vergangenheit kaum Gegenstand betrieblicher Frauenpolitik. Das mittlerweile gut entwickelte Instrumentarium von Frauenfördermaßnahmen zielt in erster Linie auf die Vereinbarkeit von Beruf und Familie und enthält gelegentlich noch Bestimmungen zur Qualifizierung und Erweiterung betrieblicher Entwicklungs- und Karriereperspektiven für Frauen. Organisationsentwicklung und Arbeitsgestaltung sind als Themen bisher kaum entdeckt. Nur vereinzelt richten sich frauenpolitische Aktivitäten nicht mehr ausschließlich auf die Vereinbarkeitsproblematik, sondern nehmen Fraueninteressen bei betrieblichen Umstrukturierungsprozessen in den Blick. Bei dieser Entwicklung spielen Betriebsrätin-

nen, die sich aktiv in Organisationsprozesse einschalten, eine wichtige Rolle. Ihr Engagement richtet sich nicht mehr primär auf traditionelle Felder betrieblicher Frauenförderpolitik, sondern konzentriert sich auf Organisationsentwicklung in mehreren Feldern: Sie führen Abwehrkämpfe gegen die überproportionale Betroffenheit von Frauen beim Arbeitsplatzabbau, versuchen Frauen in Kernbereiche der Produktion zu integrieren; bringen Fraueninteressen in Reorganisationsprozesse ein (Einbeziehen von Frauenbereichen in Gruppenarbeit, Einflußnahmen auf Schichtsysteme bzw. Arbeitszeitgestaltung) und sorgen für die Beteiligung von Frauen in Weiterbildungsmaßnahmen (u.a. frauenspezifische Motivations- und Orientierungsmaßnahmen, aber auch Versuche zur Etablierung von Kursen zum Erhalt des Facharbeiterabschlusses für Frauen) etc.

Allerdings ist die Geschlechtsspezifik von Organisationsprozessen sowie von Organisations- und Entscheidungsstrukturen nur schwer zu fassen und damit den Akteuren in betrieblichen Reorganisationsprozessen nur schwer zu vermitteln. Jedoch lassen auch kleine Schritte hin zu einer stärkeren Beteiligung von Frauen sowohl im Rahmen von Interessenvertretungshandeln als auch bei der unmittelbaren Beteiligung am Arbeitsplatz, z.B. bei der Einführung von Gruppenarbeit, Gestaltungswissen entstehen und Gestaltungspotentiale weiblicher Arbeitskräfte in Reorganisationprozesse miteinfließen.

Die Transformation von Organisationskonzepten in betriebliche Organisation wird damit zu einer entscheidenden Schnittstelle, an der betriebliche Frauenpolitik ansetzen muß. Die Frauenpolitik selbst muß diesen Bereich betrieblicher Organisations- und Personalentwicklung erst noch als Gestaltungsfeld erkennen. Sie wird sich zukünftig nicht mehr auf flankierende Maßnahmen zur Vereinbarkeit von Beruf und Familie beschränken können. Vielmehr muß sie präventive technisch-organisatorische und personalpolitische Veränderungen initiieren bzw. in diese Prozesse aktiv eingreifen und vor allem die Beteiligung von Frauen an solchen Prozessen einfordern. Damit wird die Geschlechterfundierung von Organisationen nicht aufgehoben und damit verknüpfte geschlechtshierarchische Arbeitsteilung und patriarchalische Entscheidungsmuster werden keineswegs generell außer Kraft gesetzt. Sie werden jedoch stärker als in der Vergangenheit infrage gestellt und die Auseinandersetzungen in den Betrieben gewinnen eine neue Qualität.

Literatur

Acker, Joan (1991): Hierarchies, Jobs, Bodies: A Theory of Gendered Organizations, in: Judith Lorber, Susan A. Farell (Hg.): The Social Construction of Gender, Newbury Park, London/New Delhi
Aulenbacher, Brigitte (1991): Arbeit - Technik - Geschlecht. Industriesoziologische Frauenforschung am Beispiel der Bekleidungsindustrie, Frankfurt/New York

Aulenbacher, Brigitte (1992): Arbeits- und Technikgestaltung ist Geschlechterpolitik. Geschlechterungleichheit und deren Veränderung als Gegenstand von Arbeits- und Technikgestaltung, in: DGB-Bildungswerk e.V.(Hg.): Gestaltung von Arbeit und Technik - nichts für Frauen? Tagungsbericxht, Düsseldorf

Aulenbacher, Brigitte, Monika Goldmann (Hg.) (1993): Transformationen im Geschlechterverhältnis. Frankfurt/M/New York

Bednarz-Braun, Iris (1987): Frauenarbeit in der Elektroindustrie - Arbeitspolitik für Rationalisierungsverliererinnen, in: WSI-Mitteilungen 6, 354-362

Billing, Yvonne Due (1994): Gender and Bureaucracy - A Critique of Ferguson's 'The Feminist Case Againt Bureaucracy', in: Gender, Work and Organization, Oxford/Cambridge, Volume 1 No 4, 179-193

Brater, Michael, Ute Büchle (1993): Entwicklungsschritte zur Grupenarbeit in der Mengensachbearbeitung. Ein Leitfaden am Beispiel des Inlandszahlungsverkehrs der Vereins- und Westbank, Hamburg, Mehring

Brenssell, Ariane (1993): Plädoyer für Einmischung in Lean Production, in: Das Argument, 199, 363-370

Bullinger, Hans-Jörg (1995): Dienstleistungsmärkte im Wandel - Herausforderungen und Perspektiven; in: Bundesministerium für Bildung, Wissenschaft , Forschung und Technologie (Hg.): Dienstleistung der Zukunft, Bonn, 29-76

Bullinger, Hans-Jörg, Barbara Klein (Hg.) (1994): Sekretariat der Zukunft - Organisationsgestaltung und Qualifizierung im Sekretariats- und Assistenzbereich, Baden-Baden

Carter, Ruth, Ed Rhodes (1994): EDI and supply chain innovation: Emerging production options in textiles, and the implications for changing patterns of gender and skill in apparel manufacture. Manuskript, Open University, United Kingdom

Frei, Felix (1993): Beteiligung und Selbstregulation von Ungelernten im CIM-Umfeld - Das „Baugruppenprojekt" bei Alcatel STR, in: WSIMitteilungen 2, 69-79

Ganter, Dieter (1993): Gruppenarbeit im Verwaltungs- und Dienstleistungsbereich, in: Peter Bunkelmann, Hans-Joachim Brazyk, Rüdiger SEltz: Entwicklung der Gruppenarbeit in Deutschland, Frankfurt/New York

Goldmann, Monika, Bärbel Meschkutat, Bernd Tenbensel (1993): Präventive Frauenförderung bei technisch-organisatorischen Veränderungen, Opladen

Goldmann, Monika, Heike Jacobsen (1994): Trends betrieblicher Modernisierung im Einzelhandel, Dortmund

Goldmann, Monika, Edelgard Kutzner, Martina Riezler, Katrin Aumann (1994): Perspektiven von Frauenarbeit bei neuen Produktions- und Managementkonzepten. Eine Recherche im Auftrag der IG Metall, Dortmund

INTERSOFO GmbH Berlin (1981): Schreibdienste in obersten Bundesbehörden. Eine vergleichende Untersuchung, Frankfurt/New York

Kaldewey, Antje, Gunhild Küpper, Petra Frerichs (1993): Sozialverträgliche Technikgestaltung und Fraueninteressen, Manuskript, ISO Köln

Kutzner, Edelgard (1959): Gestaltungspotentiale un- und angelernter Arbeiterinnen im Prozeß der Arbeitsstrukturierung, in: Arbeit, Heft1, Jg.4, .38-54

Moldaschl, Manfred (1992): Frauenarbeit als Bastion des Taylorismus - keine Chancen für Qualifizierungsoffensiven in der Montage? Manuskript, ISF München

Möller, Carola (1993): „Lean production" - japanischer Joker - für europäische Arbeitgeber, in: beiträge zur feministischen theorie und praxis, 85-91

Müller, Franz-Josef, Gabriele Münster, Peter Nocker (1990): Organisation, Technik und Qualifizierung der Mitarbeiter: Ganzheitliche Kundenbetreuung durch Rundum-Sachbearbeitung in der Aachener und Münchener Lebensversicherung, in: Office Management, Heft 6, 14-21

Ortmann, Günther (1988): Handlung, System, Mikropolitik, in: Willi Küpper, Günther Ortmann (1988): Mikropolitik. Rationalität, Macht und Spiele in Organisation, Opladen, 217-225

Rothe, Isabell (1993): Arbeitsgestaltung als Perspektive auch für Frauen? Einführung von Gruppenarbeit im CIM - Umfeld, in: Aulenbacher, Goldmann (Hg.), 71-93

Seitz, Dieter (1993 a): „Per Order de Mufti läuft nichts". Zur sozialen Steuerung betrieblicher Gestaltungsprozesse, Berlin

Seitz, Dieter (1993 b): Gruppenarbeit in der Produktion. Ein Beitrag zur Systematisierung von Entwicklungsstand und Perspektiven, in: Peter Binkelmann, Hans-Joachim Braczyk, Rüdiger Seltz (1993): Entwicklung der Gruppenarbeit in Deutschland. Frankfurt/New York, 32-73

Ulich, Eberhard (1991): Arbeitspsychologie. Stuttgart

Weiler, Anni (1993): Frauenlöhne - Männerlöhne. Gewerkschaftliche Politik zur geschlechtsspezifischen Lohnstruktur, Frankfurt/New York

Weltz, Friedrich, Ursula Jacobi, Veronika Lullies (1980): Textverarbeitung im Büro. Alternativen der Arbeitsgestaltung, Bd. 4, Frankfurt/New York

Witz, Ann, Mike Savage (1992): The gender of organizations, in: Mike Savage, Ann Witz (Hg): Gender and Bureaucracy, Oxford, 3-62

Daniel Bieber

Der diskrete Charme des technologischen Determinismus

- Zur Bedeutung von Technikmärkten für die industrielle Rationalisierung[1]

> „Jazz is not dead.
> It just smells funny."
> (Frank Zappa 1974)

I.

Vorstellungen über „Rationalisierung" richteten sich, wo sie sich auf das Verhältnis von Kosten und Ertrag in der Industrie bezogen, immer auf Technik und Organisation. Schon Adam Smith und F.W. Taylor haben an Beispielen wie der Stecknadel-produktion oder dem Verladen von Roheisen den Nutzen organisatorischer Maßnahmen für die Unternehmen herausgearbeitet. Marx dagegen hatte zu zeigen versucht, daß der Einsatz neuartiger Organisationsweisen („einfache Kooperation" etc.) nicht ausreicht, um in der Konkurrenz einzelner Unternehmen zu bestehen, sondern daß hierzu der Einsatz von immer aufwendigerer Maschinerie notwendig ist („steigende organische Zusammensetzung des Kapitals").

Nun ist im Rahmen der neueren Marx-Kritik unlängst die These entwickelt worden, daß (auch) Marx sich einer „technologischen Sichtweise" bedient habe, was insbesondere in seiner Analyse des Übergangs zwischen verschiedenen Produktionsweisen deutlich werde (Müller 1992, S. 311). Als Grund hierfür kann eine ökonomistische Verengung des Technikbegriffs bei Marx gesehen werden: „Das

1 Der Beitrag entstand im Projektstrang „Rationalisierung und zwischenbetriebliche Arbeitsteilung - Folgen für Betriebe und Arbeitskräfte" am ISF München, und zwar im Rahmen der Arbeiten zu einem von der Volkswagen-Stiftung geförderten Projekts über neue Strukturen des Technik-marktes. Für vielfältige Anregungen danke ich Hartmut Hirsch-Kreinsen, Manfred Deiß, Pamela Meil, Günter Bechtle, Burkart Lutz und Eckhard Heidling sowie Gerd Bender (Frankfurt) und Gerd Möll (Dortmund).

231

Problem ist ganz offensichtlich, daß es über die ökonomischen Verhältnisse hinausreichende materielle Verhältnisse der gesellschaftlichen Arbeit gibt" (ebenda, S. 308). Offenkundig wird auch in der gesellschaftstheoretisch interessierten Diskussion die Frage aufgeworfen, welche Bedeutung der Technik bei der Erklärung verschiedener gesellschaftlicher Phänomene letztlich zuzumessen ist. Dieses Problem beschäftigt die Industriesoziologie schon etwas länger.

Bei Forschungen zum sozialen Wandel und bei Analysen von Rationalisierungsprozessen in der Industrie hat es noch lange nach dem Zweiten Weltkrieg Vorstellungen eines technologischen Determinismus gegeben (vgl. Lutz 1987). Diese implizierten ein Kausalverhältnis, das es erlaubte, von der Technik auf die Organisation zu schließen.[2] Als man dann feststellte, daß identische Maschinerie durchaus mit unterschiedlichen Formen der Arbeitsorganisation gekoppelt werden konnte, mußte man konzedieren, daß der Konnex zwischen einer eingesetzten Technik und der damit verbundenen Organisation der Arbeit doch nicht so eng war wie man das bis dahin angenommen hatte. Diese Entdeckung führte zu einer Kritik des technologischen Determinismus (vgl. etwa Lutz/Schmidt 1977), die seitdem in verschiedenen Spielarten die Bibliotheken füllt. Es gehörte einfach zum guten industriesoziologischen Ton, „der Technik" strukturierende Kraft für Arbeitsorganisation, Qualifikationsstruktur u.ä. abzusprechen.

Allerdings gilt das nur für die Vorworte. In den materialen Teilen der Untersuchungen wurde dann in der Regel sehr schlüssig die große Bedeutung von Technik für die Organisation der Arbeit, für die Entwicklung der Qualifikationsanforderungen etc. herausgearbeitet. Trotz aller gegenteiliger Bekundungen bleibt somit der Widerspruch bestehen, daß die immer wieder vorgetragene Kritik des technologischen Determinismus noch keine durchschlagende Wirkung erzielt hat: „Was in der aktuellen Technik-, Arbeits- und Industriesoziologie thematisiert wird, ist ungefähr genau das Gegenteil von Technikdeterminismus, obwohl der entsprechende Paradigmenwechsel noch wenig eingebracht hat bzw. in der Forschung reichlich folgenlos blieb" (Bechtle 1994, 413). Diese Folgenlosigkeit der Absagen an den technologischen Determinismus liegt nicht einfach, wie dies mitunter von Vertretern der Technik- oder Wissenschaftssoziologie nahegelegt wird, an der wie auch immer begründeten Gegenstandsfixierung der Industriesoziologen (proletarisches Vorurteil, Auftragsforschung) oder an mangelnder Neugier. Zu vermuten ist vielmehr, daß sie sich der zu untersuchenden Sache verdankt. Es gibt offensichtlich gute Gründe dafür, die starken strukturierenden Kräfte der Technik sehr ernst zu nehmen.

Damit ist eine paradoxe Situation gegeben: Einerseits ist der Technik eine große Bedeutung für den sozialen Wandel, für die Entwicklung von Rationalisierungsprozessen zuzuschreiben. Andererseits werden dadurch die Absagen an technikdeterministische Erklärungsmuster nicht hinfällig.

---

2 Diese Aussage gilt nicht nur für die Industriesoziologie; analoge Entwicklungen hat es auch in der Organisationstheorie gegeben (vgl. Bieber/Möll 1993).

Die These, die im folgenden entwickelt werden soll, lautet, daß man die Kritik des technologischen Determinismus ein Stück weit relativieren muß, wenn man sie wirklich ernst nehmen will. Die Entwicklung von Produktionstechnologien stellt sich dabei als ein Feld dar, auf dem sich beträchtlicher Erkenntnisgewinn über die Wirkmächtigkeit technologischer Innovationen auf die Organisation von Produktionsprozessen erzielen läßt.

In einem engen Zusammenhang mit den Widersprüchen im Umgang mit der Kritik des technologischen Determinismus steht das Problem der für die (west-)deutsche Industriesoziologie typischen Perspektivenverengung: als relevant gelten nahezu ausschließlich Veränderungen auf der Ebene des shop floors. Dies führt dazu, daß die Disziplin bis weit in die 80er Jahre hinein stark gefährdet war, bedeutende Veränderungen innerhalb ihres angestammten Gegenstandsbereiches nicht wahrzunehmen. Gänzlich übersehen oder zumindest sträflich vernachlässigt wurde etwa, daß der FuE-Aufwand in High-Tech-Branchen - wie der Elektroindustrie - inzwischen über dem Aufwand für Sachinvestitionen liegt. Ebenso wurde der Wandel der betrieblichen Sozialstrukturen, der zu einem enormen Anwachsen des Anteils von Wissenschaftlern und Ingenieuren an den Beschäftigten geführt hat, in seiner Bedeutung für die Entwicklung neuer Rationalisierungsstrategien nicht hinreichend gewürdigt (vgl. Bieber/Möll 1993). Dies kann kaum verwundern, da sich die Forschungsanstrengungen der Industriesoziologen vor allem auf das angestammte Feld der „Industriearbeit" richten. Deutlich wird dies an den Debatten, die in den letzten Jahren in der Disziplin geführt wurden. So wurde etwa lebhaft über die Tragfähigkeit und Reichweite der „Neuen Produktionskonzepte" (Kern/Schumann 1984) oder des „Neuen Rationalisierungstyps" (Altmann u.a. 1986), über die Krise der industriellen Massenproduktion (Piore/Sabel 1984) und der bislang vorherrschenden Regulationsweisen kapitalistischer Akkumulation (Lutz 1984; Boyer 1992) gestritten. Gemeinsam war allen Positionen, die hier bezogen wurden, daß man wie selbstverständlich von einer zentralen Bedeutung des unmittelbaren Produktionsprozesses ausging. Unterschätzt wurde, daß innerhalb der Industrie Strukturveränderungen im Gange sind, die das Gegenstands- und Problemverständnis der Industriesoziologie unter starken Veränderungsdruck hätten bringen müssen (vgl. Brandt 1984, 205).

Zwar haben inzwischen Positionen an Gewicht gewonnen, die auch innerhalb der Industriesoziologie eine verstärkte Befassung mit dem Prozeß der Technikgenese fordern, in der Regel bleibt die Beschäftigung mit „technischen Systemen als sozialen Tatbeständen und von Technikentwicklung als sozialem Prozeß" (Seeger/Kubicek 1993, 26) jedoch ohne Einfluß auf die grundlegenden theoretischen Ansätze: Man macht nun eben ein bißchen Technikgeneseforschung. Daß dies nicht ausreichend ist, sondern der Hinwendung zu diesem Forschungsgebiet weiterreichende konzeptionelle Umbauten im „Paradigma-Kern" der Industriesoziologie zu folgen hätten, ist verschie-

---

3   So etwa von Hack/Hack (1985); Brandt (1987); Bieber/Möll (1993); Fricke (1992) und Halfmann (1994).

dentlich angemahnt worden.[3] Auch wenn man nicht auf Theorien wie die des „technologischen Kapitalismus" (Karpik 1977) oder gar auf das Konzept einer „technischen Wertform" (Bahr 1973) zurückgreifen will, weil diese einstweilen noch etwas vage und unausgeführt sind, und auch wenn man es immer noch für überzogen hält, die „Wissenschaft als erste Produktivkraft" (Habermas 1968) zu begreifen, müßte der industriesoziologische Produktions- und Rationalisierungsbegriff weiter gefaßt werden.[4]

Nun kann im Rahmen dieses Aufsatzes noch nicht einmal angedeutet werden, wie ein schlüssiger Umbau des Paradigmenkerns der industriesoziologischen Forschung aussehen könnte. Wohl aber kann gezeigt werden, daß eine „nicht-deterministische" Analyse von Rationalisierung innerhalb der Industriesoziologie Platz greifen kann, wenn man den Prozessen der Technikgenese die notwendige Aufmerksamkeit widmet. Dabei hätte man sich dann nicht nur auf den Prozeß der Produktinnovation zu beschränken, sondern auch deren Zusammenhang mit der Prozeßinnovation im Auge behalten. Dazu bietet sich unter anderem das Feld der Entwicklung von Produktionstechnologien geradezu an, auf dem wiederum die vermittelnde Dimension des Technikmarktes eine zentrale Rolle spielt.

II.

Innerhalb der industriesoziologischen Forschung, aber auch in angrenzenden Disziplinen wie der Organisationstheorie, gilt - wie erwähnt - gemeinhin jedweder technologische Determinismus als überwunden. Neuere Veröffentlichungen zeichnen nach, wie man sich von Vorstellungen verabschiedete, denen zufolge etwa „technischer Fortschritt" bestimmte Veränderungen in der Produktionssphäre notwendig, ja unausweichlich mache (Lutz 1990; Rammert 1992b; Deiß/ Hirsch-Kreinsen 1994; MacKenzie/Wajcman 1985). Es kann hier deshalb getrost darauf verzichtet werden, den Weg vom Postulat einer „gesellschaftlichen Endogenität" der Technik hin zur „Technikentwicklung als sozialen Prozeß" noch einmal nachzuzeichnen (vgl. auch Brandt/Papadimitriou 1990, 190 ff.). Wichtig ist festzuhalten, daß es heute unter Sozialwissenschaftlern als unangemessen gilt, wie selbstverständlich davon auszugehen, daß Wissenschaft und Technik aufgrund ihrer Eigenlogik und

---

4 Damit soll nicht, was modisch zu werden droht, der Begriff einer „kapitalistischen Rationalität" gleich mit verabschiedet werden.

5 Inzwischen wendet man sich deshalb der Frage zu, „was" und „wer", welche Strukturlogiken und welche sozialen Akteure den technischen Fortschritt steuern (Rammert 1992b), genauer: man versucht zu zeigen, warum die Frage in dieser alternativen Form falsch gestellt ist; eine andere Position plädiert dafür, neben die eher traditionellen Fragen nach dem „Was" und „Warum" auch die Frage nach dem „Wie" von Technikgeneseprozessen zu stellen (Hack 1989, 72; Heimer 1993, 42; Bender 1994, 2).

Eigendynamik diejenigen Funktionssysteme sind, die die Gesellschaft regelmäßig vor „vollendete Tatsachen" zu stellen in der Lage sind (Hack 1988).[5]

Obwohl unter den ersten Generationen von Technikforschern zumindest in Deutschland, aber auch in Großbritannien viele Industriesoziologen zu finden waren, hat die Rationalisierungsforschung es bislang kaum vermocht, die Konsequenzen aus dem Ende der Vorstellungen von Eigenlogik und Eigengesetzlichkeit technischer Entwicklung zu ziehen (Lutz 1990, 617). Die Industriesoziologen haben zwar „im Laufe der 80er Jahre, *auf grundsätzlicher Ebene mehr und mehr akzeptiert*" (ebd., Herv. DB), daß die Veränderungen auf der Ebene des Arbeitsprozesses letztlich doch nicht technisch determiniert sind, sie haben dies jedoch - die Formulierung von Lutz deutet es auf subtile Weise an - nur „grundsätzlich" und nur „mehr und mehr" akzeptiert. Die Gründe für diese doch etwas zögerliche Akzeptanz von nicht-deterministischen Vorstellungen über die gesellschaftliche Entwicklung sind vor allem darin zu sehen, daß sich klassische Fragestellungen der Industriesoziologen nicht oder nur kaum verändert haben. Und da spricht ja nun aus inhaltlichen Gründen einiges für das Beharrungsvermögen der traditionellen Rationalisierungsforschung: Die Konzentration der begrifflichen und empirischen Anstrengungen auf die Folgen von Technik, zu der die meisten Industriesoziologen immer noch „verdammt" sind, legt es nahe, von einer präformierenden, mögliche Entwicklungslinien vor-strukturierenden Kraft der Technik auszugehen - auch wenn diese nicht aus der Technik kommt und immer wieder in sie hineininterpretiert und -konstruiert werden muß. Einige Beispiele mögen das illustrieren: Wenn in der ersten Frankfurter Computerstudie der Begriff der „Organisationstechnologien" eingeführt wurde (Brandt u.a. 1978), wenn Lutz davon spricht, daß „viele arbeitsorganisatorische Entscheidungen in der konkreten Auslegung von Produktionstechnik gewissermaßen 'fest verdrahtet' sind" (Lutz 1990, 616), wenn systemische Rationalisierung und überbetriebliche Vernetzung an das Vorhandensein von IuK-Technologien gekoppelt werden (Altmann u.a. 1986) und wenn im Trendreport des SOFI die Scheidelinie in der Vernutzung von Arbeitskraft zwischen „High-tech-" und „Low-tech-Bereichen" verläuft (Schumann u.a. 1994), dann hat „die Technik" wohl doch erheblichen Einfluß auf die Entwicklung der Gesellschaft im allgemeinen und der gesellschaftlichen Arbeit im besonderen - wenn sie denn „da ist".

Dann aber gerät Technologie zumindest potentiell „out of control" (Winner 1977). Sie tut dies zwar nicht im Sinne des berühmten Zauberlehrlings, aber einmal in die Gesellschaft „entlassene" Technologien sind nicht in jede beliebige Richtung veränderbar. Sofern es sich um Produktionstechnik handelt, strukturiert sie mögliche Formen der Arbeitsorganisation vor, beschränkt diese innerhalb eines bestimmten Korridors, macht bestimmte Entwicklungslinien möglich und schließt andere aus. Zusätzlich ist davon auszugehen, daß sich einmal in der gesellschaftlichen Realität bewährende Technologien nicht so einfach und nicht so schnell wieder aus ihr entfernen lassen. Der je gegebenen Technik kommt also ein „Momentum" zu, eine in sich träge, aber in eine bestimmte Richtung weisende Kraft (Hughes 1983, 140 ff.). Diese resultiert zwar nicht aus der Technik selbst, sondern aus den gesellschaftlichen Zuschreibungen, die in sie eingehen, aber viel bedeutsamer sind als Konstruktionen, die auch anders hätten ausfallen können: gesellschaftlich objektivierte Bewertungen, die sich schließlich in technischen Artefakten, technisch-organisatorischen Arrangements manifestieren, können jedenfalls nicht voluntaristisch „übergangen" werden.[6]

Solange industriesoziologische Forschung sich vor allem auf den „stage of application" neuer Technologien konzentriert, hat sie demnach nur wenig Grund, den technologischen Determinismus voreilig und vollends zu verabschieden. Festzuhalten ist jedenfalls, daß die auf komplizierten Wegen in die Gesellschaft bzw. die Produktionssphäre implementierten technologischen Systeme spätere Entscheidungsspielräume bezüglich ihrer alternativen Nutzung wenn nicht determinieren, so doch in nicht geringem Umfang vorstrukturieren (Deiß/Hirsch-Kreinsen 1994, 154).

III.

Damit ist bereits angedeutet, warum die in vielen industriesoziologischen Forschungsberichten aufzufindenden Einleitungsfloskeln, der technische Fortschritt als solcher sei es nicht, der bestimmte Lösungen erzwungen habe, vielmehr seien es der Betrieb, betriebliche Rationalisierungsstrategien und Produktionskonzepte oder - etwas handfester - bestimmte Formen der Arbeitsorganisation mit der damit verbundenen Arbeitsteilung und Hierarchie, in den materialen Teilen der Untersuchungen dadurch konterkariert werden, daß „der Technik" zumindest eine große, wenn nicht bestimmende Bedeutung zugemessen wird; nicht ganz zu unrecht, wie bereits gezeigt wurde.

Ließ sich die in der Darstellung der empirischen Befunde regelmäßig auftretende Relativierung der Kritik des technologischen Determinismus noch zusätzlich ökonomisch abstützen, war es, trotz aller Bekenntnisse zum gesellschaftlich endogenen Technikbegriff immer noch möglich, an der Vorstellung einer je gegebenen Technik festzuhalten, als deren Charakteristikum es dann gelten konnte, Folgen zu zeitigen. Damit wurden ökonomische oder technisch „determinierende" Argumentationsmuster

---

6   Die beständig sich verkürzende Halbwertzeit sozialwissenschaftlicher Theorien führt dazu, daß Arbeiten des ISF München aus den späten sechziger Jahren nahezu vergessen sind, die die Bedeutung des „technisch-organisatorischen Fortschritts" für eine Theorie industrieller Rationalisierung zu klären versuchten. Altmann/Bechtle (1971, 17) weisen der „permanenten und institutionalisierten Veränderung der Technologien und (!) Organisationsformen bei der Erzeugung wirtschaftlicher Werte" eine große Bedeutung zu und sprechen davon, daß „technologische und organisatorische Innovationen in hochindustrialisierten Gesellschaften heute zur wichtigsten Produktivkraft geworden" seien (ebd.).

wieder in die Debatte eingeführt, die man vorher aus ihr verbannt hatte: „In many respects the perspectives outlined in sociology thus far can be seen to mirror, albeit from another vantage point, the exogenous approach of early economic theories. The technology is given, and the object of study is its effects. Only since the latter part of the labour process work has the plasticity of technology come more into focus" (Coombs et al. 1992, 6).

An dieser Stelle ließe sich nun anhand einer kaum noch überschaubaren Menge von Forschungsergebnissen zeigen, welche Leistungen die Industriesoziologie bei der Analyse von Rationalisierungsprozessen erbracht hat. Zu verweisen wäre etwa auf ihren geradezu klassischen Kanon von Ergebnissen und zu erörtern wäre die darin jeweils identifizierbare bzw. (aus Forschersicht sozial) konstruierte Bedeutung von Technik. Zu thematisieren wären etwa die Studien aus den 50er Jahren, die sich durch einen gewissen Technik-Optimismus auszeichneten.[7] Oder die Arbeiten, die später, nach der „marxistischen Wende", in der Industriesoziologie vorgelegt wurden. Hier wurde „die Technik", insbesondere natürlich die Produktionstechnik, nicht mehr mit Hoffnungen, sondern vielfach eher mit Befürchtungen überfrachtet. Ab den frühen 70er Jahren haben wir es also eher mit einem Technik-Pessimismus zu tun.[8] Das ließe sich alles sehr präzise auffächern, kann hier aber als bekannt vorausgesetzt werden. Kontrovers dürfte nun, da auf der industriesoziologischen Landkarte Göttingen und München wieder näher aneinanderrücken, allenfalls die (Re-)Konstruktion von Gemeinsamkeiten sein, die die in Frankfurt beheimateten Gerhard Brandt und Zissis Papadimitriou vor mehr als einem Jahrzehnt zwischen den großen industriesoziologischen Forschungsinstituten noch als gegeben ansahen: „Gemeinsam zu sein scheint diesen Lösungsversuchen bei allen Differenzen wiederum, daß „kapitalistische Technik" als kapitalistisch angewandte Technik verstanden wird, als eine Technik also, die für Zwecke der Kapitalverwertung instrumentalisiert wird, selbst aber einer von diesen Zwecken unabhängigen Eigenlogik folgt. Das gilt auch für das Frankfurter Institut, dessen metaphorischer Sprachgebrauch nicht darüber hinwegtäuschen kann, daß analytisch auch weiterhin zwischen ökonomischen Zwecken und technischen Mitteln unterschieden wird. Problematisch ist, ob dieses instrumentelle Technikverständnis dem auf programmatischer Ebene von allen drei Instituten in Anspruch genommenen gesellschaftlichen Technik-Begriff genügt" (Brandt/Papadimitriou 1990, 194).

---

7   Dieser war jedoch nicht ganz so ausgeprägt, wie man das später immer gerne dargestellt hat (vgl. Brandt/Papadimitriou 1990, 191).

8   Heute ist man insgesamt etwas abgeklärter und vermeidet es, allzusehr in das eine oder andere Extrem zu verfallen. So wird etwa die Möglichkeit durchaus unterschiedlicher Wirkungen der IuK-Technologien auf betriebs- und abteilungsspezifische Regulationsformen zurückgeführt. Entsprechend wird dann nicht von einer allgemeinen und gleichen Durchsetzung der neuen Technologien ausgegangen, sondern davon, daß die Implementation zum betriebspolitischen Dauerprozeß wird (Schmidt 1989). Als Charakteristikum systemischer Rationalisierung gilt auch nicht, wie häufig angenommen wird, eine allgemeine Verschlechterung der Arbeitsbedingungen, sondern die Nutzung heterogener Arbeitsstandards in Produktionsprozessen mit unterschiedlichen Technisierungsgraden (vgl. Sauer/Döhl 1994, Deiß 1994).

Nun kann man sicher trefflich darüber streiten, ob alle industriesoziologischen Forschungsinstitute gleichermaßen einem instrumentellen Technikbegriff verhaftet geblieben sind, und sicher auch darüber, ob der von Brandt und Papadimitriou vorgeschlagene eigene Ansatz, nämlich das Subsumtionstheorem auf den Bereich der Wissenschaft und Technologie erzeugenden Institutionen und Arbeitsprozesse auszudehnen, so übermäßig sinnvoll ist (vgl. Krohn/Rammert 1985; Bieber/Möll 1993). Entscheidender scheint mir zu sein, daß die industriesoziologische Forschung den Instrumentcharakter von Technik nach wie vor betont.

Und das kann, um es zu wiederholen, eigentlich auch gar nicht anders sein, wenn man den shop floor als diejenige Ebene ansieht, die für die Entwicklung des Unternehmens (als Parameter der Konkurrenzfähigkeit) und der Gesellschaft (als Regulierungsmodell) wesentlich ist.[9] Dennoch wird zunehmend die Notwendigkeit gesehen, auch Technikentwicklung als sozialen Prozeß zu thematisieren und die Bearbeitung dieses Themas nicht den Wissenschafts- oder Techniksoziologen zu überlassen. Dafür spräche sicher, daß diese sich schon länger mit der Arbeit vor Ort, in den Labors befassen (vgl. Knorr-Cetina 1984). Für die Bearbeitung von Fragen der Technikgenese durch Industriesoziologen spricht aber vor allem die Überlegung, daß der „technische Fortschritt" innerhalb der Industrie vorangetrieben wird, und die Art, wie dies passiert, erhebliche Auswirkungen auf die Organisation von Wertschöpfungsprozessen hat. Beides wird etwa von sozialkonstruktivistisch argumentierenden Wissenschaftssoziologen gern übersehen, die Strukturzusammenhänge, welche über den „lab floor" hinausgehen, aus ihren Analysen weitgehend ausblenden (Bieber/Möll 1993, 370).[10]

Die Industriesoziologie aber ist gut beraten, im Zeitalter der „permanenten Innovation" stärker als bislang zu berücksichtigen, daß Unternehmen heute, vor allem in den sog. High-tech-Bereichen, eben nicht nur mit dem Management des Produktionsprozesses, sondern auch mit dem Management von Technologie beschäftigt sind. Dies umfaßt neben dem Vorantreiben von Veränderungsprozessen in der unmittelbaren Produktion vor allem strategische und operative Entscheidungen über Forschung und Entwicklung, Produktgestaltung, Marketing und Personalentwicklung. Weiter zählen dazu die Beschleunigung von FuE-Prozessen, die Veränderung intra- und interorganisatorischer Innovationsverläufe (etwa durch die stärkere Einbindung marktnaher Bereiche des Unternehmens einerseits und der Fertigung andererseits). Schließlich sind hier auch die Bemühungen, in nationalen und internationalen Gremien Standardisierungen zum eigenen Vorteil voranzutreiben oder der

---

9   Wichtig ist es also, bei der Gewinnung eines angemessenen Begriffs von „Rationalisierung" etwas früher und etwas umfassender anzusetzen. Allerdings sind, wie verschiedene Erfahrungen zeigen, Untersuchungen innerhalb der FuE-Abteilungen von Unternehmen extrem schwierig durchzuführen.

10 Ähnliches läßt sich für die Akteurs-Netzwerk-Theorie von Michel Callon, Bruno Latour und anderen sagen, deren handlungstheoretisch bedingte Verkürzungen von Bender (1994) kritisiert werden.

Aufbau transnationaler FuE-Netzwerke von wachsender Bedeutung für die Stärkung des eigenen Unternehmens in der Konkurrenz.

Daraus ergeben sich dann Konsequenzen, die sowohl für die Industrie- als auch für die Wissenschafts- und Techniksoziologie von Bedeutung sind. Zum einen werden Analysen von Rationalisierungsstrategien in Industrieunternehmen defizient, wenn sie nicht auch diejenigen Funktionen in ihre Analyse einbeziehen, denen zu Zeiten beschleunigten technologischen Wandels eine Schlüsselrolle bei der Bewältigung verschärfter Konkurrenzanforderungen zukommt. Umgekehrt wird, zum anderen, eine Wissenschafts- oder Techniksoziologie defizitär, die sich ausschließlich auf den Erzeugungszusammenhang neuer Technologien konzentriert und dabei übersieht, daß Anwendungskontexte, also beispielsweise auch Fragen der Produktionsorganisation, eine entscheidende Rolle spielen können. Dies gilt insbesondere dann, wenn man davon ausgeht, daß dem Prozeß der Verwissenschaftlichung der Produktion auch ein Prozeß der Verwissenschaftlichung von Technikentwicklung, hier vor allem der Produktionstechnologien, entspricht.

IV.

Verschiedentlich ist in den letzten Jahren darauf hingewiesen worden, daß bei der Rationalisierungsentwicklung nach der „wissenschaftlichen Betriebsführung" im Sinne von F.W. Taylor sich zunehmend auch Tendenzen einer „Verwissenschaftlichung der Produktion" feststellen lassen. Diese bilde das Kennzeichen einer „dritten Phase der industriellen Revolution" (Hack 1988) und werde begleitet von einer „Industrialisierung der Wissenschaft". In der jüngeren Literatur finden sich auf theoretischer wie empirischer Ebene viele Hinweise, die als Bestätigung für diese Thesen gelesen werden können. Auch wenn es noch als durchaus offen gelten kann, inwieweit es sich tatsächlich um ein „wechselseitiges Begründungsverhältnis" zwischen Industrialisierung der Wissenschaft und Verwissenschaftlichung der Industrie handelt (Hack/Hack 1985), soll im folgenden kurz angerissen werden, wie sich ein solcher Zusammenhang bei der Entwicklung von Produktionstechnik darstellt. Hier sind vor allem zwei widersprüchliche Tendenzen feststellbar.

Bedingt durch die in vielen Branchen zu beobachtende Tendenz zu systemischer Rationalisierung haben sich die Anforderungen an Produktionstechnik gewandelt. Da die Produktion innerhalb industrieller Netzwerke (Bieber 1992), und die damit verbundene Segmentation und Integration einzelner Schritte der Wertschöpfung (Sauer/Döhl 1994), einen sehr hohen Steuerungsaufwand erfordert, sind auch die einzusetzenden Produktionstechnologien, insbesondere die für die Steuerung unternehmensübergreifender Abläufe wichtigen Einheiten (Qualitätssicherung, Informationslogistik etc.), erheblich komplexer auszulegen als früher. Es sind also neue Rationalisierungsstrategien, die bei der Entwicklung von Produktionstechnik einen Trend verstärken, der sich als zunehmende Verwissenschaftlichung begreifen läßt. Dieser läuft - idealtypisch gesprochen - darauf hinaus, daß Produktionstechniken nicht länger durch Detailverbesserungen der am Produktionsprozeß unmittelbar beteiligten Ingenieure und Arbeiter weiterentwickelt werden, sondern fernab der Sphäre der Fertigung, von dieser räumlich und sozial getrennt, in den „Labors" der Fertigungsmittel produzierenden Industrie. Nicht die Erfahrung der Ingenieure in den Anwenderbetrieben prägt die Richtung des „technischen Fortschritts", sondern die vergleichsweise abstrakten, möglicherweise sogar virtuellen Modellwelten der Entwickler in den Labors der Herstellerbetriebe. Gerade durch die De-Kontextualisierung (Fleischmann/Hack u.a. 1992) sozialer Bezüge der Produktion und die Konzentration ihrer Anstrengungen auf die „technische Seite" der Produktentwicklung haben diese nicht nur starken Einfluß auf die später noch möglichen (sozialen) Arbeitsumwelten (ein schöner Begriff aus dem Schwedischen). Da die Realität in der Produktion nicht notwendig mit den Modellwelten der Entwickler von Produktionstechnik übereinstimmen muß, kann der Prozeß der Re-Kontextualisierung mit erheblichen Störungen im praktischen Betrieb verbunden sein. Diese Friktionspotentiale sind dann nicht nur technischer, sondern auch sozialer Art - die Frage ist nur wie sie wahrgenommen werden und wie mit ihnen umgegangen wird.

Damit läßt sich für die Entwicklung von Produktionstechnik ein erster Trend festhalten, dessen Merkmale, verstärkt durch die Tendenz zu systemischer Rationalisierung, zunehmende Komplexität und Verwissenschaftlichung sowie Erzeugungsbedingungen sind, die sich durch eine zunehmende soziale Distanz zur unmittelbaren Produktion auszeichnen.

Dem steht ein zweiter Trend gegenüber, der aus den spezifischen Anwendungsbedingungen von Produktionstechnik folgt. Im Unterschied zu anderen Waren geht diese direkt in den produktiven Konsum ein, d.h. ihre Funktion besteht vor allem darin, einen Beitrag zur Erzielung von Gewinnen zu leisten. Dazu sollte sie entweder Kosten sparen oder einen höheren Output ermöglichen - ein Zusammenhang, der innerhalb der techniksoziologischen Diskussion zumindest teilweise gern ausgeblendet wird. So merkt Renate Mayntz zurecht und mit einem Schuß Ironie an, daß der „heute besonders verbreitete sozialkonstruktivistische Ansatz" sich, wie die Techniksoziologie insgesamt, nicht mehr einseitig auf die Produktionstechnik beziehe. „Die Anhänger dieses Ansatzes beschäftigen sich außerdem besonders gern mit einzelnen Artefakten wie dem Fahrrad oder dem Elektroauto und haben wenig zur Analyse von extensiven und komplexen sozio-technischen Systemen (...) beigetragen (Mayntz 1993, 99). Es ist eben dieser Gegenstandsbezug im Ansatz der Sozialkonstruktivisten, der zu der Feststellung Anlaß gab, daß Ökonomie und Soziologie bei der Analyse der Technikentwicklung komplementäre Probleme haben: „In studies of technology, the gap between economic and sociological explanation is pervasive. Economic analysis is often based upon assumptions sociologists regard as absurd, while sociological writing often almost ignores the dimension of cost and profit" (MacKenzie 1990, zitiert nach Williams/ Edge 1992, 37).

Wenn nun Produktionstechnik in einem sehr engen Bezug zu den Dimensionen von Kosten und Gewinn entwickelt wird, dann ist klar, daß ein Innovationsmodell, das die Kunden als letzte Instanz der Qualitätssicherung und damit als Versuchskaninchen mißbraucht (wie das etwa in der Softwareindustrie inzwischen üblich ist), hier nicht funktionieren kann. Technikentwicklung kann dann aber auch nicht entsprechend einem Kaskadenmodell erfolgen, dem zufolge ausgehend von wissenschaftlichen Erkenntnissen Technologien konstruiert werden, die dann in der Produktion eingesetzt werden („science-technology-production" - vgl. Hirsch-Kreinsen 1995).

Vielmehr ist davon auszugehen, daß der Prozeß der Entwicklung von Produktionstechnik zwischen seinen verschiedenen Stufen von der Basisinnovation über die Innovation bis hin zur Diffusion vielfältige Rückkoppelungsschleifen erfordert, um die zwischen den verschiedenen Stufen des Innovationsprozesses jeweils divergierenden (wissenschaftlich-technologischen, technischen, ökonomischen etc.) „Rationalitäten" oder „Orientierungskomplexe" (Krohn/Rammert 1985) der beteiligten kollektiven Akteure abzugleichen.[11] Insbesondere in bezug auf die Entwicklung von Produktionstechnik erscheint es daher plausibel, Technikgenese als „rekursiven Prozeß" zu konzeptualisieren (Asdonk u.a. 1991). Technikentwicklung ist damit aber nicht mehr eindeutig zeitlich vor der Technikanwendung anzusiedeln; das klassische linear-sequentielle Modell der Technikgenese gilt hier nicht: Inkrementelle Innovationen der Produktionstechnik sind das Resultat von Technik- und Organisationsfolgen.

Dies verweist darauf, daß die fertigungstechnische Entwicklung einem ständigen Anwenderdruck auf Verbesserungen unterliegt, weil dadurch die Kosten verringert und die Produktivität gesteigert werden können. Sie ist daher auf ihren verschiedenen Stufen einem mehr oder weniger direkten Einfluß von Anwenderinteressen und -problemen ausgesetzt und vollzieht sich in einem engen Kreislauf zwischen Entwicklung, Anwendung und Weiterentwicklung (Hirsch-Kreinsen 1993, S. 39 ff.).

Auf der Anwenderseite finden fertigungstechnische Innovationen nur unter der Maßgabe des Rentabilitätskalküls statt. Dies impliziert eine möglichst lange Nutzung vorhandener Maschinen und Anlagen einerseits und drängt auf eine Minimierung von Innovationskosten andererseits. Vermeidung von Innovationsrisiken bedeutet hier, bei der Rationalisierung möglichst immer auf der sicheren Seite zu bleiben, auf eine nur schrittweise und allmähliche Weiterentwicklung und Modifizierung technischer Anlagen und Systeme zu setzen. Entwicklungssprünge oder „technologische Paradigmenwechsel" fertigungstechnischer Entwicklung, die durch die Nutzung von neuem

11 So richtig es ist, im Prozeß der Technikentwicklung das Gewicht verschiedener Rationalitäten zu betonen und darauf zu insistieren, daß sich dieser Prozeß nicht entsprechend einer einzelnen Logik vollzieht, so muß doch darauf bestanden werden, daß es nicht genügt, eine undurchschaubare Gemengelage verschiedenster Faktoren bei der Technikentwicklung am Werke zu sehen (vgl. etwa Rammert 1992). Die spannende Frage scheint mir immer noch zu sein, welches der Kriterien letztlich doch am wichtigsten ist und warum und wie dies entschieden wird. Vgl. auch Bender 1994.

wissenschaftlichen und technologischen Wissen oder grundlegend neuen industriellen Rationalisierungsstrategien angestoßen werden, sind deshalb eher die Ausnahme denn die Regel.

Wie vermitteln sich die beiden, hier idealtypisch dargestellten Trends der sich verstärkenden Verwissenschaftlichung einerseits und der beständigen Rückkopplung an die Fertigungsnotwendigkeiten der Anwender von Produktionstechnologien andererseits? Hier ist von einem sich ständig reproduzierenden Spannungsverhältnis zwischen der Verwissenschaftlichung und den Anforderungen industrieller Praxis auszugehen. Im Prozeß fertigungstechnischer Entwicklung bricht sich die Nutzung von Wissenschaft und Technologie in spezifischer Weise an den kontingenten Anforderungen industrieller Praxis, die stofflicher, ökonomischer und sozialer Natur sind. Verwissenschaftlichung kommt gleichsam nicht zu sich selbst, die sie vorantreibenden (kollektiven) Akteure müssen sich immer auch mit den (scheinbar) nicht-objektiven Vorstellungen der Praktiker rückkoppeln. Daß dieses nicht geregelt und regelmäßig passiert, sorgt für Friktionen in der Phase der Implementation von Produktionstechnik im Prozeß. Umgekehrt kann nicht davon ausgegangen werden, daß die Praktiker in der Produktion (in den Anwenderbetrieben) sich mit den Entwicklern (in den Herstellerbetrieben) beständig rückkoppeln und ihre Erfahrungen und Wünsche austauschen. Dies sorgt ebenfalls für Friktionen im Implementationsprozeß. Die zwischen Herstellern und Anwendern zunehmende Intransparenz bezüglich der jeweiligen (technischen und sozialen) Anforderungen führt dazu, daß die fertigungstechnische Entwicklung potentiell hinter den jeweils gegebenen wissenschaftlich-technischen Möglichkeiten zurückbleibt.

Systemische Rationalisierung mit dem ihr eigenen Momentum in Richtung auf flexibel nutzbare Produktionstechnologien verstärkt in der Konsequenz die Abkopplung ihrer Entwicklung von den einzelnen Anwendungsfeldern und damit auch von den jeweils besonderen Gegebenheiten auf der Ebene der unmittelbaren Produktion. Dadurch entstehen einerseits neue Anwendungsmöglichkeiten, andererseits werden neue Anstrengungen erforderlich, die dann gegebenen technischen Möglichkeiten mit den konkreten Gegebenheiten der industriellen Praxis zu vermitteln (Böhle 1992, 119).

V.

All dies verweist auf die Zentralität der Austauschprozesse zwischen den an Technikentwicklung beteiligten Akteuren. Ein wesentlicher Mechanismus sind dafür die Märkte für Produktionstechnologien. In Anlehnung an die neuere industrieökonomische Diskussion ist davon auszugehen, daß an diese Prozesse je nach Komplexität der Technik verschiedene Anforderungen gestellt werden, die keineswegs immer nur durch marktförmige oder hierarchische Beziehungen bewältigt werden können, sondern zwischen beiden Extremformen liegende, kooperative Abstimmungsmechanismen erfordern. Markt wird hier eng verstanden als Koordinationsmechanismus häufig einmaliger Austauschbeziehungen, der sich primär über Preis und Konkurrenz regelt. Davon zu unterscheiden sind hierarchische Beziehungen, in denen Austausch betriebsförmig nach Anweisungen eines Partners oder innerhalb eingespielter Routinen erfolgt. Zwischen beiden Polen finden sich „Kooperation" und „Netzwerk" als stabile, langfristig angelegte und Kommunikationsprozesse einschließende Austauschformen zwischen verschiedenen Partnern, die im einzelnen allerdings sehr unterschiedlich ausfallen können. Der Zusammenhang zwischen den verschiedenen Formen von Austauschprozessen und dem Verlauf von Technikentwicklung ist allerdings noch offen und bedarf, vor allem differenziert nach den Bedingungen unterschiedlicher Felder der Entwicklung von Produktionstechnik, noch eingehenderen Untersuchungen.

Ganz generell ist es einigermaßen schwierig, in bezug auf die Prozesse der Entwicklung und Vermarktung von Produktionstechnologien zu generalisierbaren Aussagen zu kommen. Aufgrund der unterschiedlichen Branchenstrukturen (sowohl auf Anwender- wie auch auf Anbieterseite), der differierenden stofflichen Eigenschaften der angebotenen Produkte, des verschiedenen Grades der Verwissenschaftlichung der Produktion gibt es ganz unterschiedliche Technikmärkte, auf denen Unternehmen agieren bzw. sich bedienen. Darüber hinaus gelten hier sehr unterschiedliche Kriterien, die über die Position des jeweiligen Unternehmens auf dem Technikmarkt entscheiden (wiederum: sei es als Anbieter oder als Nutzer von Produktionstechnologien - vgl. Döhl 1989). Zu nennen wären hier die Struktur des Marktes, auf dem das Unternehmen hauptsächlich tätig ist, seine ökonomische Potenz, die von ihm vorrangig genutzten Produktionstechnologien, das Netzwerk, in das es vorrangig eingebunden ist, die bei ihm dominierenden Innovationsmuster - um nur die wichtigsten zu nennen.

VI.

Mit Bezug auf die Frage nach einem angemessenen Rationalisierungsbegriff haben wir zunächst das Generalthema einer Kritik des technologischen Determinismus behandelt, um dann über einige knappe Bestimmungen dessen, was Produktionstechnik ausmacht, auf die vermittelnde Variable des Technikmarktes und auf das Problem des Verhältnisses von Herstellern und Anwendern von Produktionstechnik zu kommen. Charakteristikum des Technikmarktes scheint unter den Vorzeichen immer komplexerer Technologien und immer ausgreifenderer Rationalisierungsstrategien zu sein, zugleich Stoff und Wert, Markt und Hierarchie, Materielles und Immaterielles miteinander zu vermitteln - und sich dabei einerseits vor den Augen der Öffentlichkeit (Hannover-Messe), andererseits aber im Dickicht markt- und machtbedingter

Beziehungen abzuspielen. In einzelnen Segmenten dieses Marktes empirisch gerichtete Forschungen zu betreiben und dadurch auch einen Beitrag zur Überwindung der traditionellen Engführungen der industriesoziologischen Forschung zu leisten, dürfte eine spannende Aufgabe der nächsten Jahre werden.

Zu hinterfragen wäre dabei nicht nur der einseitig auf technisch-organisatorische Effizienz ausgerichtete Rationalitätsbegriff der Industriesoziologen (Aulenbacher/ Siegel 1993, 71), sondern auch, ob der vorrangige Bezug auf die „klassischen" Bereiche gesellschaftlicher Arbeit weiterhin ausreicht, um gesellschaftstheoretische Ambitionen der Industriesoziologie zu legitimieren. So wie inzwischen mit guten Gründen infragegestellt wird, ob die Ausklammerung der geschlechtsspezifischen Voraussetzungen und Folgen von Rationalisierung in industriesoziologischen Untersuchungen Sinn macht (vgl. die Beiträge von Becker-Schmidt, Aulenbacher und Goldmann in diesem Band), so ist die übliche Reduktion der Umweltproblematik auf eine von mehreren Randbedingungen industrieller Rationalisierung stark zu überdenken. Und so, wie zur industriellen Rationalisierung eine Sozialpolitik gehört, die auf seiten der Beschäftigten und ihrer Angehörigen die Bereitschaft zum „Mitspielen" erhält (vgl. Hirdman in diesem Band), so ist auch eine Stadt- und Raumplanung notwendig, die den Anforderungen einer rundum flexibilisierten Weltökonomie und der damit verbundenen „spatial division of labour" genügt (vgl. Ronneberger/Noller in diesem Band). Es sind demnach einige Leerstellen im industriesoziologischen Gebäude aufzufüllen. Einstweilen wäre aber schon viel gewonnen, wenn die Rationalisierungsforschung klassischer Provenienz stärker noch als bislang geschehen, die klassische Trennung von Technischem und Sozialen überdenken würde, die den Verlaufsmustern industrieller Rationalisierung noch regelmäßig den Schein technizistisch begründeter Notwendigkeit verlieh.

Literatur

Altmann, Norbert; Deiß, Manfred; Döhl, Volker; Sauer, Dieter (1986): Ein „Neuer Rationalisierungstyp" - neue Anforderungen an die Industriesoziologie; in: Soziale Welt 2/3, 14. Jg., 191-206

Altmann, Norbert; Bechtle, Günter (1971): Betriebliche Herrschaftsstruktur und industrielle Gesellschaft, München

Asdonk, Jupp; Bredeweg, Udo; Kowol, Uli (1991): Innovation als rekursiver Prozeß - Zur Theorie und Empirie der Technikgenese am Beispiel der Produktionstechnik; in: Zeitschrift für Soziologie 4, 20. Jg., 290-304

Aulenbacher, Brigitte; Siegel, Tilla (1993): Industrielle Entwicklung, soziale Differenzierung, Reorganisation der Geschlechterverhältnisse; in: Petra Frerichs, Margarete Steinrücke (Hg.): Soziale Ungleichheit und Geschlechterverhältnisse, Opladen, 65-98

Bahr, Hans-Dieter (1973): Die Klassenstruktur der Maschinerie - Anmerkungen zur Wertform; in: Richard Vahrenkamp (Hg.): Technologie und Kapital, Frankfurt, 39-72

Bechtle, Günter (1994): Das Resultat hatte seinen Grund schon im Anfang. Zur neueren Marx-Kritik nach dem Ende des realen Sozialismus; in: Soziologische Revue 17, 4, 410-418

Bender, Gerd (1994): Gegenwartserzeugung durch Zukunftssimulation - Transnationale Technologieentwicklung als eine Form der europäischen Integration. Das Beispiel des Global System for Mobile Communications (GSM); unveröff. Diss., Osnabrück

Bieber, Daniel (1992): Systemische Rationalisierung und Produktionsnetzwerke; in: Thomas Malsch; Ullrich Mill (Hg.) (1992): ArBYTE - Modernisierung der Industriesoziologie? Berlin, 271-293

Bieber, Daniel; Möll, Gerd (1993): Technikentwicklung und Unternehmensorganisation - Zur Rationalisierung von Innovationsprozessen in der Elektroindustrie, Frankfurt/New York

Böhle, Fritz (1992): Grenzen und Widersprüche der Verwissenschaftlichung von Produktionsprozessen - Zur industriesoziologischen Verortung von Erfahrungswissen; in: Thomas Malsch; Ullrich Mill (Hg.): ArBYTE - Modernisierung der Industriesoziologie? Berlin, 87-132

Boyer, Robert (1992): Neue Richtungen von Managementpraktiken und Arbeitsorganisation. Allgemeine Prinzipien und nationale Entwicklungspfade; in: Demirovic, Alex; Krebs, Hans-Peter; Sablowski, Thomas (Hg.): Hegemonie und Staat, Münster, 55-103

Brandt, Gerhard; Kündig Bernard; Papadimitriou Zissis; Thomae, Jutta (1978): Computer und Arbeitsprozeß - Eine arbeitssoziologische Untersuchung der Auswirkungen des Computereinsatzes in ausgewählten Betriebsabteilungen der Stahlindustrie und des Bankgewerbes, Frankfurt/New York

Brandt, Gerhard (1984): Marx und die neuere deutsche Industriesoziologie; in: Leviathan 2, Opladen, 195-215 (auch in: Brandt 1990, 254-280)

Brandt, Gerhard; Papadimitriou, Zissis (1990): Was trägt die industriesoziologische Forschung zur Entwicklung eines sozialwissenschaftlichen Technikbegriffs bei? In: Gerhard Brandt (1990): Arbeit, Technik und gesellschaftliche Entwicklung. Transformationsprozesse des modernen Kapitalismus - Aufsätze 1971-1987, Frankfurt, 189-209

Coombs, Rod; Saviotti, Paolo; Walsh, Vivien (1992): Technology and the Firm - The Convergence of Economic and Sociological Approaches? In: Rod Coombs et al. (eds.): Technological Change and Company Strategies, London, 1-24

Deiß, Manfred; Hirsch-Kreinsen, Hartmut (1992): Markt und Produktionstechnik - Zur Genese von CIM-Systemen; in: J. Bergstermann; Th. Manz (Hg.): Technik gestalten, Risiken beherrschen, Berlin, 139-158

Deiß, Manfred; Hirsch-Kreinsen, Hartmut (1994): Technikmarkt, systemische Rationalisierung und (Arbeits-)Folgen neuer Produktionstechniken; in: Johannes Weyer (Hg.): Theorien und Praktiken der Technikfolgenabschätzung, München/Wien, 153-175

Deiß, Manfred (1994): Arbeit in der Automobilzulieferindustrie - Probleme und Risiken durch unternehmensübergreifende Rationalisierung; in: WSI-Mitteilungen 7, 47. Jg., 425-438.

Döhl, Volker (1989): Die Rolle von Technikanbietern im Prozeß systemischer Rationalisierung; in: Lutz, Burkart (Hg.): Technik in Alltag und Arbeit, Berlin, 147-166

Fricke, Werner (1992): Technikgestaltung und industriesoziologische Forschung; in: Daheim, H.; Heid, H.; Krahn, K. (Hg.): Soziale Chancen. Forschungen zum Wandel der Arbeitsgesellschaft, Frankfurt/New York, 277-310

Habermas, Jürgen (1968): Technik und Wissenschaft als „Ideologie", Frankfurt

Hack, Lothar (1988): Vor Vollendung der Tatsachen - Die Rolle von Wissenschaft und Technologie in der dritten Phase der industriellen Revolution, Frankfurt

Hack, Lothar; Hack, Irmgard (1985): Die Wirklichkeit, die Wissen schafft - Zum wechselseitigen Begründungsverhältnis von „Verwissenschaftlichung der Industrie" und „Industrialisierung der Wissenschaft", Frankfurt/New York

Hack, Lothar; Fleischmann, Gerd; Schmid, Alfons; Bender, Gerd; Breßler, Reinhard; Heimer, Thomas (1991): Technologieentwicklung als Institutionalisierungsprozeß: Stand der Forschung, Lage der Dinge, gemeinsame Überlegungen; in: Fleischmann, Gerd (Hg.): Interdisziplinäre Technologieforschung Diskussionsbeiträge, Arbeitspapier 1, Johann-Wolfgang-Goethe-Universität Frankfurt

Halfmann, Jost (1994): Unsicherheit durch Wissenschaft - die Folgen der „Industrialisierung der Wissenschaft" für die Industrie; in: N. Beckenbach; W. van Treeck (Hg.): Umbrüche gesellschaftlicher Arbeit, Soziale Welt, Sonderband 9, Göttingen, 379-392

Heimer, Thomas (1993): Zur Ökonomik der Entstehung von Technologien, Marburg

Hirsch-Kreinsen, Hartmut (1993): NC-Entwicklung als gesellschaftlicher Prozeß - Amerikanische und deutsche Innovationsmuster der Fertigungstechnik, Frankfurt am Main/New York

Hirsch-Kreinsen, Hartmut (1995): Institutionelle und personelle Innovationsvoraussetzungen des Werkzeugmaschinenbaus; in: Helmuth Rose (Hg.): Nutzerorientierung im Innovationsmanagement, Frankfurt/ New York (im Erscheinen)

Hughes, Thomas P. (1983): Networks of Power - Electrification in Western Society 1880-1930, Baltimore/London

Knorr-Cetina, Karin (1984): Die Fabrikation von Erkenntnis - Zur Anthropologie der Naturwissenschaft, Frankfurt

Krohn, Wolfgang; Rammert, Werner (1985): Technologieentwicklung - Autonomer Prozeß und industrielle Strategie; in: Burkard Lutz (Hg.): Soziologie und gesellschaftliche Entwicklung, Frankfurt/New York, 411-433

Lang, Christa (1994) Betriebliche Innovation im sozioökonomischen Umbruch - Die Innovationsfähigkeit von Klein- und Mittelbetrieben unter Krisenbedingungen am Beispiel des badenwürttembergischen Maschinenbaus, soziologische Diplomarbeit, München

Lutz, Burkart (1983): Technik und Arbeit - Stand, Perspektiven und Probleme industriesoziologischer Technikforschung; in: Ch. Schneider (Hg.): Forschung in der Bundesrepublik Deutschland, Weinheim, 167-187

Lutz, Burkart (Hg.) (1987): Das Ende des Technikdeterminismus und die Folgen; in: Technik und sozialer Wandel - Verhandlungen des 23. Deutschen Soziologentages in Hamburg 1986, Frankfurt/ New York, 34-52

Lutz, Burkart (1990): Technikforschung und Technologiepolitik: Förderstrategische Konsequenzen eines wissenschaftlichen Paradigmenwechsels; in: WSI-Mitteilungen 10, 43. Jg, 614-622

Lutz, Burkart (1984): Der kurze Traum immerwährender Prosperität - Eine Neuinterpretation der industriell-kapitalistischen Entwicklung im Europa des 20. Jahrhunderts, Frankfurt/New York

Lutz, Burkart; Schmidt, Gerd (1977): Industriesoziologie; in: R. König (Hg.): Handbuch der empirischen Sozialforschung, Band 8, 2. Auflage, Stuttgart, 101-262

MacKenzie, Donaldd (1990) Economic and Sociological Explanations of Technical Change, Edinburgh PICT Working Paper No. 27, Edinburgh University, Edinburgh

MacKenzie, Donald (1992) Economic and Sociological Explanations of Technological Change; in: Rod Coombs et al. (eds.): Technological Change and Company Strategies, London, 25-48

MacKenzie, Donald; Wajcman, Judith (eds.) (1985): The Social Shaping of Technology - How the Refrigerator Got its Hum, Milton Keynes

Malsch, Thomas; Mill, Ulrich (1990): Von der kontrollierten Werkstatt zur symmetrischen Transparenz" Stolpersteine auf dem Weg zum Computer Integrated Manufacturing (CIM); in Dietz (Hg.): Jahrbuch Arbeit und Technik, Bonn, 184-197

Mayntz, Renate (1993): Große technische System und ihre gesellschaftstheoretische Bedeutung; in: Kölner Zeitschrift für Soziologie und Sozialpsychologie 1, 41. Jg.; 97-108

Müller, Hans-Peter (1992): Karl Marx über Maschinerie, Kapital und industrielle Revolution, Opladen

Orlikowski, Wanda (1992): The Duality of Technology: Rethinking the Concept of Technology in Organizations; in Organization Science 3, Journal of the Institute of Management Sciences, Providence, 398-427

Piore, Michael J.; Sabel, Charles F. (1984): The Second Industrial Divide - Possibilities for Prosperity, New York

Rammert, Werner (1992a): Research on the Generation and Development of Technology - The State of the Art in Germany; in: Meinolf Dierkes; Ute Hoffmann (eds.): New Technology at the Outset - Social Forces in the Shaping of Technological Innovations, Frankfurt/New York, 62-89

Rammert, Werner (1992b): Wer oder was steuert den technischen Fortschritt? - Technischer Wandel zwischen Steuerung und Evolution; in: Soziale Welt 1, 43. Jg, 7-25

Sauer, Dieter; Döhl, Volker (1994): Arbeit an der Kette - Systemische Rationalisierung unternehmensübergreifender Produktion; in: Soziale Welt 2, 45. Jg. 197-215

Sauer, Dieter; Wittke, Volker (1994): Vom Wandel der Industriearbeit zum Umbruch industrieller Produktion - Bericht aus dem Schwerpunkt Technik und Arbeit; in: Verbund sozialwissenschaftliche Technikforschung, Zur Entwicklung und Nutzung von Technik in Arbeit und Alltag, Mitteilungen 12, Köln, 42-59

Schmidt, Gerd (1989): Die „Neuen Technologien" - Herausforderung für ein verändertes Technikverständnis der Industriesoziologie; in: Weingart, Peter (Hg.) Technik als sozialer Prozeß, Frankfurt, 231-255

246

Schumann, Michael; Baethge-Kinsky, Volker; Kuhlmann, Martin; Kurz, Constanze; Neumann, Uwe (1994): Trendreport Rationalisierung - Automobilindustrie, Werkzeugmaschinenbau, Chemische Industrie, Berlin

Siegel, Tilla ((1993): Das ist nur rational - Ein Essay zur Logik der sozialen Rationalisierung; in: Dagmar Reese, Eve Rosenhaft, Carola Sachse, Tilla Siegel (Hg.): Rationale Beziehungen? Geschlechterverhältnis im Rationalisierungsprozeß, Frankfurt, 363-396

Williams, Robin; Edge, David (1992): The Social Shaping of Technology - Research Concepts and Findings in Great Britain; in: Meinolf Dierkes; Ute Hoffmann (eds.): New Technology at the Outset - Social Forces in the Shaping of Technological Innovations, Frankfurt/New York, 31-61

Wajcman, Judith (1994): Technik und Geschlecht. Die feministische Technikdebatte, Frankfurt/New York

Winner, Langdon (1977): Autonomous Technology, Cambridge/Mass.

Zappa, Frank (1974): Roxy & Elsewhere, New York

Boy Lüthje

Deregulierung und Technologieentwicklung in der Telekommunikation - Implikationen für die Rationalisierungsforschung*

Wenn davon die Rede ist, daß Rationalisierung in der „nach-fordistischen" Massenproduktion immer stärker betriebsübergreifend, „systemisch" oder „sozial" ausgerichtet ist, dann fällt der Blick fast zwangsläufig auf die Informations- und Kommunikationstechnik: die Infrastrukturen der Telekommunikation bilden die sozial-technische Basis der Vernetzung der einzelbetrieblichen Produktions- und Managementaktivitäten in den zunehmend international operierenden Produktionsverbünden führender Industrie- und Dienstleistungskonzerne. Festzuhalten ist indes, daß die im Zuge der Deregulierung und Privatisierung des Telekommunikationssektors vorangetriebene *„Rationalisierung" der informationstechnischen Infrastruktur* und die *Rationalisierung der einzelbetrieblichen Produktionsketten* in den einschlägigen politischen und wissenschaftlichen Diskussionen zumeist mehr oder weniger getrennt verhandelt werden.[1]

Diese Wechselbeziehungen möchte ich im folgenden etwas näher beleuchten. Dabei argumentiere ich zunächst selbst aus der „Makro"-Perspektive der Infrastrukturentwicklung, denn meine Überlegungen stammen aus dem Zusammenhang eines derzeit in Arbeit befindlichen Forschungsprojektes zum Thema „Transnationale Technologieentwicklung" in den Telekommunikationsindustrien der Europäischen Gemeinschaft (Esser 1992). Einige theoretische Ausgangsüberlegungen dieses Projektes sollen im ersten Teil dieses Papiers umrissen werden. Daran anschließend möchte ich einige grundlegende technologiestrategische Konflikte um die Konfigurationen der heutigen und zukünftigen Telekommunikationsinfrastruktur empirisch skizzieren und die damit verbundenen ökonomischen und politischen Regulierungsprobleme am

* Dieser Beitrag basiert auf einem Vortragsmanuskript für eine im Oktober 1993 an der Universität Frankfurt abgehaltene Konferenz zum Thema „Soziale und ökonomische Konflikte in Standardisierungsprozessen". Für zahlreiche Hinweise und Anregungen zu diesem Text danke ich den MitarbeiterInnen unseres DFG-Forschungsprojektes „Institutionalisierung transnationaler Technologiestrategien - Europäische Forschungs- und Technologiepolitik im IuK-technischen Industriesektor".
1 Ausnahmen finden sich in empirischer Hinsicht etwa in den Arbeiten von Kubicek/Rolf (1984), Schiller (1986), Howard (1986) oder Klebe/Roth (1987). Eine interessante theoretische Betrachtung der Rolle der Informationstechnik für die einzelbetriebliche Rationalisierung liefert im Anschluß an Negris Konzept der „gesellschaftlichen Fabrik" Witheford (1994).

Beispiel der Telekommunikationspolitik der EG erläutern. Die Implikationen dieser Entwicklungen für den betrieblichen Rationalisierungsprozeß sollen im abschließenden Teil diskutiert werden.

Meine zentrale These lautet, daß es im Zuge der intensivierten Konkurrenzkämpfe zwischen den multinationalen Akteuren des Telekommunikationssektors zu einer zunehmenden *Privatisierung und Dezentralisierung der Kontrolle* über die kommunikationstechnische Infrastruktur und zur Herausbildung einer grundlegend*veränderten Form der Infrastrukturentwicklung* in fortgeschrittenen kapitalistischen Industriegesellschaften kommt. Das öffentliche Telekommunikationsnetz verliert in diesem Prozeß seine traditionelle Gestalt eines hierarchisch gegliederten technischen „Großsystems" und wird zunehmend zu einem locker verbundenen Geflecht privater, halbprivater und öffentlicher Subnetzwerke. Meine Vermutung ist, daß wir es hier mit Entwicklungen zu tun haben, die im Bereich der industriellen Produktion ihre Parallelen finden - nämlich in der Auflösung der vertikal integrierten Produktionsketten der fordistischen Massenfertigung und deren Zergliederung in firmenübergreifende Produktions-"Netzwerke", die heute mit dem Schlagwort des „virtuellen Unternehmens" beschrieben werden.

1 Produktions- und Tauschnormen als institutionelle Formen kapitalistischer Regulation

Anknüpfend an die gemeinsamen Überlegungen der Frankfurter Forschungsgruppe Technikentwicklung läßt sich die Entwicklung der kommunikationstechnischen Infrastruktur als Teil eines breiteren technologiestrategischen Institutionalisierungsprozesses beschreiben (Esser u.a. 1992). Die sozialen Formen der Technikentwicklung können aus dieser theoretischen Perspektive mit dem aus der sog. französischen Regulationsschule stammenden Begriff der *Produktions- und Tauschnormen* bzw. mit dem daran anknüpfenden Konzept der *Technologienormen* erfaßt werden.

Das Konzept der Produktions- und Tauschnormen, das sich vor allem auf die Arbeiten von M. Aglietta aus den siebziger Jahren stützt, ist nicht zu verwechseln mit den Begriffen „Normen" und „Standards", wie sie aus der Sprache der Techniker geläufig sind. Es bezieht sich vielmehr auf die institutionellen Formen der Regulation, die den Zusammenhalt marktwirtschaftlich verfaßter Wirtschaftssysteme trotz und durch ihre antagonistischen Widersprüche hindurch garantieren. Es beschreibt die unter einer historischen Entwicklungsformation des Kapitalismus vorherrschenden strukturellen Formen der industriellen Produktion und des Konsums - und zwar sowohl hinsichtlich der Produkttechnologien und -standards, als auch hinsichtlich der

Unternehmensorganisation, des Arbeitsprozesses und der Verknüpfung der Produktionsorganisation mit den vorherrschenden Konsumformen (Aglietta 1979, Boyer/Coriat 1983 u.a.m.).

Die Regulationstheoretiker beziehen diese Begriffe zumeist auf den Arbeitsprozeß und das mit diesem zusammenhängende Akkumulationsregime. In unserer Perspektive läßt sich der Begriff der Produktionsnorm auch sehr gut auf die Entwicklung der Technik anwenden. Dabei lassen sich - in kritischer Anknüpfung an den neo-schumpeterianischen Begriff des „technologischen Paradigmas" - spezifische, längerfristig stabile Konfigurationen technischer Systeme und mit diesen zusammenhängende technologiestrategische Institutionalisierungsformen identifizieren, die wir mit dem Begriff der Technologienormen[2] bezeichnen. Zurückgreifen läßt sich damit auch auf die Erkenntnis, daß Technologieentwicklung „pfadabhängig" ist: der Betrieb von Telekommunikationsnetzen z.B. baut auf einem hohen Maß von alltäglich generiertem konkreten „Produktionswissen", das sich nicht umstandslos austauschen oder im internationalen Maßstab „handeln" läßt (Dosi u.a. 1989).

Im Unterschied zur neo-schumpeterianischen Sichtweise betrachten wir Produktions-, Tausch- und Technologienormen aber nicht als Ergebnis marktförmiger Evolution, sondern konflikthafter *gesellschaftlicher Aushandlungsprozesse*. In diesen verdichten sich die konkurrierenden, z.T. antagonistischen Interessen verschiedener industrieller Akteursgruppen, staatlicher Apparate und sozialer Organisationen und Bewegungen zu Kompromissen und Arrangements über die technologische Entwicklung. Die theoretisch und empirisch interessante Frage ist also nicht, wie die beteiligten Akteure aus einem paradigmatisch vordefinierten Set technologischer Optionen „auswählen", sondern wie in Konkurrenz- und Interessenkämpfen das „*gemacht*" wird, was man gemeinhin als ein technologisches Paradigma bezeichnet (Esser 1992).

Produktions-, Tausch- und Technologienormen in dem hier vorgestellten Sinn lassen sich auf unterschiedlichen Bezugsebenen rekonstruieren. Das einer Produktionsnorm zugrundeliegende technische und soziale Wissen wird in der Regel im *einzelunternehmerischen* Produktionsprozeß generiert. Innerhalb einer *Branche* und auf *gesamtwirtschaftlicher* Ebene basieren Produktions- und Tauschnormen auf einem konflikthaften Konsens der beteiligten Akteure über Definition, Konstruktion und Nutzung der in ein sektorales Verwertungsmodell inkorporierten „Schlüsseltechnologien". Ihre Festlegung impliziert zugleich eine bestimmte Abgrenzung der Verwertungs- und Interessensphären der Einzelunternehmen und ist auch bestimmend für die in einer nationalen Ökonomie vorherrschende Aufteilung der Branchengrenzen (Aglietta 1979, 251-266 sowie 288-297).

Auch *transnationalen* Produktionsnormen, deren Entstehung wir z.B. in der Telekommunikation verfolgen können, kommt eine solche Funktion der Abgrenzung

---

2   Eine genauere theoretische Bestimmung dieser Begrifflichkeit wird z.Zt. im Rahmen des o.g. Forschungsprojektes erarbeitet.

von Märkten und Verwertungskreisläufen zu. Transnationale Produktionsnormen werden allerdings nicht in den relativ homogenen Akkumulations- und Regulationssphären der Nationalstaaten generiert. Vielmehr setzen die von den industriellen Akteuren angestrebten globalen Produktions- und Verwertungsmodelle auf gänzlich unterschiedliche Produktionsbedingungen und -praktiken auf nationalstaatlicher Ebene auf. Zudem fehlt im transnationalen Rahmen zumeist die institutionelle und juristische Legitimation nationalstaatlicher Regulierungssysteme.

In diesem Zusammenhang sind auch die in der Technologiekonkurrenz in der Telekommunikation immer wichtiger werdenden Prozesse der *Standardisierung und Normierung* zu verorten. Standards und Normen lassen sich als in technischen Begriffen und Regeln vorgenommene formale Festschreibungen der Technikentwicklung verstehen, die im Kontext einer bestimmten Produktionsnorm stehen. Sie bilden sozusagen ein formalisiertes Substrat jener Praktiken und Institutionalisierungsformen, die einer geschichtlich herausgebildeten Technologienorm unterliegen. Dabei ist wichtig, daß Normen und Standards die mit einem technischen Artefakt oder System vorgegebenen gesellschaftlichen Nutzungsformen der Technik immer in einer dem konkreten Produktions- oder Konsumtionsprozeß entzogenen Form festschreiben: sie sind *de-kontextualisierte Formen der Regulation*, die zumeist durch staatliche oder quasi-staatliche Institutionalisierungen abgesichert und sanktioniert sind (zum Begriff der „De-Kontextualisierung" vgl. Esser u.a. 1992, Hack/Fleischmann u.a. 1991).

2 Konkurrierende Produktions- und Technologienormen in der Entwicklung neuer Kommunikationsinfrastrukturen

Die heutigen technologiestrategischen Auseinandersetzungen um die Gestalt neuer Telekommunikationsinfrastrukturen sind aufs Engste verknüpft mit der Auflösung der traditionellen fordistischen Strukturen von Akkumulation und Regulation im Telekommunikationssektor. Bekanntermaßen war diese Branche in den wichtigsten Industrieländern bis ins letzte Jahrzehnt weitgehend monopolistisch organisiert. Netze und Dienste befanden sich in der Hand von zumeist staatlichen Monopolunternehmen. Die Fernmeldeverwaltungen standen ihrerseits in engster Beziehungen zu den nationalen Fernmeldeherstellern und legten mit diesen gemeinsam die technologischen Entwicklungslinien der Netzinfrastruktur fest.

Diese Struktur bildete den Rahmen für die Durchsetzung einer Produktions- und Tauschnorm im Kommunikationssektor, die man mit dem in den USA geprägten Begriff des *universellen Telefondienstes* beschreiben kann. Der im Zuge des Roosevelt'schen

New Deal erstmals gesetzlich fixierte Grundgedanke des „universal service" bestand kurz gesagt darin, allen Bürgern eine standardisierte Fernsprechversorgung zu erschwinglichen Gebühren zu garantieren. Dieses Regulierungs- und Wachstumsmodell, das in der Nachkriegsära in allen wichtigen Industriestaaten übernommen wurde, bildete den Rahmen für die erfolgreiche Verbreitung des Telefons bzw. der Telefonkommunikation als *fordistischem Massenkonsumgut* und lieferte im gesamtgesellschaftlichen Rahmen eine wichtige infrastrukturelle Voraussetzung für die Entstehung fordistischer Produktions- und Konsumstrukturen (Lüthje 1993a).[3]

Die Produktions- und Tauschnorm des universal service manifestierte sich zugleich in einer bestimmten Technologienorm, für die sich im Deutschen die treffende Bezeichnung „Fernmeldeeinheitstechnik" eingebürgert hat. Die Architektur öffentlicher Fernmeldenetze glich in ihrem Aufbau einer Pyramide, in der die Übertragungsstrecken und Vermittlungseinrichtungen des örtlichen und des Weitverkehrs hierarchisch aufeinander aufgesetzt waren. Nationale Fernmeldesysteme auf Basis der traditionellen elektromechanischen Wähltechnik waren bis in kleinste technische Details durchstandardisiert - eine komplexe technologische Aufgabe, die nur durch die planwirtschaftlich anmutenden Technologie-Verbünde von Netzbetreibern und Herstellerfirmen erfüllt werden konnte (vgl. für die USA: U.S. Department of Justice 1987; für die BRD: Lüthje 1986).

Diese monopolistische Struktur schloß ein, daß die Telefongesellschaften als Betreiber des öffentlichen Netzes sowohl das Eigentum an den physischen Einrichtungen der Infrastruktur innehatten, als auch die mit diesem Produktionsmittel erbrachten Dienstleistungen und die dazugehörigen Vermittlungs- und Übertragungsfunktionen des Netzes kontrollierten. Das soziale „Modell" der Infrastrukturentwicklung in der Telekommunikation glich also dem der Eisenbahn, in dem die jeweiligen Monopolbetreiber sowohl Eigentümer der Fahrwege als auch Anbieter der darauf erzeugten Transportdienstleistungen waren bzw. sind (Bar 1990).

Die Produktionsnorm des universal service ist mit dem Zusammenwachsen des nachrichten- und des informationstechnischen Industriesektors und der zunehmenden Deregulierung und Privatisierung nationaler Fernmeldemonopole seit Ende der siebziger Jahre untergraben worden. Der universelle Telefondienst im fordistisch-keynesianischen Sinne ist heute in kaum noch einem wichtigen Industrieland unangefochtenes Leitbild der Regulierungspolitik. Zugleich werden die alten „Hoflieferantenkartelle" von Fernmeldeverwaltungen und nationalen Großherstellern durch *vertikal integrierte Produktions- und Serviceverbünde* zwischen Fernmeldegesellschaften, Herstellern und Anwendern neuer Kommunikationstechniken abgelöst.

---

3   Der Begriff des „universellen Service" ist in der Geschichte des Telefonwesens in den verschiedensten Konnotationen bereits seit dem vorigen Jahrhundert zur Beschreibung einer umfassenden „Vernetzung" der Gesellschaft mit telefontechnischen Dienstleistungen benutzt worden und spielt auch in den regulierungspolitischen Debatten der Gegenwart eine wichtige Rolle (vgl. Mueller 1993). Im theoretischen Kontext beziehen wir diesen Begriff nur auf die Produktionsnormen der Ära des Fordismus, die sozusagen das „goldene Zeitalter" der standardisierten, flächendeckenden Telefonversorgung bildete (vgl. Lüthje 1993a)

Die rasche Ausdifferenzierung der Akteursstrukturen hat allerdings nicht dazu geführt, daß die Produktionsnorm des universal service sang- und klanglos verschwunden wäre. Sie existiert vielmehr in bestimmter Weise weiter in der Netzentwicklungspolitik vieler Telefongesellschaften. Zwar haben Unternehmen wie die DBP-Telekom in der BRD oder France Télécom in Frankreich inzwischen gelernt, daß sie von der Deregulierung ihrer Monopole durchaus profitieren können. Die Technologiestrategien der meisten öffentlichen Netzbetreiber setzen aber nach wie vor darauf, möglichst umfassende und in ihrer technischen Struktur einheitliche Netze der integrierten Sprach- und Datenkommunikation anzubieten.

Die öffentlichen Telefongesellschaften versuchen damit, sich selbst als Träger der großen *„Pipelines"* der informationstechnischen Vernetzung im Spiel zu halten. Das bekannteste Beispiel hierfür ist das sog. *diensteintegrierte digitale Fernmeldenetz*, abgekürzt ISDN. Mit diesem Projekt, das zumindest in den meisten Staaten der Europäischen Gemeinschaft eine zentrale Stellung in den Infrastrukturplanungen einnimmt, wurde in den achtziger Jahren die schrittweise Umrüstung des bestehenden analogen Fernmeldenetzes auf digitale Technik und die Integration verschiedener standardisierter Formen der Daten- und Textübertragung in das öffentliche Telefonnetz verfolgt (Kubicek/Rolf 1984, Projektgruppe 1988).

In Konkurrenz zu einer solchen Integrationsstrategie haben sich im Zuge der Deregulierung der Kommunikationsmärkte in den letzten Jahren jedoch alternative Formen der Daten- und Sprachübertragung entwickelt, die die von den öffentlichen Netzträgern verfolgten Technologiestrategien in Frage stellen. Als Beispiel sei hier etwa auf die Vielzahl sogenannter Mehrwertdienste privater Anbieter, auf private Satellitenübertragungsdienste und vor allem auf die internen Daten- und Sprachnetze großer Unternehmen („corporate networks") hingewiesen. Die derzeit vor allem in den USA unter dem Stichwort „Multimedia" vorangetriebenen Technologieentwicklungen schaffen eine ganze Fülle neuer alternativer „networking"-Optionen, indem auch Kabelfernsehnetze oder private EDV-Nutzerverbünde wie z.B. das weltweite Forschungsnetz Internet als Plattformen interaktiver dezentraler Informationsübermittlung genutzt werden können (Telephony 1993, für die BRD Kubicek 1993).

3 „Dezentralisierung" und „Globalisierung" der Telekommunikationsinfrastruktur

Die Brisanz dieser Entwicklung liegt nun darin, daß sich mit diesen neuen Netzinfrastrukturen nicht nur konkurrierende Übertragungsmöglichkeiten ergeben, die die Einnahmequellen der traditionellen Fernmeldemonopole untergraben und neue Akteure ins Spiel bringen. Zunehmend deutlich wird auch, daß mithilfe neuer Netztechnologien eine durchgreifende *De-Zentralisierung der Steuerung* der Infrastruktur und eine Verlagerung der technischen Kontrolle über die Vermittlungs- und Übertragungsfunktionen auf die Anwender öffentlicher Kommunikationsnetze betrieben wird (Bar 1990). Dies geschieht zum einen dadurch, daß im Zuge der Deregulierung des Kommunikationssektors private Infrastrukturen - firmeninterne Netze, kommerzielle Mehrwertdienste oder Netze sog. „geschlossener Benutzergruppen" wie z.B. das Internet - entstanden sind, die in größerem oder geringeren Maße auch Vermittlungs- und Übertragungsaufgaben des öffentlichen Telekommunikationsnetzes übernehmen. Zum anderen sind die Telefongesellschaften bemüht, ihre öffentlichen Telefonnetze soweit zu „flexibilisieren", daß private (Groß)-Nutzer die Übertragungskapazitäten, Dienstleistungsmerkmale und Verbindungswege für die von ihnen in Anspruch genommenen Dienste im öffentlichen Netz selbst festlegen können.

Diese Entwicklung ist vergleichbar und hängt zusammen mit der Dezentralisierung der betrieblichen Datentechnik durch die Ablösung großrechnerorientierter Netzwerkarchitekturen durch flexibel kombinierbare Systeme von Personalcomputern und sog. Workstations. Sie ist am weitesten vorangeschritten in den USA: dort vermieten z.B. Telefongesellschaften ihren Großkunden ganze Vermittlungsanlagen im öffentlichen Netz (Centrex-Service) oder stellen sog. Software-definierte Dienste zur Verfügung, mit denen die Anwender die Verbindungsmöglichkeiten und die Übertragungsgeschwindigkeiten im öffentlichen Netz wählen können. Auch wird inzwischen von einzelnen Telefongesellschaften damit experimentiert, komplette örtliche Telefonnetze von Personalcomputern steuern zu lassen (Lüthje 1993b).

Neue Dimensionen werden diese Entwicklungen mit der Einführung sog. „breitbandiger" Kommunikationstechniken erhalten, die in der zweiten Hälfte dieses Jahrzehnts marktreif werden sollen. Hier ist nicht nur ein abermaliger Sprung bei den Übertragungskapazitäten zu erwarten, mit dem z.B. die Einbeziehung bewegter Fernsehbilder in das Dienstespektrum der Telekommunikation möglich wird. Neue Vermittlungstechniken sollen den Anwendern dieser Dienste auch eine umfassende „*Konfigurationsflexibilität*" bei der Nutzung öffentlicher Übertragungsinfrastrukturen und bei der Kombination von privaten und öffentlichen Netzen ermöglichen.

Im Mittelpunkt dieser erneuten „technischen Revolution" steht vor allem die gegenwärtig in der Einführung befindliche *ATM-Technik*, die ihr Vorbild in der Datenpaketvermittlung hat. Mithilfe sog. „virtueller Verbindungstechniken" werden Datenpakete nicht mehr über feste Verbindungswege übertragen, die durch die Hierarchie des öffentlichen Kommunikationsnetzes vordefiniert sind. Vielmehr „suchen" sich die mit Übertragungscodes versehenen einzelnen Datenpakete sozusagen selbstständig einen Weg durch das Netz (Le Boudec 1992). Neue Techniken der breitbandigen Glasfaserübertragung wie z.B. der sog. *SONET-Standard* machen es heute möglich, daß auch öffentliche Glasfasernetze nach dem bislang nur im Bereich lokaler Datennetze (LAN) angewandten Client-Server-Prinzip betrieben werden können: die „Intelligenz" im Netz, d.h. die Steuerung der Verkehrsströme, kann weitgehend auf dezentralisierte Rechnersysteme verlagert werden. Zentralen Vermittlungsanlagen, die mit ihrer technologisch und finanziell extrem aufwendigen Software das „Herz" fortgeschrittener öffentlicher Telekommunikationsnetze bilden, bleibt in solchen Technologie-Szenarien nur noch die Funktion von „dummen", auf mehr oder weniger passive Schaltfunktionen reduzierten Vermittlungsrechnern (Seigneur 1993).

Angesagt ist mit diesen und anderen sozial-technischen Entwicklungen eine tiefgreifende *Transformation der inneren Architektur* von Kommunikationsnetzen. Die Telekommunikationsinfrastruktur des „Breitbandzeitalters" verliert zunehmend die mit der Produktionsnorm des universellen Telefondienstes verknüpfte Gestalt eines hierarchisch aufgebauten technischen Großsystems und wird zu einer, wie es der US-amerikanische Telekommunikationsforscher Eli Noam (1987) ausdrückt, „lockeren Föderation" privater und öffentlicher Subnetzwerke. Weil sich eine solche Netzinfrastruktur kaum noch schrittweise aus dem alten Telefonnetz entwickelt, kann man auch nur schwer von der evolutionären Ablösung eines hergebrachten technologischen Paradigmas durch ein neues sprechen (vgl. z.B. Dang Nguyen 1989). Wir haben es vielmehr mit einer *diskontinuierlichen* und sich in Sprüngen vollziehenden Entwicklung zu tun, in der eine Vielzahl von Netzentwicklungsstrategien und -optionen miteinander in Konkurrenz treten und die verschärfte Konkurrenz um die Produktionsnormen des „Breitbandzeitalters" eine wachsende Unsicherheit über die Wege der informationstechnischen Diensteintegration bewirkt (Bar/Borrus 1993).

Kompliziert wird dieses Konfliktszenario dadurch, daß die Technologieentwicklung in der Telekommunikation in immer stärkerem Maße *transnational* ausgelegt ist. Dies wird insbesondere dadurch vorangetrieben, daß die fortgeschrittensten Infrastrukturen der Daten-, Text- und Bildübertragung in erster Linie von multinationalen Unternehmen genutzt werden. Dies hat auf der Seite der Hersteller und Betreiber zu einer raschen Internationalisierung der Unternehmensaktivitäten geführt. Herstellerunternehmen wie z.B. Siemens, Alcatel oder AT&T haben in den letzten Jahren erhebliche Anstrengungen unternommen, ihre Produktions-, Forschungs- und Servicekapazitäten in den wichtigsten Märkten der „Triade" Europa, USA und Japan auszubauen. Öffentliche Netzbetreiber wie die DBP-Telekom, British Telecom oder die US-amerikanischen „Baby-Bells" befinden sich derzeit in einem internationalen Wettlauf um die günstigsten Ausgangspositionen für den Aufbau globaler „corporate networks". Durch strategische Allianzen wie z.B. zwischen British Telecom und der US-Gesellschaft MCI oder der DBP-Telekom und France Télécom sollen sog. „Super-Carrier" geschaffen werden, von denen auf längere Sicht wohl nicht mehr als fünf Unternehmen den globalen Wettbewerb beherrschen dürften (Financial Times 1992).

4 Standardisierung als Regulierung: Das Beispiel europäische Kommunikationspolitik

Die rasche Internationalisierung der Konkurrenz, die auf der Basis regulierungspolitisch und technologisch stark fragmentierter nationaler Märkte vonstatten geht, erfordert auch eine verstärkte nationale und internationale Koordinierung der Markt- und Technologieentwicklung. Trotz der ungebrochenen Bedeutung nationalstaatlicher Regulierungspolitiken spielen dabei die kommunikationspolitischen Aktivitäten der Europäischen Union eine zunehmend wichtige Rolle. Der europäischen Telekommunikationspolitik fällt im Kontext der beschriebenen technologiestrategischen Konflikte eine doppelte Aufgabe zu:

- Der erste, oftmals proklamierte Teil dieser Aufgabe besteht in der *Harmonisierung* der sich z.T. erheblich unterscheidenden Szenarien der Technologie- und Infrastrukturentwicklung in den Mitgliedsländern der EG: dabei geht es nicht nur um die vieldiskutierte Übertragung regulierungs- und technologiepolitischer Kompetenzen der Nationalstaaten auf europäische Instanzen und Gremien, sondern vor allem auch darum, einen *gesamteuropäischen Pfad* der Technologieentwicklung zu definieren.

- Der zweite, wenig bekanntgemachte Teil der Aufgabe besteht in der Regulierung der mit dem Aufbrechen der traditionellen monopolistischen Akteursstrukturen und der zunehmenden Dezentralisierung der Kontrolle über die Netzinfrastrukturen in Gang gesetzten *Verselbständigung einzelunternehmerischer Interessen* bezüglich der Optionen der Infrastrukturentwicklung (Lüthje 1993b).

Die EG-Kommission unterstützt die Herausbildung eines solchen europäischen Technologieentwicklungspfades maßgeblich durch die Förderung von europaweiten Infrastrukturprojekten wie z.B. des sog. Euro-ISDN, des digitalen Mobilfunks (GSM) oder einer zukünftigen europäischen Infrastruktur in der Breitbandkommunikation. Eine herausgehobene Rolle spielen in diesem Zusammenhang Normierung und Standardisierung. Im Gegensatz nämlich zu anderen Konkurrenten in der „Triade" - namentlich den USA - setzen die europäische Kommunikationspolitik in wesentlich stärkerem Maße auf die Schaffung breit zugänglicher, allgemeinverbindlich standardisierter Infrastrukturen (Ungerer 1990).

Diesem Ziel entsprechend wurden in den letzten Jahren eine Reihe von neuen technologiestrategischen Institutionalisierungsformen geschaffen. An erster Stelle ist hier das 1988 gegründete sog. *European Telecommunications Standards Institute (ETSI)* zu nennen. Eine nicht minder wichtige Rolle spielen in dieser Hinsicht auch die europäischen Kooperationsprogramme in der Informations- und Kommunikationstechnik, insbesondere das sog. RACE-Programm, in dem ein breites Spektrum von

Netzträgern, Telekommunikationsherstellern, Anwenderunternehmen und Forschungseinrichtungen an Techniken der zukünftigen Breitbandkommunikation arbeitet. Im Rahmen dieser Kooperationen werden Einführungsszenarien für diese neuen Kommunikationsinfrastrukturen und die entsprechenden Normen und Standards im „vorwettbewerblichen" Bereich entwickelt. Auch wird mit einer Vielzahl betrieblicher Anwendungsformen der integrierten Breitbandkommunikation experimentiert (RACE 1991).

Dabei muß man verstehen, daß diese Institutionen im allgemeinen Kontext der *Deregulierung* der europäischen Kommunikationsmärkte aufgebaut werden. Die Überführung etwa der Standardisierung und Normierung in eine eigene Organisation folgt dem ordnungspolitischen Gedanken einer *Trennung von Hoheits- und Wettbewerbsfunktionen*. Durch die Entbindung von ihren traditionellen hoheitlichen Aufgaben und Versorgungspflichten soll den staatlichen Fernmeldemonopolen ein größerer kommerzieller Bewegungsspielraum ermöglicht werden. Zugleich wurden erstmals in umfassender Weise *Hersteller, Diensteanbieter und Nutzerunternehmen* von außerhalb des traditionellen, in der CEPT vertretenen „Clubs" von PTT-Verwaltungen und Fernmeldeherstellern an der Standardisierungsarbeit beteiligt. Dem Gedanken der Marktliberalisierung entspricht schließlich auch die inhaltliche Ausrichtung der Tätigkeit von Institutionen wie dem ETSI: sie soll in besonderer Weise der Erarbeitung von *Kompatibilitätsstandards* dienen, die den Wettbewerb zwischen unterschiedlichen Geräten und Systemen erleichtern sollen (Lüthje 1993b).

Aus dem Kontext der De- bzw. Re-Regulierung resultieren allerdings auch die Probleme der europäischen Technologiepolitik. Wie von Kennern des Innenlebens des ETSI dargelegt wird, ist die beabsichtigte Trennung von Regulierung und Standardisierung bisher kaum gelungen. Vielmehr scheint es so zu sein, daß die traditionellen Fernmeldegesellschaften in ETSI nach wie vor eine dominierende Rolle spielen und die Arbeit in den Standardisierungsgremien als Vehikel zur Durchsetzung ihrer eigenen Wettbewerbsinteressen zu benutzen versuchen. Auf der anderen Seite werden Standardisierungsprozesse dadurch erheblich beeinträchtigt, daß die regulierungspolitischen Rahmenbedingungen für die Entwicklung eines bestimmten Standards häufig unklar sind. Eine europäische Institution, die die Aufgabe einer Regulierungsbehörde mit hinreichender politischer und sozialer Legitimation übernehmen könnte, gibt es jedenfalls nicht (Hawkins 1992). Generell läßt sich wohl sagen, daß für technologiepolitische Grundfragen nach den Konfigurationen und gesellschaftlichen Nutzungsformen zukünftiger Telekommunikationinfrastrukturen außer dem normativen Prinzip: „Im Zweifel für den Markt!" bis dato kaum konsistente wettbewerbspolitische Eingriffskriterien (Monopolkommission 1992) und erst recht keine „sozialen" Maßstäbe zur Technologiebewertung (Kubicek 1994) existieren.

Hinter diesen Problemen stehen nicht nur Defizite in der institutionellen und legitimatorischen Ausstattung der europäischen Telekommunikationspolitik. Vielmehr werden die eingangs angesprochenen *strukturellen Probleme* der Technikentwicklung in marktwirtschaftlichen Systemen deutlich. Dies ist u.E. *zuerst* ein Problem der im Zuge von Deregulierung und Privatisierung aufgebauten neuen Akteursnetzwerke: die Öffnung des Akteursspektrums durch die Beteiligung von Anwendern, privaten Netzbetreibern und neuen Herstellerunternehmen nimmt die auseinanderstrebenden einzelunternehmerischen Interessenlagen direkt in die Definition von Technologien und Standards hinein. Dies macht die Formulierung gesamtkapitalistisch tragfähiger Kompromisse sowohl im nationalen als auch im europäischen Rahmen erheblich schwieriger als unter dem alten „monopolistischen" Modell. Zugleich wird ein breites Spektrum gesellschaftlicher Akteure, wie z.B. Gewerkschaften oder Verbraucherorganisationen, ausgegrenzt, deren Beteiligung auf der Seite der Hersteller, der Nutzer und der Netzbetreiber wohl eine wesentliche Voraussetzung für einen gesellschaftlichen Dialog über die Ziele der europäischen Standardisierungspolitik wäre.

Als *zweites* Problem stellen sich die fundamentalen Unsicherheiten über die zukünftigen Produktions- und Technologienormen im kommunikationstechnischen Industriesektor dar. Die zugrundeliegenden unternehmerischen Interessenlagen, die sozusagen die versteckte Agenda der europäischen Telekommunikationspolitik bilden, bleiben durch die de-kontextualisierte Form der technologiepolitischen Entscheidungsprozesse einer offenen politischen Austragung weitgehend entzogen. Problematisch erscheint *drittens* die in diesem Institutionalisierungsprozeß angelegte Vorstellung, daß „Technikentwicklung" und „Regulierung" voneinander zu trennen seien. Die Bestimmung der gesellschaftlichen Nutzungsformen neuer Kommunikationstechnologien wird im Kontext der europäischen Deregulierungspolitik zu einer reinen „Betriebsaufgabe" umdefiniert. Das ohnehin geringe Maß an öffentlicher Einflußnahme auf die Technikentwicklung wird dadurch nur noch weiter zurückgedrängt.

5 Dezentralisierung der Infrastruktur und Ent-Vertikalisierung der Produktionsketten

Was implizieren diese Entwicklungen auf dem Gebiet der kommunikationstechnischen Infrastruktur nun für die Rationalisierung einzel- und überbetrieblicher Produktionszusammenhänge in Industrie- und Dienstleistungsunternehmen?

Die vorgehenden Ausführungen dürften vielleicht deutlich gemacht haben, daß die verschärfte Technologiekonkurrenz im Telekommunikationssektor und die fortschreitende Deregulierung der Infrastruktur Hand in Hand gehen. Eine solche technologiestrategisch legitimierte „Sachlogik" kommt auch da zum Tragen, wo die staatliche Telekommunikationspolitik nicht von „harten" neo-liberalen Deregulierungsvorstel-lungen geprägt ist (wie in den USA oder Großbritannien), sondern eher eine „gemäßigte" Liberalisierung und Privatisierung verfolgt (wie z.B. in der BRD und Frankreich). Die Reduktion der öffentlichen Kontrolle über die Kommunikationsinfrastruktur auf wettbewerbs- und technologiepolitische Mindeststandards bildet immer wieder den kleinsten gemeinsamen Nenner zur Regulierung der innerkapitalistischen Konflikte um die Produktionsnormen und ist damit zugleich ein Ausdruck der politischen „Unregulierbarkeit" dieser Auseinandersetzungen in einer kapitalistischen Produktionsweise. In der Folge dieses Prozesses wird das Prinzip der „common carriage", also der Status der Telekommunikation als einer öffentlich zugänglichen „allgemeinen Produktionsbedingung" untergraben. Die staatlichen oder öffentlich regulierten Fernmeldemonopole der fordistischen Ära entwickeln sich zu „Kontrakt-Carriern", die ihre Netze zunehmend „flexibilisieren" und externer Kontrolle und Konfigurierbarkeit zugänglich machen (Noam 1993).

Im gesamtkapitalistischen Zusammenhang ist nun entscheidend, daß sich im Zuge der internationalisierten Technologiekonkurrenz im Telekommunikationssektor nicht nur der Status der Infrastrukturanbieter verändert, sondern auch der politische, juristische und ökonomische Gehalt dessen, was man gemeinhin mit dem *Begriff Infrastruktur* versieht (Bar 1990). Das Aufbrechen der „Pyramide" des traditionellen Fernmeldesystems durch sog. „nicht-hierarchische" Vermittlungs- und Übertragungstechniken, mit denen die zentralen Knotenpunkte des öffentlichen Netzes umgangen werden können, verwandelt die Telekommunikationsinfrastruktur in einen „geodäsischen Dom" (U.S. Department of Justice 1987) öffentlicher, privater und halbprivater Kommunikationsnetze. Öffentliche und innerbetriebliche Kommunikationsinfrastrukturen können in diesem Umfeld zu sog. „virtuellen" privaten Netzen zusammengeführt werden, die dem Nutzer ein „Netzwerkmanagement" von privaten und öffentlichen Netz- und Dienstesegmenten in einer Hand erlauben. Welche Bereiche des Kommunikationsnetzes als öffentlich zu regulierende „Infrastruktur", und welche als Domäne privatunternehmerischer Verfügungsgewalt angesehen werden, wird unter diesen Bedingungen - wie es ein hoher Beamter des Bundesministeriums für Post- und Telekommunikation treffend formulierte - mehr und mehr zum Gegenstand *„diskretionärer politischer Entscheidung"* (Broß 1992).

Genau hier liegt m. E. der wesentliche Berührungspunkt zwischen den veränderten Parametern der Infrastrukturentwicklung und den „post-fordistischen" Rationalisierungsstrategien auf der Ebene des einzelnen Unternehmens. Die Auflösung des traditionellen Infrastrukturmodells und die Flexibilisierung der Netzsteuerungstechniken liefert gewissermaßen ein Pendant zur De-Vertikalisierung der fordistischen „Kernunternehmen" und der damit einhergehenden Dezentralisierung der Kontrolle über den Arbeitsprozeß in den „virtuellen" Unternehmensnetzwerken der schlanken Produktion. Die damit angezielte Optimierung der Wertschöpfung in der gesamten Produktionskette stellt sich immer mehr als das Kernmoment der heutigen „posttayloristischen" Rationalisierungsstrategien heraus. Großflächige „corporate information networks" bilden dabei das wesentliche Medium zum Aufbau zentralisierter Steuerungs- und Kontrollsysteme, die die desintegrierten Unternehmen und Funktionsbereiche zu nationalen und transnationalen Produktionsverbünden zusammenfassen sollen (Sauer u.a. 1993).

Die Zerlegung der Produktion in „kleine Einheiten" macht niedrige Kommunikationskosten und ein Höchstmaß strategischer Beweglichkeit bei der Konfigurierung der Infrastrukturen zu einer conditio-sine-qua-non „schlanker" Produktionsnetzwerke. Die *quantitative* Bedeutung dieses gesamtkapitalistischen Rationalisierungsprozesses für die einzelunternehmerische Reorganisation der Produktion läßt sich daran ermessen, daß nach übereinstimmender Meinung von Netzbetreibern und -anwendern sowie der einschlägigen Consulting-Fachwelt die Gebühren für die Nutzung des öffentlichen Telefon- und Datennetzes den Löwenanteil der Kosten für unternehmensübergreifende Informationsnetze ausmachen.[4] In *qualitativer* Hinsicht entscheiden der technische Aufbau und die Nutzungsmöglichkeiten dieser Netzwerke in wesentlicher Weise über Ausmaß und Intensität der Kontrolle, die „fokale Unternehmen" (Sauer u.a. 1993) über die Betriebs- und Arbeitsabläufe bei ihren Zuliefer-, Transport- und Handelsunternehmen ausüben können. Daß große Unternehmen etwa in der Automobilindustrie ihre Informationsnetze dazu nutzen, um Zulieferunternehmen in z.T. existenzielle Abhängigkeitsverhältnisse zu bringen, ist inzwischen einigermaßen bekannt (BRIE/OECD 1989). Weniger gut dokumentiert sind die Praktiken, mit denen mithilfe der zwischenbetrieblichen Datenvernetzung auch eine betriebsübergreifende Kontrolle der Leistung der Arbeitskräfte in den nachgeordneten Betrieben der Produktionskette erfolgt.

Inwieweit die mit diesen neuen Informationsinfrastrukturen angezielte „Virtualisierung" der Kontrolle über die Produktionsketten tatsächlich gelingt und ob sich hier langfristig eher zentralistische oder an den Belangen der nachgeordneten Zuliefer- und Abnehmerunternehmen orientierte de-zentrierte Netzwerkkonzepte durchsetzen (BRIE/OECD 1989), läßt sich angesichts des recht lückenhaften empirischen Forschungsstandes kaum abschätzen. Hier ist man einstweilen wohl auf die relativ plausible Vermutung angewiesen, daß im Prozeß der „Modularisierung" und „Segmentierung" der Produktionskette die betriebsoptimalen Pfade der zwischenbetrieblichen Vernetzung in kostspieligen „trial and error"-Verfahren erst noch herausgefunden werden müssen. Deutlich erscheinen allerdings die Parallelen zur Infrastrukturentwicklung auf der überbetrieblichen Ebene: ebenso wie die Gestalt der einzelbetrieblichen Produktionskette im Zeitalter des „virtuellen Unternehmens" immer wieder neu definiert und reproduziert werden muß, unterliegt auch die Grenze zwischen „privaten" und „öffentlichen" Segmenten der Telekommunikationsinfrastruktur ständigen Verschiebungen.

---

4   Experten der DBP-Telekom gehen nach internen Schätzungen des Unternehmens davon aus, daß dieser Anteil in der BRD bei ca. 80% liegt. In der kürzlich abgeschlossenen Diskussion um die sog. „Postreform II" forderten bundesdeutsche Industrievertreter deshalb auch mit Nachdruck die Freigabe des Wettbewerbes im Bereich der kapazitätsstärksten Breitbandnetze, um die Kosten für die Anwender zu senken (Boell 1994)

Die praktische und theoretische Brisanz dieser Entwicklung liegt vor allem darin, daß es sowohl im einzelnen Unternehmen, als auch in den nationalen und internationalen Kommunikationsinfrastrukturen zu einer zunehmenden Entkoppelung der faktischen *Verfügungsgewalt* über und dem juristischen *Eigentum* an den Produktionsmitteln kommt. In den Netzwerken der schlanken Produktion geht die organisatorische und räumliche De-Zentrierung der Segmente des einzelkapitalistischen Produktionsprozesses mit dem Aufbau neuer Formen zentralisierter Kontrolle einher, die die Verfügungsgewalt der nachgeordneten Zuliefer- und Subzulieferunternehmen über den Arbeitsablauf immer mehr in Frage stellt (Sauer u.a. 1993). In den neuen Kommunikationsnetzen zieht die zunehmende „Privatisierung" der Steuerung eine faktische Ablösung des Kontrolle der Kommunikationsnetze vom Eigentum an den physischen Netzinfrastrukturen nach sich (Bar 1990, Bar/ Borrus 1993). Daß hieraus sowohl auf der Ebene des einzelnen Unternehmens als auch im gesamtkapitalistischen Zusammenhang neuartige, nicht-antizipierte politökonomische „Steuerungsprobleme" entstehen dürften, liegt auf der Hand, ist aber in seinen theoretischen und empirischen Dimensionen noch kaum diskutiert.

6   Vorläufige Schlußbemerkung

Auch wenn man die Gemeinsamkeiten der gegenwärtigen Veränderungen im kapitalistischen Unternehmen und in der kommunikationstechnischen Infrastruktur nicht über ihre empirischen und semantischen Parallelen hinaus strapazieren sollte, scheint es genügend Anhaltspunkte dafür zu geben, daß Rationalisierungsforschung heute kaum ohne eine genauere Thematisierung der unter dem Stichwort „Informatisierung" vorangetriebenen gesamtgesellschaftlichen Rationalisierungsprozesse auskommt. Damit ist allerdings nicht nur das eingangs bereits angesprochene Problem der fachdisziplinären Abgrenzungen zwischen der industriesoziologischen Diskussion um die datentechnische Vernetzung einzelbetrieblicher Produktionsprozesse und den techniksoziologisch oder politikwissenschaftlich begründeten Debatten um die Forschungs-, Industrie- und Regulierungspolitik im informationstechnischen Industriesektor berührt. Vielmehr stellt sich auch die Frage, wie der Zusammenhang zwischen den einzelbetrieblichen, den gesamtwirtschaftlichen und den transnationalen Bezugsverhältnissen von Rationalisierung begrifflich zu entwickeln ist.

Will man hier über mehr oder weniger technizistische Begriffsbeschreibungen wie „Flexibilisierung", „Dezentralisierung" oder „Virtualisierung" hinausgelangen, sind nicht nur die veränderten einzelunternehmerischen Akteursperspektiven in den Netzwerken der „schlanken Produktion" ins Auge zu fassen. Die Frage etwa, welche Verfügungsmacht das Management eines nachgeordneten Zulieferunternehmens über seinen einzelbetrieblichen Produktionsprozeß noch ausüben kann, wird nicht zuletzt dadurch entschieden, wie die für die datentechnische Vernetzung zur Verfügung stehende Kommunikationsinfrastruktur gestaltet ist. Politisch geht es dabei darum, welche Einflußmittel z.B. die Gewerkschaften an der Hand haben, um eine wettbewerbs- und rationalisierungspolitisch „offene" Entwicklung der Infrastruktur durchzusetzen. Die oben diskutierten Zusammenhänge mögen nahelegen, daß die (im internationalen Maßstab sehr unterschiedlichen) Formen der „Deregulierung" von Technologieentwicklung und Märkten in der Telekommunikation in nicht unerheblicher Weise die Gestaltungsformen der „schlanken Produktion" beeinflussen.

Angesprochen ist damit vor allem der gesamtgesellschaftliche Kontext der Einführung „schlanker" Produktionsmethoden. Der Übergang zu netzwerkförmigen Produktionsmodellen erscheint aus dieser Perspektive nicht nur als ein Umbau der einzelbetrieblichen Arbeitsorganisation, sondern als eine weitreichende Neustrukturierung des Verhältnisses von *gesamtgesellschaftlicher Regulation und einzelunternehmerischer Kontrolle* der Akkumulations- und Technologieentwicklung. Auch die theoretische Grundsatzfrage, inwieweit die neuen Strategien der Unternehmensorganisation und des dazugehörigen informationstechnischen „network development" tatsächlich eine „neuartige Form der Vergesellschaftung kapitalistischer Produktion" (Sauer u.a. 1993) ankündigen, läßt sich m.E. nur beantworten, wenn die einzelunternehmerischen Rationalisierungsperspektiven mit den veränderten Parametern von Akkumulations- und Technikentwicklung auf der Ebene der „allgemeinen Produktionsbedingungen" vermittelt werden.

Von der sozial- und politikwissenschaftlichen „Telekommunikationsforschung" wäre umgekehrt gefordert, die Strukturveränderuungen im Telekommunikationssektor auch theoretisch als Moment der Rationalisierung des gesellschaftlichen Arbeitsprozesses zu thematisieren. Die gängigen - zumeist auf recht grobmaschige Anleihen bei der Marx'schen Kategorie der rellen Subsumtion und der Braverman'schen Taylorismusanalyse gestützten - Einordnungen der IuK-Technik als Instrument der Degradierung der menschlichen Arbeit und des kapitalistischen „mind-management" reichen für eine Analyse dieses Zusammenhanges sicherlich nicht aus. Solche Theoretisierungen (z.B. Schiller 1986, Howard 1986) bilden zwar ein wirksames Gegengift gegen die gängigen Utopien der „Informationsgesellschaft". Sie vermögen allerdings kaum die mit der Neustrukturierung der Produktionsketten entstehenden komplexen sozialen Umschichtungen auf der Seite der Lohnarbeit in den flexiblen Produktionsnetzwerken der post-fordistischen Massenproduktion zu erfassen.

Das regulationstheoretische Konzept der „Produktions- und Tauschnormen" könnte - im oben skizzierten Sinne - für die Diskussion dieser Fragen vorläufig einen gemeinsamen theoretischen Bezugspunkt abgeben. Zu warnen wäre allerdings vor den häufig anzutreffenden funktionalistischen Verkürzungen regulationstheoretischer Begriffe, in denen mehr oder weniger idealtypisch abgeleitete „Modelle" der Produktionsorganisation und der Technikentwicklung die institutionellen Formen „postfordistischer" Regulation vordefinieren. Nur so ließen sich wohl jene neo-schumpeterianischen Fortschrittsvorstellungen zurückweisen, für die der Übergang vom „Fordismus" zum „Post-Fordismus" nur noch ein Problem der Anpassung der institutionellen Formen kapitalistischer Gesellschaften an die Erfordernisse eines neuen „technologischen Paradigmas" bildet (zur Kritik: Holloway/Pélaez 1990).

Die *politische* Diskussion um die Neuordnung des Telekommunikationssektors und die gesellschaftliche Rolle der Informationstechnik könnte nur profitieren, wenn deutlich würde, daß es in den gegenwärtigen technologiestrategischen Auseinandersetzungen längst nicht mehr allein um das Für und Wider einer umfassenden informationstechnischen „Grundversorgung" im Sinne des fordistischen universal service, sondern um die Formen und Mechanismen der Rationalisierung des gesamtgesellschaftlichen Arbeits- und Reproduktionsprozesses geht. Die Frage, wie Telekommunikationsdienste und -netze konfiguriert und genutzt werden, welches Maß an „Dezentralität" der Infrastrukturentwicklung gesellschaftlich akzeptabel erscheint und wer die Kontrolle über die informationstechnischen Infrastrukturen ausübt (Lüthje 1993c), ist dafür im nationalen wie im internationalen Rahmen von entscheidender Bedeutung. Auch wenn eine solche Diskussion angesichts der nach wie vor ungebrochenen Tendenz zur Deregulierung der kommunikationstechnischen Infrastruktur nicht sehr populär sein dürfte, sollte sich kritische Rationalisierungsforschung nicht davon abhalten lassen, wenigstens einige Fragen klar zu formulieren.

Literatur

Aglietta, Michel (1979): A Theory of Capitalist Regulation. The U.S. Experience. London.

Bar, Francois (1990): Configuring the Telecommunications Infrastructure of the Future: The Economics of Network Control. Manuskr., Dissertation University of California Berkeley.

Bar, Francois, Michel Borrus (1993): The Future of Networking in the U.S. BRIE Working Paper. Berkeley.

Boell, Hans-Peter (1994): Breitbandkommunikation - zwischen harter Forderung und Luxus; in: Net 8/9 1994.

Boyer, Robert, Benjamin Coriat (1983): Marx, la technique et la dynamique longue de l'accumulation, in: Chavance, B.: Marx en perspective. Actes du colloque organisé par l'École des Hautes Études en Sciences Sociales. Paris.

BRIE (Berkeley Roundtable on the International Economy)/OECD/EG (1989): Information Networks and Competitive Advantage. Paris.

Broß, Peter (1992): Vortrag zur Konferenz „Drei Jahre nach der Postreform". Wissenschaftliches Institut für Kommunikationsdienste, 23./24.6. 1992. Manuskr., Bonn.

Dang Nguyen, Godefroy (1989): European R&D Policy for Telecommunications. WIK Diskussionsbeträge zur Telekommunikationsforschung Nr. 49. Bad Honnef.

Dosi, Giovanni, Laura D'Andrea Tyson, John Zysman (1989): Trade, Technologies, and Development. A Framework Discussing Japan, in: Johnson, Chalmers u.a. (Hg.): Politics and Productivity. How Japans's Development Strategy Works. New York.

Esser, Josef, Gerd Fleischmann, Wolfgang Glatzer, Alfons Schmid, Wilhelm Schumm (1992): Technikentwicklung als Institutionalisierungsprozeß. Antrag auf Förderung einer DFG-Forschergruppe. Frankfurt/M.

Esser, Josef (1992): Institutionalisierung transnationaler Technologiestrategien - Europäische Forschungs- und Technologiepolitik im informations- und kommunikationstechnischen Industriesektor. Forschungsantrag. Frankfurt/M.

Financial Times (1992): Survey International Telecommunications. October 15, 1992.

Hack, Lothar. Gerd Fleischmann u.a. (1991): Technologieentwicklung als Institutionalisierungsprozeß: Stand der Forschung, Lage der Dinge, gemeinsame Überlegungen. Universität Frankfurt, Diskussionsbeiträge Interdisziplinäre Technologieforschung, Arbeitspapier 1, Frankfurt/M.

Hawkins, Richard (1992): Changing Expectations: Voluntary Standards and the Regulation of European Telecommunications. Paper presented at the International Telecommunications Society 9th International Conference. Sofia-Antipolis.

Holloway, John, Eloína Peláez (1990). Learning to Bow: Post-Fordism and Technological Determinism, in: Science as Culture 8, London.

Howard, Robert (1986): Brave New Workplace. New York.

Klebe, Thomas, Siegfried Roth, S. (1987): Informationen ohne Grenzen. Hamburg.

Kubicek, Herbert, Arno Rolf (1984): Mikropolis. Hamburg.

Kubicek, Herbert (1993): Steuerung in die Nichtsteuerbarkeit. Die erstaunliche Geschichte des deutschen Telekommunikationswesens (gekürzte Neufassung). WZB-discussion paper. Berlin.

Kubicek, Herbert (1994): Möglichkeiten der Technikgestaltung in der Telekommunikation nach der Deregulierung. In: ders. und G. Müller, E. Raubold, A. Roßnagel (Hg.): Jahrbuch Telekommunikation und Gesellschaft. Band 2. Heidelberg.

Le Boudec, Jean-Yves (1992): The Asynchronous Transfer Mode: a tutorial, in: Computer Networks and ISDN Systems, No. 24, 1992.

Lüthje, Boy (1986): Regulierungskrise im Telekommunikationssektor der BRD, in: Prokla Heft 64.

Lüthje, Boy (1993a): Die Neuordnung der Telekommunikationsbranche in den USA. Krise fordistischer Akkumulation, Deregulierung und Gewerkschaften. Wiesbaden.

Lüthje, Boy (1993b): Transnationale Technikentwicklung als Regulierungsproblem: Europäische Telekommunikationspolitik im „Breitbandzeitalter", in: Süß, Werner, Gerhard Becher (Hg.): Politik und Technologieentwicklung in Europa. Berlin.

Lüthje, Boy (1993c): On the political economy of „post-fordist" telecommunications. The U.S. experience, in: Capital&Class, No. 51, Autumn 1993.

Monopolkommission (1992): Wettbewerbspolitik oder Industriepolitik? Hauptgutachten 1991. Baden-Baden.

Mueller, Milton (1993): Universal Service in Telephone History. A Reconstruction, in: Telecommunications Policy, July 1993.

Noam, Eli (1987): The Public Telecommunications Network: A concept in transition, in: Journal of Communication, Vol. 37, No. 1, Winter 1987

Noam, Eli (1993): Systems integration and the impending doom of common carriage. Manuskript, International Telecommunications Society Conference, 20.-22.6.1993, Göteborg.

Projektgruppe „Soziale und beschäftigungspolitische Folgewirkungen neuer Kommunikationstechniken bei der Deutschen Bundespost in Hessen" (1988): „... Stück für Stück verkauft. Umbau der Bundespost - Folgen für die Beschäftigten." Universität Frankfurt/Deutsche Postgewerkschaft, Bezirk Hessen. Frankfurt/M.

RACE (1991): Research and Development in Advanced Communications in Europe. RACE '91. Brüssel.

Sauer, Dieter, Volker Döhl, Manfred Deiß. Daniel Bieber, Norbert Altmann (1993): Arbeit an der Kette. Systemische Rationalisierung unternehmensübergreifender Produktion. Manuskr., München; veröffentlicht 1994 in: Soziale Welt, Sonderband 9.

Schiller, Herbert (1986): Information and the Crisis Economy. Oxford/New York.

Seigneur, W. Fred (1993): Get Ready for a Network Revolution, in: Telephony, October 11, 1993.

Telephony (1993): Broadband Network Special, November 26, 1993.

U.S. Department of Justice, Antitrust Division (1987): The Geodesic Network. 1987 Report On Competition in the Telephone Industry. Prepared by Peter W. Huber as a consultant to the Department of Justice. Washington D.C.

Ungerer, Herbert (1990): Comments on Telecommunications Regulatory Reform in the European Community, in: Majone, G. (Hg.): Deregulation or Re-Regulation? Regulatory Reform in Europe and in the United States. London/New York.

Witheford, Nick (1994): Autonomist Marxism and the Information Society, in: Capital&Class No. 52.

AutorInnen

Brigitte Aulenbacher, geb. 1959, Dipl. Soz., Dr. rer. soc., wissenschaftliche Assistentin am Fachbereich Gesellschaftswissenschaften der Johann Wolfgang Goethe-Universität Frankfurt/M., Bücher: Arbeit-Technik-Geschlecht. Industriesoziologische Frauenforschung am Beispiel der Bekleidungsindustrie, Frankfurt/New York 1991; gemeinsam mit Monika Goldmann (Hg.), Transformationen im Geschlechterverhältnis, Beiträge zur industriellen und gesellschaftlichen Entwicklung, Frankfurt/New York 1993
Anschrift: Johann Wolfgang Goethe-Universität, Fachbereich Gesellschaftswissenschaften, Robert-Mayer-Str. 5, 60054 Frankfurt/M.

Regina Becker-Schmidt, geb. 1937, Professorin am Psychologischen Institut der Universität Hannover, Bücher: gemeinsam mit Gudrun-Axeli Knapp, Geschlechtertrennung - Geschlechterdifferenz, Suchbewegungen sozialen Lernens, Bonn 1987; gemeinsam mit Gudrun-Axeli Knapp (Hg.), Das Geschlechterverhältnis als Gegenstand der Sozialwissenschaften, Frankfurt/New York 1995
Anschrift: Universität Hannover, Psychologisches Institut, Welfengarten 1, 30167 Hannover

Daniel Bieber, geb. 1956, Dipl. Soz., Dr. rer. pol., wissenschaftlicher Mitarbeiter am Institut für Sozialwissenschaftliche Forschung München, Buchveröffentlichung: gemeinsam mit Gerd Möll, Technikentwicklung und Unternehmensorganisation. Zur Rationalisierung von Innovationsprozessen in der Elektroindustrie, Frankfurt/New York 1993
Anschrift: Institut für Sozialwissenschaftliche Forschung e.V., Jakob-Klar-Str. 9, 80796 München

Magdalene Deters, geb. 1946, Dipl. Soz., Dr. rer. pol., Verwaltungswissenschaftlerin, freiberuflich in Berlin, Bücher: gemeinsam mit Susanne Weigandt (Hg.), Selbstbestimmt - Fremdbestimmt? Deutsch-deutsche Karrieren von Frauen, Berlin 1987; Handeln in Unternehmen am Beispiel von CAD, Münster 1995
Anschrift: Spenerstr. 18, 10557 Berlin

Gisela Dörr, geb. 1958, Dipl. Volksw., Dipl. Betriebsw., Dr. phil, wissenschaftliche Mitarbeiterin im Forschungsprojekt „Entwicklungslinien der Haushaltstechnologie" an der Johann Wolfgang Goethe-Universität Frankfurt/Main, Bücher: gemeinsam mit Wolfgang Glatzer u.a., Haushaltstechnisierung und gesellschaftliche Arbeitsteilung, Frankfurt/New York 1991; Der technisierte Rückzug ins Private. Zum Strukturwandel der Hausarbeit, Frankfurt/New York 1996
Anschrift: Johann Wolfgang Goethe-Universität, Fachbereich Gesellschaftswissenschaften, Robert-Mayer-Str. 5, 60054 Frankfurt/M.

Monika Goldmann, geb. 1946, Dipl. Soz., Dr. phil., stellvertretende Direktorin des Landesinstituts Sozialforschungsstelle Dortmund, Bücher: gemeinsam mit Heike Jacobsen, Trends betrieblicher Modernisierung im Einzelhandel. Neue Wege des Technikeinsatzes, der Arbeitsgestaltung und Personalpolitik in einer Frauenbranche, Dortmund 1993; gemeinsam mit Brigitte Aulenbacher (Hg.), Transformationen im Geschlechterverhältnis. Beiträge zur industriellen und gesellschaftlichen Entwicklung, Frankfurt/New York 1993
Anschrift: Sozialforschungsstelle Dortmund, Landesinstitut, Rheinlanddamm 199, 44139 Dortmund

Yvonne Hirdman, Professorin für historische Frauenforschung am Arbetslivscentrum Stockholm, Bücher: Vi bygger landet. Den svenska arbetarrörelsens historia fran Per Götrek till Olof Palme (Wir bauen das Land. Die Geschichte der schwedischen Arbeiterbewegung von Per Götrek bis Olof Palme), Stockholm 1989; Utopia in the Home, International Journal of Political Economy, Heft 2., Jg. 22, Armonk, N.Y. 1992
Anschrift: Arbetslivscentrum, Box 12670, 11293 Stockholm, Schweden

Boy Lüthje, geb. 1959, Dipl. Soz., Dr. phil., wissenschaftlicher Mitarbeiter am Fachbereich Gesellschaftswissenschaften der Johann Wolfgang Goethe-Universität Frankfurt/M., Bücher: Die Neuordnung der Telekommunikationsindustrie in den USA, Wiesbaden 1993; gemeinsam mit Christoph Scherrer (Hg.), Jenseits des Sozialpaktes. Neue Unternehmensstrategien, Arbeitskämpfe und Gewerkschaften in den USA, Münster 1993
Anschrift: Johann Wolfgang Goethe-Universität, Fachbereich Gesellschaftswissenschaften, Robert-Mayer-Str. 5, 60054 Frankfurt/M.

Paul Mattick Jr., geb. 1944, Professor für Philosophie an der Adelphi University, Garden City N.Y., Bücher: Social Knowledge, M.E. Sharpe, Armonk, N.Y. 1986; (Ed.), Eighteenth Century Asthetics and the Reconstruction of Art, Cambridge University Press, New York
Anschrift: 317 West 93rd Street, Apt. 4A, New York, N.Y. 10025, USA

Ursula Müller, geb. 1949, Professorin für Sozialwissenschaftliche Frauenforschung an der Universität Bielefeld, Bücher: Reflexive Soziologie und empirische Sozialforschung, Frankfurt/New York 1979; gemeinsam mit Christof Armbruster und Marlene Stein-Hilbers (Hg.), Neue Horizonte. Sozialwissenschaftliche Forschung über Geschlechter und Geschlechterverhältnisse, Opladen 1995
Anschrift: Universität Bielefeld, Fakultät für Soziologie, Postfach 100131, 33501 Bielefeld

Peter Noller, geb. 1949, Dr. phil., wissenschaftlicher Mitarbeiter am Institut für Sozialforschung Frankfurt/M., Bücher: gemeinsam mit Walter Prigge und Klaus Ronneberger (Hg.), Stadt-Welt. Über die Globalisierung städtischer Milieus, Frankfurt/New York 1994; gemeinsam mit Klaus Ronneberger, Die neue Dienstleistungsstadt. Berufsmilieus in Frankfurt am Main, Frankfurt/New York 1995
Anschrift: Institut für Sozialforschung, Senckenberganlage 26, 60325 Frankfurt/M.

Klaus Ronneberger, geb. 1950, Dipl. Soz., Päd., wissenschaftlicher Mitarbeiter am Institut für Sozialforschung Frankfurt/M., Bücher: gemeinsam mit Peter Noller und Walter Prigge (Hg.), Stadt-Welt. Über die Globalisierung städtischer Milieus, Frankfurt/New York 1994; gemeinsam mit Peter Noller, Die neue Dienstleistungsstadt. Berufsmilieus in Frankfurt am Main, Frankfurt/New York 1995
Anschrift: Institut für Sozialforschung, Senckenberganlage 26, 60325 Frankfurt/M.

Rudi Schmidt, geb. 1939, Professor für Industriesoziologie an der Friedrich Schiller-Universität Jena, Bücher: gemeinsam mit Ludger Pries und Rainer Trinczek, Entwicklungspfade von Industriearbeit, Opladen 1990; gemeinsam mit Burkart Lutz (Hg.), Chancen und Risiken der industriellen Restrukturierung in Ostdeutschland, Berlin 1995
Anschrift: Institut für Soziologie, Friedrich Schiller-Universität Jena, Otto-Schott-Str. 41, 07740 Jena

Sylvie Schweitzer, Professorin für Zeitgeschichte an der Université Lumière Lyon, Frankreich, Bücher: Des Engenages à la Chàine, Citröen, 1915-1953, Lyon 1982; André Citröen, Le Risque et le Défi, Paris 1992
Anschrift: Centre Pierre Léon, Université Lumière Lyon, 14 Avenue Berthelot, F-69363 Lyon

Tilla Siegel, geb. 1944, Professorin für die Soziologie industrieller Gesellschaften an der Johann Wolfgang Goethe-Universität Frankfurt/M., Bücher: Leistung und Lohn in der nationalsozialistischen „Ordnung der Arbeit", Opladen 1989; gemeinsam mit Dagmar Reese, Carola Sachse, Eve Rosenhaft (Hg.), Rationale Beziehungen? Geschlechterverhältnisse im Rationalisierungsprozeß, Frankfurt/M. 1993
Anschrift: Johann Wolfgang Goethe-Universität, Fachbereich Gesellschaftswissenschaften, Robert-Mayer-Str. 5, 60054 Frankfurt/M.

Übersetzer

Horst Jandeck (Sylvie Schweitzer)
Claudius H. Riegler (Yvonne Hirdman)
Immanuel Stieß (Paul Mattick Jr.)